Thomas Martin Buck – Herbert Kraume

Das Konstanzer Konzil

Thomas Martin Buck – Herbert Kraume

Das Konstanzer Konzil

(1414–1418)

Kirchenpolitik

○

Weltgeschehen

○

Alltagsleben

Jan Thorbecke Verlag

VERLAGSGRUPPE PATMOS

PATMOS
ESCHBACH
GRÜNEWALD
THORBECKE
SCHWABEN

Die Verlagsgruppe
mit Sinn für das Leben

Für die Schwabenverlag AG ist Nachhaltigkeit ein wichtiger Maßstab ihres Handelns. Wir achten daher auf den Einsatz umweltschonender Ressourcen und Materialien. Dieses Buch wurde auf FSC°-zertifiziertem Papier gedruckt. FSC (Forest Stewardship Council°) ist eine nicht staatliche, gemeinnützige Organisation, die sich für eine ökologische und sozial verantwortliche Nutzung der Wälder unserer Erde einsetzt.

Bibliografische Information der Deutschen Nationalbibliothek Die Deutsche Nationalbibliothek verzeichnet diese Publikation in der Deutschen Nationalbibliografie; detaillierte bibliografische Daten sind im Internet über http://dnb.d-nb.de abrufbar.

1. Auflage 2013
Alle Rechte vorbehalten
© 2013 Thorbecke Verlag der Schwabenverlag AG, Ostfildern
www.patmos.de

Umschlaggestaltung: Finken & Bumiller, Stuttgart
Druckerei: CPI – Ebner & Spiegel, Ulm
Umschlagabbildung: Ausschnitte aus Ulrich Richental, Chronik des Konstanzer Konzils, Rosgartenmuseum Konstanz, Inv. Hs. 1, fol.5ᵛ und 6ʳ (Foto: Rosgartenmuseum Konstanz).
ISBN 978-3-7995-0502-4 (Print)
ISBN 978-3-7995-0531-4 (eBook)

Inhalt

Die Konzilschronik und ihre Wirkung • Zur Person des Chronisten • Richentals Stellung in der Konzilsstadt • *Das alles ich erfaren und zesammen bracht hab* • Augenzeugenschaft und Historiographie • Von der Statistik zur Geschichtsschreibung • Der Chronist und seine Quellen • Narrative Gestaltung gemeinsamen Erlebens • Der Chroniktext und seine soziale Logik • Textfassungen und Versionen

Die byzantinische Gesandtschaft • Die Union mit der Ostkirche • Die Beschreibung der orthodoxen Liturgie

Das Konzil in neuem Licht • Das Konzil als textuelles Ereignis • Das Konzil als gelehrtes Ereignis • Das Konzil als polyvalentes Ereignis • Das Konzil als Spectaculum • Das Konzil als »Forum der öffentlichen Meinung« • Das Konzil als diskursives Ereignis • Die Rolle der Universitätsgelehrten • Der kollegial-partizipatorische Kirchenbegriff • Die »historische Größe« der Konstanzer Synode • »Haec sancta« als Nucleus des Konzils

Vorwort

Ein vergangenes historisches Phänomen in seiner Totalität zu erfassen, ist unmöglich. Das gilt auch für das Konstanzer Konzil, das – je nach Standpunkt des Betrachters – unterschiedlich perspektiviert werden kann. Das vorliegende Buch erhebt deshalb nicht den Anspruch, *die* Geschichte des Konzils zu erzählen. Wer eine solche umfassende Geschichtserzählung, die zugleich strengen wissenschaftlichen Ansprüchen genügt, lesen möchte, möge zu der zweibändigen Darstellung von Walter Brandmüller greifen, die 1991 und 1997 erschienen ist. Sie ist nicht zuletzt auf dem Grund, den der Freiburger Konzilshistoriker Heinrich Finke von 1896–1928 mit seinen Acta Concilii Constanciensis gelegt hat, erarbeitet worden.

Unsere Absicht ist es, dem interessierten Leser einen ersten Einblick in das komplexe Thema zu vermitteln. Er soll nachvollziehbar und verständlich machen, warum das Konstanzer Konzil kirchen- wie allgemeingeschichtlich nach wie vor relevant und auch heute noch der näheren Auseinandersetzung wert ist. Das Buch versucht deshalb nicht nur »von oben«, sondern auch »von unten« auf das historische Phänomen zu schauen. Es geht nicht nur um die allgemeine Kirchenpolitik und das politische Weltgeschehen, sondern auch um das konziliare und städtische Alltagsleben und damit auch um Fragen, die quellenmäßig nicht leicht zu beantworten, aber gleichwohl wichtig und weiterführend sind.

Denn es steht ganz außer Frage, dass sich Konstanz für die Zeit des Konzils in einem temporären Ausnahmezustand befand, der auch Auswirkungen auf das Leben in der Stadt und der angrenzenden Region hatte. Das begann bereits lange vor dem Konzil, als 1413 in Italien – in Como und Lodi – die Entscheidung für Konstanz als Konzilsstadt fiel und eine päpstliche Quartierkommission die Stadt sowie die Region auf ihre Konzilsfähigkeit hin untersuchte.

Es ist mithin zu erzählen, wie das Konzil nach Konstanz kam, welche Aufgaben es zu bewältigen hatte, wie sich die historisch-politische

Situation in Europa zu Anfang des 15. Jahrhunderts gestaltete und was die Menschen dieser Zeit in Sachen Kirche, Religion und Politik umtrieb und bewegte. Es ist aber auch von Jan Hus, Hieronymus von Prag, König Sigmund, von der Flucht des Konzilspapstes, vom Konklave und von der Papstwahl, von der tiefen Krise der spätmittelalterlichen Kirche, vom Konzilsalltag in der Stadt und vielem mehr zu handeln.

Das »Constantiense«, wie es in der Fachliteratur genannt wird, ist nicht leicht auf den Begriff zu bringen, zumal sich die Forschungsinteressen in den letzten Jahren zunehmend von den älteren Fragen nach Glaube, Theologie und Kirche hin zu Fragen nach den medialen, kommunikativen und performativen Gesichtspunkten der Kirchenversammlung verschoben haben. Das heißt nicht, dass die älteren Fragen obsolet und beantwortet sind, sondern dass sie sukzessive durch neue ergänzt wurden, die die spätmittelalterlichen Reformkonzilien zunehmend als polyvalente, d. h. als mehrdeutige Phänomene in teilweise neuem und anderem Licht erscheinen lassen.

Zentral ist in jedem Fall der Aspekt der Kommunikation, den man sich im Rahmen einer vormodernen Großversammlung, die zugleich ein spektakuläres Medienereignis war, kaum kompliziert und komplex genug vorstellen kann. Man denke etwa nur an die Vielsprachigkeit, die in Konstanz damals geherrscht haben dürfte, die vielen Texte, die im Laufe der Synode entstanden, die Predigten, die im Münster gehalten wurden, die Traktate und Flugschriften, die zur Beeinflussung der öffentlichen Meinung zu schreiben waren. Man darf dabei nicht vergessen, dass es eine moderne Öffentlichkeit in dem Sinne, wie wir sie heute kennen, im 15. Jahrhundert noch nicht gab.

Dennoch ist die Kirchenversammlung nicht vergessen. Ihre Ergebnisse wirken bis in die heutige Zeit nach. Das ist erstaunlich und hat nicht zuletzt damit zu tun, dass das Konzil ein universales Ereignis war, das durch seine Inter- und Multinationalität weit über die Grenzen der Stadt und der Region hinauswirkte. Konstanz war fraglos für kurze Zeit zum Zentrum des *orbis christianus*, des christlichen Erdkreises, geworden, wie es die Konstanzer Konzilshandschrift in ihrem abgewandelten Psalmvorspruch (Psalm 18, 5) stolz zum Ausdruck bringt: *In omnem terram exivit nomen Constancie, et divulgatum est nomen eius in uni-*

versa terra – »Über die ganze Erde erging der Name von Konstanz, und dieser Name wurde auf der ganzen Welt verbreitet«.

Der Stadt kam im Rahmen des von Italien ausgehenden Renaissance-Humanismus darüber hinaus eine wichtige Vermittlungs- und Transformationsfunktion zu. Das Konzil war ja nicht nur eine Kirchen-, sondern auch eine (theologische) Gelehrtenversammlung, die zur Drehscheibe und zum Umschlagsort neuer und zum Teil »revolutionärer« Gedanken und Ideen wurde. Man denke in diesem Zusammenhang etwa nur an das Dekret »Haec sancta«, über das bis heute kontrovers diskutiert wird. Hinzu kam, dass die Bodenseestadt nicht nur das erste Konzil nördlich der Alpen in ihren Mauern beherbergte, sondern das Constantiense auch das letzte Konzil war, dem es gelang, ein Schisma (= Kirchenspaltung) zu beseitigen.

Das Konzil von Trient (1545–1563), das in seiner kirchengeschichtlichen Bedeutung hinter dem Constantiense in keiner Weise zurücksteht, befand sich diesbezüglich durch den Anfang der lutherischen Reformation und die Entstehung des Protestantismus schon in einer ganz anderen historischen Ausgangssituation, die es vielleicht in dieser Form gar nicht gegeben hätte, wäre das Konstanzer Konzil – was die Reform der Kirche an Haupt und Gliedern (*reformatio in capite et in membris*) anbelangt – erfolgreicher und effizienter gewesen. Aber das ist eine andere Frage, die hier nicht diskutiert werden kann.

Trotzdem lohnt es sich, den Blick von der modernen Gegenwart auf die spätmittelalterliche Vergangenheit zu richten und sich zu fragen, warum das Konstanzer Konzil nach wie vor erinnert und sein 600-Jahr-Jubiläum gefeiert wird. Dass wir dies tun, hat nicht zuletzt auch mit der bis heute anhaltenden Geschichte seiner Nachwirkung zu tun. Sie reicht bis zum letzten großen Konzil unserer Zeit, dem Zweiten Vaticanum, das am 11. Oktober 1962 durch Papst Johannes XXIII. (1958–1963) eröffnet wurde.

Bis weit ins 20. Jahrhundert hinein haben sich die großen Konzilien immer wieder mit der Frage beschäftigt, was Kirche ist und wohin der Weg der Kirche führt. Franz Kardinal König sah 1964, als das 550-Jahr-Jubiläum des Constantiense gefeiert wurde, das Grundanliegen aller Konzilien im Ringen um das Selbstverständnis der Kirche. Das Konstanzer Konzil hat in diesem Zusammenhang einen ebenso wichtigen wie bleibenden Beitrag geleistet, der es nach wie vor Wert ist, zur Kenntnis genommen, erinnert und diskutiert zu werden. Wir hoffen, zu diesem Gespräch mit diesem Buch beitragen zu können.

Auf Fußnoten haben wir aus Gründen, die mit dem Textgenre des Sachbuches zu tun haben, bewusst verzichtet. Das Buch soll für alle, die sich für die Materie interessieren, lesbar und verständlich sein. Gleichwohl wird im fortlaufenden Text immer wieder auf Positionen der neueren Forschung zum Konstanzer Konzil Bezug genommen. Wer sich dazu eingehender informieren möchte, findet am Ende des Buches ein nach Kapiteln geordnetes Quellen- und Literaturverzeichnis, das die Publikationen ausweist, auf die wir uns jeweils bezogen haben.

Die Rubrik »Köpfe des Konzils« macht deutlich, dass der Erfolg des Konzils zwar gewiss auf vielen Schultern ruht, aber doch einige wenige Personen hervorstechen, deren Lebensbilder sukzessive in den fortlaufenden Text eingestreut werden, ohne dass in diesem Zusammenhang Vollständigkeit angestrebt wäre.

Für Hilfe bei der Erstellung und Durchsicht des Textes haben wir Markus Himmelsbach und Dominik Jenne zu danken. Die Anregung, ein populäres Sachbuch zum Konstanzer Konzil zu schreiben, geht auf Jürgen Weis zurück. Ihm ist auch die Aufnahme in das Programm des Jan Thorbecke Verlages zu danken.

Freiburg, im Juni 2013   Th. M. Buck / H. Kraume

12

Einleitung

Alles beginnt mit einem Unfall

Es war Ende Oktober 1414, als es auf dem Arlberg in der Nähe der heutigen Ortschaft Klösterle zu einem Aufsehen erregenden Unfall kam. Johannes XXIII. oder Baldassare Cossa, wie der damalige Papst mit bürgerlichem Namen hieß, war bei widrigen Witterungsverhältnissen aus seinem Reisewagen in den offenbar frisch gefallenen Schnee gestürzt. In einer einige Jahre nach dem Konzil verfassten Chronik heißt es: *Und do er uff den Arlenberg kam, by dem mittel, nach* [nah] *by dem clösterlin* [Klösterle], *do viel* [fiel] *sin wagen umm und lag er in dem schnee under dem wagen.*

Der Papst war am 1. Oktober in Bologna aufgebrochen und hatte den Weg über Ferrara, Verona, Trient, Bozen, Brixen, Meran, den Reschenpass und Landeck zum Arlberg genommen. Sein Ziel war die Reichs- und Bischofsstadt Konstanz am Bodensee, wo am 1. November 1414 ein Generalkonzil stattfinden sollte, zu dem er am 9. Dezember 1413 vom lombardischen Lodi (südöstlich von Mailand) aus feierlich mit einer Bulle alle Glieder der Christenheit eingeladen hatte.

Der Sturz war nicht ganz ungefährlich, aber derartige Reiseunfälle dürften für einen Reisenden dieser Zeit keineswegs unüblich gewesen sein, zumal in gebirgigem und unwegsamem Gelände, wie es der Arlberg und der Reschenpass damals waren. Der in etwa gleichzeitige Reisebericht des italienischen Humanisten Leonardo Bruni Aretino (ca. 1369–1444), der sich in seiner Eigenschaft als päpstlicher Sekretär auf den Weg nach Konstanz machte, lässt ahnen, was es bedeutete, im Spätmittelalter über den 1802 Meter hohen Arlberg zu ziehen.

Er schrieb nach seiner Ankunft in Konstanz an einen Freund: *Der Übergang über diesen Berg war bei weitem am schwierigsten und härtesten, denn außer dass wir auf steilem Weg immer aufwärts steigen mussten, war zu dieser Zeit die ganze Gegend mit Schnee bedeckt, an den meisten Stellen über 20 Fuß hoch.* Bruni hat allerdings, was man berücksichtigen muss, wohl erst Anfang Dezember seinen Reiseweg über den nun tief verschneiten und nahezu unpassierbaren Arlberg genommen.

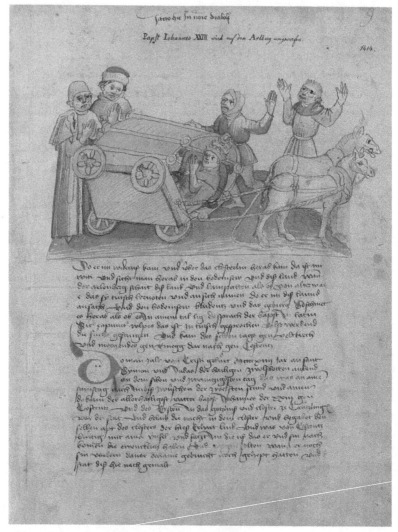

Abb. 1: Papststurz auf dem Arlberg. (Ulrich Richental, Chronik des Konstanzer Konzils, Rosgartenmuseum Konstanz, Inv. Hs. 1, fol. 9ʳ; Foto: Rosgartenmuseum Konstanz)

Das Problem der kleinen Reiseanekdote besteht darin, dass wir uns nicht sicher sein können, ob die Geschichte tatsächlich wahr ist bzw. ob der Unfall tatsächlich stattgefunden hat. Die Havarie des päpstlichen Reisewagens wird uns nämlich nur in der illustrierten Konzilschronik des Konstanzer Bürgers Ulrich Richental (ca. 1360–1437) mitgeteilt. Ein methodischer Abgleich mit anderen Textquellen kann also nicht stattfinden, was im Bereich historischer Erkenntnis immer problematisch ist. Außerdem findet sich die Erzählung – mit einem entsprechend berühmten Bild (Abb. 1), das den stürzenden Papst sowohl in den Handschriften als auch in den frühen Drucken zeigt – an exponierter Stelle gleich zu Anfang des Chronikwerkes.

Zuvor war knapp die bis zum Pisaner Konzil (1409) zurückreichende Vorgeschichte des Konstanzer Konzils erzählt worden. Der Verfasser, der bei der Abfassung der Chronik selbstverständlich um den Ausgang des Konzils wusste, also nach dem Ende des Konzils schrieb, verfolgte mit der Geschichte, so darf man vermuten, eine bestimmte Intention. Das erhellt aus dem Ausspruch, den der Chronist dem Papst, nachdem er aus dem Wagen in den Schnee gefallen war, in den Mund legte. Es handelt sich um einen für einen Papst wenig standesgemäßen Fluch: *Iaceo hic in nomine diaboli* – »Hier liege ich im Namen des Teufels«.

Ein Papststurz als Symbol

Der unziemliche Ausruf überrascht, zumal der höchste geistliche Würdenträger der abendländischen Kirche kurz vor Bludenz noch einmal einen ähnlich zweideutigen Ausspruch getätigt haben soll: *Sic capiuntur wulpes* – »Also werdent die füchs gefangen«. Die Ausrufe, wie man sie im Einzelnen auch immer deuten mag, dürften mit relativer Sicherheit erfunden sein, zumal Richental *post festum* schrieb, d. h. nach dem Ereignis, und demnach nicht dabei war, als der Unfall, wenn es ihn denn je gab, auf dem vorwinterlichen Arlberg passierte.

Wichtig ist also nicht, ob die Geschichte stimmt, sondern welche Funktion sie im Rahmen der von Richental nachträglich gestalteten Geschichtserzählung hat – können literarische Fiktionen doch durchaus kollektive Bewusstseinslagen widerspiegeln. Die Geschichte soll offenbar die Person, die diese Ausrufe tätigt, von vornherein diskreditieren bzw. suspekt erscheinen lassen. Es geht, wie der Berliner Altgermanist Thomas Rathmann gezeigt hat, dem Chronisten jedenfalls nicht darum, Wirklichkeit abzubilden: »Er mischt sich vielmehr post eventum in die Diskussion um den umstrittenen Konzilspapst Johannes XXIII. ein [...], fasst das Urteil über Johannes noch einmal zusammen und erkennt in allen Anklagepunkten auf ›schuldig‹«.

Die Arlbergszene muss deshalb wohl symbolisch bzw. metaphorisch verstanden werden. Sie hatte dabei eine doppelte Funktion: Sie thematisiert zum einen das allgemeine Problem des »Papststurzes«, das im Mittelalter gar nicht so einfach zu lösen war, da ein Papst gemäß kanonischem Recht eigentlich nicht »gestürzt« bzw. abgesetzt oder seines Amtes enthoben werden konnte; zum anderen zeigt sie auch das besondere Problem des Pisaner Papstes Johannes XXIII., der im Jahr 1414 zwar durchaus die größte Anhängerschaft besaß, aber trotzdem mit zwei weiteren Päpsten konkurrierte, die ebenfalls Anspruch auf den Papstthron erhoben.

Der »Papststurz« auf dem Arlberg hat also nicht zuletzt die Aufgabe, bereits zu Beginn des von Richental konzipierten Geschichtswerkes das Fatum des Konzilspapstes, das er in gewisser Hinsicht mit den beiden anderen Prätendenten teilte, vorwegzunehmen oder doch zumindest anzudeuten.

Der Sturz in den Schnee sollte mithin etwas vorwegnehmen oder »denkbar« machen, was eine ebenso hohe Aktualität wie Brisanz besaß. Es war ein *prodigium*, ein Vorzeichen, und musste als ein böses Omen für einen Papst gelten, von dem der Chronist selbst sagt, *dann er vast [sehr] genaigt waz uff zitlich er und gůt* – »der mehr weltliche Ehre und Güter als Geistliches im Sinne hatte«. Ganz ähnlich charakterisiert ihn der amerikanische Literaturwissenschaftler Stephen Greenblatt in seinem 2011 erschienenen Buch »The Swerve« (»Die Wende«), wenn er sagt, Johannes sei »sinister, sly, and ruthless« – »unheimlich, hinterlistig und skrupellos« – gewesen.

Greenblatt hat ihn deshalb nicht von ungefähr als »learned thug«, als gelehrten Gauner, gekennzeichnet. Die Geschichte, das will uns Richental gleich zu Eingang seines chronikalischen Werkes mitteilen, wird für »diesen« Papst jedenfalls nicht gut ausgehen. Die Szene ist mithin ein Wink mit dem Zaunpfahl.

Die spätere Flucht Papst Johannes XXIII. aus Konstanz war offenbar »ein derart unerhörtes und skandalöses Ereignis« (Hermann Georg Peter), dass Ex-Post-Erzählungen dieser Art geradezu vorprogrammiert waren, um das Ungeheuerliche des Vorgangs zu bewältigen, der durchaus zum abrupten Ende und damit zum Scheitern des Konstanzer Konzils hätte führen können. Der Chronist, der sein Werk erst um 1420, also lange nach dem Konzil, verfasste, erzählte die Ereignisse offenkundig vom Ende her.

Seine Leser sind jedenfalls von vornherein über den Ausgang im Bilde und müssen überdies vermuten, dass der Papst nicht gern nach Konstanz gekommen ist, ja, dass er sich teilweise – das legt der Ausspruch vor Bludenz nahe – als Gefangener einer von ihm nicht vollständig beherrschbaren Situation sah – eben wie ein »Fuchs in der Falle«.

Der Schweizer Geschichtsschreiber Aegidius Tschudi (1505–1572) hat in der zweiten Hälfte des 16. Jahrhunderts in seiner Darstellung der Schweizer Geschichte den Vorfall jedenfalls so gedeutet: *dann disen fal nam der bapst für ein böse vorbedütung und anzeigung künftigs unfals.* Anders gewendet: Der Sturz auf dem Arlberg nimmt symbolisch die später erfolgte Absetzung des Papstes während des Konzils vorweg.

Nach seiner als würdelos erachteten Flucht wurde er denn auch zum Gegenstand beißender Kritik und erbitterter Schmähschriften. Im Lichte des zu Konstanz gegen ihn geführten Prozesses musste er, worauf Walter Brandmüller hingewiesen hat, geradezu als »Monstrum« erscheinen. Guillaume Fillastre (ca. 1347/48–1428), Kardinalpriester von San Marco, bestätigt diese kritische Sicht, indem er in seinem während des Konzils verfassten Tagebuch festhält, Johannes sei von Anfang an nicht mit aufrichtiger Gesinnung zum Konzil nach Konstanz gekommen: *papa non sincero animo procederet ad concilium.*

Ein Papst, den es nicht mehr geben darf …

Die moderne kirchenhistorische und papstgeschichtliche Forschung sieht Johannes XXIII. und die Vorgeschichte des Constantiense zwar mittlerweile in einem völlig anderen Licht, indem sie dabei vor allem die italienischen Verhältnisse ins Zentrum rückt, aber es steht – ungeachtet der späteren Legenden, die teilweise in die zeitgenössische Geschichtsschreibung einflossen – außer Zweifel, dass dieser Papst, wären er und die römische Kurie in einer günstigeren politischen Ausgangsposition gewesen, ein Konzil in Italien (etwa in Bologna oder Rom) bzw. in Frankreich (etwa in Lyon oder Avignon) einem Konzil in Konstanz, das dem Herrschaftsbereich des römisch-deutschen Königs Sigmund (1410–1437) angehörte, gewiss vorgezogen hätte.

Der Chronist hält anlässlich der konziliaren Vorverhandlungen zu Lodi jedenfalls ausdrücklich fest, dass der Papst bemerkte, er könne seine Erzbischöfe und Prälaten nicht *über das gebirg*, d. h. die Alpen, bringen *und hett es*, das Konzil, *gern in Ytalia gehept*. Mit Johannes XXIII. haben wir es, so suggerieren uns die Darstellungen von Richental und Fillastre, offenbar mit einem Papst zu tun, der eigentlich gar keiner war. Dies deutlich zu machen, ist die Funktion des symbolisch zu verstehenden Arlbergsturzes.

Baldassare Cossa wird denn auch in der modernen katholischen Kirche nicht mehr als rechtmäßiger Nachfolger des Apostels Petrus geführt. Andernfalls wäre es kaum möglich gewesen, dass der Erzbischof und Patriarch von Venedig, Angelo Giuseppe Roncalli, der Papst, der am 25. Januar 1959 das Zweite Vatikanische Konzil ankündigte, nach seiner Wahl zum Stellvertreter Christi auf Erden am 28. Oktober 1958 ebenfalls den Papstnamen Johannes XXIII. annahm und damit jenen früheren Johannes, dessen Pontifikat ein so unglückliches Ende nahm, einfach ignorierte.

Der »erste« Johannes XXIII. (Cossa) war damit vom »zweiten« Johannes XXIII. (Roncalli) zwar endgültig in die Illegitimität abgedrängt worden, aber die konziliare Theorie und damit auch das Constantiense standen mit der Einberufung des Zweiten Vatikanischen Konzils im Jahr 1962 wieder auf der Tagesordnung der Kirchen- und Weltpolitik. Das 550-Jahr-Jubiläum des spätmittelalterlichen Konzils im Jahre 1964 und das gerade tagende Zweite Vaticanum koinzidierten in bemerkenswerter Weise. Die »Constitutio de ecclesia« (= Konstitution über die Kirche) des Vaticanums lenkte die Aufmerksamkeit erneut auf die ekklesiologischen Grundprobleme des Konstanzer Konzils und verlieh ihm »eine geradezu erstaunliche Aufmerksamkeit« (Erwin Hänggi).

Der Pfau mit den drei Köpfen

Mit der Frage nach der Legitimität bzw. Illegitimität von Baldassare Cossa resp. Johannes XXIII. (1410–1415) befinden wir uns aber bereits mitten in der komplexen Geschichte der spätmittelalterlichen Kirche. Denn der Papst hatte das Konzil von Konstanz zwar auf Veranlassung des römisch-deutschen Königs Sigmund einberufen, der sich wie alle mittelalterlichen Könige seit den Karolingern auch als Vogt und Schutzherr der Kirche (*advocatus et defensor ecclesiae*) verstand, aber er war zu dieser Zeit keineswegs der einzige Prätendent, der Anspruch auf den päpstlichen Thron und die damit einhergehenden Rechte erhob.

Es gab vielmehr, wie man damals sagte, drei *contendentes in papatu* (= Mitbewerber um den Papstthron), d. h. es gab neben dem »Konzilspapst« Johannes XXIII., der fraglos die größte Obödienz (= Einfluss- oder Gehorsamsbereich) auf sich vereinigen konnte, mit Gregor XII. (1406–1415) und Benedikt XIII. (1394–1417) zur gleichen Zeit noch zwei weitere Päpste, die gleichermaßen überzeugt waren, legitime Nachfolger des Apostels Petrus und damit Stellvertreter Christi auf Erden zu sein.

Um diesen aus moderner Sicht zunächst einmal schwer nachvollziehbaren Sachverhalt zu verstehen, muss man wissen, dass es in der Geschichte der mittelalterlichen Papstkirche (aber auch im Bereich des mittelalterlichen Königtums) immer wieder Schismen bzw. Spaltungen gab, man sich also nicht darauf einigen konnte, wer der rechtmäßige Nachfolger auf dem Stuhl des hl. Petrus (*cathedra Petri*) sein sollte.

Das führte beispielsweise dazu, dass bereits 1046 drei Päpste um das Amt des Petrusnachfolgers stritten. Die verfahrene Situation, die nicht zuletzt mit dem Vorwurf des Ämterkaufs, der so genannten Simonie (Apg 8, 18–24), zu tun hatte, konnte jedoch durch den damaligen salischen König Heinrich III. (1039–1056) auf den Synoden von Sutri und Rom (1046) gelöst werden.

Heinrich hatte die Situation insofern bereinigt, als er das Papsttum aus der Abhängigkeit vom stadtrömischen Adel (besonders Crescentier, Tuskulaner usw.) befreite und mit Bischof Suidger von Bamberg, der sich Clemens II. (1046–1047) nannte, einen (deutschen) Papst seines Vertrauens einsetzte und damit eine reformatorische Wende in der Geschichte des Papsttums einleitete, die mit dafür verantwortlich war, dass es in der Folgezeit zu universaler Geltung und ebenso großer Macht aufstieg.

Die Situation wiederholte sich gewissermaßen im Spätmittelalter, als im Jahre 1378 innerhalb kurzer Zeit von demselben Kardinalskollegium in Rom und Fondi wiederum zwei Päpste gewählt wurden, die selbstverständlich beide für sich in Anspruch nahmen, rechtmäßig erhoben worden zu sein. Die schismatische Doppelwahl hatte nicht zuletzt mit der Tatsache zu tun, dass das Papsttum seit 1309 nicht mehr unabhängig war, sondern unter dem Einfluss des französischen Königtums stand und deshalb für lange Zeit seinen Hauptsitz in die päpstliche Enklave nach Avignon verlegt hatte. Erst kurz vor dem Tod Gregors XI. (1370–1378) kehrten am 17. Januar 1377 der Papst und ein großer Teil der Kurie wieder in die Ewige Stadt, nach Rom, zurück.

Das französisch dominierte Kardinalskollegium wählte am 8. April 1378 zunächst unter dem Druck der Straße Urban VI. (1378–1389) und einige Zeit später, am 20. September, Clemens VII. (1378–1394) zum Papst, woraus eine tiefe Spaltung der abendländischen Kirche erwuchs. Das Große Abendländische Schisma (1378–1417), wie diese Zeit von Historikern genannt wird, führte zu einer für die lateinische Christenheit schwierigen und – je länger sie dauerte – unhaltbaren Situation, die als die größte Krise der Kirche vor Ausbruch der Reformation im frühen 16. Jahrhundert bezeichnet werden kann.

Aufgrund der schismatischen Wahl des Jahres 1378, auf die im Kapitel über die historischen Hintergründe des Konstanzer Konzils noch näher und ausführlicher eingegangen wird, gab es nicht nur zwei Päpste, sondern auch zwei Kurien, zwei Kardinalskollegien sowie zwei Kirchenhierarchien. Diese Spaltung verfestigte sich rasch, zumal die europäische Politik das Schisma von Anfang an beherrschte. Sie führte auch dazu, dass die päpstlichen Behörden den Fiskalismus, den Zentralismus sowie die kirchliche Bürokratie weiter ausbauten, da die Kirche ihren Geldbedarf nun aus verkleinerten Obödienzen bzw. Einflussbereichen bestreiten musste. Die eine, von Christus begründete Kirche hatte demnach zwei Häupter, die beide gleichermaßen Legitimität, Gefolgschaft und Gehorsam beanspruchten.

Streng genommen standen sich, wie das der Heidelberger Mediävist Jürgen Miethke in einem von Heribert Müller herausgegebenen Buch über das »Ende des konziliaren Zeitalters« formuliert hat, nicht nur zwei Päpste, sondern sogar »zwei Kirchen« gegenüber. Man kann also durchaus, obwohl der Begriff eigentlich für das 16. Jahrhundert reserviert ist, bereits für das 15. Jahrhundert von einer Kirchenspaltung sprechen. Da auch in der Folgezeit keiner der Papstprätendenten von seinem Anspruch lassen wollte, der legitime Vertreter auf der *cathedra Petri* zu sein, verhärtete sich die Situation derart, dass das Konzil als Vertretung der Gesamtkirche bzw. der Gläubigen (*congregatio fidelium*) der einzige Ausweg aus der verfahrenen Situation zu sein schien.

Concilium supra papam?

Damit stellte sich aber die Frage nach der Verfassung der spätmittelalterlichen Kirche oder – grundsätzlicher formuliert – nach der Verfassung der christlichen Kirche überhaupt. Die konkreten Fragen, die angesichts der Krise gestellt wurden, lauteten: Was ist eigentlich Kirche? Wer oder was macht sie aus? Wer oder was repräsentiert sie? Steht der Papst über dem Konzil oder das Konzil über dem Papst? Wem gebührt bei einem Konflikt zwischen Papst und Konzil der Vorrang? Wer ist für die Lösung der Krise zuständig, wenn es keinen zweifellos legitimen Papst mehr gibt? Darf man einen schismatischen Papst absetzen? Ist ein schismatischer Papst überhaupt Papst? Und welche Rolle spielt die Gemeinschaft der Gläubigen?

Diese Fragen wurden seit 1378 von den zeitgenössischen Theologen und Kanonisten an den im Spätmittelalter neu entstandenen Universitäten in vielfacher Form besprochen, verhandelt und diskutiert. Sie waren auch deshalb dringlich, weil das Papsttum, das sie eigentlich entscheiden sollte, ausfiel. Die Kirchenhierarchie insgesamt schien zunehmend desavouiert. Die Konstanzer und Basler Konzilsväter waren deshalb der Meinung, dass das allgemeine Konzil (*concilium generale*) als Versammlung der Gläubigen die Kirche repräsentiere und über allen Gliedern der Hierarchie, einschließlich des Papstes, stehe, da es seine Gewalt unmittelbar von Christus ableite.

Die *Intitulatio* (= Eingangsformel einer Urkunde) der Konzilsdekrete lautete dementsprechend: *sancta synodus in spiritu sancto legitime congregata universalem ecclesiam repraesentans* – »Die Heilige Synode, die im Heiligen Geist rechtmäßig versammelt ist, repräsentiert die universale Kirche«. Diese Überzeugung vom Vorrang des Konzils gegenüber dem Papst lag gewissermaßen in der Luft, zumal sich die hierarchische Spitze der Kirche seit einiger Zeit als reformunfähig erwiesen und zudem in eine aporetische Situation manövriert hatte, aus der sie sich aus eigener Kraft nicht mehr befreien konnte.

Der Philosoph und Theologe Nikolaus von Kues (1401–1464) schrieb in seinem 1433 dem Basler Konzil (1431–1449) vorgelegten Werk »De concordantia catholica« (= Von der Einheit der katholischen Kirche), »das allgemeine Konzil habe als Stellvertreter der katholischen Kirche seine Gewalt unmittelbar von Christus und stehe in jeder Beziehung sowohl über dem Papst wie über dem apostolischen Stuhl« (II, 17).

Der Konziliarismus, wie das Phänomen von der modernen Forschung genannt wird, war jedoch nicht so neu und revolutionär, wie man vielleicht meinen könnte, sondern tief in der kanonistischen Tradition der hochmittelalterlichen Kirche des 12. und 13. Jahrhunderts verankert. Er ging von dem Gedanken aus, dass die Kirche eine Korporation (*corporatio*), eine »Körperschaft« sei, bestehend aus Haupt und Gliedern, die nur zusammen ein Ganzes bilden.

So gesehen war die konziliare Theorie in gewisser Hinsicht die Kehrseite der hierokratischen Papstherrschaft, wie sie sich seit dem Hochmittelalter entwickelt hatte, als sich das Papsttum ebenfalls in einer ähnlich krisenhaften Situation befand und sich allein mit Hilfe des reformorientierten hochmittelalterlichen Königtums der Salier daraus befreien konnte.

Das Gefährliche am Konziliarismus des Spätmittelalters, der bereits im frühen 14. Jahrhundert theoretisch voll entwickelt war, bestand indes darin, dass er eigentlich Ausdruck einer tief greifenden kirchlichen Verfassungskrise war. Er gründete sich auf ein neues, korporativkollegiales und nicht-hierarchisches Verständnis von Kirche und damit auf eine neue Ekklesiologie, eine neue Lehre von der Kirche, der eine revolutionäre Sprengkraft innewohnte. Es ging nicht zuletzt um das strukturelle Verhältnis von Papst und Konzil, das in der Notsituation des Schismas neu zu definieren und auszutarieren war. Der Stuhl Petri war ja seit 1378 gewissermaßen vakant, d. h. nicht besetzt.

Insofern zeigte der konziliare Gedanke der päpstlichen Monarchie faktisch Grenzen auf. Papst und Kurie wurden zunehmend einer konziliaren Kontrolle unterworfen. Es wäre jedoch falsch anzunehmen, dass den Konzilsvätern von Konstanz und Basel bereits eine ausformulierte Konzilstheorie zur Verfügung gestanden hätte, die man einfach auf die besondere Situation des Schismas hätte anwenden können. Es ist auch nicht so, dass sich die konziliare Theorie von vornherein kritisch gegen die zeitgenössische kirchliche Hierarchie richtete. Ziel war keineswegs eine papstlose Kirche.

Die konziliare Theorie wurde vielmehr als Teil der überkommenen Kirchenlehre verstanden, die sich als Lösungsmöglichkeit in Krisensituationen anbot – und eine solche Krisensituation stellte sich 1378 mit der schismatischen Papstwahl ein. Der sich im Gefolge des Großen Schismas entfaltende Konziliarismus stellte gleichwohl eine gefährliche Waffe in der Hand der politischen Gegner des Papsttums dar, denn er hatte, worauf Jürgen Miethke hinwies, offenbar gemacht, dass es hinsichtlich der »im Mittelalter immer stärker vorgenommenen Konzentrierung aller kirchlichen Amtskompetenz im Haupt der Kirche« ein Problem gab.

Es blieb unklar, wer in der Notsituation für das weitere Handeln zuständig war, zumal dann, wenn es keinen unbezweifelten Papst (*papa indubitatus*) gab. Der Rückgriff auf einen anderen bzw. geistigen Kirchenbegriff (*ecclesia spiritualis*), wie er etwa in der wiclifitisch-hussitischen Herausforderung einer unsichtbaren Geistkirche (*corpus Christi mysticum* versus *corpus dyaboli* oder *Antichristi*) zum Ausdruck kommt, hatte nicht zuletzt auch damit zu tun, dass sich das Papsttum als unfähig erwiesen hatte, die Krise an der Spitze der institutionellen, also der sichtbaren Amtskirche, die sich in Avignon hauptsächlich zu einem zentralistisch organisierten Rechts- und Finanzinstitut entwickelt hatte, aus eigener Kraft zu bewältigen.

Abb. 2: Siegel des Konstanzer Konzils. Die Aversseite zeigt zwei gekreuzte Schlüssel (Symbol für die Schlüsselgewalt des hl. Petrus) mit der Umschrift S[igillum] Sacre Sinodi Constancien[sis], *die Reversseite die Köpfe von Petrus (rechts) und Paulus (links) in je einem ovalen Perlenkranz mit der Aufschrift* S[anctus] PA[ulus] S[anctus] PE[trus]. *Die Gedenkplakette an das Konzil findet sich in der Konstanzer Fußgängerzone. (Foto: Thomas Martin Buck)*

Die Kirche wurde von den Kritikern deshalb primär als Gemeinschaft der Gläubigen gesehen, an deren Spitze nicht der Papst, sondern Jesus Christus stehe. Damit stand das Konzil als Repräsentation der Gesamtkirche *neben* dem Papst, in akuten Notsituationen – wie etwa in Konstanz nach der Flucht des Papstes am 20. März 1415 – sogar *über* dem Papst. Diese Flucht stürzte das Konzil nicht nur in eine tiefe Krise, sondern machte auch die Verfassungskrise, in der sich die spätmittelalterliche Kirche befand, schlagartig offenbar. Dem Konzil fehlte ohne das geistliche Oberhaupt die Legitimation, die Rechtsbasis, was – für die Zeit der Sedisvakanz – in der Schaffung eines eigenen Konzilssiegels zum Ausdruck kam. Seit dem 17. August 1415, der 18. Konzilssession, besaß das Konzil ein eigenes Bleisiegel (Abb. 2).

Es verstand sich damit Hans Schneider zufolge als vollwertige juristische Person, wie es seinem ekklesiologischen Selbstverständnis entsprach, das am 6. April 1415 deutlich artikuliert worden war. Das berühmte Dekret »Haec sancta«, das die Superiorität (= Überordnung oder Oberhoheit) des Konzils über den Papst formulierte, ist vor diesem Hintergrund auch als eine Form der konziliaren Selbstbehauptung gegenüber einem Papst zu sehen, der das Konzil durch seine Flucht zur Verlegung bzw. zur Auflösung zwingen wollte. Das papstlose Konzil vergewisserte sich in diesem Dekret gewissermaßen seiner selbst.

Ein neuer Kirchenbegriff entsteht

Doch der vor allem durch Theologen und Universitätsgelehrte beförderte Konzilsgedanke führte nicht sogleich zur Lösung des akuten Schismaproblems. Im Gegenteil – die innerkirchliche Krise verschärfte sich noch, als 13 von Gregor XII. und Benedikt XIII. abgefallene Kardinäle für den 25. März 1409 ein allgemeines Konzil nach Pisa einberiefen. Man zitierte die schismatischen Päpste Gregor XII. und Benedikt XIII. vor das Pisaner Konzil, machte ihnen den Prozess und setzte sie kurzerhand ab, als sie, was zu erwarten war, nicht erschienen. Zum Papst wurde der gelehrte Franziskaner und Erzbischof von Mailand Peter Philargi erhoben, der sich Alexander V. (1409–1410) nannte.

Auf ihn, der am 3. Mai 1410 starb, folgte am 17. Mai Baldassare Cossa, der den Papstnamen Johannes XXIII. annahm. Da die Päpste der römischen und avignonesischen Obödienz das Absetzungsurteil des Pisaner Konzils nicht akzeptierten, gab es nach dem Pisanum nicht mehr nur zwei, sondern drei Päpste, die um die höchste Würde der Christenheit konkurrierten: einen Papst Pisaner, einen Papst römischer und einen Papst avignonesischer Obödienz.

Die »aporetische Situation des dreiköpfigen Papsttums« (Johannes Helmrath), die daraus entstand, ist im Zentrum der Konzilsstadt, auf dem Konstanzer »Kaiserbrunnen« (erneuert 1993), nicht ohne Grund symbolisch dargestellt worden. Sie war der historische Ausgangspunkt des Constantiense. Man sieht hier einen dreiköpfigen Pfau, der auf jedem seiner Häupter eine Papstkrone, eine Tiara, trägt, wodurch das dreifache Schisma der Papstkirche symbolisch angedeutet wird (Abb. 3).

Abb. 3: Der Pfau mit den drei Köpfen als Symbol für das »dreiköpfige« bzw. schismatische Papsttum als historischer Ausgangspunkt für das Konstanzer Konzil. Die Darstellung findet sich am Kaiserbrunnen auf der Marktstätte in Konstanz. (Foto: Thomas Martin Buck)

Dass die *via concilii*, der »Weg des Konzils«, nach Pisa doch noch zum Erfolg führte, war im Wesentlichen das Verdienst König Sigmunds. Er drang nach der wegen mangelnder Teilnahme gescheiterten römischen Synode des Jahres 1412/13 auf die Einberufung eines neuen Konzils, das zu einer definitiven Lösung der Schismafrage führen sollte. In einem nach 1418 beendigten zeitgenössischen Gedicht von Thomas Prischuch von Augsburg mit dem Titel »Des conzilis grundveste« wird die diesbezügliche Mühe Sigmunds insofern gewürdigt, als es heißt, der König habe *das conzili gefangen an mit groß swer herter arbait*. Er war, wie es ebenda an anderer Stelle heißt, nach der Meinung der Zeitgenossen offenbar *der sach anfaher*, d. h. der Initiator des Konstanzer Konzils. Sigmund bat deshalb den Papst, den Ort für das für den 1. Dezember 1413 bereits zu Pisa avisierte Konzil im Einvernehmen mit ihm festzulegen. Es ging also gar nicht mehr um die Frage, *ob*, sondern nur noch darum, wo das Konzil stattfinden sollte. Papst und König einigten sich schließlich nach recht langwierigen Verhandlungen auf die Abhaltung eines Generalkonzils in Konstanz, und zwar *ad pacem, exaltationem et reformationem ecclesiae, ac tranquillitatem populi christiani*, d. h. zum Frieden, zur Erhöhung und zur Reform der Kirche sowie zur Beruhigung des christlichen Volkes, wie es in der ersten Session am 16. November 1414 hieß.

Das Constantiense sollte den Ausweg aus der verfahrenen Situation bringen und die Kirche nicht nur *in capite et in membris*, an Haupt und Gliedern, durchgreifend reformiert, sondern vor allem die Einheit der Christenheit wiederhergestellt werden. *Pax, unio* und *reformatio ecclesiae*, also Friede, Einheit und Reform der Kirche, waren denn auch die Zentralbegriffe, die sich nach dem Zeugnis von Guillaume Fillastre mit dem Constantiense verbanden.

Die Einheits- oder Unionsfrage war deshalb so wichtig, weil die Kirche des Spätmittelalters noch unbezweifelt als »Heilsinstitution« bzw. als »Sakramentskirche« galt. Ein Leben außerhalb der Kirche (*extra ecclesiam*), die das Monopol der Heilsvermittlung besaß, war unvorstellbar. Nach nahezu einhelligem Urteil der modernen Forschung, wobei hier vor allem Bernd Moeller zu erwähnen ist, waren die Menschen des 15. Jahrhunderts so fromm und kirchentreu wie niemals vorher im Mittelalter. Zur Reformation und damit zur Spaltung der christlichen Kirche ist es im 16. Jahrhundert nicht deshalb gekommen, weil die Menschen vom Glauben abgefallen, sondern weil sie so religiös waren.

Auf Papst Bonifaz VIII. (1294–1303), in dessen Person die spätmittelalterliche Papstkirche in gewisser Hinsicht ihren Kulminationspunkt erreichte, geht der Satz zurück *extra ecclesiam nulla salus* – »außerhalb der Kirche gibt es kein Heil«. Zugleich war er der Überzeugung, dass es für alle menschliche Kreatur heilsnotwendig sei, dem Papst und der von

27

ihm geleiteten Kirche untertan und gehorsam zu sein. Damit wurde die *plenitudo potestatis*, d. h. die Fülle der Macht, die der Papst als oberste Instanz der christlichen Kirche innehatte, in den Rang einer lehramtlichen bzw. dogmatischen Entscheidung erhoben.

Die Anerkennung der kirchlichen Autorität war daher nicht nur heilsnotwendig, sondern auch bindend. Es musste also um des Seelenheils willen klar sein, wer der wahre Papst war. Das oberste Anliegen der Konstanzer Reformsynode musste es demnach sein, die Einheit *in capite*, d. h. an der Spitze der Kirche, wiederherzustellen, um mit der Reform der Gesamtkirche *in membris*, d. h. in allen ihren Teilen, beginnen zu können.

Weil es das Schisma beendet und damit die Unionsfrage erfolgreich gelöst und der Kirche die Einheit wiedergeben hat, ist das Konstanzer Konzil, wie der Kirchenhistoriker August Franzen anlässlich des 550-Jahr-Jubiläums im Jahr 1964 formuliert hat, zu Recht als »Konzil der Einheit« in die Geschichte eingegangen. Mit Oddo Colonna, der sich nach dem Heiligen seines Wahltages am 11. November 1417 Martin V. (1417–1431) nannte, gab es wieder einen allgemein anerkannten Papst. Die Zeit dreier Päpste und das damit einhergehende Machtvakuum an der Spitze der Kirche waren mit der erfolgreichen Papstwahl im Konstanzer Kaufhaus definitiv beendet.

Nachwirkung und Rezeption des Konzils

Dass die Synode nur teilweise erfolgreich war und die Reform- und Glaubensfrage in Konstanz nicht abschließend gelöst werden konnte, war angesichts dieses Erfolgs der Nachwirkung und Rezeption des Konzils keineswegs abträglich, und das trotz der Verurteilung und Hinrichtung der tschechischen Reformatoren Jan Hus und Hieronymus von Prag. Die Konstanzer Kirchenversammlung zählt neben dem Konzil zu Trient (1545–1563) und den beiden vatikanischen Konzilien des 19. und 20. Jahrhunderts fraglos zu den bedeutendsten Konzilien der abendländischen Kirchengeschichte überhaupt.

Das Konstanzer Konzil war dem Freiburger Kirchenhistoriker Remigius Bäumer zufolge »nicht nur die bis dahin am zahlreichsten

28

besuchte Kirchenversammlung der Geschichte und hatte die längste Tagungsdauer, sondern gehört auch in seinen Ergebnissen zu den einflussreichsten Konzilien der Geschichte«. Im Vergleich zum Basler Konzil, das in gewisser Hinsicht als die »große Peripetie« (Hans Schneider) der konziliaren Bewegung angesehen werden kann, sehr viel länger dauerte und nach der Konstanzer Einigung mit Herzog Amadeus von Savoyen bzw. Felix V. (1439–1449) sogar noch einmal einen (letzten) Gegenpapst erhob, womit das Schisma, das man 1417 eigentlich beseitigt glaubte, erneuert wurde (weshalb es nach der Schedelschen Weltchronik *ein ublen uszgang* nahm bzw. scheiterte), ist das Constantiense als erstes Konzil auf deutschem Boden das bekanntere und vor allem das populärere Konzil geblieben.

Seine Nachwirkung reicht bis in die heutige Zeit. Kaum ein Ereignis der mittelalterlichen Geschichte des Bodenseeraumes, schrieb Alois Niederstätter, »ist im allgemeinen Bewusstsein noch so präsent wie das Konzil zu Konstanz«. Das hat nicht nur mit seinem positiven Ausgang, sondern nach Johannes Helmrath und Heribert Müller auch mit der »ikonische[n] Plastizität« der volkssprachlichen Konzilschronik zu tun, die Ulrich Richental nach Abschluss der Ereignisse um 1420 verfasst hat. Sie hat dem Konzil einen prominenten Platz im kollektiven Gedächtnis der Nachwelt gesichert.

Die Basler Synode (1431–1449) war, wie Helmrath 1987 gezeigt hat, keineswegs unbedeutend, eher das Gegenteil ist der Fall. Aber sie besaß keinen Chronisten, der das Ereignis im Blick auf seine Nachwirkung ähnlich werbewirksam und adressatenorientiert tradierte, wie dies für Ulrich Richental und den Konstanzer Chronisten Gebhard Dacher (ca. 1425–1471) gilt, auf dessen redaktionelle Tätigkeit sich eine Vielzahl der erhaltenen Chronikhandschriften sowie vermutlich auch der Erstdruck der Chronik 1483 nachweislich zurückführen.

Wenn des Konzils und seiner dramatischen Ereignisse bis heute als »Weltereignis des Mittelalters« – so der Titel der Landesausstellung des Badischen Landesmuseums im Konstanzer Kaufhaus anlässlich des 600-Jahr-Jubiläums – gedacht wird, so hat dies nicht zuletzt mit Richental und seiner als »Gedächtnis der Stadt« (Birgit Studt) konzipierten Konzilschronik zu tun – rückte die Entscheidung für Konstanz den Bodensee Alois Niederstätter zufolge doch »ein letztes

Mal im Verlaufe des Mittelalters in den Brennpunkt abendländischer Politik«.

Dem Chronisten, der vielfach an den logistischen Vorbereitungen des Konzils beteiligt war, dürfte jedenfalls recht bald klar geworden sein, was für ein historisches Ereignis da auf seine Heimatstadt zukam und welche Gelegenheit zur Profilierung sich in diesem Rahmen bot. Denn das *concilium* war für die relativ kleine Stadt nicht nur deshalb ein »Weltereignis«, weil mit dem Konzil gewissermaßen die »große Welt« in Konstanz einkehrte, sondern auch deshalb, weil Konstanz temporär zum Zentrum der abendländischen Christenheit wurde.

Ein Motiv für die Abfassung der Chronik war denn auch, eines der gewaltigsten und bedeutendsten Ereignisse, das die Stadt und die Bodenseeregion je erlebt haben, in Wort, Schrift und Bild für die Nachwelt so festzuhalten, dass dieses nicht so schnell vergessen würde. So heißt es denn auch im Prooem (= Textanfang) der Konstanzer Handschrift, dass die Chronik vornehmlich *von gedachtnusse wegen* (= um der Erinnerung willen) verfasst worden sei. Was in Konstanz geschah, sollte nicht vergessen, sondern in das kollektive Gedächtnis der Stadt sowie der Region nachhaltig eingeschrieben werden.

Das Konzil in der Geschichts- und Erinnerungskultur

Das Constantiense ist über die Rezeption, die es bis heute erfahren hat und aus ganz unterschiedlichen Gründen immer noch erfährt, so tief im kollektiven Geschichtsbewusstsein der Konstanzer Bevölkerung verankert, dass man das Konzil geradezu als erinnerungskulturellen Fixpunkt der Stadt bezeichnen darf. Wer heute nach Konstanz kommt und die Stadt etwa über die Rheinbrücke betritt, wird von Geschichte geradezu affiziert. Da ist das Kloster Petershausen, das Dominikanerkloster, das Kaufhaus (»Konzil«), das alte Rathaus, die Schiffslände, das Münster, die Stephanskirche, das »Haus zur Katz«, die Augustinerkirche, der Hussenstein usw.

30

Abb. 4: Die von Peter Lenk 1993 geschaffene »Imperia« im Hafen der Stadt Konstanz. (Foto: Thomas Martin Buck)

Nichts könnte die Anwesenheit der konziliaren Vergangenheit in der Gegenwart jedoch besser verdeutlichen als die von Peter Lenk 1993 geschaffene moderne Konstanzer Hafenfigur »Imperia«, die – trotz aller Kontroversen, die sich mit dem Kunstwerk verbinden – bis heute Anlass gibt, über das Verhältnis von Konzil und Stadt historisch-kritisch nachzudenken. Sie, die sich auf eine literarische Figur des französischen Schriftstellers Honoré de Balzac zurückführt, ist – gerade in ihrer zur Reflexion anregenden Kontroversität – zum inoffiziellen Symbol und Aushängeschild der Konzilsstadt geworden. Kein Besucher der Stadt, der sich auf die Spuren des Konzils begibt, wird der üppigen Frauenfigur im Konstanzer Hafen entgehen können.

Das Monument ist – wie jedes geschichtskulturelle Denkmal – jedoch weniger eine Quelle für das, *was* in der Vergangenheit tatsächlich geschah, als vielmehr dafür, *wie* diese Vergangenheit heute perspektiviert, betrachtet, inszeniert und aufbereitet wird. Das wird nicht zuletzt auch dadurch deutlich, dass die Figur, die auf einem Sockel der Hafenanlage befestigt ist, sich vor den Augen des Betrachters langsam dreht,

31

wodurch zum Ausdruck kommt, dass die moderne Perspektive auf das Konzil und seine Beteiligten einer kontinuierlichen Änderung und Umformung unterworfen ist. In der »Imperia«, die den nackten Papst und den ebenso nackten König auf Händen trägt, bündeln sich offenbar die modernen Vorstellungen, welche die Menschen bewegen, wenn sie an das vergangene Ereignis denken (Abb. 4).

Entscheidend ist in diesem Zusammenhang nicht, ob diese Vorstellungen historisch richtig oder falsch sind, sondern dass das große Konzil die Menschen offenbar nach wie vor bewegt. Es kommt insofern nicht von ungefähr, dass sich die Stadt angesichts des Jubiläums nicht nur entschlossen hat, ein großes von 2014 bis 2018 währendes Fest auszurichten, sondern auch einen städtischen »Eigenbetrieb« zu gründen, der dieses organisiert, koordiniert und vorbereitet. Daran wird deutlich, dass das Konzil ein Vermächtnis ist und war, »von dem die Stadt«, wie Jürgen Klöckler in der Einleitung zur neuen Faksimile-Ausgabe der Konstanzer Chronikhandschrift eindringlich formuliert hat, tatsächlich »bis zum heutigen Tag zehrt«.

Denn das Konzil machte die Stadt an Rhein und Bodensee für vier Jahre zum »Brennpunkt der kirchlichen und politischen Ereignisse Europas« (Walter Brandmüller). Es wäre mithin falsch, das Konstanzer Konzil nur aus deutscher und nicht auch aus europäischer Perspektive betrachten zu wollen. Das wäre schon deshalb nicht angebracht, weil sich die Vorgeschichte des Constantiense im Wesentlichen in Italien abspielte und sich im Sommer 1415 der Schwerpunkt des Konzils nach Südfrankreich und auf die Iberische Halbinsel verlagerte. Die Lösung der Schismafrage lag seit dem Sommer 1415 nicht mehr in Konstanz. Außerdem kehrte mit dem Konzil für nahezu vier Jahre die damals bekannte christliche und außerchristliche Welt in Konstanz ein und machte die Stadt für diese Zeit zum Mittelpunkt des christlichen Erdkreises.

Die Polyvalenz des Constantiense

Das vorliegende Buch arbeitet also nicht nur die kirchengeschichtliche, sondern auch die politische und europäische Dimension des historischen Ereignisses heraus. Es handelt deshalb, wie dies in der Geschichtsforschung üblich ist, vom Beginn, vom Verlauf, von den Aufgaben, den Hauptereignissen und den Nachwirkungen des Konzils als Kirchenversammlung, als internationalem Forum, als Drehscheibe und Knotenpunkt, behält aber gleichzeitig auch im Auge, dass es sich bei den Konzilien um »polyvalente Phänomene« (Johannes Helmrath und Heribert Müller) handelte, die viel- und mehrdeutig sind, neben ihrer universalgeschichtlichen mithin auch eine regional- und alltagsgeschichtliche Dimension hatten.

Wir dürfen ja nicht vergessen, dass wir uns, worauf Stephen Greenblatt erst unlängst noch einmal aufmerksam gemacht hat, im Zeitalter der anhebenden Renaissance befinden und die Konzilien gewissermaßen als Scharniere bzw. als Diffusionszentren wirkten, die Ideen, Texte und Personen nach Deutschland brachten, welche dort bislang noch wenig bekannt oder sogar gänzlich unbekannt waren. Hinzu kam ein Prozess der zunehmenden Literalisierung und Verschriftlichung. Jürgen Miethke hat in diesem Zusammenhang von der »elektrisierenden Wirkung des Konzils auf die Intellektuellen Europas« gesprochen. Das gilt vor allem für die geistige Bewegung des Humanismus. Konstanz wurde durch das Konzil nicht nur zum geistigen Umschlagplatz für humanistische Ideen, sondern auch zur Text- und Handschriftenbörse.

Im Rückblick betrachtet, bestand die geschichtlich bedeutendste Leistung des Konstanzer Konzils neben vielen anderen Sekundärfunktionen, die es selbstverständlich auch hatte, gewiss in der Überwindung der seit 1378 währenden Kirchenspaltung, wenn man mit Hartmut Boockmann auch vermuten darf, dass das Schisma »manchen Christen ganz gleichgültig war«. Dennoch kehrte die Kirche mit der Wahl Martins V. von der »verfluchten Dreiheit« (*trinitas maledicta*) zur Einheit zurück.

Die Konstanzer Lösung hatte auf die weitere Kirchengeschichte jedoch insofern eine paradoxale Wirkung, als es zwar der Konstanzer Konziliarismus war, der das reformunfähige Papsttum aus seiner selbstverschuldeten Krise geführt hat, der konziliare Gedanke in der Folgezeit gleichzeitig aber derart perhorresziert und abgelehnt wurde, so dass er für das römische Papsttum bis in die Reformationszeit hinein so etwas wie ein Schreckgespenst darstellte.

Papst Pius II. (1458–1464) hat am 18. Januar 1460 in der Bulle »Execrabilis« das Rechtsmittel der Konzilsappellation sogar ausdrücklich verboten. Es schien ihm mit dem päpstlichen Primat (= Vorrang) nicht vereinbar. Dass das Konzil von Trient erst zu einem Zeitpunkt stattfand, als die *eine* römisch-katholische Kirche durch die Reformatoren des 16. Jahrhunderts (Martin Luther, Huldreich Zwingli, Martin Bucer, Jean Calvin, John Knox u. a.) bereits unwiderruflich in zwei bzw. drei Konfessionen auseinandergebrochen war, hatte mithin auch etwas mit dem »Erfolg« der konziliaren Ideen in Konstanz und vor allem in Basel zu tun, die das hierokratische Papsttum zwar »retteten«, es aber auch bis in seine Grundfesten erschütterten bzw. erschreckten.

Die Appellation vom Papst an ein Konzil wurde deshalb zwar päpstlicherseits in der abschließenden Sitzung (im Rahmen der *causa* Falkenberg) des Constantiense verboten, aber die drängenden kirchlichen Reformfragen wurden in der Folgezeit doch nicht zureichend gelöst, so dass der Erfolg der Reformation auch etwas mit der Angst der römischen Papstkirche vor dem Wiederaufleben des Konziliarismus zu tun hatte. Insofern ist es durchaus legitim, wenn die moderne Forschung die Ambivalenz des Begriffs »Reformkonzilien« betont, da die von diesen Konzilien intendierte Reform eigentlich gescheitert ist bzw. nicht in zureichender Weise in Angriff genommen wurde.

Die Aktualität des Konzils

Die Bewegung des Konziliarismus mag, auf lange Sicht gesehen, gescheitert sein, aber die damit einhergehenden konziliaren und ekklesiologischen Grundfragen, die das Constantiense und in seinem Gefolge das Basiliense (= Konzil von Basel) aufwarfen, haben die Kirche bis zum Zweiten Vatikanischen Konzil (1962–1965) trotzdem nicht mehr losgelassen. Die Vehemenz der auf dem Zweiten Vaticanum geführten Debatten sowie das Buch über die »Strukturen der Kirche« (1962) von Hans Küng zeigen jedenfalls, dass die Diskussion um den Konziliarismus – auch nach 600 Jahren – noch keineswegs abgeschlossen ist.

Insofern dürfen die Konzilien von Konstanz und Basel nicht nur unter universalhistorischen, sondern auch unter theologischen und kirchengeschichtlichen Gesichtspunkten bis heute einen hohen Grad an Aktualität und Gegenwartsrelevanz beanspruchen. Sie sind für die Kirche ihrer Zeit eine Herausforderung gewesen, die bis heute nachwirkt. Die Fragen, die die Konstanzer Reformdekrete aufwarfen, sind keineswegs beantwortet. Sie bewegen die Menschen, sofern sie über das Wesen und die Struktur der Kirche nachdenken, deshalb bis heute.

Franz Kardinal König, Teilnehmer des Zweiten Vatikanischen Konzils und seinerzeit Erzbischof von Wien, hatte in einem 1964 anlässlich des 550-Jahr-Jubiläums gehaltenen Vortrag sogar ausdrücklich eine Verbindung zwischen dem Constantiense und dem Zweiten Vaticanum hergestellt. Er bezeichnete das Ringen um das Selbstverständnis der Kirche auf dem Constantiense als ein »fernes Präludium«, ein fernes Vorspiel, auf das in der dritten Sitzungsperiode des Zweiten Vatikanischen Konzils behandelte Kirchenschema. Gleichzeitig betonte er, »dass alle Konzilien um das Verständnis der Kirche ringen«, ja dass dies das »Grundanliegen aller Konzilien« sei.

Die historische ebenso wie die theologische Diskussion um das berühmte Dekret »Haec sancta« vom 6. April 1415, das in der 5. Session die Superiorität des Konzils über das Papsttum behauptete, ist zwar bis heute kontrovers, aber nicht abgerissen. Das Dekret ist – neben dem späteren Dekret »Frequens« – gewissermaßen der theologische oder ekklesiologische Nucleus, der Kern, von dem her das Konzil verstanden werden muss. Es ist – das darf man ohne Übertreibung sagen – das Konstanzer Dekret schlechthin. Heribert Müller hat erst unlängst in einer Arbeit über das »Ende des konziliaren Zeitalters« sogar von der »Magna Charta des Konziliarismus« gesprochen.

Nach der Flucht Johannes' XXIII. am 20. März 1415 und der damit einhergehenden krisenhaften Situation leitete die »heilige Synode« ihre Legitimation nicht mehr vom Papst, sondern unmittelbar von Christus ab: *potestatem a Christo immediate habet* – »Von Christus allein habe die Kirche ihre Autorität«. Kardinal Francesco Zabarella formulierte: *Universalis ecclesia id est concilium* – »Das allgemeine Konzil ist der Inbegriff der Kirche«. Der berühmte Kanonist forderte am 26. März 1415, das Konzil solle fortbestehen, auch wenn der Papst dies zu verhindern suche. Es habe seine Gewalt *immediate a Christo* – »unmittelbar von Christus«.

Das war bereits am 23. März 1415 – zwei Tage nach der Flucht des Papstes – in der programmatischen Predigt *Ambulate dum lucem habetis* (Gehet, solange ihr Licht habt) (Joh 12, 35) von Jean Charlier Gerson, dem Kanzler der Sorbonne, deutlich geworden, die bereits wesentliche Gedanken des späteren Dekrets »Haec sancta« vorweggenommen und in aller Klarheit formuliert hatte.

In der Rede heißt es, dass die Kirche oder das Konzil, das die Kirche repräsentiere (*ecclesia vel generale concilium eam repraesentans*), der vom Heiligen Geist ausgehende und von Christus überlieferte Maßstab (*regula*) sei, dem jeder, welchen Standes auch immer, in Sachen des Glaubens, der Beseitigung des Schismas und der Reform folgen und gehorchen müsse, was selbstverständlich auch für den Papst gelte (*etiam si papalis existat*).

Überhaupt verfüge die Kirche, wie es am Ende der von Gerson angestellten *considerationes* (= Betrachtungen) heißt, über kein wirksameres Mittel, um Reformationen durchzuführen, als kontinuierlich Generalsynoden abzuhalten. Dabei handelt es sich um einen Gedanken, der 1417 im Dekret »Frequens« festgehalten und institutionalisiert werden wird. Die Reform wird mit diesem Dekret gewissermaßen zum kontinuierlichen Verfassungselement der Kirche.

Was das erste Reformdekret anbelangt, so gibt es, worauf Hans Schneider hingewiesen hat, nicht viele Dokumente der Kirchengeschichte, »um deren Verständnis und Geltung über Jahrhunderte hin so zäh und verbissen gerungen wurde«. Das hat mit der unabweisbaren Aktualität und Brisanz der Frage zu tun, die in »Haec sancta« gestellt und beantwortet wird. Sie zielt – früher wie heute – auf das ekklesiologische Selbstverständnis der Kirche und muss deshalb immer wieder neu gestellt und auch neu beantwortet werden.

Man greift deshalb gewiss nicht zu hoch, wenn man den Erlass des Dekrets »Haec sancta« als eine Sternstunde der Kirchengeschichte bezeichnet. Alle Konzilien ringen, wie das Kardinal König formulierte, um das »Verständnis der Kirche« auf ihrem Weg durch die Zeit. Dem

Tübinger Kirchenhistoriker Karl August Fink zufolge gilt das Konstanzer Konzil mit Recht »als die größte und bedeutendste Versammlung des späten Mittelalters«. Mit den hochmittelalterlichen Synoden, deren letzte das Konzil von Vienne 1311/12 unter Papst Clemens V. (1305–1314) war, ist es jedenfalls nicht (mehr) zu vergleichen. In der so genannten Klingenberger Chronik, einer in der ersten Hälfte des 15. Jahrhunderts entstandenen Kompilation in deutscher Sprache, die u. a. auch auf das Constantiense eingeht und vermutlich von dem Rapperswiler Stadtschreiber Eberhard Wůst verfasst wurde, wird die Bedeutung und Anziehungskraft des Konstanzer Konzils vor allem in seiner Größe gesehen, *won* [denn] *es was das gröst concilium, das man in vil iaren in tüschen* [deutschen] *oder in wälschen* [romanischsprachigen] *landen ye gesechen hatt.*

Ganz ähnlich sieht dies der zeitgenössische Berichterstatter Guillaume Fillastre am Ende seiner *Gesta concilii Constantiensis* (= Geschichte des Konstanzer Konzils), nachdem er zuvor tagebuchartig die Ereignisse des Konzils als Kardinal begleitet und als Augenzeuge beschrieben hat. Er kommt zu dem Schluss, dass das Konstanzer Konzil im Vergleich zu allen früheren Generalkonzilien in jeder Hinsicht etwas Besonderes gewesen sei, und zwar deshalb, weil es schwerer (*difficilius*) zu berufen, in seinem Verlauf einzigartiger (*singularius*) und wunderbarer (*mirabilius*), aber auch gefahrvoller (*periculosius*) und – was seine zeitliche Dauer anbelangt – länger (*diuturnius*) als alle vorherigen kirchlichen Synoden gewesen sei.

Die Urteile über das Constantiense und die von ihm erlassenen Dekrete fielen schon unter den Zeitgenossen unterschiedlich aus. Sie mögen bis heute – vor allem unter Theologen, Kanonisten und Kirchenhistorikern – auseinandergehen, die kirchengeschichtliche und universalhistorische Bedeutung des Konzils steht gleichwohl außer Zweifel.

Nach diesen ersten einleitenden Bemerkungen zu verschiedenen Aspekten des Konstanzer Konzils ist nun der Blick auf die spätmittelalterliche Vergangenheit selbst zu richten. Es gilt, das historische Ereignis, um es angemessen verstehen zu können, in den allgemein- und kirchengeschichtlichen Zusammenhang einzuordnen. Die »Welt zur Zeit des Konstanzer Konzils«, so der Titel einer Reichenau-Tagung des Jahres 1964, war, wie wir im nachfolgenden Kapitel sogleich sehen und feststellen werden, eine Welt des Übergangs und der Veränderung an der Schwelle zur Neuzeit.

Historischer Hintergrund

Die Krise des 14. und 15. Jahrhunderts

Gehorsamkeyt ist tod, gerechtigkeyt leyt not, nichts stet in rechter ordenung – »Es gibt keinen Gehorsam mehr, die Gerechtigkeit leidet Not, nichts zeigt mehr die rechte Ordnung«. Die Klage des unbekannten Autors der »Reformation Kaiser Sigmunds« (um 1440) zeugt vom Bewusstsein einer umfassenden Krise, das die Menschen des 14. und 15. Jahrhunderts beherrschte, von einem Gefühl der Orientierungslosigkeit in einer Welt, der die *rechte ordenung,* die rechte Ordnung, abhandengekommen war, von einer Krise aller Lebensbereiche, und vor allem von einer Krise der geistlichen Gewalt als der alles beherrschenden Sinngebungsinstanz des Mittelalters.

Wenn der Begriff Krise, wie die jüngere Forschung zu Recht hervorhebt, neben dem offenkundigen Verfall gleichzeitig auch die Offenheit der Prozesse für neue Entwicklungen signalisiert, so ist es in der Wahrnehmung der Zeitgenossen doch vor allem der Niedergang, der die allgemeine Stimmung beherrscht, während die positiven Aspekte, die »Zeichen des Aufstiegs« und der »Fortschrittsfaktor« (Heribert Müller) meist nur *ex post* für den Nachgeborenen sichtbar sind. Apokalyptische Ängste und pralle Lebensfreude sind zu dieser Zeit keine Gegensätze, sondern Extreme derselben Grundstimmung. Herzog Ludwig von Orléans (1372–1407) etwa galt als extrem lasterhaft, zog sich aber immer wieder in das Pariser Cölestinerkloster zurück.

Die spätmittelalterliche Kirche

1302 hatte Papst Bonifaz VIII. (1294–1303) in seiner Bulle »Unam Sanctam« noch einmal in schärfster Form die Theorie der Überordnung der päpstlichen Gewalt über die weltliche verkündet: »Ein

Schwert muss dem anderen untergeordnet sein; die weltliche Macht muss sich der geistlichen fügen [...]. Die geistliche Macht hat die weltliche einzusetzen und ist Richterin über sie [...]«. Der »theokratische und totalitäre Charakter dieses Anspruchs« und die Diskussion darüber führten »zu Extrempositionen: Einerseits die Papalisten wie etwa Aegidius Romanus (ca. 1243–1316), demzufolge alle Gewalten von der einzigen und einzigartigen des Papstes abhängig waren, und andererseits die Legisten wie ein Marsilius von Padua (ca. 1275–1343), der eine Unterwerfung aller Kirchendinge unter die Staatshoheit forderte« (Arnold Angenendt).

Bonifaz wurde schon ein Jahr nach Erlass dieser Bulle Opfer der weltlichen Macht, als ihn Agenten des französischen Königs Philipp IV. auf Betreiben zweier Kardinäle aus dem römischen Hause Colonna in Anagni am 7. September 1303 festsetzten und mit Gewalt zum Rücktritt zwingen wollten. Der Papst wurde zwar befreit, starb aber bereits einen Monat später. Der beherrschende Einfluss der französischen Monarchie sollte sich unter seinen Nachfolgern verfestigen. Clemens V. (1305–1314), erster in einer Reihe von französischen Päpsten, verlegte 1309 die Kurie nach Avignon an die Ufer der Rhône, wo die Päpste mit der Grafschaft Venaissin Territorialbesitz hatten, den Clemens VI. (1342–1352) durch den Kauf der Stadt 1348 erweiterte.

Die Jahrzehnte in Avignon wurden später als »babylonische Gefangenschaft der Kirche« dramatisiert. Die Macht und die Strukturen der Kirche blieben aber auch in dieser Zeit ungebrochen. Mehr und mehr wurde jedoch das Finanzgebaren der Kurie, der Einzug von Abgaben aller Art, und der Nepotismus, die Versorgung von Verwandten mit einträglichen Ämtern, zum Gegenstand der Kritik von Gelehrten und Gläubigen. Der Kirchenhistoriker Karl August Fink beziffert die jährlichen Einnahmen der Kurie unter Papst Gregor XI. auf 480.000 Gulden, eine für die damalige Zeit ungeheure Summe.

Gregor XI. (1370–1378) kehrte indes unter dem Einfluss der heiligen Katharina von Siena (1347–1380) im Jahr 1377 endgültig nach Rom zurück, wo er seine Herrschaft gewaltsam gegen ein Bündnis italienischer Mächte durchsetzen musste. Die Wahl seines Nachfolgers wurde indes zum Desaster, da man sie unter massiver Gewaltandrohung durch die römische Bevölkerung vollzog, welche die Wahl eines Italieners gegen die französische Mehrheit – elf von sechzehn Kardinälen – erzwingen wollte. Unter Druck wählten die Kardinäle den Erzbischof von Bari, Bartolomeo Prignano, »um das römische Volk zu beruhigen, das sich zu sehr über sie erregt hatte«, schreibt der um 1337 geborene französische Chronist Jean Froissart.

Der Gewählte nannte sich Urban VI. (1378–1389), vielleicht, um an seinen heiligmäßigen Vorgänger Urban V. (1362–1370) zu erinnern, der 1367 schon einmal versucht hatte, seine Residenz in Rom zu nehmen, dann jedoch wieder nach Avignon zurückgekehrt war. Waren schon die Umstände dieser Wahl anfechtbar, so zog sich Urban mit seinem autokratischen Gebaren, das man auch als überstrenges Reformstreben interpretieren kann, bald den Hass der mehrheitlich französischen Kardinäle zu. Er hatte u. a. damit gedroht, den Kardinälen ihre Privilegien und damit ihre Bedeutung zu nehmen.

Der deutsche Kuriale Dietrich von Nieheim, der als Skriptor (= Schreiber) in der päpstlichen Kanzlei wirkte, schreibt in seinen »Drei Büchern über das Schisma« (*De schismate libri tres*, 1409/10), der neue Papst habe in seiner Gegenwart die Bischöfe »angefahren, sie seien meineidig, weil sie ihre Kirchen zerstörten, indem sie sich an der Kurie aufhielten [...], und diese Anschuldigungen waren ein Zunder für das folgende Schisma und diese Kardinäle hielten ihn für wahnsinnig. Er war nämlich hartherzig«.

Obwohl sie dem neuen Papst gehuldigt hatten, flohen 13 Kardinäle wenige Monate nach dem Konklave aus Rom und fanden sich in Anagni zusammen, so dass Urban »allein zurückblieb wie ein Spatz auf dem Dach«. Sie erklärten seine Wahl für ungültig, da sie nicht frei gewesen sei, und wählten in Fondi – im Königreich Neapel, das von der französischen Dynastie der Anjou beherrscht wurde – den Kardinal Robert von Genf, einen Verwandten des französischen Königs Karl V., zum Gegenpapst Clemens VII. (1378–1394).

Als offizielle Begründung wurde genannt, dass bewaffnete Römer durch Ausübung von Furcht und Zwang die Papstwähler während des römischen Konklaves ihrer Freiheit beraubt hätten. Außerdem habe sich Urban VI. nach seiner Wahl als unfähig für das päpstliche Amt (*incapacitas*) erwiesen, es wurde sogar an seinem Geisteszustand gezweifelt. Da sich Clemens VII. in Rom aber nicht durchsetzen konnte, nahm er ein Jahr später seine Residenz wieder im südfranzösischen Avignon, wo die kuriale Verwaltung noch völlig intakt war. Damit gab es künftig ein römisches und ein avignonesisches Papsttum, dem verschiedene Obödienzen angehörten – die Kirche war daher seit 1378 an ihrer Spitze gespalten.

Als Legat Gregors XI. hatte Robert von Genf 1377 einen Aufstand im päpstlichen Vikariat Cesena niedergeschlagen, wobei seine bretonischen und baskischen Söldner »weder Geschlecht noch Alter verschonten [...] und vom Säugling bis zum Greis alle grausam ermordeten und mit ihren Leichen alle Brunnen der Stadt anfüllten«. Auch sein römischer Rivale Urban VI. zeichnete sich durch Brutalität aus. So ließ er 1385 fünf seiner Kardinäle einkerkern, die er der Verschwörung gegen ihn bezichtigte: »Der Kardinal von Sangro war in einem so kurzen und engen Gefängnis, dass er kaum die Füße ausstrecken konnte«.

Der Bischof von Aquileja hatte nämlich ein Geständnis abgelegt, nachdem er auf der Folterbank unmenschlich gepeinigt worden war: »Aus Furcht vor der Folter hatte er einige Dinge gestanden und behauptet, dass einige der gefangenen Kardinäle Mitwisser dieser Taten gewesen seien«. Dietrichs Einwand, *in magno timore* (= in großer Furcht) vorgebracht, dass ein unter Folter abgelegtes Geständnis wertlos sei, »nützte nichts, denn sein Furor in dieser Sache war nicht abzuwenden«. Die Vermutung, man habe es bei Urban mit einem Psychopathen zu tun, der unfähig sei, die Kirche zu regieren, wurde nicht nur von den Anhängern Clemens' VII. geäußert. Kirchenrechtlich hätte dies eine Absetzung ermöglicht.

Es gab nun zwei Päpste, beide von zweifelhafter Legitimität, denn es ließen sich gute Gründe für die Gültigkeit oder Ungültigkeit der jeweiligen Wahl anführen – ein Problem, das kirchenrechtlich keine Lösung fand und zur Kirchenspaltung führte. Hier stellte jedoch kein weltlicher Herrscher einen Gegenpapst auf, wie es Kaiser Friedrich Barbarossa 1159–1179 vier Mal (gegen Papst Alexander III.) getan hatte, sondern die Kardinäle waren selbst für die Lage verantwortlich. Es lag auch keine echte Doppelwahl vor, denn beide Päpste waren – zum größten Teil von denselben Kardinälen – einstimmig gewählt worden. Sie ernannten eigene Kardinäle, führten eigene Kurien und bedrohten sich gegenseitig mit dem Bann und dem Interdikt.

Das Große Abendländische Schisma, das dem griechischen Wortsinne nach »Spaltung« bedeutet, sollte für nahezu vier Jahrzehnte die lateinische Christenheit in zwei »Obödienzen« (= Gehorsamsbereiche) aufteilen. Da die weltlichen Herrscher einer geistlichen Legitimation bedurften, waren sie gezwungen, sich zu entscheiden. Während Frankreich, die spanischen Königreiche, das Herzogtum Burgund, Savoyen, Schottland und einige deutsche Fürsten dem Papst in Avignon huldigten, hingen die meisten mittel- und osteuropäischen Staaten sowie England dem römischen Papst an. Für die Gläubigen hatte die Kirchenspaltung desorientierende und manchmal handfeste praktische Folgen.

So mussten etwa deutsche Professoren, Anhänger der römischen Obödienz an der Universität Paris, 1384 Frankreich verlassen. Mit ihnen gründete Kurfürst Ruprecht von der Pfalz zwei Jahre später die Universität Heidelberg. Für Inhaber von geistlichen Benefizien (= Pfründen) stellten sich existenzbedrohende Probleme, wenn die weltliche Herrschaft die Obödienz wechselte. Doppelbesetzungen auch auf unterster Ebene waren häufig. Die Drohung mit Obödienzentzug wurde zum probaten Mittel weltlicher Fürsten, um Konzessionen zu erzwingen. Frankreich entzog etwa 1398 dem avignonesischen Papst die Gefolgschaft, kehrte aber schon 1403 in dessen Obödienz zurück.

Die nordfranzösische Diözese Cambrai gehörte mit ihren französischen Regionen zur Obödienz Avignons, mit den flandrischen Landesteilen zur römischen. Noch unmittelbar vor dem Konstanzer Konzil rivalisierten zwei Kandidaten verschiedener Obödienz um den Stuhl des Kölner Erzbistums. Es handelte sich um die Bischöfe Dietrich von Mörs und Wilhelm von Berg, die von Johannes XXIII. und Gregor XII. investiert worden waren, und, wie der Kuriale Giacomo Cerretani berichtet, im Streit miteinander lagen. König Sigmund hatte sich noch vor seiner Ankunft in Konstanz mit dem Problem befasst. Das Bistum Konstanz erlebte schon 1384 eine Doppelwahl zwischen einem römischen und einem avignonesischen Kandidaten.

Einfache Gläubige nahmen dies alles aber oft gelassen. Ein Schreiben einiger fränkischer Städte an König Ruprecht vom Februar 1410 erklärt, man habe *in geistlichen sachen prelaten pherer* [Pfarrer] *und ander die uns die heilgen sacramente reichen*; denen sei man gehorsam und vertraue auf Gott, dass er solche Irrungen gnädig beurteilen werde.

Die europäischen Staaten

Die *rechte ordenung* schien auch im Weltlichen verloren. Fast gleichzeitig mit dem Ausbruch des Schismas waren die bedeutendsten Herrscher des 14. Jahrhunderts gestorben: Kaiser Karl IV. (1378), König Karl V. der Weise von Frankreich (1380), Eduard III. von England (1377) und Ludwig I. der Große von Polen und Ungarn (1382). Unter ihren Nachfolgern befand sich keiner, der den Herausforderungen und Problemen der Zeit auch nur annähernd gewachsen war. Der Kuriale Dietrich von Nieheim beurteilt sie allesamt als »unerfahrene Jünglinge, die den Lustbarkeiten hingegeben waren, wie es die Art der Jugend ist«.

Der Kirchenstaat wurde durch die aggressive Politik des Königs Ladislaus von Neapel aus dem französischen Hause Anjou bedroht, der versuchte, Italien unter seine Herrschaft zu bringen, und auch Ansprüche auf die ungarische Königskrone erhob. Die italienischen Kommunen waren in dauernde Konflikte untereinander verstrickt. Seit 1337 erschütterte der Hundertjährige Krieg zwischen England und Frankreich die westliche Staatenwelt. War die französische Monarchie schon durch die zahlreichen Niederlagen und die Geisteskrankheit König Karls VI. (1380–1422) geschwächt, so leitete ein brutaler Mord einen weiteren Niedergang ein.

1407 wurde Herzog Ludwig von Orléans auf offener Straße von gedungenen Mördern umgebracht, die sein Vetter Johann Ohnefurcht von Burgund beauftragt hatte. Jean Petit, ein Pariser Magister, hatte diesen Mord in einem Plädoyer als erlaubten, ja gebotenen Tyrannenmord bezeichnet und war deshalb von einer Synode in Paris als ketzerisch verurteilt worden. In Konstanz sollte der Fall noch einmal verhandelt werden. In Frankreich herrschte in den folgenden Jahrzehnten der offene Bürgerkrieg zwischen Burgundern einerseits sowie den Anhängern des Grafen von Armagnac und des Hauses Orléans andererseits.

1419 wurde der burgundische Herzog seinerseits ermordet, worauf Burgund 1420 ein Bündnis mit England einging, das den Krieg noch einmal um Jahrzehnte verlängerte. In England revoltierte bereits 1399 Heinrich von Lancaster gegen König Richard II., setzte diesen im Tower fest, wo er wohl eines gewaltsamen Todes starb, und rief sich mit Zustimmung des Parlaments zum König aus. Im Osten Europas war durch die Christianisierung Litauens und die Heirat des Großfürsten Wladislaw Jagiello (1386–1434) mit der polnischen Thronerbin Hedwig eine Großmacht entstanden, die im Dauerkonflikt mit dem Deutschen Orden lag, der 1410 bei Tannenberg vernichtend geschlagen wurde. Durch die *causa* Falkenberg wurde dieser Konflikt auch zu einem Tagesordnungspunkt des Konzils.

Auf dem Balkan bedrohte das Vordringen der Osmanen nicht nur die Reste des byzantinischen Kaiserreichs, sondern auch die Staaten Südosteuropas. 1389 wurde der serbische König Lazar auf dem Amselfeld (= Kosovo Polje) geschlagen. Ein Gegenangriff, zu dem der ungarische König Sigmund, der jüngste Sohn Kaiser Karls IV., die europäischen Mächte aufrief, endete 1396 mit der Katastrophe von Nikopolis, als das europäische Ritterheer der Armee des Sultans Bajazid, genannt Yildirim (»der Blitz«), unterlag. Nur das Vordringen der Tataren unter Timur Leng (1336–1405) in Anatolien verschaffte Byzanz noch eine Atempause bis 1453. Dies änderte nichts daran, dass der König von Ungarn weiterhin im Konflikt mit der Republik Venedig und dem Königreich Neapel um Dalmatien lag.

Die *rechte ordenung* war auch im Heiligen Römischen Reich erschüttert. Kaiser Karl IV. aus dem Hause Luxemburg hatte 1356 in der Goldenen Bulle die Frage der Königswahl verfassungsmäßig geregelt, die nun auf die drei geistlichen und vier weltlichen Kurfürsten beschränkt war. Schon vor seinem Tod hatte er die Kurfürsten mit großen Summen dazu bewegen können, seinen ältesten Sohn Wenzel, den er mit zwei Jahren zum böhmischen König hatte krönen lassen, zum römischen König zu wählen. Zeitlebens sollte dieser die Probleme des Reiches und des Schismas nicht in den Griff bekommen. Er habe, so Dietrich von Nieheim, »sich durch die ganze Zeit seiner Regierung für die Einheit der Kirche und die Reform des Imperiums nur geringe Mühe gegeben«. Der Humanist Enea Silvio Piccolomini, der spätere Papst Pius II., schreibt in seiner *Historia Bohemica*, er sei *desidia corruptus*, d. h. durch Trägheit verdorben gewesen, und habe sich »mehr um den Wein als um das Königreich« gekümmert.

Obwohl sich Wenzel zunächst erfolgreich um den Frieden im Reich bemüht hatte (Reichslandfrieden von Nürnberg, 1383), wurde er 1394 nach der Ermordung des Prager Generalvikars Johann von Nepomuk von seinem Vetter Jobst von Mähren und anderen adligen Gegnern gefangengenommen. Durch Vermittlung der Kurfürsten freigekommen, ließ er die Dinge im Reich mehr und mehr schleifen und wurde schließlich 1400 von einem Fürstentag abgesetzt, da *er allewegen súmig ist gewesen in friden dez heilgen riches und einunge der heiligen kirchen, daz er doch zu den heilgen gesworn hett zü thün.* An seiner Stelle wählte man Kurfürst Ruprecht von der Pfalz zum römischen König. Wenzel wurde 1402 von seinem Halbbruder Sigmund ein zweites Mal gefangengenommen und in Wien festgesetzt. Nach seiner Flucht 1403 hatte er außerhalb Böhmens keinen Einfluss mehr.

Schwerer noch wog, dass Wenzel in der Schismafrage nicht die Rolle eines Schiedsrichters einnahm, wie man es vom Oberhaupt des Römischen Reiches erwartet hätte, sondern Anhänger der römischen Obödienz blieb. Die Universität Prag, die Karl IV. 1348 gegründet hatte, entwickelte sich unter Wenzels Herrschaft zu einem Zentrum der kirchlichen Reformbewegung, deren bekanntester Exponent Jan Hus war. Nach dem Tode König Ruprechts 1410 wurde Sigmund entgegen der Bestimmung der Goldenen Bulle nur von einer Minderheit der Kurfürsten (Werner von Trier, Ludwig von der Pfalz und Friedrich von Nürnberg) – gegen eine Mehrheit, die für Sigmunds Vetter Jobst von Mähren votierte – zum römischen König erwählt, obwohl Wenzel seine Ansprüche auf die Krone nie aufgegeben hatte. Beiden, Wenzel wie Ruprecht, war es nicht gelungen, durch einen erfolgreichen Italienzug die Kaiserkrone zu erwerben.

Soziale Krise und Verwerfungen

Die Völker Europas litten unter den Kriegszügen der Herrscher, unter grassierenden Seuchen sowie unter periodischen Teuerungen und zyklischen Hungersnöten. Eine Pariser Quelle, das *Journal d'un bourgeois de Paris*, berichtet zum Jahr 1421: »Jeden Tag und jede Nacht gab es in Paris wegen der Teuerung langes Klagen, Lamentieren, schreckliches Geschrei, wie es auch Jeremias nicht schmerzlicher getan hätte, denn Tag und Nacht riefen Männer, Frauen und Kinder ›Ach, ich sterbe vor Hunger und Kälte‹; es war nämlich der längste Winter seit Menschengedenken, [...] und die Menschen aßen, was nicht einmal die Ferkel fressen würden, sie aßen Kohlstrünke ungekocht und ohne Brot und Kräuter von den Feldern ohne Brot und Salz. Kurz, es war eine solche Teuerung, dass wenige Bewohner von Paris sich satt an Brot essen konnten, oder an Erbsen und Bohnen und Grünzeug, was unglaublich teuer war [...] und wenn die Hundefänger Hunde getötet hatten, dann folgten ihnen die armen Leute, um das Fleisch und die Eingeweide zu essen [...]. Auf den Misthaufen von Paris konnte man zehn, zwanzig oder dreißig Kinder, Knaben und Mädchen, finden, die dort vor Hunger und Kälte starben, und kein Herz war so hart, sie rufen zu hören ›Ich sterbe vor Hunger‹, ohne großes Mitleid mit ihnen zu haben«.

Desaströs waren die Folgen der Schwarzen Pest, die 1347/52 – ausgehend von den Mittelmeerhäfen – fast ganz Europa erfasste und mehr als ein Drittel der Bevölkerung hinwegraffte. Geißlerzüge zogen durch die Städte, um durch ihre öffentliche Selbstgeißelung das Erbarmen Gottes zu erflehen. Nur wenige Obrigkeiten konnten und wollten Pogrome gegen die Juden verhindern, die man für die Katastrophe verantwortlich machte: »Und darum wurden die Juden verbrannt vom Mittelmeer bis ins deutsche Land, außer zu Avignon, dort beschirmte sie der Papst [Clemens VI.]«, schreibt der Straßburger Chronist Jakob Twinger von Königshofen.

Aufstände und Erhebungen

Die leidgeprüften Unterschichten ertrugen ihr Los nicht immer in Geduld. Nach dem Urteil vieler zeitgenössischer Theologen begingen die Großen der Welt die Todsünde der *superbia* (= Hochmut), die Kleinen dagegen die der *invidia* (= Neid). Im Jahr des Schismas 1378 revoltierten die Ciompi, die armen Lohnarbeiter in Florenz, gegen die städtische

Oberschicht. Die englische Bewegung der Peasants unter ihrem Hauptmann Wat Tyler, »ein schlechter Kerl und voll Gift«, so Jean Froissart, zog im Juni 1381 von Kent nach London, setzte sich in den Besitz der Stadt, tötete den Erzbischof von Canterbury und erzwang Verhandlungen mit dem jungen König Richard II.

»Die bösen Leute begannen, sich zu erheben, weil sie sagten, dass sie in zu großer Knechtschaft gehalten würden, und dazu hatte sie ein närrischer Priester aus der Grafschaft Kent mit Namen Jehan Balle [John Ball] aufgehetzt«, schreibt Froissart, der für derartige Störungen der gottgewollten Gesellschaftsordnung kein Verständnis hatte. Die Revolte endete kläglich, nachdem Tyler in Gegenwart des Königs vom Bürgermeister von London getötet worden war.

Der sozialrevolutionäre Priester John Ball – dem man das geflügelte Wort »Als Adam grub und Eva spann, wo war denn da der Edelmann?« verdankt – wurde in St. Albans geviertelt. Für den Geist des Aufruhrs wurde jedoch der Oxforder Theologe John Wyclif verantwortlich gemacht, der mit seiner Kirchenkritik und seiner Ekklesiologie die herrschenden Verhältnisse radikal in Frage stellte. In Konstanz sollte seine Lehre ein Hauptthema werden. Dass das Konzil die Frage des Tyrannenmordes intensiv diskutierte, ging auch über den konkreten Anlass, die Ermordung Ludwigs von Orléans, hinaus.

In Flandern erhoben sich zur gleichen Zeit die Kommunen gegen die Herrschaft des Herzogs von Burgund; der Aufstand wurde blutig niedergeschlagen. Dasselbe Schicksal traf die Pariser Revolte der Maillotins gegen die bedrückende Besteuerung durch den französischen König. In den deutschen Städten revoltierten die Unterschichten gegen das herrschende Patriziat. Eine Lübecker Chronik etwa berichtet über einen Aufstand: »Im Jahre 1374 war in der Stadt Braunschweig der Teufel los und hetzte das Volk gegen den Rat. Ein Teil der Ratsherren wurde totgeschlagen, ein Teil gefangengenommen und geköpft, ein Teil aus der Stadt vertrieben«.

Reformatio in capite et in membris

In einer solchen Epoche musste sich das Fehlen einer unumstrittenen geistlichen Autorität, wie es das Papsttum eigentlich sein sollte, besonders negativ auswirken. Nicht nur bot die Kirche keinen Halt mehr in einer heillosen Welt, sondern in ihrem Versagen sahen die Menschen die eigentliche Ursache allen Übels, und viele steigerten sich in einen Hass auf die »Pfaffen«, den die Anhänger Wyclifs in eine grundsätzliche Herrschaftskritik weiterentwickelten, nach der jede geistliche Herrschaft ohne Gnadenstand illegitim sei und ein unwürdiger Priester keine gültigen Sakramente spenden könne. Die einzig wahre Kirche sei eine unsichtbare »Geistkirche«, mit der die sichtbare Kirche nicht viel gemeinsam habe.

Dem Hass auf den »simonistischen« Klerus, der durch Geld in sein Amt gelangt war, dieses hauptsächlich zur Bereicherung nutzte und in seinem Lebenswandel selten den religiösen Ansprüchen genügte (nach dem Magier Simon, der dem Apostel Philippus die Gnadengaben abkaufen wollte, Apg 8, 8–24), stand auf der anderen Seite eine gesteigerte Volksfrömmigkeit gegenüber, die sich nicht nur in den frommen Stiftungen für Kirchen und Klöster, sondern auch in einer stetig wachsenden Produktion von volkssprachlichen Andachtsbüchern und Übersetzungen theologischer Schriften äußerte. Die *ars moriendi*, die »Kunst des (guten) Sterbens« und der richtigen Vorbereitung auf den Tod, wurde angesichts der Allgegenwart des Todes zu einer beliebten literarischen Gattung.

Die Forderung nach Reform an Haupt und Gliedern (*reformatio in capite et in membris*) der Kirche war das Signum der Zeit: Abschaffung des päpstlichen Finanzwesens, der Pfründenhäufung und des Klientelwesens, bessere Bildung der Geistlichen, Rückführung der geistlichen Orden auf ihre ursprünglichen Ideale, insbesondere auf das Armutsgebot. Benediktiner und Mendikanten (= Bettelorden) begannen, ihre Orden von innen zu reformieren und ihre Ordensregeln neu zu beachten. Reform wurde als eine Wiederbelebung der guten alten Ordnung verstanden, an der die Gegenwart gemessen und für unzulänglich befunden wurde.

Im Schisma sah man die schlimmste Folge der ausgebliebenen Reformen. Die Kirchenkritik ist nicht etwa Folge eines wachsenden Unglaubens, sondern im Gegenteil einer vertieften Frömmigkeit, die an die Kirche höhere Ansprüche stellte als jemals zuvor. »Die These von der frömmsten Zeit deutscher Kirchengeschichte« lässt sich im Hinblick auf das 15. Jahrhundert, wie das Arnold Angenendt formuliert hat, nicht mehr ernsthaft bestreiten. Kritik und Reformgeist wurden durch die gesteigerte Schriftlichkeit und Lesefähigkeit noch befördert. Die Masse der Handschriften in den Bibliotheken der Klöster und Domkapitel wuchs gewaltig an.

Gerade in der zweiten Hälfte des 14. Jahrhunderts wurden neue Universitäten gegründet, die sich bald zu Zentren der geistigen und theologischen Auseinandersetzung entwickelten. Zwar blieb das *studium* von Paris die unbestrittene geistige Autorität nördlich der Alpen, doch hatte Kaiser Karl IV. 1348 in Prag die erste mitteleuropäische Hochschule gegründet, Kasimir der Große 1364 die von Krakau, Herzog Rudolf IV. 1365 die von Wien, Kurfürst Ruprecht I. von der Pfalz 1386 die Heidelberger Universität und König Sigmund von Ungarn 1389 die von Buda. In Köln (1388) und Erfurt (1392) war die Initiative zur Gründung eines *studium generale* von der Stadt ausgegangen. Doktoren und Magister der Universitäten bildeten eine übernationale *communitas* (= Gemeinschaft) und sollten dem kommenden Konzil die wichtigsten Impulse geben.

Gericht, Kompromiss oder Verzicht?

Im Kampf um eine Beilegung des Schismas wurden von Theologen und Kanonisten (= Kirchenrechtlern) verschiedene Lösungsmöglichkeiten, die als *viae* (= Wege) bezeichnet wurden, vorgeschlagen. Die *via iusticiae*, die Schlichtung durch eine klare Rechtsprechung, schied angesichts der komplizierten Lage aus, da jeder der beiden Kontrahenten gute juristische Gründe für seinen Anspruch vorbringen konnte und ein überparteiliches Gericht nicht existierte. Außerdem hätte sie dem Grundsatz des kanonischen Rechts *prima sedes a nemine iudicatur* – »der Heilige Stuhl darf von niemandem gerichtet werden« widersprochen, der zwar apokryphen (= unecht) Ursprungs ist, aber allgemein anerkannt war.

Die *via compromissi* (oder *conventionis*), der Weg des einvernehmlichen Ausgleichs zwischen den streitenden Parteien, hätte ebenfalls eine von beiden Seiten anerkannte Schiedsrichterinstanz wie auch die Bereitschaft zum Rücktritt (*cessio*) vorausgesetzt, die aber nicht vorhanden war. Die *via subtractionis* (= Entzug der Obödienz durch die weltlichen Mächte) wäre schließlich ein Gewaltakt gewesen, zu dem die beteiligten Fürsten erst Einmütigkeit hätten herstellen müssen.

Jean Froissart zufolge soll man am französischen Hof sogar erwogen haben, nach dem Tod Urbans VI. (1389) »mit bewaffneter Macht nach Rom zu ziehen, um Clemens auf den Thron zu setzen und die Ungläubigen zu schlagen«. Damit hätte man unwiderruflich Fakten geschaffen (*via facti*), wozu es aber nie kam. Am aussichtsreichsten schien daher die *via cessionis* zu sein, der freiwillige Verzicht beider Päpste, wie es die Pariser Universität, vom französischen König unterstützt, vorschlug. Alle Papstprätendenten waren jedoch zutiefst von ihrer Legitimität überzeugt und hätten einen Verzicht als Verrat an ihrer Sendung angesehen.

In Rom wurden die Italiener Bonifaz IX. (Pietro Tomacelli, 1389), Innozenz VII. (Cosimo de Migliorati, 1404) und Gregor XII. (Angelo Correr, 1406) zu Päpsten gewählt, womit sich die Spaltung vertiefte. Bei der Wahl des Letzteren versprachen die wählenden Kardinäle, dass der Gewählte im Falle einer Übereinkunft mit dem Rivalen auf das Amt verzichten würde. Der einzige Thronwechsel in Avignon brachte 1394 die wohl bedeutendste Persönlichkeit unter den Schismapäpsten auf den Thron, den Aragonesen Pedro de Luna, einen namhaften Kirchenrechtler, der sich Benedikt XIII. nannte. Auch er hatte vor seiner Wahl eine Verzichtserklärung abgegeben, an die er sich allerdings nicht hielt.

Benedikt XIII. war, worauf er sich immer berief, noch vor dem Ausbruch des Schismas 1378 zum Kardinal ernannt worden und hatte an der Wahl Urbans VI. sowie an der Papst Clemens VII. teilgenommen, für den er die Obödienz der spanischen Königreiche durchsetzen konnte. Nachdem ihm die französische Nationalsynode 1398 unter dem Einfluss der Pariser Universität die Obödienz aufgekündigt hatte, wurde Benedikt vier Jahre lang in Avignon belagert: *Und dotent dem bobest Be-*

nedicto so we, das er bi der nacht dovon müste, wie der Chronist Eberhart Windecke schreibt. Frankreich stellte die Obödienz 1403 jedoch wieder her.

1407 schlossen die beiden Päpste Benedikt XIII. und Gregor XII. den Vertrag von Marseille, in dem sie sich auf ein Treffen in Savona (bei Genua) verständigten, das 1408 stattfinden sollte, jedoch nicht zustande kam, weil Benedikt XIII. zwar dort eintraf, nicht aber sein römischer Kollege Gregor XII. Da das Papsttreffen an der Riviera scheiterte, konnte der Weg zur Kircheneinheit deshalb nur noch die *via concilii* sein, die Einberufung eines ökumenischen Konzils, einer Versammlung von Kardinälen, Erzbischöfen, Bischöfen und Äbten der ganzen Christenheit. Ein solches hatte es in der lateinischen Kirche erst 15 Mal gegeben – von Nikaea (325) bis zuletzt Vienne (1311). Ein Konzil konnte aber nach strengem Kirchenrecht nur vom Papst einberufen werden.

Expedit, potest et debet generale concilium convocari

Die Universität von Paris war von der Spaltung der Kirche in besonderer Weise betroffen. Der französische König gehörte zur Obödienz Papst Clemens VII., aber die Hochschule selbst war eine »internationale Körperschaft« (Bernard Guenée), die sich nicht einfach unterordnen wollte und die Entscheidung den Nationen sowie den Fakultäten anheimstellte. Die französische und normannische Nation anerkannten den Papst in Avignon, die pikardische und englische stimmten für Urban VI., der in Rom residierte. Die theologische Fakultät, die berühmteste von allen, konnte sich keiner der beiden Optionen geschlossen anschließen. Ein großer Teil ihrer Mitglieder hatte Pfründen in ihren Heimatländern und sah die Probleme wohl deutlicher als die anderen.

So begann hier der lange und intensive theoretische und publizistische Kampf um die *via concilii*, in dem zwei Professoren deutscher Nation – Konrad von Gelnhausen und Heinrich von Langenstein – den Anfang machten. Heinrich von Langenstein veröffentlichte 1379 die *Epistola pacis* (= Brief zum Frieden), während Konrad mit zwei Schriften hervortrat, die im Auftrag des französischen Königs Karls V. ent-

52

standen und an diesen gerichtet waren: die *Epistola brevis* (= Kurzer Brief, 1379) und die *Epistola concordiae* (= Brief zur Eintracht, 1380). Angesichts der beklagenswerten Lage der Kirche sei es nützlich, möglich und notwendig, ein Generalkonzil einzuberufen (*expedit, potest et debet generale concilium convocari*), denn dieses sei repräsentativ und dem Kardinalskollegium übergeordnet. Es hätten schon Konzilien aus weit weniger dramatischen Gründen stattgefunden. Der Einwand, nur ein Papst könne kanonisch korrekt ein solches Konzil berufen, wird mit der besonderen Situation entkräftet, denn wenn keiner der beiden rivalisierenden Päpste das Konzil berufe, dann könne es niemand berufen und der Konzilsweg sei damit verschlossen.

Hier bringt Konrad den aristotelischen Begriff der *epikeia* (= Güte in der Gerechtigkeit oder Billigkeit) aus der Nikomachischen Ethik (V, 14) ins Spiel, nach dem es erlaubt ist, in Notfällen vom positiven Recht abzuweichen, um Schlimmeres zu verhüten. Allein die *ecclesia universalis* (= allgemeine Kirche) könne nicht irren, da Christus selbst ihr *fundamentum* ist. »Dies kann man aber von dem Kollegium des Papstes und der Kardinäle nicht sagen. Die Kirche des Papstes und der Kardinäle [...] kann abweichen, irren und Todsünden begehen«.

Die Gesamtheit der Gläubigen stehe über dem Papst, der nur ein *vicarius capitis primi* sei, ein Stellvertreter Christi, des ersten Hauptes der Kirche. Wenn die Gesamtheit des souveränen Christenvolkes ein Konzil berufe, dann sei es unfehlbar. Ein schismatischer Papst aber sei als Häretiker zu betrachten und daher absetzbar. Es werden hier also staatsrechtliche Begriffe wie Volkssouveränität und Repräsentation auf die Kirche übertragen, die als eine menschliche Korporation angesehen wird. Der Begriff der Häresie erfährt eine Erweiterung, da er auch auf hartnäckige Schismatiker anzuwenden sei.

Der kirchenrechtliche Grundsatz *prima sedes a nemine iudicatur* galt schon im Hochmittelalter nur mit der Einschränkung *nisi deprehendatur a fide devius*, d. h. wenn der Papst nicht als vom Glauben abweichend erkannt wird. Wie sein Kollege Heinrich von Langenstein, der mit ähnlichen Gedanken hervorgetreten war, musste auch Konrad von Gelnhausen 1384 die Pariser Universität verlassen; er fand eine neue Wirkungsstätte an der Universität Heidelberg, während Heinrich an die Wiener Hochschule wechselte.

Man hat die konziliare Idee lange in die Tradition der kirchlichen Auseinandersetzungen um die Rolle des Papsttums und um sein Verhältnis zu weltlichen Gewalten gestellt. Der unbedingte Suprematsanspruch der Päpste, wie ihn Bonifaz VIII. erhoben hatte, war aber schon zu Beginn des 14. Jahrhunderts nicht unumstritten. Marsilius von Padua hatte in seinem »Defensor Pacis« (= Verteidiger des Friedens, 1324) sogar einer Trennung von Staat und Kirche vorgearbeitet: »Es ist zu beweisen, dass die menschliche Autorität, Gesetze zu geben, allein der Gesamtheit der Bürger zukommt [...], es ist aber dies die Gesamtheit der Bürger oder ihr größerer Teil, welche die ganze Gesamtheit repräsentiert«.

Der Bischof von Rom oder irgendein anderer Bischof oder Priester habe *nullum coactivum principatum seu iurisdictionem contenciosam*, d. h. keine Zwangsgewalt oder streitige Gerichtsbarkeit über irgendeinen Kleriker oder Laien. Ferner, so führt Marsilius weiter aus, »werde ich mit Sicherheit beweisen, dass nichts über den kirchlichen Ritus und über das menschliche Handeln bestimmt werden kann, was alle Menschen zur Befolgung verpflichtet [...] als allein durch das Generalkonzil [...]. Daher kann und darf kein Fürst, keine Provinz oder Gemeinschaft durch irgendeinen Priester oder Bischof, wer es auch sei, verboten oder exkommuniziert werden, außer durch das göttliche Gesetz oder das besagte Generalkonzil«.

Ein Konzil könne auch durch die weltlichen Herrscher berufen werden, wie es Kaiser Konstantin 325 mit dem Konzil von Nikaea getan hatte; dieser könne geeignete Personen auswählen und alle, die Beschlüsse des Konzils übertreten, nach göttlichem und menschlichem Gesetz durch Zwangsgewalt in die Schranken weisen. Päpstlicher Weltherrschaftsanspruch sei aber eine *perniciosa pestis* (= eine unheilvolle Pest), die Wurzel allen Übels.

Marsilius, der vor der Inquisition von Paris an den Hof Kaiser Ludwigs des Bayern (1281/82–1347) flüchten musste, soll angeregt haben, dass sich Ludwig durch Vertreter des römischen Volkes, also nicht durch den Papst, zum Kaiser krönen ließ. An den bayerischen Hof flüchtete auch der Oxforder Franziskaner Wilhelm von Ockham, der dem Kaiser gegenüber geäußert haben soll: *O imperator, defende me gladio, et ego defendam te verbo* – »O Kaiser, verteidige du mich mit dem Schwert, und ich werde dich mit dem Wort verteidigen«.

In seinem Hauptwerk »Dialogus«, einem Zwiegespräch zwischen Lehrer und Schüler, urteilt Ockham über die päpstliche Gewalt: »Mag auch die Kirche göttlich sein vor allem darin, dass Christus angeordnet hat, dass es in der Kirche einen Papst geben sollte; in vielen Dingen ist die päpstliche Herrschaft aber offensichtlich menschlich [...]. Wenn daher die Kirche bemerkt, dass die Kirche verkehrt oder auch nur weniger vorteilhaft regiert wird, nur weil einer allein über alle herrscht, dann ist es sinnvoll, dass sie die Kompetenz hat, diese Herrschaftsverfassung in eine andere umzuwandeln, welche für diese Zeit vorteilhafter ist«.

Auch Laien und sogar Frauen dürften in Glaubensdingen mitbestimmen: »Wie nämlich Gott ein Gott der Kleriker ist, so ist er auch ein Gott der Laien. Und so steht ein Streit um den Glauben, der Klerikern zukommt, ebenso auch Laien zu«. Nach beiden liegt also die ursprüngliche Quelle aller Gewalt beim *populus christianus*, beim christlichen Volk. Solche revolutionären Ideen lagen den meisten Verfechtern der konziliaren Idee jedoch fern: »Ihnen ging es grundsätzlich«, wie Heribert Müller gezeigt hat, »um ein Austarieren der Gewaltenfülle beider höchster kirchlicher Repräsentanzen«.

Es war vor allem der britische Historiker Brian Tierney, der in seinem 1955 erschienenen Buch »Foundations of the Conciliar Theory« die Ursprünge der konziliaren Theorie weiter zurückverfolgt und die Wurzeln in durchaus traditionellen Bahnen der Kanonistik verortet hat. In den Glossen (= Erklärungen schwieriger Textstellen) zum *Decretum Gratiani*, dem offiziellen Gesetzbuch des Kirchenrechts aus dem 12. Jahrhundert, findet sich der unscheinbare Satz *Quod omnes tangit, ab omnibus approbari debet* – »was alle angeht, muss auch von allen gebilligt werden«, der die oberste Gewalt in die Hände der Gesamtheit der Christen legt. »Denn größer ist die Autorität des ganzen Erdkreises als die irgendeiner Stadt«. Solche Grundsätze finden denn auch eine Analogie in den Bestrebungen des späten Mittelalters nach einer ständischen Repräsentation im weltlichen Bereich.

Die oben genannte Maxime, die auf ein Gesetz Kaiser Justinians des Jahres 531 zurückgeht, war ursprünglich gar nicht politisch gedacht, sondern wurde erst im Hochmittelalter in diesem Sinne umgedeutet. Der Papst, so die Quintessenz dieser Lehre, ist jedenfalls nicht der alleinige Inhaber aller Gewalt in der Kirche. Er steht nicht über ihr, herrscht auch nicht absolut, sondern ist Teil der universalen Kirche. Seine geistliche wie weltliche Macht ist das Ergebnis einer historischen Entwicklung, die in der Mitte des 11. Jahrhunderts einsetzte und im ausgehenden 14. und beginnenden 15. Jahrhundert in die Krise führte. Darauf hatte bereits Marsilius von Padua in seinem »Defensor pacis« (1324) (= Verteidiger des Friedens) hingewiesen.

Der Konziliarismus – ein Begriff aus dem 19. Jahrhundert – ist keineswegs ein geschlossenes Theoriegebäude, sondern eine jahrzehntelange ekklesiologische Diskussion, eine vielstimmige Annäherung an eine Lösung des Schismaproblems. Wir haben es, worauf Karl August Fink hingewiesen hat, »weitgehend nicht mit systematischen Abhandlungen zu tun [...], sondern mit Abhandlungen publizistischer Natur«. Von den ersten Stellungnahmen Konrads von Gelnhausen sowie anderer Theologen und Kirchenrechtler bis zur praktischen Durchführung war es indes ein langer Weg. Die Initiative wurde aber nicht von einem der Päpste oder einem weltlichen Herrscher und schon gar nicht vom *populus christianus* ergriffen, sondern von den Kardinälen, also von dem Personenkreis, dem die Verantwortung für den Ausbruch des Schismas angelastet wurde.

Via concilii – der Weg des Konzils

Nach dem Scheitern des Treffens von Savona, das von den beiden Päpsten vereinbart und für das Jahr 1408 anberaumt, aber nicht durchgeführt worden war, fanden sich 13 Kardinäle beider Obödienzen in Livorno zu einem einheitlichen Kollegium zusammen und beriefen für das Jahr 1409 ohne päpstliche Genehmigung ein Generalkonzil nach Pisa. Die Einladungen gingen jeweils an die Anhänger der eigenen Obödienz, um die Akzeptanz nicht von vornherein zu erschweren: »Schon seit 30 Jahren«, so das Argument der Kardinäle, »litt und leidet die Kirche an der grausamen Spaltung, zerschnitten ist das Gewand Christi [...]«.

Die Schuld an der misslichen Situation liege bei den beiden Kontrahenten. Papst Gregor – Dietrich von Nieheim nennt ihn nur *errorius* (= Irrer) – habe zum Leidwesen der Kardinäle die Gelegenheit zur Einigung verpasst, sich von dem Vertrag von Marseille (1407) schändlicherweise zurückgezogen und sogar noch vier Kardinäle ernannt, »in der Annahme, dass sie seiner Weigerung applaudieren würden«. So sei von ihm und »dem anderen, den manche Benedikt nennen«, nichts mehr für ein Ende des Schismas zu erwarten. Sie seien beide »in Häresie verfallen«. Mit der »Hilfe und der gütigen Zustimmung der Könige und Fürsten« beider Obödienzen könne das Werk der Vereinigung gelingen.

Hilfe und Zustimmung blieben tatsächlich nicht aus. Frankreich und König Wenzel schlossen sich diesem Vorgehen an, während König Ruprecht der römischen Obödienz treu blieb. Benedikt verlegte darauf seine Residenz nach Perpignan, das damals zur Krone Aragón gehörte, und berief seinerseits – ohne viel Erfolg – ein Konzil vom 15. November 1408 bis zum 26. März 1409 dorthin ein. Gregors Versuch, ein Konzil nach Cividale zu berufen, war ebenfalls wenig Erfolg beschieden. Er musste zum Schluss den Konzilsort Hals über Kopf verlassen und zunächst in Neapel, schließlich in Rimini Zuflucht suchen, wo der Stadtherr Carlo Malatesta seinen Schutz übernahm – Rom war schon 1408 von König Ladislaus von Neapel besetzt worden. Nach dem Tod König Ruprechts (1410) schrumpfte auch die deutsche Obödienz des römischen Papstes merklich zusammen.

Unterdessen war das »Konzil der Kardinäle« am 25. März 1409 in Pisa zusammengetreten. Die Teilnahme war hier überwältigend, nur aus den spanischen Königreichen waren keine Vertreter erschienen. Bemerkenswert ist der hohe Anteil und Einfluss von graduierten Theologen und Kirchenrechtlern. »Mit Pisa beginnt«, wie Heribert Müller herausgearbeitet hat, »der Aufstieg der akademischen in die konziliare Welt«. Die beiden Päpste, die eingeladen, aber nicht erschienen waren, wurden mehrmals öffentlich ausgerufen und nach mehrwöchigem Prozess, wie Dietrich von Nieheim zitiert, als »notorische Schismatiker und Häretiker«, die »jeder Ehre und Würde, vor allem der päpstlichen, unwürdig« seien, abgesetzt – ohne Gegenstimme!

Alle Fürsten wurden von ihrer Obödienz, auch der beschworenen, entbunden. Kardinalsernennungen beider Päpste seien nichtig. Das auf 23 Kardinäle erweiterte Kollegium – unter ihnen nur noch einer, der vor 1378 ernannt worden war – wählte am 26. Juni 1409 den aus Kreta stammenden Erzbischof von Mailand, den Franziskaner Peter Philargi, der von Innozenz VII. zum Kardinal ernannt worden war, zum neuen Papst Alexander V. (1409–1410). Baldassare Cossa, der spätere Johannes XXIII., hatte sich für seine Wahl eingesetzt. Kardinäle, die von den beiden Widersachern nach der Einberufung des Konzils ernannt worden waren, waren nicht zum Konklave zugelassen worden. Ein weiteres Konzil zur Erledigung der anstehenden Reformpläne wurde für 1412 angekündigt.

Gregor XII. und Benedikt XIII. fanden sich mit ihrer Absetzung nicht ab. Obwohl ihre Obödienzen zusehends kleiner wurden – außer König Wenzel traten Frankreich, Polen und England ins Lager der Pisaner über, ebenso einige deutsche Fürsten und Bischöfe, während König Sigmund von Ungarn diesen Schritt erst Ende 1409 vollzog –, war keiner bereit, sich dem Urteilsspruch zu unterwerfen, so dass nun drei Päpste um das Papstamt rivalisierten. Als das Konzil im August 1409 beendet wurde, war aus der »verruchten Zweiheit« die »von allen verfluchte Dreiheit« (*trinitas non benedicta, sed maledicta*) geworden. Der Kartäuser Bonifaci Ferrer (1350–1417), Prior der Grande Chartreuse und leidenschaftlicher Anhänger Benedikts XIII., nannte die abtrünnigen Kardinäle in einem Pamphlet *columnae de stercore* (= Säulen von Kot).

Aber es war nach Jahren der erstarrten Fronten durch das Pisaner Konzil doch wieder Bewegung in die Kirchenpolitik gekommen. Der neue Papst residierte auch nicht in Rom, sondern in Bologna, das zum Kirchenstaat gehörte, und starb bereits am 3. Mai 1410, nicht einmal ein Jahr nach seiner Krönung. Als Nachfolger wurde am 17. Mai 1410 der Kardinallegat Baldassare Cossa, ein neapolitanischer Adliger, gewählt, der sich Johannes XXIII. nannte, eine Persönlichkeit, die in den zeitgenössischen Quellen äußerst negativ beurteilt wird, wenn sich auch moderne Kirchenhistoriker wie Walter Brandmüller bemühen, ihm etwas mehr Nachsicht widerfahren zu lassen.

Bei seiner Wahl sei, wie Fillastre zu berichten weiß, nicht alles mit ordentlichen Dingen zugegangen. Ulrich Richentals Ansicht, dass er *vast*

[sehr] *genaigt waz uff zitlich er und gůt*, ist noch der harmlosere Vorwurf, aber auch er meint, man habe schon gefürchtet, *daz Sant Peters schiff under wölte gan.* Er sei zwar ein großer Herr in weltlichen Dingen gewesen, *in spiritualibus*, in geistlichen Dingen, aber *nullus*, schreibt ein italienischer Autor. Die Priesterweihe empfing er erst am Tag nach seiner Wahl. Immerhin gelang ihm 1411 der Einzug in die Heilige Stadt, wohin er gemäß den Pisaner Beschlüssen ein weiteres Konzil für 1412 einberief, das nur schwach besucht war und bald auf den Dezember 1413 vertagt wurde. Johannes soll an Bologna oder Avignon als Konzilsort gedacht haben.

Infolge der inneritalienischen Wirren kam es aber im Sommer 1413 zu einer unerwarteten Wendung. König Ladislaus von Neapel aus dem Hause Anjou, der mit Johannes XXIII. noch ein Jahr zuvor ein Abkommen geschlossen hatte und in seine Obödienz übergetreten war, ging erneut militärisch gegen den Kirchenstaat vor und zog am 8. Juni 1413 in Rom ein, das der Papst mit der Kurie fluchtartig verlassen musste. Ladislaus habe seine Pferde in *sanct Peters münster* eingestellt, behauptet der Chronist Eberhart Windecke.

Johannes XXIII. war daher auf einen neuen Protektor angewiesen, der seiner Obödienz angehörte und über genügend Macht verfügte, um die Pisaner Linie durchzusetzen. Er wandte sich also an den römisch-deutschen König Sigmund, der sich mit gerade geringem Erfolg bemühte, die Reichsgewalt in Italien wiederherzustellen. *Das was küng Sigmund, römischer küng, küng zů Ungern, darnach ward er küng zů Behem, und hatt do zemal inn daz küngrich zů Dalmatz und das küngrich zů Croatz* […] *und die margrauffschaft zů Brandenburg*, schreibt Ulrich Richental. Der Krieg gegen Venedig war gerade mit einem Waffenstillstand beendet worden.

Die Konferenz von Como 1413

In Como trafen am 13. Oktober 1413 die Gesandten des Papstes, die Kardinäle Francesco Zabarella und Antoine de Challant sowie der griechische Gelehrte Manuel Chrysoloras, mit dem König zusammen, der bereits am 11. Oktober eingetroffen war. Die päpstlichen Gesandten besaßen, wie der Kuriale Guilelmus de Turre in seinen *Acta concilii* berichtet, die volle Gewalt, über den Ort des geplanten Konzils zu bestimmen (*plena potestas conveniendi de loco*). Ihr Auftrag war in dem apostolischen Schreiben vom 25. August 1413 festgehalten worden. Darin stand auch, dass der König den Papst ausdrücklich darum gebeten hatte, Ort und Zeit des künftigen Konzils einvernehmlich mit ihm abzustimmen.

Antoine de Challant erinnerte Sigmund in seiner Eröffnungsrede zunächst an seine Pflichten als weltliches Oberhaupt der Christenheit: »Denn die kaiserliche Majestät ist von Gott deswegen eingerichtet worden, dass sie die Römische Kirche verteidige und beschütze«, denn er sei *protector ecclesie advocatus et defensor* (= Beschützer, Vogt und Verteidiger der Kirche). Er fuhr fort: »Greife zu Waffen und Schild zur Unterstützung der Kirche«, eine Anspielung auf die neapolitanischen Widersacher, die schon auf das bloße Gerücht seines Kommens um Frieden bitten würden.

Zur Reform der Kirche sei ein Konzil an einem geeigneten Ort und zu angemessener Zeit abzuhalten. Die kirchliche Einheit stand für de Challant nicht zur Diskussion, da man an der Kurie der Meinung war, sie sei bereits in Pisa 1409 entschieden worden. Über den geeigneten Ort wurde man sich einig: In fast dreiwöchigen Verhandlungen fiel die Vorentscheidung, das Konzil in Konstanz abzuhalten. Im Tagebuch des Kardinals Fillastre heißt es hierzu nur lakonisch: *Et ita elegerunt Constantiam* – »und so entschieden sie sich für Konstanz«.

Diese Ortswahl gab dem König relativ viel Einfluss auf das Konzil, da sich die Stadt zwar *by dem pirg*, d. h. am Alpenübergang, aber doch auf Reichsgebiet befand. Papst Johannes XXIII. hätte gewiss, wäre die Situation des schismatischen Papsttums nicht so aporetisch und bedrängend gewesen, eine Stadt im Kirchenstaat, also in Italien, vorgezogen, aber Sigmund setzte sich in Como durch. Trotzdem sollten Papst und König in Lodi – der Papst hatte Genua oder Nizza vorgeschlagen, was auf dem Weg nach Avignon lag – noch einmal persönlich zusammentreffen, um weitere Einzelheiten des kommenden Konzils zu regeln.

König Sigmund muss seiner Sache sehr sicher gewesen sein, denn er machte den Beschluss, dass am 1. November 1414 in Konstanz ein allgemeines Konzil eröffnet werde, gleich im Anschluss an die Comer Verhandlungen am 30. Oktober 1413 allgemein bekannt. Er bezweckte damit, Ort und Zeit unzweifelhaft festzulegen, »um der Wankelmüthigkeit des Papstes möglichst vorzubeugen«, wie der Freiburger Historiker Heinrich Finke das formuliert hat. Ferner lud er, ebenfalls bereits am 30. Oktober 1413, Gregor XII. und König Karl VI. von Frankreich nach Konstanz ein und versprach zudem sicheres Geleit.

Jetzt gab es – auch für den Papst – kein Zurück mehr. Ob er sich durch den König betrogen fühlte (»a doomed man«), wie Eustace J. Kitts vermutet, können wir nicht mit Sicherheit wissen. Zu denken musste dem Papst allerdings geben, dass nicht nur er, sondern auch seine beiden päpstlichen Rivalen ausdrücklich zum Konzil nach Konstanz geladen waren, mithin mit allen Obödienzen verhandelt werden musste, wollte man die Einheit der abendländischen Christenheit tatsächlich wieder herstellen.

Johannes dürfte allerdings davon ausgegangen sein, dass der Sinn des Constantiense darin bestand, die Beschlüsse des Pisanums, von deren Rechtmäßigkeit er und seine Parteigänger überzeugt waren, durchzuführen, und seine beiden Kontrahenten nur zu deren nochmaliger Absetzung einzubestellen. Dass das Konzil nördlich der Alpen auf deutschem Reichsboden, nämlich in Konstanz, stattfinden werde, stand nach der Konferenz von Como jedenfalls prinzipiell fest.

Der Kongress von Lodi 1413

Der sich anschließende Kongress in Lodi im November und Dezember 1413, auf dem sich der Papst nicht mehr durch Gesandte vertreten ließ, sondern an dem er persönlich teilnahm, hatte die Aufgabe, die Einzelheiten der Entscheidung für Konstanz auf höchster diplomatischer Ebene zu regeln bzw. zu ratifizieren. Johannes XXIII. und Sigmund waren bereits Ende November oder Anfang Dezember 1413 in Piacenza zusammengetroffen. Es war das erste Treffen der beiden *dramatis personae*, die mit dem Konzil, das beide nachweislich anstrebten, allerdings ganz unterschiedliche Ziele verfolgten: Sigmund, so dürfen wir annehmen, ging es primär um die Lösung der Schismafrage, wobei das von ihm angestrebte Kaisertum, das er allerdings erst 1433 erlangte, eine wichtige Rolle spielte.

Johannes XXIII. dagegen war bestrebt, wie hauptsächlich die Frühphase des Konstanzer Konzils zeigt, die Pisaner Beschlüsse bestätigen und sich in Konstanz als legitimen Nachfolger des Apostels Petrus endgültig anerkennen zu lassen. Wäre es nach ihm gegangen, wäre das Constantiense wohl eine relativ kurze Angelegenheit geworden. Außerdem dürfte König Sigmund Johannes XXIII. zugesichert haben, dass er in Konstanz als der wahre und einzige Papst anerkannt und entsprechend ehrenvoll empfangen werden würde. Keiner von beiden konnte zu diesem Zeitpunkt allerdings wissen, welche Dynamik das Konzil entwickeln würde.

Der Papst und die Kurialen waren von Bologna, wohin sich die päpstliche Kurie vor Ladislaus von Neapel geflüchtet hatte, nach Lodi angereist. Der Signore von Lodi hatte den König in seinen Palast aufgenommen. Ob der Papst im Dominikanerkloster oder im Bischofspalast unterkam, ist nach Walter Brandmüller, der die Ereignisse von Como und Lodi in seiner Konzilsgeschichte ausführlich schildert, ungewiss. Jedenfalls muss die Szenerie der Verhandlungen eindrucksvoll gewesen sein, zumal Papst und König, nachdem sie ungefähr einen Monat miteinander getagt hatten, in der Kathedrale zu Lodi gemeinsam das Weihnachtsfest zelebrierten.

Richental schildert das äußere Ambiente der Verhandlungen, an denen auch zahlreiche königliche Räte (u. a. Landgraf Eberhard von Nellenburg) teilnahmen, ebenso eindrucksvoll wie realistisch, wobei auch hier – ähnlich wie bei der Papststurzgeschichte eingangs der Chronik – zu erkennen ist, dass der Chronist die symbolische Andeutung meisterhaft beherrscht: *und koment* [Papst und König] *zesammen in ain wyten sal und was da ein langer stůl* [Tisch] *berait, und sass der bapst mitt siner infel* [Tiara] *in ainem ortt und der römisch küng mit siner kron und habit* [Kleidung] *als ain ewangelier* [Diakon] *in dem andern ortt, und da wurdent sy diß ze rätt.*

Die detaillierte Beschreibung der Szenerie spiegelt etwas von der vorsichtigen und abwartenden Distanz, mit der sich die beiden höchsten Gewalten der Christenheit zu Lodi begegneten. Ein langer Tisch in einem *wyten sal* trennte nach Richental die beiden Parteien. Der Papst saß auf der einen Seite der Tischbank, der König auf der anderen. Eine Kommunikation konnte auf diese Weise eigentlich nicht stattfinden.

Dazu waren die Kontrahenten viel zu weit voneinander entfernt. Beide wirken, betrachtet man die Illustrationen, die dieser Szene gewidmet sind, statuarisch, zumal Papst und König die symbolischen Zeichen ihrer herrscherlichen Würde trugen.

Es ist allerdings falsch anzunehmen, dass es zu Lodi nur um Konstanz und das Konzil gegangen wäre. Der Konzilsort und der Termin waren ja bereits im Oktober zu Como fixiert und vom König öffentlich bekannt gemacht worden. Mindestens ebenso wichtig dürfte die Abwehr der neapolitanischen Gefahr gewesen sein, die für das Papsttum und den Kirchenstaat eine akute Bedrohung darstellte. Desgleichen dürfte es um die Neuordnung der verwickelten italienischen Verhältnisse und die Rolle, die Johannes XXIII. in Konstanz spielen sollte, gegangen sein.

Man einigte sich schließlich noch einmal auf die Stadt an Rhein und Bodensee und klärte die Voraussetzungen, unter denen das Konzil stattfinden sollte. Richental hat die Zustimmung des Papstes in seiner Chronik dialogisiert, wobei es sich wohl um versehentlich in den Fließtext geratene Bildtexte handelt. Die Verhandlungen zu Lodi sind in allen Richental-Handschriften bildlich sehr aufwändig dargestellt worden, wobei die gesprochenen Texte in die Illustrationen wie Sprechblasen eingetragen wurden.

Die heute in New York liegende ehemals Aulendorfer Handschrift (New York Public Library, Spencer Collection, Nr. 32) zeigt Papst und König jeweils auf Kissen sitzend und mit erhobenen Händen gestikulierend in einer Verhandlungssituation. Die Schilderung gibt allerdings nur Richentals persönliche Sicht der Dinge wieder, der die Rolle des Königs hervorheben will, von der sich die des Papstes als eines Zauderers negativ abhebt: Der König habe gefragt: *Sanctissime pater, placet vobis Constancia?* – »Heiliger Vater, sagt Euch Konstanz zu?« Da habe der Papst geantwortet: *Carissime fili, michi placet Constancie* – »Geliebter Sohn, mir sagt Konstanz zu«.

Damit war die Entscheidung von Como auch vom Papst noch einmal offiziell bestätigt und ratifiziert worden. Das Konzil würde in Konstanz stattfinden, auch wenn der Papst ursprünglich andere Pläne hatte. Denn folgt man Richentals Darstellung, so wollte der Papst das Konzil zunächst in Italien einberufen, *wann er sin kardinäl und ertzbischoff über das birg nit bringen möchte*, da er seine Kardinäle und Erzbischöfe nicht über die Alpen bringen könne. Dies gelte auch für die deutschen Kurfürsten, soll der König geantwortet haben. Man habe darauf gemeinsam nach einer Stadt *by dem pirg* gesucht, die dem Römischen Reich zugehört.

Herzog Ulrich von Teck machte den Vorschlag, die Reichs- und Abteistadt Kempten zum Austragungsort zu bestimmen. Dort sei aber, habe Graf Eberhard von Nellenburg eingewandt, *kain genuchtsammi kainerlay narung*, und habe *ain wirdige statt* vorgeschlagen, *hies Costentz, und wär da ain bistumb* [...] *und läg an dem Rin und stieß der Bodemsee daran*. Außer der günstigen zentralen Lage spräche für Konstanz, dass *da flaisch, visch, höw und haber, och alles, so man bedörfft, in gar ringer kost komen möcht*. So Richental, der es von Graf Eberhard persönlich erfahren haben will, der freilich hätte wissen müssen, dass die Entscheidung in Como bereits gefallen war.

Ohne weitere Ausschmückung berichtet der französische Kardinal Guillaume Fillastre, der ein Konzilstagebuch hinterließ, nüchtern: »Dort hat der Papst im Generalkonsistorium in Anwesenheit des Königs angeordnet, das Konzil auf den 1. November 1414 nach Konstanz zu berufen«. Dies geschah in der Konvokations- oder Einberufungsbulle *Ad pacem et exaltacionem* vom 9. Dezember 1413, in der von der *causa unionis* – dem Hauptgrund, warum das Konzil stattfinden sollte – explizit allerdings nicht die Rede ist. Joseph Gill hat – im Rückblick – die »bedeutendste Tat« des Papstes darin gesehen, dass er zu einem Reformkonzil einlud, das ihn selbst, der es einberufen hatte, absetzen sollte.

Aber Johannes konnte den späteren Verlauf der Dinge zu diesem Zeitpunkt selbstverständlich noch nicht ahnen. In der Bulle betont Sigmund Johannes XXIII. gegenüber die Eignung der Stadt Konstanz als Konzilsort, garantiert die Sicherheit und Freiheit des Konzils und sagt vor allem seine persönliche Teilnahme zu, wenn er auch tatsächlich erst recht lange nach der Eröffnung des Konzils dort eingetroffen ist. Der Papst berief sich auf seinen Vorgänger Alexander V., der schon in Pisa ein neues Konzil angekündigt und alle weiteren Reformpläne bis dahin vertagt habe. Er selbst wolle »auf dem Frieden, der Erhöhung und der Reform der Kirche und der Ruhe des christlichen Volkes bestehen«.

Richental schrieb diese Bulle ab, was ihm *ainen gulden* wert war, den er *ainem cortisan* (= Höfling, Kurialer) dafür bezahlt habe. Der Papst zog seine Konzilszusage auch nicht zurück, als im August 1414 die Nachricht vom Tod seines Widersachers Ladislaus von Neapel bekannt wurde, ein Beleg für Brandmüllers Auffassung, dass der Papst der Konzilsberufung keineswegs nur aus Not zugestimmt habe und die entscheidende Rolle Sigmunds daher zu relativieren sei. Vom Konzil erhoffte sich Johannes XXIII. offenbar die endgültige Bestätigung als alleiniger Papst.

Auch den Plan, die Kurie wieder endgültig nach Avignon zu verlegen, gab er auf. Auf dem Weg nach Konstanz schloss er am 15. Oktober 1414 in Meran außerdem ein Bündnis mit Herzog Friedrich IV. von Österreich und ernannte ihn zum Generalkapitän der päpstlichen Truppen. Ein Prediger begrüßte den Papst in Konstanz mit den Worten: »Du eiltest schnellstens herbei, Johannes [...]. Du ersehntest den Frieden der Völker wie der Hirsch die Wasserquelle [...]. Siehe, du hast alles verlassen und bist über die Gipfel der Alpen in großer Kälte von Schnee und Regen hierhergekommen, in der Nachfolge Christi«.

Die Motive Sigmunds formulierte Jahrzehnte später sein gelehrter Rat Konrad von Weinsberg: *unser herre der keiser selige, der waz faste* [sehr] *ein wiser man; der wolt daz concili gar nimant bevor geben, wann er dadurch alle sin sachen durchbraht, und darumb so leit sin gnade gar grosse arbeit* [Mühe] *und costen daruf, das er daz concili under sich in das riche* [Reich] *braht, das er daz zu siner gewalt hetde* [...].

Unter gewissen Bedingungen war auch Papst Gregor XII. bereit, am Konzil teilzunehmen und sich den Beschlüssen der Versammlung zu unterwerfen. Benedikt XIII., der nach wie vor von den spanischen Königreichen und Schottland anerkannt wurde, ließ indes keinerlei Kompromissbereitschaft erkennen, beharrte vielmehr auf der Rücknahme der Beschlüsse von Pisa, was wiederum für die Pisaner Obödienz unannehmbar war. Denn diese verstand, wie sogleich näher ausgeführt werden wird, das Constantiense zunächst als Fortsetzung des Pisaner Konzils, von dessen Legitimität sie zutiefst überzeugt war.

Es ist daher im nachfolgenden Kapitel vom anfänglichen Selbstverständnis des Konstanzer Konzils, der päpstlichen Quartierkommission, der Entscheidung für Konstanz, der Ankunft des Konzils in der Stadt, seiner Konstitution und seinem feierlichen Beginn sowie der italienischen Frühphase zu handeln, in der der Konzilspapst durch den von den Kardinälen Pierre d'Ailly und Guillaume Fillastre initiierten Umschwung der Ereignisse mehr und mehr in die Defensive geriet und sich am 8. März 1415 schließlich sogar zur freiwilligen Zession bereitfand.

»Köpfe des Konzils«
Der schonste und wol redenste wiseste fürste –
Sigmund von Luxemburg (1368–1437)
Von allen Fürsten, die sich um eine Beilegung des Schismas bemühten, war König Sigmund, vierter und letzter römischer König aus dem Hause Luxemburg, der tatkräftigste und für die Einheit der Kirche erfolgreichste. *Lux mundi, das ist ein liecht der werlt*, so nennt ihn sein Biograph Eberhart Windecke. Geboren wurde er am 15. Februar 1368 als Sohn Kaiser Karls IV. und seiner vierten Gattin Elisabeth von Pommern; er wurde nach dem Burgunderkönig Sigmund genannt, der 524 den Märtyrertod erlitten hatte und dessen Gebeine 1366 nach Prag gekommen waren. Karl IV. pflegte nämlich einen intensiven Reliquienkult.

Seine Kindheit verbrachte er hauptsächlich in Prag. Frühzeitig bereitete man ihn auf die Aufgaben eines Herrschers vor. Bereits im Alter von acht Jahren wurde er mit der Mark Brandenburg belehnt, die er später wegen seiner enormen Schulden verpfänden musste. Seine gründliche Bildung machte ihn zu einer Ausnahmeerscheinung unter seinen Standesgenossen. Besonders seine Sprachenkenntnis wurde gerühmt. Von Hause aus deutsch und tschechisch erzogen, soll er Französisch, Lateinisch, Polnisch, Italienisch und Ungarisch beherrscht haben.

Der italienische Humanist Enea Silvio Piccolomini rühmte ihn, er sei *religionis ac pietatis augendae studium incredibile, multarum etiam linguarum scientia* (= von unglaublichem Eifer zur Mehrung der Religion und der Frömmigkeit, von Kenntnis vieler Sprachen). Die ritterlichen Fähigkeiten des Waffengebrauchs, Reitens und Jagens dürften nicht

---

zu kurz gekommen sein. Während des Konzils nahm er laut Richental *mit verbundem helm und mit kainem wapen* an einem Turnier teil und *stach nider ain ritter und ain knecht.* Als König von Ungarn gründete er 1408 nach dem Vorbild seiner englischen, französischen und burgundischen Standesgenossen einen Ritterorden, die Gesellschaft vom Drachen. Deren Ziel war die »Vertilgung der ›Nachfolger des Urdrachens‹, der heidnischen Heere [...] und der Häretiker« (Pál Lövei). Als Häretiker galten bekanntlich auch die Schismatiker.

Seine Persönlichkeit wirkte auf die Zeitgenossen gewinnend; er sei *gar ein hübescher herre*, so Windecke, der auch *selten ieman ›du‹ sach, er wer arm oder rich.* Sein lockerer Lebenswandel entsprach dem seiner Standesgenossen, wenn auch der Vorwurf des tausendfachen Ehebruchs, den ihm Enea Silvio Piccolomini machte, eine Übertreibung sein mag. Als Politiker verband er Intelligenz, Ehrgeiz, Energie und gelegentlich Skrupellosigkeit, die auch vor Übergriffen auf die eigene Familie, vor allem auf seinen Halbbruder Wenzel, nicht zurückschreckte. In seinen Finanznöten entwickelte er sich zu einem »Pumpgenie«.

Gegner und Anhänger fürchteten seinen Jähzorn. Kardinal Fillastre berichtet, er habe einen italienischen *prothonotarius* bei einer Konzilsdebatte »mit der Faust unter das Kinn und auf die Brust geschlagen«. In der Regel jedoch verwendete er diplomatischere Methoden, um seinen Standpunkt durchzusetzen. Doch auch die brutalen Methoden des Strafrechts und des Krieges waren ihm nicht fremd. Windecke berichtet, er habe nach einem Zunftaufstand in Breslau *21 burgern ir houpt abslahen* lassen. Bei einem Feldzug gegen Venedig habe er 180 venezianischen Söldnern *die recht hand abhouwen* lassen und sie verstümmelt nach Venedig zurückgeschickt.

Im Dienst der Luxemburger Familienpolitik wurde er von seinem Vater mit Maria verlobt, der Tochter König Ludwigs I. von Polen und Ungarn, die er 1385 heiratete und die ihm zeitlebens in herzlicher Abneigung verbunden war. 1387 zum König von Ungarn gekrönt, musste er zunächst seine Gattin aus den Händen ihrer Widersacher, der ungarischen Adelsopposition, befreien, die sie 1386 gefangengenommen und ihre Mutter Elisabeth vor ihren Augen ermordet hatten. Sie starb kinderlos 1395 an den Folgen eines Jagdunfalls, worauf Sigmund sein Königtum erneut legitimieren und behaupten musste. Dramatischer Tiefpunkt der Auseinandersetzung mit dem rebellischen ungarischen Adel war seine Festsetzung während einer Sitzung im Jahre 1401, die ihn für Monate der Freiheit beraubte. In die böhmischen Wirren um seinen Halbbruder Wenzel griff Sigmund mehrmals ein, ohne sich auf Dauer dort durchsetzen zu können.

In den zahlreichen Konflikten, in die er verwickelt war, lebte Sigmund gefährlich. Der Feldzug gegen die Osmanen 1396 endete mit der katastrophalen Niederlage bei Nikopolis, bei der er mit knapper Not mit dem Leben davonkam: *Do das der chönig sach, das sein panir unter was gangen und das er nymmer mocht pleyben, do gab er die flucht; do kam der von Cilli und Hanns burgraff von Nüremberg und namen den chönig und fürten in auß dem here und prachten in auff ein galein* [Galeere] *und do fur er hin gen Constantinopel*, schreibt ein bayerischer Augenzeuge, der Knappe Hans Schiltberger. Sein Biograph Windecke berichtet allein von drei Versuchen, den König zu *vergeben* (= vergiften), einmal in Brixen im Auftrag der Republik Venedig, mit der er um die Herrschaft von Dalmatien im Streit lag, ein zweites Mal 1404 bei Znaim, wobei Herzog Albrecht IV. von Österreich zu Tode kam und Sigmund überlebte. Ob dies der Behandlung durch einen Arzt – *was ein grober Swob* – zu verdanken war, der ihn 24 Stunden an den Füßen aufhängen ließ, damit das Gift abfloss, kann man bezweifeln.

Das dritte Mal schließlich auf seiner Reise nach Perpignan 1415 *zwen Walen* (= Welsche), die eine Gesandtschaft Herzog Friedrichs von Österreich begleiteten und die ein Gift, *gemacht in der apteken zu Costenz*, mit sich führten; der Anschlag wurde vor der Ausführung verraten. Derselbe Herzog soll einen Mörder gedungen haben, der Sigmund sollte *zu Tode schießen mit einem steheln armbrost*. Dieser war aber ein *erber geselle* und weigerte sich. Während seiner Italienreise waren es die *buren und die burger* von Asti, die den König ermorden wollten; er kam aber *mit eren von in*.

1405 heiratete Sigmund die Tochter seines Retters von Nikopolis, Barbara von Cilli aus einem in der Steiermark begüterten Geschlecht, das durch Silber- und Bleibergbau zu großem Reichtum gekommen war, den Barbara »gezielt einsetzte, um über den bei ihr hochverschuldeten Sigmund Einfluss auf die Tagespolitik zu nehmen« (Jörg K. Hoensch). Während Sigmunds Abwesenheit in Italien und Deutschland 1412 bis 1414 führte sie die Regierungsgeschäfte in Ungarn »in politischer Übereinstimmung und enger Koordination mit [...] Sigmund« (Amalie Fössel). Barbara ist eine der wenigen Gestalten des Spätmittelalters, denen schon zu Lebzeiten der Ruf des Unglaubens und der Gottlosigkeit anhing, wofür vor allem Enea Silvio Piccolomini verantwortlich ist.

Dieser beschreibt sie in seiner *Historia Bohemica* anlässlich ihres Todes (1451) als »eine Frau von unersättlicher Lebenslust. Sie lebte öffentlich mit ihren Nebenmännern. [...] Sie fühlte sich weder an die christliche noch an eine andere Religion gebunden, da sie ja leugnete, dass es einen Himmel und eine Hölle gebe«. Enea Silvio ist allerdings als Anhänger der Habsburger kein objektiver Beobachter. Aber auch Windecke berichtet, man habe Barbara 1419 *gar grobelichen und sere verlúmet, das der konig der kunigin gar vigent* [feindselig] *ward und sie weder sehen noch hören wolte.* Sie sei so ärmlich gehalten worden, dass sie bei Tisch *weder brot noch wine hettent* und ihre Kleidung *lúsig und unrein* geworden sei. Nach anderthalb Jahren erst hätten der Bischof von Passau und der Hofmeister des Königs zwischen den Eheleuten vermittelt und *machtent einen friden zwüschen dem Romschen konige und der koniginne.* Worin Barbaras Vergehen bestanden hat, teilt Windecke nicht mit.

Nach dem Tod König Ruprechts 1410 wurde Sigmund von nur drei Kurfürsten zum römischen König gewählt, während die übrigen sich für seinen Vetter Jobst von Mähren entschieden. Kurze Zeit gab es also drei Könige im Reich, wie es auch drei Päpste gab. Nach Jobsts überraschendem Tod 1411, *der do ein grosser lugener wart geheissen,* wie Windecke betont, erhielt Sigmund auch die Stimmen der übrigen Kurfürsten. Die offizielle Bekanntmachung lautete: *des hetten sie*

sich da vireinget und, gode zu lobe dem heilgen Romschen riche zu eren
und der ganzen wernde zu trost und nŭcz, einheliclich und einmŭdeclich
den allerdŭrchlŭchtigesten fursten und herren hern Sygimund konig zu
Ungern zu Romischen konige nach lude der gulden bŭllen darŭber besa-
gende erwelet und gekorn in dem namen des vaters und des sons und des
heilgen geistes. Amen.

Sigmund war nun unumstrittener römischer König. Sein Halbbruder Wenzel zählte im Reich nicht mehr. Erst am 8. November 1414,
noch vor seiner Ankunft in Konstanz, konnte Sigmund in Aachen zum
römischen König gekrönt werden, *und worent die corfürsten alle dobi.*
In einem Schreiben an mehrere Städte vom Januar 1414 bezeichnet
Sigmund *das concilium, das uns vor allen dingen das hoeste das nutz-*
lich ist und das notdurftigist sin bedunckt. Dieses Konzil sollte *zu Costenz*
uf den ersten tag des monats novembris angehebt werden. Er erwartete aber, dass das Konzil *nit allein der kirchen, sunder ouch des richs und*
gemeinen nuczes sachen regeln werde, wie sein Einladungsschreiben
vom August 1414 bezeugt. Nicht nur die Kirche, sondern auch die
Institutionen des Römischen Reichs sollten reformiert und die königliche Autorität gefestigt werden.

Es spricht für Sigmunds diplomatisches Geschick, dass es ihm gelang, die beiden im Reich vertretenen Obödienzen zum Konzil zu
vereinen. Intensive Abstimmung mit den europäischen Mächten und
sogar mit dem oströmischen Kaiser Manuel II. war den Beschlüssen
von Como vorausgegangen. Bündnisse mit Frankreich und England
wurden im Sommer 1414 geschlossen. Das Konzil sollte aber nur ein
Schritt zu weitergehenden Zielen sein, der Vereinigung der griechischen Kirche mit der römischen und dem Kreuzzug zur Befreiung des
Heiligen Landes.

Gemessen an diesen hochfliegenden Plänen ist Sigmund zweifellos gescheitert. Aber die Berufung des Konzils und seine Fortführung
in krisenhaften Situationen waren sein Verdienst. Der König trete auf,
so Fillastre, als sei er *caput et dispositor concilii* (= Haupt und Ordner
des Konzils). Ein anderer französischer Autor, der Humanist und Politiker Jean de Montreuil, ging nach Sigmunds Allianz mit England noch

schärfer mit dem König ins Gericht. Montreuil, »der erste französische Chauvinist«, so das Urteil Heinrich Finkes aus dem Jahr 1903, schrieb 1417 ein wüstes Pamphlet gegen Sigmund; er sei von seinen Vorfahren »degeneriert«, da er im Gegensatz zu seinem Großvater (Johann von Böhmen), der 1346 für Frankreich in den Krieg zog und dabei umkam (Schlacht von Crécy), und seinem Vater Karl IV. nun die englische Karte spiele: *sepe enim filii dissimiles sunt parentum* (= oft sind die Söhne anders als ihre Eltern). Den Papst (Johannes XXIII.) habe er nach Konstanz gelockt und gefangengesetzt, nachdem dieser ihm 200.000 Gulden verweigert habe. Nach dessen Flucht habe »dieser Hannibal« geprahlt, er werde den Flüchtigen eigenhändig vom Turm des Papstpalastes in Avignon am Kragen herabziehen.

Die *causa* Hus und Hieronymus habe ihm irreparable Schande eingebracht. Er laufe mit zerrissenen Schuhen und löchrigem Gewand – *ad carnis ostensionem* (= dass man das Fleisch sehen konnte) – und einem Hemd herum, das nach Schweiß und Fett rieche, und habe sich nicht geschämt, zwei Konzilsväter um ein paar Gulden anzubetteln. In Perpignan habe er die Chance zur Einigung mit Benedikt XIII. verhindert, so dass dieser ihn »nicht mehr König, sondern einen perfiden Tyrannen« genannt habe. Seine Frau lasse er allerlei Ausschweifungen treiben. Er reite bekränzt wie ein Jüngling durch die Dörfer und singe dabei, »als ob er an einer Hochzeit teilnähme. [...] Und was seine Niedrigkeit noch vergrößert«, er pflege öffentlichen Dirnen auf der Straße die Hände zu schütteln und sie vertraulich anzureden, »als ob diese Frauen der edlen Matrone Penelope oder der römischen Lucrezia ähnlich wären [...]«. Kurz: *O ergo vanum hominem verbosum, ridiculum* [...] – »O welch ein eitler, geschwätziger und lächerlicher Mensch«.

Im Reich und in Italien war Sigmund dagegen populärer. Der Humanist Poggio Bracciolini schrieb eine begeisterte Schilderung von Sigmunds Kaiserkrönung am Pfingsttag 1433 in Rom. Noch 1455/56 lobte derselbe Autor in einem Brief an Kaiser Friedrich III. aus dem Hause Habsburg, den er zu einem Feldzug gegen die *Teucri* (= Türken) aufrufen wollte – die Eroberung Konstantinopels lag gerade zwei Jahre zurück –, die Verdienste Sigmunds: »Einst reiste Kaiser Sigismund, der stärkste und beste aller Fürsten, durch ganz Europa, besuchte alle christlichen Könige, um die Einheit der Kirche zu erstreben, die daraufhin erreicht wurde, und es ist gewiss, dass, hätte er nicht seine Mühe, seinen Fleiß und seine Sorgfalt darauf gerichtet, die Spaltung des Glaubens im Christenvolk noch heute andauern würde. Aber durch seine Mühen und seinen unermüdlichen Eifer ist es erreicht worden, dass ein einmütiger Pontifex gewählt wurde, so dass sein Name unsterblich bei den Nachkommen weiterlebt«.

Das Haus Luxemburg starb mit Sigmunds Tod am 9. Dezember 1437 im Mannesstamm aus. Aber durch die Heirat seiner einzigen Tochter Elisabeth mit Albrecht V. von Österreich, dem späteren römischen König Albrecht II. (1437–1439), dessen Erbfolge er auch als König von Ungarn und Böhmen durchsetzte, war er auch Stammvater des späteren Habsburgerreiches.

Beginn des Konzils

Das Constantiense als Fortsetzung des Pisaner Konzils

Ähnlich wie das Basler eine Fortsetzung des Konstanzer Konzils sein sollte, war das Konstanzer zunächst eine Fortsetzung des Pisaner Konzils. Die wichtigste zeitgenössische Quelle, die diesen Zusammenhang ganz klar zum Ausdruck bringt, sind die *Gesta concilii Constantiensis* des französischen Kardinals Guillaume Fillastre. Seine Aufzeichnungen beginnen lapidar und nüchtern mit dem lateinischen Satz: *Origo generalis concilii Constanciensis ex Pisano concilio cepit*, was so viel heißt wie: »Das Konstanzer Konzil nahm seinen Anfang mit dem Pisaner Konzil«.

Der Satz bedeutet, dass man die Geschichte des Constantiense nicht ohne seine Vorgeschichte verstehen kann. Diese reicht, wie wir im voranstehenden Kapitel zu den historischen Hintergründen des Konzils gesehen haben, aber nicht nur bis zum Pisanum des Jahres 1409, sondern bis zu den Anfängen des Großen Abendländischen Schismas in das Jahr 1378 zurück. Konstanz kann – wie die anderen Reformkonzilien auch – mithin nicht isoliert betrachtet werden. Man muss, will man das Constantiense verstehen, historisch weiter zurückgreifen und, wie der genetische Ansatz Fillastres zeigt, mit Pisa beginnen, wenn man über Konstanz sprechen will. Konstanz war nur »auf der Basis von Pisa möglich« (Klaus Schatz).

Das Besondere am Pisaner Konzil aber war, dass es nicht der Papst, sondern die Kardinäle waren, die dieses Konzil im Frühjahr 1409 einberiefen und zustande brachten. Das war ungewöhnlich, da es eigentlich nach kanonischem Recht allein Aufgabe der Päpste war, die Generalkonzilien einzuberufen. Aber die Päpste waren heillos zerstritten. Eine Lösung der Schismafrage war von ihnen nach Savona nicht mehr zu erwarten. Hélène Millet, die ein Buch über das Pisaner Konzil geschrieben hat, spricht deshalb von einem »Akt der Rebellion«, denn beide Päpste hatten im Vertrag von Marseille (1407) zwar beteuert, eine Lösung der

Schismafrage herbeizuführen, Gregor XII. und Benedikt XIII. konnten sich jedoch, obwohl sie sich dazu verpflichtet hatten, nicht einigen, so dass auch diese Chance einer Problemlösung ungenutzt verstrichen war.

König Sigmund übernimmt die Initiative

Nachdem das Pisaner Konzil gescheitert war, er die Obödienz des römischen Papstes Gregor XII. verlassen und sich Ende 1409 der Obödienz des Pisaner Papstes Johannes XXIII. angeschlossen hatte, schaltete sich König Sigmund im Sommer 1413 – trotz der ernsthaften italienischen Probleme des Papsttums – in die aktuelle Kirchenpolitik bzw. in die Konzilsfrage ein. Er drang auf die Einberufung eines neuen Konzils, wie es zu Rom 1412/13 avisiert worden war und sandte Boten zum Papst *postulans sibi dari potestatem convocandi concilium generale et eligendi locum et tempus*, um ihm, wie Fillastre notiert, »das Recht zur Einberufung eines allgemeinen Konzils zuzugestehen und darüber hinaus Ort und Zeit bestimmen zu dürfen«.

Mit dieser königlichen Initiative begann die unmittelbare Vorgeschichte des Konstanzer Konzils, die sich über 1½ Jahr hinzog. Erste Anzeichen einer dezidierten Konzilspolitik König Sigmunds waren bereits für die Jahre 1410 und 1411 auszumachen. Das hatte nicht zuletzt auch mit seiner durch das Schisma erschwerten Wahl zum römisch-deutschen König zu tun, die 1410/11, da sich die Kurfürsten nicht einig waren, zunächst zu einer Doppelwahl führte. Erst nach dem Tod Jobsts von Mähren am 18. Januar 1411 und nach Verhandlungen mit dem bereits im Jahr 1400 abgesetzten König Wenzel war Sigmund am 21. Juli 1411 unbestrittener deutscher König. Seine Krönung bzw. offizielle Anerkennung als König in Aachen erfolgte jedoch erst am 8. November 1414, als das Konzil in Konstanz bereits begonnen hatte.

Als christlichem Fürsten musste König Sigmund die Wiederherstellung der kirchlichen Einheit angelegen sein. Er sah sich als *advocatus et defensor ecclesiae* verpflichtet, in der Schisma- bzw. Unionsfrage endlich eine Lösung herbeizuführen und wollte deshalb bei der Vorbereitung und Planung des neuen Konzils, das bereits in Pisa und dann in Rom angekündigt worden war, (vor allem hinsichtlich der Zeit- und Orts-frage) beteiligt werden, zumal er befürchten musste, dass der Papst in seiner augenblicklichen Lage kein großes Interesse am Zustandekommen eines Generalkonzils außerhalb Italiens hatte.

Doch hier wie auch später, nämlich nach dem plötzlichen Tod Ladislaus' von Neapel, stellten die Kardinäle die Weichen und übten, wenn man Fillastre folgen darf, sanften Druck auf den Papst aus, der nach der Eroberung Roms durch Ladislaus »his back to the wall« stand, also mit dem Rücken zur Wand, wie Stephen Greenblatt schreibt, mithin auf den König als Protektor angewiesen war. Am 27. Juli 1413 erging dann ein entsprechendes päpstliches Schreiben an Sigmund. Vom März bis Oktober 1413 vollzogen sich schließlich, wie wir oben gesehen haben, die entscheidenden Vorverhandlungen zu Como und Lodi. An deren Ende stand die Berufung eines Generalkonzils nach Konstanz.

Die päpstliche Quartierkommission

Nachdem die Entscheidung für den Konzilsort Konstanz in Como gefallen und in Lodi bestätigt worden war, gab es kurz darauf einen Lokaltermin vor Ort. Er diente der logistischen Vorbereitung und Organisation der geplanten Kirchenversammlung. Richental berichtet: *Uff das sant unßer hailiger vatter bapst Johannes der XXIII. zwen herren gen Costentz, das si erfaren soltind, wie diß land wär und ob man möcht haben hie ze Costentz herberg, und ob stett oder dörffer hie umb, by ainer mil* [Meile] *wegs, wären, daz die gest* [Gäste] *herberg möchte haben.* Ein solcher Lokaltermin war keineswegs unüblich.

Auch der König, der bis ins Spätmittelalter über keine feste Residenz verfügte und deshalb »ambulant« regierte, also in seinem Reich samt seinem Hof (mit Kanzlei und Kapelle) umherzog, besaß einen »Quartiermacher« (*mansionarius*), der sein Itinerar, d. h. seinen Reiseweg, plante und die entsprechenden logistischen Vorbereitungen traf, bevor der Herrscher mit seinem mitunter recht großen Gefolge eintraf und von seinem Gastungsrecht Gebrauch machte.

Nach der endgültigen Entscheidung für Konstanz wurde also eine päpstliche Quartierkommission eingerichtet, die den Auftrag hatte, die

Stadt und die Region auf ihre Konzilstauglichkeit bzw. -fähigkeit hin zu untersuchen und mit dem Magistrat der Stadt Verhandlungen wegen der Sicherheitsverhältnisse während des Konzils zu führen. Richental hat nachweislich zwei so genannte *exploratores, daz haißend beschöwer des lands* (von *explorare* = erforschen), worunter man wohl päpstliche Kundschafter bzw. Beamte verstehen muss, durch das Konstanzer Umland bzw. den Thurgau geführt.

Der Auftrag wurde ihm, wie er selbst sagt, vom Rat der Stadt erteilt. Der Chronist muss demnach über Kontakte zur städtischen Verwaltung verfügt haben. Der Lokaltermin war nicht unwichtig, zumal in Konstanz ja immerhin ein »internationaler Kongress« von bislang ungekanntem Ausmaß stattfinden sollte. Da mussten die äußeren Rahmenbedingungen mit Bischof, Domkapitel, Bürgermeister und Rat der Stadt (Rechtssicherheit, Infrastruktur, Herbergsmöglichkeiten, Lebensmittel- und Gebrauchsgüterversorgung, Sicherheit der Verkehrswege usw.) vor dem Großereignis eruiert, definiert und abgeklärt werden.

Der Kuriale Giacomo Cerretani erwähnt in seinem »Liber gestorum« denn auch ausdrücklich, dass über das, *que ad recepcionem domini nostri pape et ordinacionem concilii pertinebant* – »was den Empfang unseres Herrn Papstes in der Stadt und die Planung des Konzils anbelangt«, im Vorhinein zwischen dem Bürgermeister und den Räten nicht nur ausführlich gesprochen wurde, sondern auch entsprechende Abmachungen getroffen worden sind. Im Staatsarchiv Basel-Stadt (Politisches C 1) liegt, worauf u. a. Gerrit Jasper Schenk hingewiesen hat, eine Zusammenstellung von Informationen mit dem Titel *Articuli de Constancia etc.*, die sich die Stadt Basel von der konzilserfahrenen Stadt Konstanz zwischen 1424 und 1432 erbeten hat.

Die »Artikel« kommen einer konziliaren »Gebrauchsanweisung« gleich. Sie enthalten nahezu alle Fragen und Gesichtspunkte (Adventuszeremonielle, Gastgeschenke, Herbergsordnungen, Preisordnungen, Geleitfragen, Sicherheitsfragen usw.), die eine Stadt beachten musste, wenn sie ein Konzil in ihren Mauern durchführen wollte. Man darf davon ausgehen, dass Ähnliches, wie es hier schriftlich fixiert wurde, von der päpstlichen Quartierkommission im Vorfeld des

Constantiense wenigstens teilweise abgefragt, erörtert und festgelegt wurde.

Grundsätzlich ging es bei den Kirchenversammlungen, wie dies Johannes Helmrath in seiner Arbeit über die Ortswahl der Konzilien (*locus concilii*) herausgestellt hat, darum, universale Repräsentanz der Gesamtkirche (*ecclesia universalis*) für eine bestimmte Zeit »zentral zu verorten«. Peter Moraw hat das, was Helmrath etwas abstrakt formuliert, sehr plastisch ausgesprochen: Die Kirche war mit den Verhandlungen von Como und Lodi gewissermaßen »nach Deutschland« bzw. nach Konstanz verlegt worden. Der Mainzer Bürger Eberhart Windecke hat das in seinen »Denkwürdigkeiten zur Geschichte des Zeitalters Kaiser Sigmunds« kurz und knapp so formuliert: *Der bobst ist zu tůtschen landen komen.*

Konkret bedeutete dies, dass die Lokalität, der Stadtraum, in dem das Konzil als Repräsentanz der Gesamtkirche Aufnahme finden sollte, eine zentrale Rolle spielte. Der Ort des Konzils, der *locus concilii*, musste daher nicht nur über eine gewisse Größe und Kapazität verfügen, er musste vor allem auch zentral, rechtssicher und für alle Konzilsteilnehmer gut erreichbar sein. Darüber hinaus sollte er entsprechende Herbergs-, Unterkunfts- und Versorgungsmöglichkeiten für die Konzilsgäste und deren teilweise umfangreiches Gefolge darbieten.

Der päpstliche Lokaltermin führte allerdings, wenn man Richental folgen darf, zu einem eher ambivalenten Ergebnis, denn die Boten meinten, *es wär kum* [kaum] *halb gnůg wyt, söllichem volk herberg ze sind.* Das heißt, die Kommission, der die päpstlichen Beamten Johannes von Montepulciano und Bartholomeus de Lante angehört haben dürften, kam zu dem Schluss, dass die Stadt und die Region kaum alle Konzilsteilnehmer werde aufnehmen können, was sich schließlich ja auch bewahrheitete. Aber welche vormoderne Stadt hätte eine solche große Menschenansammlung ohne Probleme aufnehmen können? Wir müssen bei mittelalterlichen Städten ja von ganz anderen Größenverhältnissen ausgehen, als wir sie von modernen Städten gewohnt sind.

Aufschlussreich ist, dass diese latente Kritik am Konzilsort von Richental in seiner Chronik zwar referiert, aber sogleich abgewehrt wird. Es fällt in diesem Zusammenhang auf, dass es gerade die offiziöse

Konstanzer Handschrift und die ihr folgenden Versionen sind, die diesbezüglich eine Anmerkung machen, die sich in der Aulendorfer bzw. New Yorker Handschrift so nicht findet: *Die* – gemeint sind die Kundschafter – *sprachen, daz das concilium da nit beston mocht, wann doch von allen landen lüt dar komen mustend, die nit halb herberg möchten han. Sy saitten aber daran nit recht, wann es belaib mangklich in der stat, doch lagent vil Unger ze Peterßhusen, ettlich beliben zum Paradiß, etlich zů Gotlieben, aber wänig, als ir hie nach hören werdent.* Der Chronist weist die Kritik an den mangelnden Herbergsmöglichkeiten entschieden zurück. Es hätten, wie er betont, viele eine Unterkunft gefunden. Außerdem seien nicht alle im engeren Stadtzentrum, sondern – wie etwa die Ungarn des königlichen Gefolges – in Petershausen, im Stadtteil Paradies oder *zů Gotlieben* untergebracht gewesen. In dem Reflex Richentals spiegelt sich gleichwohl die angespannte Situation, in der sich die Stadt während des Konzils offenbar befand. Man darf davon ausgehen, dass diesbezüglich von den Zeitgenossen viel Kritik geäußert worden ist.

Vielleicht war das auch der Grund, warum Ulrich Richental, wie er in seiner Chronik schreibt, schon sehr früh, und zwar noch vor Weihnachten 1413, von Landgraf Eberhard von Nellenburg über den Ausgang der Verhandlungen von Como und Lodi und die Entscheidung für Konstanz als Konzilsort informiert wurde. Er sollte rechtzeitig Vorsorge treffen, bevor hunderte, ja tausende Besucher aus dem In- und Ausland in die Stadt am Bodensee strömen würden.

Uff das enbott mir Ůlrichen Richental min herr gräff Eberhart von Nellenburg, wie daz zů Loden [Lodi] *ergangen wär und das daz concilium für sich můste gon und das ich mich nach fůter und höw, stallung und ander sachen richti, dann daz also wär, daz söllichs nit hindersich gan möcht, das aber ich nicht mocht geloben. Die bottschaft kam mir vor wyhenachten anno Dni. MCCCCXIII und torst* [ich wagte] *es nieman sagen.*

Richental hatte, so würde man das wohl heute formulieren, Insiderwissen. Er sollte, so sein Auftrag, unmittelbar nach den Entscheidungen von Lodi logistische Vorkehrungen treffen und schon einmal Futter, Heu, Ställe und andere Gebrauchsgüter einkaufen, bevorraten bzw. anmieten, um für den Gäste- und Teilnehmerzustrom gewappnet und entsprechend gerüstet zu sein, wenn das Konzil tatsächlich nach Konstanz kommen sollte. Dabei dürfte weniger die Versorgungs- als vielmehr die Unterbringungsfrage von hoher Brisanz und Dringlichkeit gewesen sein. Sie stellte die kleine Stadt in der Tat vor große Probleme, wobei man nicht vergessen sollte, dass es vormoderne Menschen gewohnt waren, dichter und enger zusammenzuleben, als wir dies heute kennen und akzeptieren würden. Das gilt z. B. für Schlafplätze, die nicht selten recht bescheiden waren und häufig mit anderen geteilt wurden.

Vor allem der letzte Satz des oben genannten Zitats ist, was die logistische Vorbereitung des Konzils anbelangt, interessant: *und torst es nieman sagen* – »und ich wagte nicht, es jemandem mitzuteilen«. Eberhard von Nellenburg hatte dem Chronisten offenbar aufgetragen, das Wissen, dass Konstanz zur Konzilsstadt werde, aus welchen Gründen auch immer, vorerst für sich zu behalten und in der Stadt nicht publik zu machen. Das konnte (musste aber nicht) damit zu tun haben, dass mit dem Insiderwissen ein geschäftlicher Vorteil verbunden war.

Wer jetzt schon kaufte, bevorratete oder anmietete, konnte mit Gewissheit bessere Preise erzielen, als wenn dies später geschah, wenn alles einer Teuerung unterlag und vielleicht gar nicht mehr zu haben war. Das Mittelalter hat dieses Aufkaufen oder Horten von Waren, bevor sie auf den Markt kamen, um dadurch eine künstliche Preissteigerung zu erwirken, als »Fürkauf« bezeichnet.

Die zurückhaltende Vorsicht, die in der Wendung *und torst es nieman sagen* zum Ausdruck kommt, könnte aber auch dadurch begründet sein, dass noch ungewöhnlich lange, nachdem die Quartierkommission Stadt und Region bereist hatte, unklar blieb, ob das Konzil tatsächlich nach Konstanz kommen würde: *Das bestůnd also villicht by acht wochen, das es nieman turlich* [ernsthaft] *geloben wolt.* In der künftigen Konzilsstadt bestand offenbar – trotz der aus Italien sukzessive durchsickernden Informationen – allenthalben große Unsicherheit hinsichtlich des definitiven Zustandekommens des Konzils.

Auch der Chronist bemerkt deutlich, dass er, als er die Nachricht aus Lodi vernahm, es zunächst nicht glauben konnte: *das aber ich nicht mocht geloben.* Erst als Herolde und Pfeifer anfingen, die Wappen ihrer Herren an die Häuser in Konstanz anzuschlagen und diese damit als künftige Herberge symbolisch in Besitz zu nehmen, brach sich die Erkenntnis Bahn, dass das Konzil in Konstanz tatsächlich stattfinden würde.

Die Entscheidung für Konstanz

1414 trafen schließlich drei Wochen vor dem Johannistag, der am 24. Juni begangen wird, auch Friedrich von Grafeneck, Eberhard von Nellenburg und Johann von Bodman, genannt Frischhans, in Konstanz ein *und die hießen erst recht anschlahen der herren wapen an die hüßer*. Die Unsicherheit (*zwifel*), von der Richental spricht, *ob es* – das Konzil – *für sich ging oder nit*, bestand gleichwohl bis zum 12. August 1414, als der Kardinalbischof von Ostia, Jean de Brogny (*cardinalis Ostiensis*), mit seinem Gefolge und 80 Pferden in Konstanz eintraf und dort auch tatsächlich Herberge nahm.

Er hatte in Avignon Jura studiert und war 1391 Leiter der päpstlichen Kanzlei geworden, der er bis zu seinem Tod vorstand. Als Dekan des Kardinalkollegiums leitete er in der papstlosen Zeit, d. h. nach der Flucht Johannes' XXIII., fast alle Sitzungen des Konzils. Erst seine Ankunft war es, die die letzten Zweifel am Zustandekommen des Konzils beseitigte: *Do ward man erst geloben, daz das concilium kommen solt, und bewarnott sich* [versorgte sich] *menglich mit bett, mit höw und stro und was ieman gedacht, das im dann nütz wär* – »und jeder versuchte, sich das zu beschaffen, was ihm während des Konzils von Nutzen sein könnte«.

Der Kardinaldekan, der die Aufgabe hatte, die Versorgung des Konzilspapstes und seines Gefolges vorzubereiten, zog in das Haus des Domdekans Albrecht von Beutelsbach, das sich auf dem Unteren Münsterhof zur linken Seite des Hauses zum Stauf, dem ehemaligen Domkapitelwirtshaus, das 1824 abgebrannt ist, befand. Der Domdekan ließ sich, da er offenbar gelähmt war und nicht mehr gehen konnte (*der selb techan was lamm worden von gesücht*), von seiner Dienerschaft in einem Sessel eigens aus dem Domherrenhof tragen und erwartete im Hof die Ankunft des Kardinals.

Nach der ehrenvollen Begrüßung teilte ihm der Kardinalbischof von Ostia mit, das Haus, das er sich zur Wohnstätte gewählt hatte, erst wieder zu verlassen, wenn es einen allgemein anerkannten Papst gebe *und wurd rûw gegeben der hailgen cristenhait.* Außerdem ließ er als Leiter der Almosenbehörde von Avignon, der so genannten *pignotte,* während seines Aufenthalts täglich vor seiner Herberge Gaben an Notleidende, die es in Konstanz wie in allen mittelalterlichen Städten gab, verteilen.

Der lange Zweifel und die Unsicherheit, ob das Konzil tatsächlich in Konstanz stattfinden würde, hatte nicht zuletzt wohl auch mit der Tatsache zu tun, dass die Ausrichtung eines Generalkonzils in einer deutschen Stadt ein absolutes »Novum« (Johannes Helmrath) in der bisherigen Kirchen- und Konzilsgeschichte darstellte. Es war das erste Mal, dass eine deutsche Stadt zum Konzilsort ausersehen wurde.

Die Päpste der avignonesischen Zeit hatten (aus gutem Grund) überhaupt keine Generalkonzilien mehr einberufen. Seit Vienne 1311/12 unter Clemens V. (1305–1314) waren mithin über 100 Jahre vergangen und die historisch-politische sowie kirchliche Situation hatte sich mit dem Ende des avignonesischen Papsttums und dem Ausbruch des Großen Abendländischen Schismas 1378 von Grund auf verändert, so dass das nach Konstanz einberufene Konzil tatsächlich etwas bisher nicht Dagewesenes und Neues darstellte.

Die Entscheidung für die Reichs- und Bischofsstadt Konstanz darf, im Rückblick betrachtet, auch insofern als echte Überraschung gelten, als es offenbar ernsthafte Mitbewerber gab und sich die Stadt selbst gar nicht um die Ausrichtung des Konzils bemühte. Richental berichtet in seiner Chronik jedenfalls davon, dass sich Konstanz gegen die Reichsstadt Kempten im Allgäu als Konzilsort durchgesetzt habe. Denn der König, so berichtet die Chronik, habe anlässlich der Zusammenkunft in Lodi gefragt, *ob kain statt by dem pirg läg, die dem römischen rich zûgehorti.*

Herzog Ulrich von Teck habe darauf, wie bereits oben erwähnt, Kempten, das am Fernpass liege, vorgeschlagen. Graf Eberhard von Nellenburg dagegen monierte *da wär kain genuchsammi kainerlay narung,* was bedeutet, dass die Lebensmittelversorgung nicht gesichert sei, und brachte darauf *ain wirdige statt* ins Spiel, *hies Costentz, und wär da ain bistumb und läge ain tagwaid von Kempten und läg an*

dem Rin und stieß der Bodemsee daran, der wär uff daz lengst acht mil
lang und dry mil brait, da brächt man ze schiff alle genůgsammen und
möchtind die schiff uff und nider gon.

Konstanz war, wenn man die Worte Eberhards von Nellenburg zusammenfasst, eine bedeutende Reichsstadt, besaß einen altehrwürdigen Bischofssitz, lag an Rhein und Bodensee und bot aufgrund seiner zentralen Lage Nahrungs- und Versorgungssicherheit. Hinzu kam, dass Konstanz, verkehrsmäßig und geographisch gesehen, für alle Konzilsteilnehmer (auch aus Italien und dem westlichen Mittelmeerraum) gut zu erreichen war und zudem enge Handelsbeziehungen zu Italien unterhielt, was nicht zuletzt auch der Grund für die Errichtung des Kaufhauses gewesen war.

Die Stadt gehörte ferner dem römisch-deutschen Reich an, lag also im Einfluss- und Herrschaftsbereich des Königs, der das Schisma unbedingt beenden und die Einheit der Kirche wiederherstellen wollte. Konstanz verfügte als Handelszentrum im oberdeutschen Raum außerdem über Anschluss an die wichtigsten Handels- und Verkehrswege, die seit langem von den einheimischen und anderen oberdeutschen Kaufleuten zum Warenaustausch und -transport (vor allem in Richtung Italien) genutzt wurden. Hinzu kommt, dass es im Verein mit der Ravensburger Handelsgesellschaft, an der auch Konstanzer Kaufleute beteiligt waren, als Finanzzentrum gelten konnte.

Dem Gelingen des Konzils in der Bodenseestadt stand insofern nichts Ernsthaftes mehr im Wege, als sich am 6. August 1414 die politische Szenerie in Italien plötzlich von Grund auf veränderte. Ladislaus von Neapel, der im Juni 1413 Rom erobert und den Papst samt der Kurie aus der Ewigen Stadt nach Bologna vertrieben hatte, verstarb. Das Ereignis macht noch einmal schlagartig deutlich, dass Walter Brandmüller die Vorgeschichte des Constantiense zu Recht vornehmlich von einem italienischen und nicht von einem deutschen Standpunkt aus dargestellt hat.

Konstanz war zwar eine deutsche Stadt, aber Deutschland war, wie er betont, »nun einmal nicht das Zentrum der Ereignisse«, jedenfalls nicht, was die Einberufung und das Zustandekommen des Konstanzer Konzils und, wie wir noch sehen werden, die Unionsfrage anbelangt, die im Sommer 1415 ins Zentrum der konziliaren Arbeit rückte und ebenfalls nicht in Deutschland gelöst und entschieden wurde. Man erkennt weiterhin, dass die abwartende Vorsicht der Konstanzer hinsichtlich des Zustandekommens des Konzils nicht ganz unberechtigt war. Es gab Unwägbarkeiten, die es durchaus noch hätten verhindern können. Der Tod Ladislaus' von Neapel zählte gewiss dazu. Denn Johannes XXIII. änderte infolge dieses unerwarteten Ereignisses sofort seine Dispositionen. Das Zustandekommen des Konzils hing, wie Heinrich Finke betonte, »an einem Faden«. Aber es kam dann doch anders. Johannes XXIII., der für kurze Zeit den Plan gefasst hatte, »sich von Siegmund zu emanzipieren« (Hartmut Boockmann) und nicht nach Norden, nach Konstanz, sondern nach Süden, nach Rom, zu ziehen, um die Ordnung und hauptsächlich seine Autorität in der Ewigen Stadt wiederherzustellen, ließ sich offenbar von seinen Kardinälen überzeugen, dass er um der Einheit und Reform der Kirche willen persönlich nach Konstanz reisen und das Konzil, wie geplant, am 1. November 1414 eröffnen und leiten müsse.

Die Kardinäle befürchteten andernfalls eine Schwächung der Kirche, die kaum noch zu reparieren sein dürfte. Der Papst wusste nach den Vorverhandlungen von Como und Lodi, dass das kommende Konzil über sein künftiges Schicksal entscheiden würde. Die Kardinäle wussten, dass der Papst, ginge er zurück nach Rom, nicht mehr zurückkehren und das Schisma weiterbestehen würde. Deshalb bestanden sie *verbis et scriptis* – in Wort und Schrift, wie es bei Fillastre heißt – einträchtig darauf, *quod negocia spiritualia et ecclesiastica, videlicet concilium ageret in persona, temporalia vero per vicarios et legatos*, das heißt, dass die geistlichen bzw. kirchlichen Angelegenheiten, die das künftige Konzil betreffen, vom Papst persönlich durchgeführt und verhandelt werden müssten, während er die weltlichen Dinge (wie etwa die Wiederinbesitznahme des Kirchenstaates) an Vikare bzw. Legaten delegieren könne, was er denn auch tat.

Alles andere führe, so die Kardinäle, zu einer *magna ecclesie destructio*, einer umfassenden Zerstörung der Kirche. *Quibus, licet non libenter, annuit.* Der Papst, so berichtet Fillastre leicht süffisant, stimmte dieser Auffassung, wenn auch nicht gerne, schließlich zu: »he could not in honour do otherwise«, wie Eustace J. Kitts prosaisch resümiert, d. h. er konnte, ohne seine Ehre zu verlieren, gar nichts anderes tun.

Wenn man diese leicht geschönte Darstellung bei Fillastre liest, muss man allerdings in Rechnung stellen, dass, worauf Heinrich Finke hingewiesen hat, seine *Gesta concilii Constantiensis* in vielerlei Hinsicht eine »Apologie der Handlungen des Kardinalskollegiums« darstellen, also bei aller Zuverlässigkeit kritisch gelesen werden müssen. Die *Gesta* sind aus der Perspektive der Kardinäle geschrieben. Das Handeln des Papstes erscheint daher in eher ungünstigem und kritischem Licht.

Das Konzil kommt in die Stadt

Johannes XXIII. brach am 1. Oktober 1414 in Bologna auf und zog, nachdem er zuvor noch in Meran am 15. Oktober mit Herzog Friedrich IV. von Österreich einen Sicherheitspakt geschlossen hatte, mit seinem Gefolge, dem neun Kardinäle und insgesamt 600 Personen angehörten, nach Konstanz. Von Feldkirch kommend bestieg der Papst, wie der Kuriale Giacomo Cerretani in seinem *Liber gestorum* notiert, in Rheineck ein Schiff, um das letzte Stück Weges über den See zu fahren.

Am 27. Oktober langte er am Augustiner-Chorherrenstift St. Ulrich in Kreuzlingen bei Konstanz an, wo er übernachtete und seinen ebenso ehrenvollen wie prächtigen Einzug in Konstanz vorbereitete. Zur Erinnerung an diesen Aufenthalt verlieh er dem Abt des Klosters Erhard Lind als Auszeichnung eine Bischofsinful (= Mitra), die man noch heute im Historischen Museum Thurgau im Schloss Frauenfeld sehen kann. Sie war als Dank für den festlichen Empfang gedacht, den der Abt dem Papst bereitet hatte.

Am Tag darauf, *an Sant Simon und Judas tag*, am Sonntag, den 28. Oktober 1414, zog der Papst mit seinem riesigen Tross, auf einem Schimmel sitzend, feierlich in die Konzilsstadt ein: *Und enpfieng man jn erlich als ain bapst mit grosser wirdikait*, wie es in der Klingenberger Chronik heißt. Niemand wird damals auf die Idee gekommen sein, seine Legitimität anzuzweifeln. Er trug eine weiße Mitra. Vier Bürger der Stadt – Heinrich Schilter, Heinrich Ehinger, Hans Hagen und Heinrich von Ulm – trugen mit vier Stangen den goldfarbenen

Baldachin, unter dem der Papst, von Stadelhofen herkommend, durch das Kreuzlinger Tor feierlich in die Stadt geleitet wurde. Der Baldachin fungierte als Herrschaftszeichen. Zu seiner Seite gingen die Grafen Bertoldo Orsini und Rudolf von Montfort. Sie hielten den Zaum des päpstlichen Pferdes. Davor gingen neun, mit rotem Tuch bedeckte Pferde, von denen acht Satteltaschen trugen, das neunte aber das heilige Sakrament in der Monstranz mit Leuchtern und Kerzen. Danach folgte ein Reiter, der an einer langen, auf den Sattel gesetzten Stange einen großen, wie Richental sagt, schirmähnlichen *hůt von tůch gemacht* vor sich hertrug. Dieser glockenförmige »Hut« war *rot und gel gestuket, und waz der hůt also wyt unden, daz er iij pfärd wol überdekt hette.*

Es handelt sich um den so genannten rot-goldenen Papstschirm, auch Soliculum oder Conopeum genannt, der – wie Percy Ernst Schramm gezeigt hat – seit dem 12. Jahrhundert als Würde- und Herrschaftszeichen eine wichtige Rolle bei öffentlichen Auftritten des Papstes spielte. Den Schluss des feierlichen Zuges, den Richental auch im Bild dargestellt hat, bildeten neun Kardinäle mit roten Hüten und roten Mänteln, die zum Gefolge des Papstes zählten: *Es ist och ze wissen, wann die cardinäl rittend in der statt, so hattend sy rott hüt* [Hüte] *uff, und wenn sy giengend, so hattend sy kain hüt uff und nament groß kappen, an die mentel genäget* [genäht].

Rat, Bürger und Klerus der Stadt zogen dem Papst gemeinsam zum Kreuzlinger Tor entgegen und holten ihn und sein Gefolge, wie es die Tradition und das Zeremoniell beim Adventus (= Ankunft) vorschrieben, im Rahmen einer Prozession mit Reliquien, Fahnen und Kreuzen in die Mauern der Stadt ein. Unter den Prälaten befanden sich auch der Bischof von Konstanz, Otto III. von Hachberg (1410–1434), der dem Papst während des Konzils die Bischofspfalz als Wohnstätte zur Verfügung stellte, die Äbte der Klöster Reichenau, Kreuzlingen und Petershausen, alle Domherren des Münsters Unserer Lieben Frau, alle Chorherren von St. Stephan, St. Johann, St. Paul sowie die gesamte Priesterschaft der Stadt.

Nach der Ankunft der Empfangsprozession auf dem Unteren Münsterhof und dem *Te Deum laudamus* (= Dich, Gott, loben wir) im Münster läutete man in der Stadt alle Glocken. Sodann ging der

Papst zu Fuß durch die Margarethenkapelle in die bischöfliche Pfalz, wo er für die Dauer seiner Anwesenheit Wohnung nahm. Sein Pferd, der Papstschimmel, wurde durch ein Tor vom Unteren auf den Oberen Münsterhof geführt und dort nach kurzem Streit, wer den Schimmel bekommen sollte, den Söhnen des Bürgermeisters Heinrich von Ulm als Geschenk übergeben. Die den Papst begleitenden Kardinäle bezogen dann ihrerseits die für sie bestimmten Herbergen.

Damit war das Konzil nach langer Planung und Vorbereitung mit dem Konzilspapst und seiner Entourage endlich in der Bodenseestadt angekommen. Konstanz war nun also offiziell zur Konzilsstadt geworden, was für die Bewohner in der Folgezeit nicht unerhebliche Konsequenzen hatte. Zunächst wurde der Papst nach seiner »Einherbergung« (Gerrit Jasper Schenk) noch einmal offiziell von der politischen Stadtgemeinde begrüßt. Das war wichtig, denn die Stadt war, das geht aus den Vorverhandlungen hervor, für seine Sicherheit verantwortlich. Am dritten Tag nach dem feierlichen Einzug des Papstes, am 31. Oktober 1414, nachdem sich die Gäste mittlerweile *uff spis und zů andrer nottdurfft*, wie Richental sagt, einigermaßen eingerichtet und in der Stadt orientiert hatten, machten die Bürger der Stadt dem Papst ihre offizielle Aufwartung.

Sie beschenkten ihn und seine Begleiter mit Naturalien als traditioneller Gastung. Diese bestand aus einem Trinkfass mit Geldstücken, aus gutem französischem oder italienischem Wein, aus leichterem Landwein und aus Hafer (wohl für die Pferde). Der Bürgermeister, der Rat und die Bürger (*die stat und die burger*), die dem Papst bereits anlässlich der Begehung durch die Quartierkommission volle Freiheit, freie Jurisdiktion, schleuniges Gerichtsverfahren gegen den, der einen Kurialen angegriffen oder beleidigt hatte, Sicherung jedes von der Kurie ausgehenden Schutzbriefes und volle Freiheit für die Besucher der Kurie und des Konzils garantiert hatten, ließen ihre Ehrengeschenke im Rahmen einer öffentlichen Zeremonie mit mehreren Pferden auf den Oberen Münsterhof bringen, wo der Papst in der Pfalz logierte: *Die schenki kam uff den großen hof mit pfäriden, und trůg daz silbrin vass Hainrich von Ulm in siner hand. Und hůb vor der pfallentz uff ainem ross, und sechs burger des ráts mit im uff pfärden, und hůbend vor dem ärger* [Erker] *uff der pfallentz kerhals* [Kellerhals].

Der Obere Münsterhof in Konstanz galt seit alters als Ort der Repräsentation und bischöflichen Machtentfaltung. Bei den Ehrengeschenken der Bürgerschaft handelte es sich, wie Richental notiert, um *ain silbrin trinkvass, übergült, wag by fünf mark silbers, vier lägelan mit wälschem win, vier große vass mit elsäßer, viij vass mit lantwin, viertzig malter haber*. Während der Papst in würdevoller Distanz auf dem erhöhten Erker der Bischofspfalz stand und die Szenerie aus der Entfernung betrachtete, nahm der päpstliche Auditor – es handelte sich vermutlich um Johannes Naso – die Ehrengeschenke entgegen und überreichte der Stadt bzw. ihren Vertretern einen seidenen Rock als päpstliche Gegengabe.

Danach *zoch man den win und den haber uff den karren und rossen vor inn hin in die pfallentz*, das heißt, man brachte den Wein und den Hafer in die Pfalz, wo sich im Untergeschoss offenbar Wirtschafts-, Keller- und Lagerräume befanden. Am Ende der Empfangszeremonie garantierten der Bürgermeister und die Stadträte dem Papst noch einmal persönliche Freiheit und Sicherheit, sie sagten ihm jedenfalls zu: *sy wölten allweg tůn, waz im und sinr hailikait diener lieb wär*, was nicht unwichtig war, wenn man die weitere Entwicklung bis März 1415 betrachtet.

Inceptum est concilium – Das Konzil beginnt

Nachdem Papst Johannes XXIII. am 31. Oktober 1414, dem Vorabend des Allerheiligenfestes, bereits eine Messe im Münster gehalten hatte, lud er nach der Vesper gemäß der Sitte der römischen Kurie die Kardinäle, Prälaten und Prokuratoren zu einem Umtrunk in die *aula magna* [= großer Saal] der Bischofspfalz ein. Bei dieser Gelegenheit wurde auch die Frage erörtert, wann das Konzil eröffnet und die erste Session durchgeführt werden solle. Die Prälaten antworteten, dass sie diese Frage am morgigen Tag in der Frühe bei einer Zusammenkunft in der Bischofspfalz beantworten würden. So geschah es denn auch.

In der Frühe des 1. November 1414 wurde festgelegt, dass am Samstag, den 3. November, das Konzil mit einer feierlichen Prozession und einer *missa solemnis* (= feierliche Messe) beginnen sollte. Darauf feierte der Papst, der mit allem einverstanden war, in der Konstanzer Kathedrale am Allerheiligentag ein Pontifikalamt, in dessen Verlauf der Eröffnungstermin des Konzils der Öffentlichkeit von Kardinal Francesco Zabarella bekannt gegeben wurde. Die Predigt hielt der Konstanzer Kanoniker und Doktor der Rechte Johannes Poling.

Die erwähnte Prozession hatte sich am 3. November 1414 zu dem festgesetzten Zeitpunkt offenbar schon samt Kardinälen und Prälaten im Oberen Münsterhof formiert, als der Papst, der ebenfalls schon *in pontificalibus* war, also die entsprechenden liturgischen Gewänder für den feierlichen Eröffnungsgottesdienst bereits trug, plötzlich erkrankte, sich in seine Gemächer zurückziehen, die Gewänder ablegen und niederliegen musste. Möglicherweise ist, so die Vermutung von Walter Brandmüller, an eine Kolik zu denken.

Am 5. November, als der Papst wieder genesen war, wurde das Prozedere dann noch einmal wiederholt und das Konstanzer Konzil feierlich eröffnet. Zunächst führte man eine Prozession um das Münster durch. Sie führte aus dem Chor des Münsters durch die Margarethenkapelle auf den Oberen Münsterhof, um den ummauerten Münsterbezirk herum und durch den auf dem Unteren Münsterhof gelegenen Kreuzgang wieder in die Domkirche. Zur Eröffnung wurde dann eine Messe »vom Heiligen Geist« gelesen (*missa sollemnis de spiritu sanctu*).

Richental zufolge nahmen 15 Kardinäle, 2 Patriarchen, 23 Erzbischöfe und 37 Bischöfe sowie eine große Zahl weiterer Personen an dem feierlichen Pontifikalamt teil. Die Predigt hielt der Magister Johannes de Vincellis, Prokurator des Cluniazenserordens und Pariser Doktor der Theologie. Er war ein Anhänger Johannes' XXIII. und machte das Konzil in seiner Predigt mit dem Psalmvers *Principes populorum congregati sunt cum Deo Abraham* (= Die Fürsten der Welt sind versammelt mit dem Gott Abrahams) bewusst auf die Immunität des Papstes aufmerksam. Kardinal Zabarella verkündete sodann, dass die erste Sitzung des Konzils am 16. November 1414 stattfinden werde.

Das Münster wird zur Konzilsaula umgebaut

Der Bericht Fillastres über die erste Session des Konstanzer Konzils am 16. November 1414 lautet folgendermaßen: *Sedit concilium loco iam ordinato ad concilium tenendum in navi ecclesie Constanciensis. Et presedit papa et fecit missam et sermonem.* Die Konzilsväter versammelten sich an dem dafür bestimmten Ort, nämlich dem Langschiff der Kirche, da der Chor nicht allen Teilnehmern des Konzils Platz geboten hätte. Der Papst, der auf einem Thronsessel vor dem Lettner-Altar saß, präsidierte der ersten Sitzung. Kardinal Giordano Orsini hielt die Messe, die Predigt dagegen übernahm in der ersten Sitzung Papst Johannes XXIII. selbst.

Deren Thema war *Veritatem diligite* – »Liebt die Wahrheit«, wobei der Papst eine ewige, äußere und innere Wahrheit unterschied. Kardinal Francesco Zabarella und ein päpstlicher Notar, Job de Restis, verlasen darauf die Konvokations- bzw. Einberufungsbulle des Konzils, womit die Arbeit der Kirchenversammlung beginnen konnte. Auf seiner ersten Sitzung hat das Konzil wohl auch vier Konzilsnotare aus den Hauptnationen ernannt, die für die Prüfung und Verwaltung der Konzilsakten zuständig sein sollten.

Bevor die Konzilsväter jedoch im Münster tagen konnten, musste die Domkirche zur Konzilsaula umgebaut werden, was nach der Eröffnung des Konzils am 5. November 1414 erfolgte. Der Chronist Richental beschreibt dies im Detail: *Mornendes an dem mentag, do fieng man an ze buwen in dem münster, daz die herren da möchtind sitzen, so sy zesamen kemind und sy session hieltind, do sy zesammen komend und ain gespräch hattend. [...] Hie vornan vor des lüpriesters altar* [vor dem Lettneraltar] *ward ain stůl gemacht, daruff der bǎpst sass in der session, das inn hinden in dem münster und allenthalb menglich wol sehen mocht. Nebend im do ward aber ain stůl gemacht mit vier sitzen vor Sant Jörgen altar* [Altar des hl. Georg]. *Daruff da saßen die patriarchen und der hochmaister von Rodiß* [Hochmeister der Johanniter]. *Vor der tagmess altar ward ain sitz gemacht. Daruff saßen unser herr der küng und dry mit im, welhe er dann ye zů im nam.*

Den Hauptaltar hatte man mit *bestoßnen brittern* abgedeckt, beim Sakramentshäuschen einen hölzernen Altar und einen schönen Thron

89

errichtet. *Uff dem stůl noß* [genoss] *der bǎpst daz sakrament* [...]. Ein zweiter *stůl* wurde für den Papst als Leiter der Sessionen aufgebaut, vier weitere für die Patriarchen und den Hochmeister der Johanniter von Rhodos. Der König sollte vor dem *tagmess altar* thronen. Das Langhaus war mit Brettern abgeschirmt, so dass man es nur von vorn oder hinten (zum Unteren und Oberen Münsterhof hin) betreten konnte. Es wurden ca. 3,5 m hohe, hölzerne Trennwände errichtet, die nach Walter Brandmüller die Funktion hatten, »im kalten Winter Zugluft abzuhalten und überdies die Akustik zu verbessern«.

An den Wänden des Münsters zwischen den Säulen waren drei Reihen Sitze errichtet, während sich die Altäre in den Seitenschiffen befanden. Die obere Sitzreihe war für die Kardinäle und Erzbischöfe gegenüber den *grǒß fürsten* reserviert, auf der mittleren saßen Bischöfe und Äbte, auf der untersten *pröbst und secretarii, och auditores und schůlen, und ander vil gelerter lüt.* Ganz unten war der Platz für *ander gaistlich lüt, schriber, procuratores und die darzů gehortend.* Ein Predigtstuhl stand mitten im Kirchenschiff, *daruff man in latin predigot.*

Die Synodalen saßen sich, wie aus den erhaltenen Illustrationen der Chronikhandschriften hervorgeht, während der Sessionen gegenüber, um besser miteinander sprechen und diskutieren zu können. In der Predigt, die Johannes XXIII. anlässlich der ersten Konzilssitzung am 16. November 1414 hielt, hatte er die völlige Rede- und Meinungsfreiheit betont. Auf den Abbildungen sind die Hände der Konzilsväter deutlich zur Geste des Sprechens erhoben. Saßen in der obersten Bankreihe die höchsten geistlichen Würdenträger und die bedeutenderen weltlichen Fürsten, so in der untersten die Pröbste und Sekretäre, die Auditoren und die gelehrten Leute von den Universitäten.

Für die Zuweisung der Plätze in der Konzilsaula gab es eigene Kurienbeamte, die sog. *sessionarii.* Sie waren dafür zuständig, dass jeder den Platz bekam, der ihm nach dem Protokoll zustand. Die Stimmabgabe wurde von den *scrutatores votorom,* den Stimmenzählern, organisiert. Sie waren wichtig, wenn in den Sessionen Abstimmungen vorgenommen wurden, die ab dem 7. Februar 1415 nicht mehr nach Köpfen (*per capita*), sondern nach Nationen (*per naciones*) erfolgten.

Die italienische Frühphase des Konzils

Ein Problem der Frühphase des Konstanzer Konzils war, dass Anfang November, als das Konzil begann, nur relativ wenige und fast ausschließlich italienische Konzilsteilnehmer in der Stadt eingetroffen waren, worüber sich der Papst nach seiner Flucht in den so genannten »Informationen« mehrfach beschwerte. Er habe, wie er sich ausdrückte, drei Monate untätig auf König Sigmund und die englische Nation warten müssen, da zur Eröffnung des Konzils nur sehr wenig Teilnehmer erschienen seien. Es ist also nicht falsch, wenn man sagt, dass das Constantiense zunächst nur ein Konzil der Obödienz Papst Johannes XXIII. war.

Bei Ulrich Richental heißt es diesbezüglich: *Und do nun das volk als größklich ward wachßen* [zunahm], *dannocht was unßer herr der küng nit kommen, noch ander kurfürsten, noch die von Hyspanien, noch die schůle zů Pariß.* Es fehlten die Franzosen, es fehlten die Engländer, es fehlten die Spanier, es fehlten die Vertreter der Universität Paris, es fehlte vor allem auch der König, der nicht unwesentlich zum Zustandekommen des Konzils beigetragen hatte, ja auf den die Entscheidung, das Konzil in Konstanz abzuhalten, letztlich zurückging. *Darnach wartot menglich unßers herren des küngs zůkunft* [Ankunft] *und der kurfürsten, und ward kain session nit, und tett glich nieman nüt.*

Es war insofern durchaus korrekt, wenn Fillastre in seinem Konzilstagebuch vermerkte, dass zwischen dem Beginn des Konzils im November 1414 und Januar 1415 hinsichtlich der Unionsfrage, derentwegen das Konzil ja einberufen worden war, in Konstanz eigentlich überhaupt nichts (*nichil omnino*) geschehen sei. Die Konzilsväter hätte in dieser Frage, wie er leicht ironisch notiert, eher die Krankheit *noli me tangere* – »Rühr mich nicht an« befallen. Und diejenigen, die diese Frage hätten angehen wollen, hätten sich wegen des weitgehenden Fehlens der anderen Nationen (vor allem der Franzosen und Engländer) nicht getraut, diese Dinge offen anzusprechen.

Daher seien in dieser Frühphase vor allem Formalitäten und organisatorische Dinge (*pauca preparatoria*), die die Geschäftsordnung des Konzils betrafen, geregelt, Fragen, die Union und die Reform der Kirche betreffend, aber gar nicht behandelt worden. Aus einem Brief eines anderen Konzilsteilnehmers, des Generalprokurators des Deutschen Ordens, Peter von Wormditt, vom 12. Februar 1415 geht ebenfalls hervor, *daz daz concilium noch nicht zů recht angehaben ist* [angefangen hat], das heißt, es sei – trotz der ersten Sitzung am 16. November 1414 – noch nichts Rechtes geschehen.

Diese relative Untätigkeit hatte mit der Dominanz der italienischen Partei in der Frühphase des Konzils zu tun, so dass es nicht falsch ist, für die Zeit bis zum Januar 1415 von einem »italienischen Partikularkonzil« zu sprechen, wie das Heinrich Finke getan hat. Mit Johannes XXIII. waren am 28. Oktober 1414 neun Kardinäle der italienischen Obödienz in die Stadt eingezogen, zu denen schon bald sechs weitere stießen, so dass es zur Eröffnung des Konzils am 5. November bereits 15 Kardinäle waren, die zur Pisaner Obödienz Johannes' XXIII. gehörten. Diese hatten selbstverständlich kein Interesse daran, die Legitimität »ihres« Papstes in Frage zu stellen, hätten sie ihre Privilegien und Ämter bei einer Abwahl oder Absetzung doch verloren. Sie sahen das Constantiense deshalb als Fortsetzung des Pisanums.

Dem entsprach der erste Antrag, den die italienische Nation im Rahmen einer Sitzung in der *aula magna* der Bischofspfalz am 7. Dezember 1414 einbrachte. Das Schriftstück forderte die Bestätigung des Pisaner Konzils, das gewaltsame Vorgehen gegen Gregor XII. und Benedikt XIII. mit Hilfe der weltlichen Gewalt und die Schließung des Konzils nach der ersten Session. Dagegen bezog der Kardinal von Cambrai (*cardinalis Cameracensis*), Pierre d'Ailly, rasch und vehement Stellung. Er legte einen Antrag vor, der das genaue Gegenteil forderte. Man solle warten, bis die Gesandten Benedikts XIII. und Gregors XII. ankämen, *donec saltem essent auditi* – »die man doch wohl anhören müsse«, bevor man das Konzil, das noch gar nicht vollständig versammelt sei, schließen wolle.

Der sich anbahnende Konflikt über die Frage, wie das Schisma beendet werden könne, wurde aber zu diesem frühen Zeitpunkt noch nicht zu Ende geführt, *et ita siluit illa materia* – »und daher schwieg man vorerst von der intrikaten Materie« und wandte sich den Irrtümern (*errores*) des John Wyclif und des Jan Hus zu, wie Fillastre notiert. Das geschah eher aus Verlegenheit, weil man vor Weihnachten 1414, als sich das Konzil noch nicht vollständig konstituiert hatte, hinsichtlich des Vorgehens noch unsicher war und nicht recht wusste, wie man mit der schwierigsten Frage des Konzils – der Schisma- oder Unionsfrage – umgehen sollte. Diese war von Papst Johannes XXIII. in der Konvokationsbulle ja nicht ohne Grund gar nicht erwähnt worden.

Hinzu kam, dass – wie Fillastre berichtet – *usque post festum nativitatis dominice pauci alii de aliis nacionibus venerunt* – »bis nach Weihnachten nur wenige Mitglieder der anderen Nationen eingetroffen waren«. Der Streit brach denn auch sofort wieder aus, als es, angestoßen durch den Pfalzgrafen Ludwig und die Gregorianer, um die Frage ging, ob die Kardinäle der Gegenpäpste (gemeint waren aus der Sicht der italienischen Nation Gregor XII. und Benedikt XIII.), die nach Fillastre als *anticardinales*, als »Gegenkardinäle« galten, als »richtige« Kardinäle mit rotem Kardinalshut (*rubeus capellus*) in die Konzilsstadt einziehen dürften, was ihnen – um des Friedens willen – schließlich gewährt wurde.

Hostium apertum esset in domino – »Die Tür öffnet sich«

Ein Umschwung in dieser für den Fortgang des Konzils wichtigen Frage setzte erst mit dem so genannten »Wappenstreit«, den die Anhänger Papst Gregors XII. auslösten, der Ankunft König Sigmunds und der Cedula Guillaume Fillastres ein, der zusammen mit der deutschen, englischen und französischen Nation auf den Rücktritt aller drei Päpste (*via cessionis omnium*) setzte, nachdem die Gregorianer den Rücktritt Johannes XXIII. gefordert hatten. Fillastre sah, dass »die Tür nun geöffnet war« (*hostium apertum esset in domino*), wie es im Tagebuch des Kardinals metaphorisch heißt. Das bedeutete, dass die Lösung der Schismafrage in der Zession, d. h. im Rücktritt, aller Papstprätendenten bestehen würde.

Dem König kam in diesem Zusammenhang eine wichtige Rolle zu. Seine Anwesenheit war die Voraussetzung dafür, dass auch die anderen Obödienzen das Konzil beschickten. Das geht etwa aus dem Verhalten des Kardinals Dominici hervor, der als Anhänger Gregors XII. die Stadt erst betrat, als Sigmund eingezogen war. Denn das Konzil, das Johannes XXIII. einberufen hatte, wurde von ihm nicht anerkannt. Der

König, der die Zession aller Papstprätendenten favorisierte, hatte sein Kommen zwar zugesagt, wollte aber erst in Konstanz erscheinen, nachdem er am 8. November 1414 zusammen mit seiner Gattin Barbara in Aachen die Königskrone empfangen hatte. Die Krönung war wichtig, da es im Herbst 1410 im Reich eine Doppelwahl gegeben hatte. Am 18. Mai war König Ruprecht verstorben. Darauf waren am 20. September 1410 in Frankfurt Sigmund, am 1. Oktober Jobst von Mähren (jeweils von einem Teil der Kurfürsten) zum römischen König gewählt worden, der allerdings bereits am 18. Januar 1411 verstarb. Sigmund, der es nach dem Tod von Jobst nur noch mit seinem Halbbruder Wenzel, welcher nach seiner Absetzung im Jahr 1400 trotzdem noch Thronansprüche erhob, zu tun hatte, war bislang mithin weder zum unbestrittenen König noch zum Kaiser gekrönt worden, sollte aber einem Generalkonzil präsidieren, auf dessen Agenda die Herstellung der Einheit der abendländischen Christenheit stand. Außerdem galt es, noch vor der Reise nach Konstanz einen Streit um den Kölner Erzbischofsstuhl beizulegen.

Sigmund hatte den Erzbischof von Kalocsa deshalb eigens nach Konstanz gesandt, um die königliche Verspätung am 7. Dezember 1414 vor dem Papst zu entschuldigen. Am 24. Dezember kam der König über Stationen in Mainz, Stuttgart und Überlingen schließlich in der Konzilsstadt an. Über den genauen Zeitpunkt herrscht Unklarheit, da die Aulendorfer bzw. New Yorker Handschrift der Richental-Chronik den König mit Gefolge *zwo stund vor mittnacht*, die Prager, Konstanzer und andere Handschriften ihn indes *zwo stund nach mitternacht* in Konstanz ankommen lassen.

Das Datum des Eintreffens, die Heilige Nacht, war kein Zufall. Sigmund, der eine hohe Meinung von sich und der Würde seines königlichen Amtes hatte und entsprechend ehrgeizige Projekte verfolgte (z. B. das Konzil, die Union mit der Ostkirche oder einen Kreuzzug zur Befreiung des Heiligen Landes), hatte seine Ankunft – ähnlich wie den Einzug in Basel 1433 – wohl bewusst hinausgezögert und entsprechend wirkungsvoll als Parusie (= Wiederkunft) inszeniert.

Er kam auf dem Seeweg von Überlingen nach Konstanz, und zwar in Begleitung seiner Gattin, Barbara, einer geborenen Gräfin von Cilli, der Königin Elisabeth von Bosnien, der Anna von Württemberg, einer geborenen Burggräfin von Nürnberg, und des Kurfürsten Herzog Rudolf von Sachsen.

Da es auf dem Wasser während der Überfahrt vermutlich sehr kalt und windig war, wärmten sich der König und seine Begleitung nach der Landung zunächst in der geheizten Ratsstube der Stadt am Fischmarkt ungefähr eine Stunde lang auf. Die Bürger von Konstanz, die bereits die Schiffe für die Überfahrt gestellt hatten, schenkten den Gästen daraufhin zur dritten Stunde zwei goldene Tücher, worunter man sich wohl Baldachine vorstellen muss.

Danach führten die angesehensten Bürger der Stadt den König und seine Begleitung unter einem der beiden geschenkten Tücher als »Himmel« (= Baldachin) an vier Stangen feierlich in einer repräsentativen Prozession, an deren Spitze zwei ungarische Magnaten die Reichsinsignien trugen, durch die Stadt ins Münster, wo der Papst und die dort versammelte Menge bereits lange auf die Ankunft des Herrschers frierend gewartet hatten. Sigmund hatte Johannes mittels eines Boten darum gebeten, mit den Feierlichkeiten der Heiligen Nacht so lange zu warten, bis er mit seinem Gefolge in der Konzilsstadt eingetroffen sei.

Der Wunsch des Königs hatte mit seinem angestammten Vorrecht zu tun, in der vom Papst zelebrierten ersten Messe am Weihnachtstag im Ornat eines Diakons, mit der Krone auf dem Haupt, in der Hand das gezogene Schwert, das ihm der Papst zuvor geschenkt hatte, die *Lectio septima* (*Exiit edictum a Caesare Augusto* – »Es ging ein Gebot vom Kaiser Augustus aus«) lesen bzw. singen zu dürfen. Damit wurde, was Gerrit Jasper Schenk betont hat, weniger der sich auf die frühen Karolinger zurückführende Sakralcharakter des mittelalterlichen Königtums (*gratia Dei*) herausgestellt, als vielmehr der Anspruch des künftigen Kaisers formuliert, »ein zweiter Augustus zu sein«. Es galt, »die autonome Position des römischen Königs gegenüber dem Papste zu legitimieren«, wie es bei Achim Thomas Hack heißt.

Der König kommt am Weihnachtsabend

Der Einzug Sigmunds in die weihnachtlich gestimmte und sehnlichst auf ihn wartende Stadt geriet jedenfalls zur eindrucksvoll inszenierten Machtdemonstration, die auch als Epiphanie (= Erscheinung)

95

bezeichnet wurde. Sie ist zugleich ein Beispiel dafür, dass man sich mittelalterliche Herrschaft nicht zu abstrakt vorstellen darf; sie musste im Gegenteil ständig aktualisiert, inszeniert und demonstrativ öffentlich gemacht werden. Nach dem Auftritt des Königs las der Papst die erste, als Christmesse bezeichnete Messe (*Dominus dixit ad me*), dann die zweite Messe (*Lux fulgebit*) und schließlich die dritte Messe (*Puer natus est nobis*).

Das Ganze dauerte insgesamt neun Stunden, eine wohl auch für vormoderne Menschen sehr lange Zeit, wenn man bedenkt, dass die Besucher der Konstanzer Weihnachtsmesse des Jahres 1414 bereits recht lange auf die Ankunft des Königs im Münster gewartet hatten, das gewiss nicht geheizt war: *Do das alles volgieng, do gab der bapst dem volk den segen vor des lüpriesters altar und ging in die pfaltz und menglich haim in sin herberg.* Außerdem hatten die königlichen Gäste vor der Weihnachtsmesse bereits eine dreistündige Anreise über den Bodensee absolviert.

Man sieht an diesem kleinen Beispiel, dass die Liturgie im konziliaren Konstanz viel Zeit in Anspruch nahm und die Ausdauer sowie das Durchhaltevermögen der Gläubigen nicht unbeträchtlich strapaziert wurden, zumal die hier genannte Zeitdimension eher die Regel als die Ausnahme gewesen sein dürfte. Mit der Ankunft des Königs und der Königin war das Konzil, was seine geistlichen und weltlichen Initiatoren anbelangte, gewissermaßen komplett. Der König bezog, da die Pfalz bereits besetzt war, zunächst das Haus zur Leiter, das Konrad in der Bünd, genannt Rüll, gehörte.

Bald darauf – nach drei Tagen – übersiedelte Sigmund jedoch in das Reichskloster Petershausen auf der anderen Rheinseite. Der Grund für den Herbergswechsel war seine ungarische Begleitung, die er *nit wol in der statt behaben* [behalten] *mocht von irs groß unfrids wegen*, wie Richental sagt, das heißt, es muss sich um recht raue Gesellen gehandelt haben, die Streit und Raufhändel provozierten und von den Petershausenern denn auch entsprechend behandelt bzw. gezüchtigt wurden: *do luffend sy zesammen und leitend* [legten] *sich uber die Unger* [Ungarn] *und züchtigottend die.*

Aufschlussreich ist der Zusatz der Konstanzer Handschrift, der zeigt, dass die Ungarn schlicht die Akkulturation verweigerten: *wann sy wol-*

ten allweg mit den lüten in der hertikait [Kampf, Kampfgedränge] *leben, und vermainten zů tünd als in irem lannd. Das wolten in die Schwaben und die Tütschen nit vertragen* [zugestehen]. Nach vier Wochen, nachdem sich die angespannte Situation wohl etwas beruhigt hatte, kehrten der König und seine Begleitung – ohne die rauflustigen Ungarn – wieder in die Stadt zurück. Der König zog *in des Friburgers hoff an Münstergassen*, die Königin und Elisabeth von Bosnien *in des Bündrichs hoff*. König und Königin wohnten also zunächst in verschiedenen Häusern.

Der feierliche Empfang des Herrschers, wie er sich in der Heiligen Nacht des Jahres 1414 vollzog, wiederholte sich in gewisser Weise, als Sigmund am 27. Januar 1417 von seiner langen Reise nach Perpignan, Paris und London wieder in die Konzilsstadt zurückkehrte. Auch dieses Mal war offenbar vorgesehen, die Ankunft auf den Weihnachtsabend des Jahres 1416 zu legen. Das berichtet jedenfalls Peter von Wormditt in einem Brief vom 8. Dezember 1416. Sigmund hatte seinen Herold und Kammermeister Nikolaus von Loefen bereits vorausgesandt, um die Ankunft *uff den heiligen Cristesabend* zu planen. Das Unterfangen scheiterte jedoch an den Widrigkeiten mittelalterlicher Reiseumstände.

Nach der Eröffnung des Konzils und der Ankunft des Königs trafen Tag für Tag neue Gäste ein. Die Stadt füllte sich allmählich oder, wie Richental schreibt, *do nun das volk als größklich ward wachßen*. Der Chrōnist berichtet lang und breit über die Ankunft der Konzilsteilnehmer, die aus aller Welt nach Konstanz kamen. Fast alle europäischen Monarchen waren in der Stadt durch Gesandtschaften vertreten, wodurch die Konzilien auch zur »Arena der herrschenden politischen Konflikte« (Johannes Helmrath und Heribert Müller) wurden.

Man denke in diesem Zusammenhang etwa nur an die Auseinandersetzung zwischen den Herrscherhäusern Burgund und Orléans in der Frage des Tyrannenmords, die bereits erwähnt wurde, oder an die *causa* des Dominikaners Johannes Falkenberg (ca. 1364–1429). Dessen »Satira« genannte Schrift, die den polnischen König Wladislaw Jagiello (1386–1434) der Häresie bezichtigte, wurde 1416 bekannt und führte zu einem Ketzerprozess, der das Konzil bis zu seinem Ende beschäftigte. Falkenberg verließ das Konzil zwar als päpstlicher Gefangener, die polnischen Gesandten protestierten indes gegen die zu milde Behandlung, die ihm widerfahren war. Das Konzil hatte – das erkennt man an den genannten Beispielen und wurde von der jüngeren Forschung auch mehrfach betont – eine eminent politische Dimension, die man bei der Interpretation keinesfalls vergessen oder übergehen sollte.

Nach dem Beginn des Konzils im November und der Ankunft des Königs und der Königin Ende Dezember des Jahres 1414, war es für die Konzilsväter an der Zeit, sich den so genannten *causae*, den Aufgaben des Konzils, zu widmen, derentwegen man sich in Konstanz versammelt hatte. Dabei ging es nicht nur um die Wiederherstellung der kirchlichen Einheit und die Glaubens- und Reformfrage, sondern auch darum, dem Konzil eine gewisse »Geschäftsordnung« bzw. Organisationsstruktur zu verleihen. Diese kommt beispielsweise darin zum Ausdruck, dass in Konstanz nicht nach Köpfen, sondern nach Nationen abgestimmt wurde, was durchaus ein Novum war. Das nachstehende Kapitel wird deshalb von den Aufgaben, aber auch vom Verlauf des Konzils bis zur Rückkehr König Sigmunds von seiner Reise nach Spanien, England und Frankreich berichten.

»Köpfe des Konzils«
Splendor Italiae, decus nationum, ornamentum concilii, lumen seculi **– Francesco Zabarella (1360–1417)**
»Glanz Italiens, Zierde der Nationen, Schmuck des Konzils, Licht der Welt« – mit diesen emphatischen Worten preist Poggio Bracciolini in einer Leichenrede den *cardinalis Florentinus* Francesco Zabarella, der am 26. September 1417 in Konstanz verstarb. Über seine Kräfte hinaus habe er sich für die Sache des Konzils bemüht, bis ihn eine schwere Krankheit ereilte; nur auf Bitten seiner Freunde habe er die Bäder aufgesucht, *vix respirans* (= kaum noch atmend), um sich, ohne die völlige Genesung abzuwarten, wieder in die Arbeit zu stürzen. Man habe ihn beim Gehen stützen müssen. »Wir sahen die Blässe seines Gesichts, den eingefallenen Mund und die Schwäche des ganzen Körpers, nicht wie einen Menschen, sondern wie das Abbild eines Lebenden«. Aber »die Kraft seines Geistes überwand die Schwäche des Körpers«, um sich in den Kampf zu stürzen, aus dem der Friede des Erdkreises hervorgehen sollte.

Der so Gepriesene war in der Tat einer der profiliertesten Köpfe des Konzils, ein gefeierter Kirchenrechtler, der nach Walter Brandmüller mehr als 100 seiner Schüler unter den Konzilsvätern zählte. In den Bemühungen um eine Lösung des Schismaproblems »strahlt seine Darlegung weit mehr Seriosität aus« (Dieter Girgensohn) als die Gutachten anderer Autoren. Seine Rhetorik war laut Poggio, als »ob man nicht eine Rede, sondern einen überströmenden Fluss« gehört habe. Auch in anderen Wissenschaften sei er kenntnisreich gewesen, in Grammatik, Historie, Philosophie und Theologie. In der Rechtswissenschaft schien er nicht nur ein Interpret des Rechts, sondern »wie Solon ein Begründer der Gesetze« gewesen zu sein.

Geboren 1360 in Padua als Sohn wohlhabender, vielleicht sogar adliger Eltern, studierte Zabarella Kirchenrecht und Römisches Recht in Bologna, der ältesten europäischen Universität, und erwarb 1385 in Florenz den Grad eines *doctor iuris utriusque* (= beider Rechte). Er lehrte erst in Florenz, dann ab 1391 an der Universität Padua, die 1222 durch den Auszug von Bologneser Professoren und Studenten entstanden war und der er trotz Berufungen nach Wien und Florenz erhalten blieb. Seine wichtigste wissenschaftliche Leistung ist ein fünfbändiger Kommentar zu den Dekretalen, dem neben dem *Decretum Gratiani* wichtigsten kirchenrechtlichen Werk des Mittelalters, das Papst Gregor IX. 1234 hatte aufzeichnen lassen.

Zabarellas Werk wurde noch im 16. und 17. Jahrhundert nachgedruckt. Auch zu den Clementinen, der Gesetzessammlung Papst Clemens V. (1305–1314), schrieb er einen Kommentar. Neben seiner Lehrtätigkeit war Zabarella auch in richterlichen Funktionen tätig. Im Dienst seiner Vaterstadt und, nach deren Vereinnahmung durch die Republik Venedig (1406) in deren Auftrag, zeichnete er sich bei diplomatischen Missionen aus. Papst Johannes XXIII. ernannte Zabarella 1410 zum Bischof von Florenz, obwohl er keine höheren Weihen empfangen hatte. Ein Jahr später erfolgte die Ernennung zum Kardinal. Auf dem wenig erfolgreichen Konzil der Pisaner Obödienz in Rom (1413) trat Zabarella gegen die Häresie Wyclifs auf.

Zabarellas Beitrag zur Union ist sein *Tractatus de schismate*, den er zwischen 1402 und 1408 dreimal überarbeitete und in dem er sich für die *via concilii* aussprach. Die letzte Fassung erschien 1408 und dürfte die Verhandlungen auf dem Konzil von Pisa entscheidend beeinflusst haben, obwohl der Autor nicht persönlich daran teilnahm. Er rief dazu auf, beiden Päpsten die Obödienz zu entziehen, da sie sich als hartnäckige Schismatiker auch der Häresie schuldig gemacht hätten. Zabarella gehörte zu der Gesandtschaft des Pisaner Papstes, die im Oktober 1413 in Como die Verhandlungen mit Sigmund über die Berufung des Konzils führte. In seiner Rede an den König entwirft er noch einmal das klassische mittelalterliche Weltbild der *pontificalis auctoritas* und der *regalis potestas* – der päpstlichen Autorität und der königlichen Amtsgewalt –, denen von Gott ihre Aufgaben zugewiesen seien, die eine zur Belehrung der Gläubigen, die andere zur Zähmung der Aufrührer, wofür Sigmund in seinen Kriegen gegen die *perfidos fidei hostes Teucros* (= die treulosen Feinde des Glaubens, die Türken) ein ruhmreiches Zeugnis gegeben habe.

Im Auftrag Johannes' XXIII. reiste Zabarella schon im Oktober 1414 nach Konstanz, um dort die Ankunft des Papstes vorzubereiten. Er kam am 18. Oktober 1414 in der Konzilsstadt an und trat mit Sigmunds Gesandten in Kontakt. Am 31. Oktober verlas er vor den Konzilsteilnehmern die Cedula *Ad laudem*, mit der die Richtung des Konzils im Sinne des Papstes und der Pisaner Obödienz vorgegeben wurde. Er muss zu den »engsten Beratern« (Walter Brandmüller) Papst Johannes XXIII. gezählt werden. In der ersten *sessio generalis* am 16. November verkündete er dessen Anordnung zum Konzilsablauf.

Seine bewegendsten Reden hielt der Kardinal in den Diskussionen um die Abdankung Papst Johannes XXIII. Am 16. Februar 1415 verkündete er, den Cerretani *iuris canonici monarcham* nennt (= einen Monarchen des kanonischen Rechts), die Abdankungsabsicht des Papstes und hielt dabei eine »wunderschöne Rede«, die alle mit »unermesslicher Freude« erfüllte. Einen weiteren großen Auftritt hatte er in der dritten *sessio generalis* am 26. März 1415, als er beantragte, dass das Konzil auch durch die Flucht des Papstes nicht aufgelöst werden dürfe (*per recessum pape non esset soluta*), sondern in *sua integritate et auctoritate* (= in seiner Unversehrtheit und Autorität) weitertagen sollte.

Obwohl er an der Formulierung des Dekrets »Haec sancta« beteiligt war, unterdrückte er bei dessen Verlesung in der vierten Session am 30. März einen Passus, in dem die Superiorität des Konzils über den Papst auch *ad reformationem ecclesie in capite et in membris* (= zur Reform der Kirche an Haupt und Gliedern) gelte, da er die Meinung vertrat, so berichtet Fillastre, »dass dieser Artikel juristisch nicht richtig war«. Als der Satz auf der fünften Session am 6. April wieder in den Text eingefügt worden war, wurde das Dekret »vom Elekten von Posen [Andreas Laskary] verlesen, da der Kardinal von Florenz es nicht verkünden wollte«.

Zabarella gehörte auch zu der Legation des Konzils, die den Papst in Freiburg aufsuchte, um seine Abdankung entgegenzunehmen. Im Prozess gegen den Papst erklärte sich Zabarella bereit, dessen Vertretung zu übernehmen. Er wurde auch beauftragt, mit anderen Kardinälen den in Radolfzell festgesetzten Papst über das Urteil des Konzils zu informieren. In der *causa fidei* war Zabarella mit dem Fall des Herzogs von Burgund und mit der Prüfung der Schriften des Jan Hus und seinem Prozess befasst. Er war es, der dem Angeklagten eine Formel vorschlug, die ihm einen Widerruf ermöglichen sollte. Er war nach Walter Brandmüller sogar der anonyme Pater, dessen Menschlichkeit Hus in seinen Briefen positiv hervorhebt.

Zabarella befand sich auch unter den Richtern des Hieronymus von Prag und scheint bis zuletzt versucht zu haben, ihn zu retten. Peter von Mladoniowitz meint sogar, Zabarella und die anderen mit Hieronymus befassten Kardinäle hätten »die Bosheit der Verfolger des Hieronymus erkannt und gesehen, dass ihm Unrecht geschah«. Zabarella war auch unter den Richtern im Prozess gegen Benedikt XIII. und trug am 28. November 1416 das Ergebnis des Verfahrens dem Konzil vor.

In der *causa reformationis* war es wiederum Zabarella, der am 24. Juli 1415 im Münster vor dem versammelten Konzil eine Rede über die Reform hielt, worauf der Patriarch von Antiochia [Jean Mauroux] »alle Stände und Grade der Kirche und vor allem die Kardinäle angriff, indem er ihnen Simonie und andere unehrenhafte Dinge vorwarf«. Das Werk, das sich das Konzil vornehme, hatte Zabarella gesagt, sei so groß, dass »durch Gottes Güte nichts besser, nichts größer oder vortrefflicher sein werde«. Er hob die Leistungen, die das Konzil bisher vollbracht habe, hervor: »Wer könnte die Größe und die Taten dieser Synode aufzählen und würdigen?«

Man habe schon zwei ehemals getrennte Obödienzen vereinigt, und es bestehe Hoffnung, dass auch die dritte sich dem Einigungswerk anschließen werde, von der Ausrottung der Häresien ganz zu schweigen. Sigmund und sein Stellvertreter Pfalzgraf Ludwig bei Rhein – »niemand ist besser, niemand menschlicher« – hätten diese Leistung ermöglicht. Zabarella sagt aber nichts über die konkreten Reformmaßnahmen, die auf der Tagesordnung standen. Jeder möge seine eigenen Sitten und sein heiligmäßiges Leben reformieren, denn, so »sagt der Apostel, werden wir der Tempel Gottes, und der Geist Gottes wird in uns wohnen« (1. Kor. 3, 16*)*.

Den Tod Zabarellas am 26. September 1417, in der Vigil des Festes St. Cosmas und Damians, deren Titel der Kardinal trug, vermerkt Fillastre mit nur wenigen Worten: Ein Mann von großer und einzigartiger Gelehrsamkeit sei er gewesen, der über die Dekretalen geschrieben habe. An anderer Stelle hatte Fillastre den bösen Verdacht geäußert, Zabarella sei *consiliarius et stipendiatus* (= Berater und Soldempfänger) der Königin Johanna von Neapel gewesen. Richental beschreibt die Bestattung und Überführung nach Florenz dagegen ausführlicher. Im *hus zǔ dem Hohen hirtz* sei der *cardinalis Florentinensis* gestorben, man habe ihm geläutet wie einem Bischof, und *alle pfaffhait, unßer herr der küng, all gaistlich und weltlich fürsten und herren* seien dem Leichnam gefolgt. Man habe seinen Leichnam in *ain aichin trog* einbalsamiert und in der Barfüßerkirche begraben. *Und erst über xiiij tag, do grůb man inn wider uß und fůr man inn in sin land gen Florentz.* Poggio schließlich ist der Meinung, er hätte, wenn er länger gelebt hätte, sogar zum Papst gewählt werden können.

Aufgaben des Konzils

Organisation und Tagesordnung

Die erste Predigt bei der Konzilseröffnung am 5. November 1414 hielt, wie oben bereits vermerkt wurde, der Cluniacenser Johannes de Vincellis über das Thema »Die Fürsten der Welt sind versammelt mit dem Gott Abrahams, denn die edlen Mächtigen der Welt sind hoch erhaben [...]« (Ps. 46/47, 10). Er ging dann ziemlich direkt auf den Primat des Papstes ein: *Nemo quippe iudicabit primam sedem* – »Niemand soll über den Heiligen Stuhl richten«. Eine Subtraktion zu fordern, sei Sache der *vaniloqui et perversores*, der eitlen Schwätzer und Verdreher.

Einzige Bedingung päpstlicher Macht sei nur, dass sie nicht gegen die Vernunft, das göttliche Gesetz und die Dekrete der Väter und der heiligen Kirche verstoßen darf. Für die Versammlung, in der die Pisaner Obödienz noch unter sich war, war dies ein klares Bekenntnis zur Legitimität Papst Johannes XXIII. Das hätte bedeutet, dass die beiden anderen Obödienzen nur noch die Wahl hatten, sich den Pisanern anzuschließen oder als Häretiker verurteilt zu werden. Doch habe bei der Unionsfrage bis zum Januar 1415 die Krankheit *noli me tangere* – »Rühr mich nicht an« geherrscht, urteilt Fillastre.

Das sollte sich bald ändern. Schon vor der Eröffnung hatte eine Gruppe französischer Theologen, unter ihnen wahrscheinlich auch Kardinal Pierre d'Ailly, Bischof von Cambrai, die *Capitula agendorum in generali concilio Constantiense* (= Verhandlungspunkte für das Allgemeine Konstanzer Konzil) vorgelegt. Das Schriftstück listet 26 Punkte auf, als deren ersten den »katholischen Glauben und die Ketzerei«, demnach sollen »Irrtümer ausgerottet werden, [...] die sich unter den Prager Professoren wegen der Irrtümer und Ketzereien des Magisters John Wyclif [...] ausbreiten«. In dieselbe Richtung geht der zweite Punkt »Entscheidungen von Streitfragen in Theologie und Kirchenrecht«.

Man fasste diese Probleme in die griffige Formel *causa fidei* (= die Sache des Glaubens). Die weiteren Kapitel betreffen die Union mit den Griechen und die »Beseitigung des gegenwärtigen Schismas«, d. h. die *causa unionis* (= die Sache der Einheit). Alle übrigen Vorschläge betreffen die Reform der Kirche – die *causa reformationis*, Gottesdienst, den Status des Papstes und der Kurie, Pfründen und Pfründenhäufung, die Präsenzpflicht und Bildung der Kleriker sowie Bischöfe, den Lebenswandel der Priester und Ordensleute. Am Beginn eines jeden Jahrzehnts solle künftig ein Allgemeines Konzil stattfinden.

Feste Organisationsstrukturen mussten sich im Laufe des Konzils erst entwickeln. Die erste Zentralinstitution, die nach der Ankunft des Papstes ihre Arbeit in Konstanz aufnahm, war die *Sacra Romana rota*, das päpstliche Gericht: *Uff denselben tag ward des bǎpstes audicion, daz ist die richter, die zǔ gericht sitzen und für die all sachen komen. Und haißent auditores und daz gericht haißet ad rotam. Der waren zwölff* [Richter]. Die zwölf Auditores saßen dreimal in der Woche in St. Stephan zu Gericht. Es sei, schreibt Richental, jedes Mal ein *groß getreng* [Gedränge] in der Kirche, und eine siegreiche Partei führe ihre Prokuratoren, Schreiber und Büttel *zǔ dem wälschen win und schankt inn allen.*

Der *wälsche* Wein stammte wohl aus Burgund. Herzog Johann Ohnefurcht hatte ihn in großer Menge gespendet, um die Konzilsväter in der Sache des Tyrannenmords günstig zu stimmen. Als besondere Gruppe trat die *congregatio doctorum*, die Kongregation der Doktoren und Magister der Theologie, hervor. Auf ihren Vorschlag ernannte der Papst schon in der ersten Woche Funktionsträger, die *notarii, advocati, promotores* und *procuratores*, die für einen reibungslosen Ablauf der Konzilsgeschäfte verantwortlich waren. Insgesamt zählt Joseph Riegel in seiner 1916 erschienenen Dissertation 2.290 Teilnehmer, darunter 409 Inhaber akademischer Grade, was auf die Bedeutung der Universitätsgelehrten in Konstanz schließen lässt.

Concilium constituitur ex nacionibus

»Das Konzil setzt sich aus den Nationen zusammen«. Das war schon in Pisa 1409 so gewesen, wo es deren fünf gegeben hatte. Dieses Organisationsprinzip behielt man auch in Konstanz bei. Guillaume Fillastre stellt die Nationen in seinem Bericht vor: *nacio Germanie*, »in der eingeschlossen sind das Römische Reich, Ungarn, Dalmatien und Kroatien, Norwegen, Schweden, Böhmen und Polen«. Zur englischen Nation – *die hattend vor kain nacion, und ward inn die nacion ze Costentz gegeben mit willen und gunst der Germani*, schreibt Richental – gehörte auch Schottland. Die gallische Nation umfasste Frankreich, Savoyen, die Provence, das Dauphiné und Lothringen. In der italienischen sind das Königreich Sizilien und viele Herrschaften vereinigt, hier erspart sich der Autor die Aufzählung der vielen Staaten Italiens. Eine spanische Nation konstituierte sich erst 1416, nachdem die spanischen Königreiche die Obödienz Benedikts XIII. aufgekündigt hatten.

Schon aus der Zusammensetzung der deutschen Nation wird deutlich, dass es anachronistisch wäre, hier den Nationsbegriff des 19. Jahrhunderts vorauszusetzen, obwohl Nationalgefühl in dieser Zeit durchaus bereits vorhanden war – der Krieg zwischen England und Frankreich oder die Auseinandersetzungen zwischen Tschechen und Deutschen im Böhmen König Wenzels zeugen davon. Die Konzilsnationen sind, wie man leicht erkennt, nur grobe Herkunftsbezeichnungen. Eine ähnliche Organisation nach Nationen war auch an den Universitäten üblich, auch hier entsprach die Einteilung mehr den Himmelsrichtungen als der Staatsangehörigkeit.

Richental kennt die Verfahrensweise und den Sitz der Nationen: *Diss nacion koment all tag zesammen, jegliche nacion in ain conclavi, das ist in ainen sal.* Jede Nation habe ihre Vertreter, *die gelert waren in göttlichen rechten.* Diese seien von einer Nation zur anderen gegangen, wenn sie ihre Beratungen abstimmen wollten. Während die Vollversammlung im Münster tagte, hatte die italienische Nation ihren Sitz im Refektorium, die französische im Kapitelsaal der Dominikaner auf der Insel, die damals tatsächlich noch von der Stadt durch eine von zwei Toren beschützte Brücke abgetrennt war. Die Aufschüttungen, die heute den Konstanzer Seepark prägen, stammen aus dem 19. Jahrhundert.

Die deutsche Nation saß bei den Barfüßern (= Franziskaner) im Kapitelsaal, die englische im Refektorium desselben Klosters. Nachdem es König Sigmund im Vertrag von Narbonne vom 13. Dezember 1415 gelungen war, die wichtigsten Anhänger Papst Benedikts XIII. für das Constantiense zu gewinnen, gab es auch eine spanische Nation. Diese *natio Hispanica*, die allerdings erst seit 1417 wirklich am Konzil teilnahm, kam im Refektorium des Augustinerklosters zusammen, dessen Kirche noch heute als Dreifaltigkeitskirche in der Stadt zu finden ist. Hier berieten sich zunächst auch die Kardinäle, die zur Obödienz Papst Gregors XII. und Benedikts XIII. gehörten.

Das übrige Kardinalskollegium traf sich zur Beratung im Haus des Domdekans Albrecht von Beutelsbach, das Kardinal Jean de Brogny bei seiner Ankunft als erster bedeutender Vertreter der päpstlichen Kurie in Konstanz am 12. August 1414 bezogen hatte. Durch die Abstimmung nach Nationen schaltete man die Macht des Kardinalskollegiums zunächst aus, da die Kardinäle in ihren Nationen abstimmten. Erst im Verlauf des Konzils konzedierte man ihnen als Körperschaft dasselbe Stimmrecht wie den einzelnen Nationen.

Nach Fillastre war die *nacio Gallicana* »auf den ersten Blick größer als alle anderen Nationen, sowohl was die Anzahl als auch was die Verdienste der Personen angeht, denn sie umfasste vierhundert ehrenhafte Personen«. Die englische habe dagegen keine zwanzig *capita* (= Häupter) umfasst, darunter nur drei Prälaten, worüber sich die Kardinäle beschwert und eine eigene Stimme für ihr Kollegium gefordert hätten. Dies wurde verweigert, und sie wurden auf ihre Nationen verwiesen. Ein Vorstoß der französischen Nation, der englischen diesen Rang abzuerkennen, da das französische Königreich viel größer sei als das englische, scheiterte am Protest der deutschen Nation, die mit Sitzungsboykott drohte.

Mit dem Organisationsprinzip eng verbunden ist die Frage des Abstimmungsmodus, mit dem sich das Konzil laut Fillastre lange beschäftigt habe (*diu pependit*). Diskutiert wurde, ob nach Köpfen oder nach Nationen, von denen jede eine Stimme haben sollte, abgestimmt werden solle. Gegen den Protest der italienischen Nation, welche die bei weitem größte war, entschied man sich am 7. Februar 1415 für die letztere Lösung, um dieser kein Übergewicht zu verleihen. Laut Fillastre hätte dies dazu geführt, dass nur der Wille des Papstes gegolten hätte. Dieser hätte dann tatsächlich jeder Abstimmung gelassen entgegensehen können.

Dagegen stellte sich vor allem die englische als die kleinste Nation, die am 31. Januar 1415 unter Leitung des Bischofs Henry Beaufort, eines Onkels König Heinrichs V., in Konstanz angekommen war. Der Kurienskriptor Giacomo Cerretani urteilt in seinem Konzilstagebuch, dass die Entscheidung über den Abstimmungsmodus »nach allgemeinem Urteil aller Weisen ein guter Anfang für die Union« gewesen sei. Denn damit wurde die Stellung des Pisaner Papstes erschüttert, da seine italienische Gefolgschaft nicht mehr das Gewicht hatte wie vorher.

Die Abstimmung verlief dann, wie es Fillastre bei den Verhandlungen über die Zession Papst Johannes XXIII. beschreibt: »Nach der Verlesung des Dekrets sagten die Prälaten jeder Nation, die bei dem Vorleser standen, jeder für seine Nation: Placet«. Wer in den Nationen stimmberechtigt war, wurde von diesen selbst entschieden. Die französische Nation wollte Bischöfe oder ihre Vertreter, Doktoren und Magister der Theologie und des kanonischen Rechts als stimmberechtigt anerkennen; eine weitere Quelle nennt außerdem Domherren und Pfarrer.

Die Kardinäle stimmten in ihren Nationen ab. Es sollte vermieden werden, dieser Gruppe einen Sonderstatus einzuräumen – denn es gab keine deutschen oder englischen Kardinäle. Problematisch war auch, ob eine Nation durch die drei andern überstimmt werden konnte. Nach Fillastre waren es »einige Große des Konzils, die geheime Konzilien abhielten« und das Mehrheitsprinzip »zu irgendwelchen obskuren Zwecken« forderten. Dies sei am Widerstand der französischen Nation gescheitert, die dafür sorgte, dass »nichts durch das Konzil geschehen könne, wenn eine Nation widerspricht«.

Mit dieser Entscheidung in der Abstimmungsfrage war ohne weiteren Konzilsbeschluss eine »große Revolution im Geschäftsgang des Konzils vor sich gegangen«, wie dies Heinrich Finke herausgestellt hat. Man muss sich die *naciones* als wichtige Stimm- und Beratungsgremien vorstellen, die Entscheidungen, die in den *sessiones generales* fielen, vorberieten und vorverhandelten. Dementsprechend wurde in den Nationen nach Köpfen, im Gesamtkonzil jedoch nach Nationen abgestimmt.

Die Idee, nach Nationen abzustimmen, war zwar in gewisser Hinsicht aus der Not geboren, wurde in Konstanz aber zu einem wichtigen Strukturelement des Konzils. Denn hätte man nach Köpfen abgestimmt, hätte die weitaus stärkste Nation, nämlich die italienische, das Konzil majorisieren bzw. lahm legen können, zumal Johannes XXIII. die Zahl seiner Anhänger kurz vor Konzilsbeginn durch einen Pairsschub noch einmal erheblich erhöht hatte. Die Entscheidung nach Nationen abzustimmen, ist demnach im Zusammenhang der Zessions- bzw. Absetzungsfrage zu sehen, die im Januar 1415 virulent wurde.

Denn nur wenn nach Nationen (*per nationes in genere*) und nicht nach Köpfen (*per capita singula*) abgestimmt würde, war es möglich, in der anstehenden Unions- und Schismafrage eine Lösung zu finden. Heinrich Finke hat deshalb in seiner Arbeit über »Die Nation in den spätmittelalterlichen allgemeinen Konzilien« von einem »Akt der Notwehr« gesprochen. Denn der Konzilspapst und die italienische Nation hätten dem Rücktritt bzw. der Amtsenthebung aller drei Papstprätendenten niemals zugestimmt.

Weitere Konflikte blieben nicht aus. Fillastre schildert, wie König Sigmund einmal an der Sitzung der französischen Nation teilnehmen wollte, mit dem Argument, dass dort auch Savoyen und die Provence vertreten seien, die zum Reich gehörten. Es gelang ihm nicht, die Nation zu überzeugen, so dass er sich verärgert zurückzog, »und die ganze Versammlung war verwirrt«. Ein weiterer Vorstoß des Prokurators der Krone Frankreichs gegen die englische Nation wurde, »nachdem er acht oder zehn Zeilen verlesen hatte«, niedergeschrien: »Die einen pfiffen, andere machten Lärm und einen solchen Tumult, dass der Lesende nicht gehört werden konnte«. Sein Protest, *alte ut potuit* (= so laut er konnte), ging im Tumult unter.

König Sigmund, der Fillastre zufolge »notorisch die Engländer begünstigte und die Franzosen hasste, schien sehr bestürzt«. Von einem Streit zwischen den Nationen berichtet Richental, *daz man forcht, es wurd alles zerschlahen*. Geschlichtet wurde dieser durch die *gelerten schůlpfaffen*. Sie *brachtend [...] die naciones wider zesammen, daz sy wider ainhellig wurden*. Zur weiteren Geschäftsordnung berichtet Fillastre, dass man vier Deputierte aus jeder Nation für die *causa reformationis* benannte, ferner andere *qui generales vocabantur* (= die allgemeine genannt wurden).

Dieser Hauptausschuss wurde von allen Nationen beschickt und bereitete die Sitzungen der Nationen wie auch des Plenums vor, die nur über diese Vorlagen debattieren durften. Fillastre beklagt, dass »ihnen keine Macht durch das Konzil, sondern nur durch die Nationen« übertragen wurde, doch wurde die Generalkongregation nach und nach der zentrale Angelpunkt des ganzen Konzils. Ein weiterer Ausschuss wurde zur *causa fidei* berufen.

Die *sessiones generales*, die Plenarsitzungen des Konzils, waren durch die Organisation nach Nationen und die Einrichtung des Hauptausschusses keineswegs überflüssig geworden; es fanden insgesamt 45 derselben statt. Als Vorsitzender hätte normalerweise der Papst fungiert, der aber diese Funktion nach der zweiten Session nicht mehr wahrnahm. In den übrigen Sitzungen, vor allem während der Sedisvakanz nach seiner Flucht und Abdankung, präsidierten verschiedene Kardinäle und einmal sogar König Sigmund selbst.

Man darf in diesem Zusammenhang nicht vergessen, dass Synoden und Konzilien seit alters über eine bestimmte liturgische Ordnung verfügen. Die Liturgie dieser Sitzungen ist erhalten. Sie ist nicht nur Beiwerk, sondern macht das Wesen der kirchlichen Synode aus. Eine Konzilssitzung (*sessio generalis*) ist im Hinblick auf die Entscheidungen, die dort gefällt werden, nicht nur ein kirchlicher Rechtsakt, sondern auch eine liturgische Feier. Jede liturgische Handlung wird zu einer Inszenierung, die auf Wirkung bedacht ist und die die Rezipienten in ihren Bann zieht.

Die Konzilien haben deshalb schon relativ früh eine synodale Ordnung ausgebildet. Die erste bekannte schriftliche Fixierung einer »Ordnung, wie ein Konzil zu feiern sei« (*Ordo de celebrando concilio*) erfolgte im Westgotenreich des 7. Jahrhunderts auf dem 4. Konzil von Toledo (633). Seither existierten für den Verlauf von Konzilien feste liturgische Regeln, die zwar verändert, aber, was ihre wesentlichen Bestandteile anbelangt, eingehalten wurden. Im Falle des Konstanzer Konzils sind wir über die Liturgie der *sessiones generales* relativ gut unterrichtet, da der hier praktizierte und 1442 auf dem Basler Konzil noch einmal bestätigte Konzilsordo schriftlich überliefert ist.

Jede Sitzung wurde beispielsweise mit einer feierlichen Messe *de spiritu sancto* (= vom Heiligen Geist) eröffnet, an der die Konzilsväter in ihrer gewohnten Kleidung teilnahmen. Danach legten sie das Pluviale (= Chormantel) und die weiße Mitra an. Der Vorsitzende saß mit dem Rücken zum Altar in der Mitte des Chores mit dem Gesicht zu den übrigen Prälaten. Danach sangen sie die Antiphon *Exaudi nos domine* (= Erhöre uns, Herr), worauf ein Diakon mit lauter Stimme rief: *Orate* (= Betet) und alle das Knie beugten und still beteten. Nach Beendigung des Gebets erhoben sich auf die Aufforderung *Erigite vos* – »Erhebt euch« hin alle wieder.

Der Konzilspräsident sprach dann mit lauter Stimme das Gebet *Adsumus, Domine Sancte Spiritus, adsumus* – »Heiliger Geist, wir sind hier in deinem Namen versammelt [...]. Komm zu uns und stehe uns bei. [...] Nicht möge uns die Unwissenheit ins Verderben stürzen, keine Begünstigung uns beugen, keine Annahme von Geschenken, kein Ansehen der Person uns korrumpieren. [...] Gieße deinen Geist in unsere Herzen ein [...], damit unser Wille in nichts mit dir in Widerspruch stehe [...]«. Mit diesem Gebet bat die Konzilsversammlung den Heiligen Geist um seinen Beistand in den nachfolgenden Verhandlungen. Nach weiteren Gebeten stimmten die Geistlichen am Altar eine Litanei an, darauf betete der Zelebrant, dass kein feindseliger Einbruch die Versammlung stören möge.

Nach dem Evangelium sollte der Zelebrant eine Predigt halten und das Plenum den Hymnus *Veni creator spiritus* (= Komm, Heiliger Geist) anstimmen, »sende deinen Geist aus, und du wirst das Antlitz der Erde erneuern«. Danach setzten alle ihre Mitra wieder auf, und ein Delegierter verlas die Dekrete, die in dieser Session zu verhandeln waren. Zu diesen antwortete jeder Vorsitzende für seine Nation *placet* – »es gefällt«. Zum Schluss stimmten alle gemeinsam das *Te Deum* an, legten die Chormäntel und die Mitren ab und zogen sich zurück.

Wenn wir also heute vom Konstanzer Konzil sprechen, ist es zwar nicht falsch, uns dabei auch einen großen internationalen Kongress mit allen kommunikativen, medialen und performativen Begleiterscheinungen, die solche Versammlungen unweigerlich hervorbringen, vorzustellen. Wir dürfen dabei aber nicht aus den Augen verlieren, dass die Konzilien des Spätmittelalters in erster Linie kirchliche

Versammlungen, also eminent theologische Ereignisse mit einer entsprechenden liturgisch-geistlichen Ordnung waren, also neben den weltlichen auch geistliche Elemente enthielten, die man bei der Interpretation keinesfalls übergehen darf.

Der Papst flieht aus Konstanz

Darnach an dem xx. tag im Mertzen [...] *anno Dni. MCCCCXV, ain stund nach mittag, do für bäpst Johannes haimlichen von der statt ze Costentz, und rait uff ainem klainen rösly* [Pferd] *und hatt ain gräwen mantel umm und ain gräw kappen uff, die was umbwunden, daz man inn nit kennen mocht.* Das dramatische Geschehen am 20. März 1415 (das allerdings nachts stattfand, nicht am Mittag, wie Richental behauptet), bezeichnet den entscheidenden Wendepunkt in der Unionsfrage. Am Tag zuvor hatte sich der Papst mit seinem Verbündeten Friedrich von Österreich zur Flucht verabredet. Friedrich organisierte zur Ablenkung – *daz man sich dester minder uff inn versehe* – ein Turnier, bei dem er besiegt wurde.

Der Papst floh zu Pferd aus der Stadt und zu Schiff nach Schaffhausen, das zur Herrschaft Herzog Friedrichs gehörte. Dieser verließ ebenfalls unter einem Vorwand Konstanz und begab sich nach Schaffhausen. Ziel des Papstes war es wohl, das Konzil zu sprengen und seine Macht in Avignon neu zu konsolidieren. Unter den Konzilsvätern herrschte, wie Cerretani berichtet, ein *stupor magnus*, was so viel wie große Betroffenheit oder auch Panik bedeutet. In der kritischen Stunde blieb König Sigmund jedoch Herr der Lage. Er sei, schreibt Richental, *mit sinen prusunern* (= Posaunisten bzw. Trompeter) in Begleitung Herzog Ludwigs durch die Stadt geritten und habe vor allen Wechslern, Händlern und Handwerkern, allen Kardinälen und Herren ausgerufen, dass niemand Konstanz verlassen solle, bevor die Angelegenheit geklärt wäre, *und solt menglich libs und gütz* [seines Leibes und Gutes] *sicher sin.*

Die Freude unter den Händlern sei groß gewesen, sie lobten den König und sprachen: *War es in iren landen beschehen, so wärind sy umm ir hab komen.* Die geistlichen und weltlichen Herren habe er ins Münster gebeten und um Rat gefragt, wie man mit Herzog Friedrich verfahren

111

solle. Man riet ihm, den Flüchtigen *für sin römsch gericht* zu laden und ihn dort zu richten, *als dann recht wär*. Ein Reichskrieg brachte Friedrich schnell zur Unterwerfung. Vorausgegangen war der spektakulären Flucht die schrittweise Erosion der Stellung des Pisaner Papstes, die vor allem von den Kardinälen d'Ailly – sein Konzept nennt Brandmüller »Das Konzil über allen drei Päpsten« – und Fillastre betrieben wurde, die erkannt hatten, dass man auf der Pisaner Linie nicht zum Ziel kommen würde.

Einen Stimmungswandel bewirkte schon die Ankunft der Deputierten der beiden konkurrierenden Päpste. Wenige Tage nach der ersten *sessio generalis*, am 19. November 1414, traf Giovanni Dominici, Kardinal Gregors XII., in der Konzilsstadt ein. In seinem Quartier bei den Augustinern heftete er das Wappen Gregors an die Türflügel des Klosters, das, wie Cerretani berichtet, »in der folgenden Nacht abgerissen und zerstört wurde«, ein Zeichen, dass die Pisaner Partei keinen legitimen Papst außer Johannes XXIII. anerkennen wollte.

Die Diskussion über diesen Akt in der Generalkongregation verlief kontrovers; man beschloss, dass nur Gregor XII. selbst, falls er nach Konstanz komme, päpstliche Ehren erwiesen würden. Damit war eine gewisse Anerkennung verbunden, die auch für Benedikt XIII. gelten sollte. Dennoch beantragte die italienische Delegation am 7. Dezember, dass das Konzil die Pisaner Beschlüsse bestätigen und sich danach auflösen sollte. Gegen die beiden Kontrahenten des Pisaner Papstes solle mit der Macht des weltlichen Arms vorgegangen werden. Dem Antrag trat Pierre d'Ailly entgegen und verdächtigte alle, die für eine vorzeitige Auflösung des Konzils einträten, als Schismatiker und damit auch als Häretiker.

Aber König Sigmund, der erst am 24. Dezember in Konstanz eintraf, hatte nie die Absicht, die Pisaner Linie rückhaltlos zu verfolgen, sondern blieb auch mit den beiden anderen Kontrahenten in Verbindung. Die Gesandten Aragóns trafen am 8. Januar 1415 ein und wurden wenig später vom König empfangen; dadurch relativierte sich die Position des Pisaner Papstes weiter. Langsam schlug die Stimmung gegen ihn um. Robert Hallum, Erzbischof von Salisbury, hat laut Richental dem Papst sogar *offenlich under ougen* gesagt, er sei nicht würdig, Papst zu sein *von des bößen unrechten wegen, so er getriben hett*. Pfalzgraf Ludwig, ursprünglich ein Anhänger Gregors XII., schlug am 25. Januar 1415 vor, das Problem durch die *cessio* aller drei Prätendenten zu lösen. Bezeichnend ist, dass in Konzilskreisen ein Pamphlet umging, das Johannes XXIII. schlimmster Verbrechen und sittlicher Verfehlungen beschuldigte, für die er abzusetzen sei, auch wenn er der einzige und unumstrittene Papst wäre. Kardinal Fillastre machte am 30. Januar 1415 eine *cedula* (= Zettel) bekannt, die er in Absprache mit d'Ailly König Sigmund zuspielte. Darin forderte er die *cessio* aller drei Rivalen, da alle anderen Wege nicht zum Ziel geführt hätten:»Die universale Kirche kann jeden ihrer Diener, auch den höchsten und einzigen, wenn er durch seine Schuld den Stand der Kirche stört und ihr Ärgernis gibt, entfernen«.

Der Papst sei hierüber»sehr erzürnt« gewesen und habe den Kardinal Fillastre gehasst. Dieser habe aber dem Papst entgegnet, er habe »für den Frieden der Kirche gehandelt«. Am 15. Februar 1415 kamen die Nationen – außer der italienischen – überein, *quod via cessionis esset via salubrior, cercior* –»dass der Weg des Verzichts der heilsamere, sicherere sei«, nachdem alle anderen sich als zu schwierig, ja unmöglich erwiesen hätten. Auch König Sigmund sei Verfechter dieser Lösung.

Der Erzbischof von Mainz, Johann II. von Nassau, habe seiner Empörung über die Behandlung Papst Johannes XXIII. lautstark Ausdruck verliehen, die Versammlung verlassen und sei abgereist, schreibt Richental, worauf der Patriarch von Konstantinopel geäußert habe: *Quis est iste ipse? Dignus est conburendus. Das ist: Wer ist der? Er ist wirdig ze verbrennen.* Die widerstrebende italienische Nation wurde schließlich durch eine Rede des Bischofs Vitalis von Toulon überzeugt, der»durch die Schönheit, Süßigkeit und Eleganz seiner Worte« die Versammlung zu Tränen gerührt habe, so dass alle einmütig das Vorhaben begrüßten.

Am 16. Februar verbreitete der Papst eine *cedula*, in der er sich bereit erklärte, *propter quietem populi christiani* –»um der Ruhe des Christenvolkes willen« – die *via cessionis* zu beschreiten, wenn die beiden anderen Prätendenten ein Gleiches versprächen, die er gleichwohl als »vom Konzil zu Pisa wegen des Schismas und der Häresie verurteilt und vom Papsttum abgesetzt« bezeichnete. In einer Versammlung im Münster verlas Johannes XXIII. am 2. März sein Versprechen vor dem König und allen Konzilsvätern, die darüber *immensum gaudium*, d. h.

große Freude, äußerten. Der König sei dem Papst zu Füßen gefallen und habe seine Krone vor ihm abgelegt. Niemand kam aber auf den naheliegenden Gedanken, dass mit der Legitimität des Papstes auch die des Konzils hinfällig war.

Am 9. März 1415 empfing Sigmund die Deputierten der Nationen und die Gesandten Gregors XII., die ein Mandat hatten, seine *cessio*, also seinen Rücktritt, zu verkünden. Den spanischen Gesandten versprach der König, dass er sich in Nizza oder Villefranche mit Benedikt XIII. treffen wolle. Am 10. März wurde ein Gottesdienst gefeiert, bei dem der Papst dem König *ain ital* [rein] *guldin rosen* überreichte, *der was fast kostlich* [sehr wertvoll]. Mit dieser Goldenen Rose in der Hand ritt Sigmund durch die ganze Stadt und stellte sie dann *uff den fronaltar*. Ein Festmahl schien noch völlige Einmütigkeit zu signalisieren. Gerüchte gingen aber um, der Papst habe Sigmund vor Vertrauten als bettelarmen und trunksüchtigen Barbaren bezeichnet.

Doch wurde auch der Verdacht geäußert, der Papst wolle fliehen, denn er habe erklärt, dass er sich vor dem König fürchte. Ob er wirklich um sein Leben fürchtete oder nur der demütigenden Abdankung entgehen wollte, ist nicht zu ermitteln. Die Stadttore wurden vorsichtshalber für einen Tag geschlossen, was auch den Kardinal Pietro Stefaneschi traf, der nur spazieren gehen wollte und gegen die Behinderung protestierte. Ein allgemeines Abreiseverbot sollte die vorzeitige Auflösung des Konzils verhindern. Noch am Nachmittag des 20. März 1415 soll Sigmund dem Papst einen Besuch abgestattet haben, der sich allerdings krank gestellt habe.

Nach seiner Flucht erläuterte der flüchtige Papst dem Konzil in einer Bulle seine Motive. Er habe »aus Furcht, die mit Recht auch den Standhaften befallen konnte«, Konstanz verlassen und meldete zugleich seine glückliche Ankunft in Schaffhausen. Zugleich versicherte er, dass er alles tun werde, was »für den Frieden und die Einheit der Kirche notwendig sei«, dies aber an einem sichereren Ort und zu gegebener Zeit. Er ließ in Konstanz an den Kirchentüren anschlagen, dass »alle Beamten der römischen Kurie, seine Diener und die des Apostolischen Stuhls, auch die Bischöfe, zu ihm nach Schaffhausen kommen sollten«.

Der Aufruf wurde von einigen befolgt; auch einige Kardinäle, darunter Oddo Colonna, der spätere Papst Martin V., folgten dem

Papst. Sie kamen indes nach wenigen Tagen wieder zurück, wie Richental schreibt: *do ritten ze Costentz wider in* [...] *die fünf cardinäl und all herren und menglich, die dem bapst nach gefaren warend, und rait inn nieman engegen, dann das die andern iro spottotend.* Das Konzil seinerseits sandte drei Kardinäle zum Papst, um ihn dazu zu bewegen, »Prokuratoren für seine Abdankung zu ernennen, das Konzil nicht aufzulösen und nicht zu verlegen«.

Sicher konnte Johannes XXIII. seiner Sache in Schaffhausen nicht sein. Sein Protektor, Herzog Friedrich, war völlig isoliert und wurde am 30. März 1415 von König Sigmund geächtet. Richental berichtet, der König habe 350 Briefe von Reichsständen, Fürsten und Städten erhalten, *das sy im all umb die sachen mit ir lib und gůt helffen wöltind über hertzog Fridrichen.* Richental will 50 dieser Briefe abgeschrieben haben, die alle an Herzog Friedrich nach Schaffhausen geschickt wurden. Obwohl am Ostertag die Kardinäle, die französischen Gesandten und die Pariser Universität den König baten, keinen Krieg gegen Friedrich zu führen, da sonst das Konzil gänzlich aufgelöst würde und sein eigenes Anliegen, die Einheit der Kirche, ausbliebe, lehnte Sigmund ihr Ansinnen ab, da die Fürsten den Krieg beschlossen hätten.

Am Karfreitag ritt der Papst, der es angesichts der Briefe mit der Angst zu tun bekam, in *regen, wind und schne, als vor lang nie ward,* nach Laufenburg. Kein Kardinal, berichtet Fillastre, sei ihm gefolgt: *Eciam proprius nepos pape cardinalis Tricaricensis noluit* – »nicht einmal sein eigener Neffe, der Kardinal Tommaso Brancaccio, hätte ihn begleiten wollen«. Auch alle anderen Prälaten und Herren hätten ihn, wie Fillastre weiter ausführt, verlassen, die einen seien nach Hause zurückgekehrt, die anderen nach Konstanz. Sie hätten gefürchtet, vom Herzog *ad carceres,* d. h. in den Kerker bzw. in Gefangenschaft, geführt zu werden. Der Papst sei mit seiner Flucht vom Konzil, so Fillastre, um einer Gefahr zu entgehen, in eine größere geraten, nämlich in die Gefangenschaft des Herzogs von Österreich.

Am 12. April sei dann, wie Cerretani berichtet, in Konstanz die Nachricht verbreitet worden, der Papst sei verkleidet aus Laufenburg geflohen, um sich nach Freiburg zu begeben und dann, nach allgemeiner Auffassung, nach Burgund. In Freiburg nahm er im Dominikanerkloster Quartier. Von dort führte er die kurialen Geschäfte weiter, als sei seine Stellung unangefochten.

»Haec sancta synodus«

Die Tage nach der Flucht des Papstes waren von lebhaften Debatten zwischen den Anhängern Papst Johannes XXIII. und denen des Konzils bestimmt. »Das Problem lautete nun«, wie es Thomas Rathmann formuliert, nicht mehr nur »Konzil ohne Papst«, sondern »Konzil gegen den Papst!« Schon am 23. März hatte der *cancellarius Parisiensis* (= Kanzler der Pariser Universität) Jean Gerson die bereits oben erwähnte Predigt *Ambulate dum lucem habetis* – »Gehet, solange ihr Licht habt« gehalten und damit einen Anstoß zu einer Lösung, der Weiterführung des Konzils ohne den Papst gegeben. Am 26. März beschloss dasselbe in seiner dritten *sessio generalis*, dass es wegen des *recessus domini nostri papae*, d. h. wegen des Rückzugs unseres Herrn Papstes, nicht aufgelöst und auch nicht an einen anderen Ort verlegt, sondern bis zur Erledigung seiner Aufgaben zusammenbleiben würde.

Einen weiteren Vorstoß machten die deutsche, französische und englische Nation, die als Ergebnis einer gemeinsamen Sitzung am 29. März vier Artikel vorlegten, in denen das Recht des Konzils bekräftigt und die Flucht des Papstes verurteilt wurde. Diese wurden die Grundlage des Dekrets, das am 6. April 1415 in der fünften *sessio generalis* beschlossen wurde – *Haec sancta synodus* lauten seine Eingangsworte: »Diese heilige Synode, die ein Generalkonzil abhält zur Beseitigung des gegenwärtigen Schismas und zur Einheit und Reform der Kirche Gottes an Haupt und Gliedern, zum Lob des allmächtigen Gottes, im Heiligen Geist legitim versammelt [...], verordnet, stellt fest, bestimmt, beschließt und erklärt, [...] dass es die Gewalt unmittelbar von Christus hat, der jedermann, welcher Würde und welchen Standes er auch sein mag, selbst des päpstlichen (*etiamsi papalis existat*), zu gehorchen verpflichtet ist in allem, was den Glauben und die Beseitigung des gegenwärtigen Schismas und die Reform der Kirche betrifft«.

Wer den Gehorsam verweigere, *etiamsi papalis* – »auch wenn er das Papstamt innehabe«, solle einer angemessenen Strafe verfallen.

Die Strafandrohung sollte für alle weiteren Konzilien gelten, sofern sie legitim berufen würden. Zabarella, der den Artikel der Oberhoheit des Konzils über den Papst ablehnte, hatte sich geweigert, das Dekret zu verlesen, das dann der Elekt von Posen, Andreas Laskary, vortrug. Mehrere Kardinäle waren wegen dieses Passus der Sitzung ferngeblieben. Fillastre berichtet, dass es in der Frage der *potestas concilii generalis supra papam*, d. h. der Macht des Generalkonzils über den Papst, sehr geteilte Meinungen gegeben habe.

Die Diskussion um »Haec Sancta« reißt seither nicht ab und wurde vor allem nach der Verkündigung des Unfehlbarkeitsdogmas durch das Erste Vatikanische Konzil im Jahr 1870 brisant. Handelt es sich um ein revolutionäres Dokument, mit dem die ganze Kirche auf ein neues, gar demokratisches Fundament gestellt werden sollte, oder – wie viele katholische Historiker und Theologen glauben – nicht um eine dogmatische Definition, sondern um eine reine Notstandstheorie, die aus den Problemen des Jahres 1415 geboren wurde?

»Die weitaus größte Mehrzahl der Konzilsteilnehmer dachte in traditionellen und konservativen Kategorien und war allen Neuerungen vollkommen abhold. Darum müssen auch die beiden so viel umstrittenen Dekrete »Haec sancta« und »Frequens« im traditionellen und konservativen Sinne interpretiert werden«, wie August Franzen betonte. Walter Brandmüller übersetzt die entscheidende Passage mit der Formel *etiamsi papalis existat* mit »selbst wenn ein Inhaber päpstlicher Würde existieren sollte« und schließt daraus, dass das Dekret nur für die augenblickliche papstlose Situation Geltung beansprucht. Dem widerspricht aber der über Konstanz hinausgehende Anspruch, der in der Formulierung *cuiuscumque alterius concilii generalis* (= eines jeden weiteren Konzils) erhoben wird.

Fest steht, dass das Dekret aus einem korporationsrechtlichen Verständnis der Kirche heraus entstand, das in Analogie zu ähnlichen Entwicklungen im weltlichen Bereich in ihr eine ständisch gegliederte Körperschaft sieht. Eben diese Auffassung sei aber »ein geradezu groteskes Mißverständnis der Bezeichnung *corpus Christi mysticum* für die Kirche«, wie Walter Brandmüller festhielt. Demgegenüber sieht Hans Küng (1962), zweifellos inspiriert vom Zweiten Vaticanum (1962–1965), in dem Dekret – wie auch im späteren Dekret »Frequens« – ein Dokument von überzeitlicher Bedeutung, das nicht auf die historische Situation in Konstanz eingegrenzt werden könne.

Der belgische Benediktiner Paul de Vooght stellt fest, dass die Konstanzer Dekrete *conciliariter* (= durch Konzilsbeschluss) entstanden seien; der Gehorsamsanspruch habe neben der zeitbedingten Forderung nach Beendigung des Schismas auch den Glauben umfasst: »Der Glaube aber ist eine essentielle Frage, die immer auf der Tagesordnung der Kirche steht. [...] Es [das Konzil] wollte in absoluter Weise als die oberste Instanz in Glaubensfragen angesehen werden«. Wer schließlich die Gültigkeit und Verbindlichkeit von »Haec sancta« gänzlich in Zweifel zieht, muss folglich auch die Legitimität aller Päpste seit 1417 in Frage stellen.

Auswirkungen der Konstanzer Dekrete sind auch im Bereich der weltlichen Politik diskutiert worden. Britische Forscher wie Francis Oakley wollen darin auch eine Wurzel der parlamentarischen Entwicklung des 17. Jahrhunderts entdecken. Von Konstanz zur Glorious Revolution 1688 lasse sich eine Kontinuitätslinie des Repräsentationsgedankens ziehen, die dem frühneuzeitlichen Konstitutionalismus den Weg gebahnt habe.

Die Absetzung des Konzilspapstes

Als eine Delegation des Konzils, darunter auch die Kardinäle Fillastre und Zabarella, am 21. April 1415 nach Freiburg kam, um die Abdankung des Papstes entgegenzunehmen, musste sie feststellen, dass dieser inzwischen nach Breisach weitergereist war, »wo eine Brücke über den Rhein ist«. Dort trafen sie mit dem Papst zusammen, der seinen Willen betonte, durch seine *cessio* den Frieden in der Kirche herzustellen. Er wolle nach Frankreich gehen, dessen Könige die Kirche immer unterstützt hätten. Der Herzog von Burgund habe 2.000 Reiter geschickt, die ihn jenseits des Rheines erwarteten. Die beiden Kardinäle, die ihn überreden wollten, sofort abzudanken – unter Garantie seiner Freiheit und Sicherheit – konnten ihn nicht überzeugen.

Guillaume Fillastre nutzte aber die Gelegenheit, um sich vom Papst noch eine Pfründe überschreiben zu lassen. Am 25. April unternahm dieser mit Hilfe von Leuten Herzog Friedrichs einen weiteren Flucht-versuch, der ihn nach Neuenburg am Rhein führte, nachdem man ihm den Übergang auf der Breisacher Brücke verweigert hatte. Dort war sei-nes Bleibens nicht länger. Ein Gerücht, dass Basler Truppen im Auftrag Sigmunds anrückten, um die Stadt zu besetzen, führte zu einem ge-waltigen Aufruhr in der Bürgerschaft, vor dem der Papst »auf einem kleinen schwarzen Pferd« zurück nach Breisach floh.

Fillastre kennt die Hintergründe: Ludwig von Bayern habe seinen Vetter Friedrich von Österreich, den er mit Sigmund versöhnen wollte, angewiesen, den Papst nicht fliehen zu lassen, und der Herzog habe dann den Aufruhr provoziert. Inzwischen waren die Gesandten des Konzils nach Freiburg zurückgekehrt, »verzweifelt über den Ausgang ihrer Legation«. Die Freiburger Ratsherren hätten sie gebeten, die Ankunft Herzog Ludwigs abzuwarten. Dieser habe, so Cerretani, in Breisach seinen Vetter heftig angefahren, weil er »den Papst von Konstanz weggeführt und dem Konzil Ärgernis verursacht« habe. Der König und die Fürsten hätten seinen völligen Untergang geschworen.

Der Österreicher sei über diese Worte erschrocken gewesen, »sanft wie ein Lamm« geworden und habe zugesagt, den Papst nach Konstanz zurückzuführen sowie sich dem König und dem Konzil auf Barmher-zigkeit zu unterwerfen. Auf dem Weg nach Freiburg hätten die bei-den Kardinäle den Papst vor die Alternative gestellt, entweder in Ehren abzudanken – mit einer Versorgung – oder in Schande durch das Kon-zil abgesetzt zu werden, unter Gefahr für seine Person. Er habe sich dann für die erstere Lösung entschieden. Als Versorgung habe er die Kardinalswürde und eine Stellung als immerwährender Legat und *vica-rius* mit aller päpstlichen Gewalt für ganz Italien »und einiges mehr« verlangt.

Seinen Rücktritt könne er aber nur dort, wo er völlige Freiheit habe, nämlich in Burgund, Savoyen oder Venedig erklären. Er wurde in Frei-burg der Bürgerschaft zur Bewachung übergeben, während die beiden Herzöge nach Schaffhausen aufbrachen. Hier blieb Friedrich zurück, während sein Vetter Ludwig »die ganze Nacht hindurch« nach Kon-stanz ritt, um dem Geächteten einen *salvus conductus*, einen Geleitbrief, zu erwirken. Nach seiner Ankunft in Konstanz wurde Friedrich in ei-nem Gebäude neben der bischöflichen Pfalz untergebracht.

Sigmund hatte ihm zur Begrüßung mitgeteilt, seine Sünde werde ihm nicht vergeben, wenn das Entwendete nicht zurückgegeben werde. Am 5. Mai 1415 unterwarf er sich und »alle seine Städte, Burgen, Dörfer, Ländereien, Vasallen und Untertanen« kniefällig dem König und versprach, den Papst nach Konstanz zurückzuführen, wenn man dessen Leben und Habe verschonte. Letztere Forderung hat Sigmund laut Fillastre nicht beantwortet. Die Stadt Freiburg, wo der Papst immer noch gefangen war – »mit 12 Wächtern tagsüber und 24 nachts« – gab Friedrich in die Hand König Sigmunds, »was den Papst mehr als alles andere entsetzte«.

Bereits am 2. Mai 1415 hatten die Delegierten dem König Bericht über ihre Mission erstattet. Die Bedingungen des Papstes lehnte Sigmund rundheraus ab; die Gesandten schwiegen, »aber sie schienen alles zu verachten und für nichtig zu halten«. In »unanständiger Eile«, wie Heinrich Finke bemerkte, suchte man dem Papst den Prozess zu machen. Die Anklageschrift enthält eine lange Liste seiner angeblichen Vergehen. So wurden ihm Simonie, Häresie und Misswirtschaft mit Kirchengut neben vielen sittlichen Verfehlungen zur Last gelegt. Auch soll er behauptet haben, niemand in Neapel glaube an ein Leben nach dem Tode. Am 4. Mai hielt der Bischof von Toulon eine Predigt vor der Session, in der er »wunderbar über die Taten des Papstes sprach« und auch die Kardinäle angriff, die ihn »gewählt hatten, obwohl sie doch wussten, dass er unwürdig war«.

Am 9. Mai brachen Burggraf Friedrich von Nürnberg sowie die Erzbischöfe von Riga und Besançon in Begleitung von 600 bewaffneten Reitern nach Freiburg auf, um den Papst zurückzuholen. Er wurde am 17. Mai in Radolfzell festgesetzt. Drei Tage später erschienen vier Abgesandte des Konzils bei ihm und erklärten, das Konzil habe ihn wegen seiner zahlreichen Vergehen suspendiert, und verlangten das päpstliche Siegel, den Fischerring und die päpstlichen Register zurück. Wegen der Fluchtgefahr würden alle Diener und Gefolgsleute entlassen und die Gesandten selbst als Wächter eingesetzt; sie würden »ihm gute Gesellschaft leisten«.

Auf sein tränenreiches Bitten ließ man ihm vorerst seine Dienerschaft. Dem Konzil ließ er ausrichten, dass er nichts von den Anklageschriften sehen wolle und das Konzil urteilen solle, wie es ihm gerecht erscheine. Am 23. Mai erschienen vier Kardinäle in Radolfzell und teilten dem Papst mit, er könne bei Annahme der Bedingungen des Konzils damit rechnen, dass er nur die Absetzung wegen Simonie und Misswirtschaft, nicht aber eine Bestrafung wegen der anderen Verbrechen zu erwarten habe. Dies solle er »frei vor Gott und der universalen Kirche zu Händen des Konzils« erklären. In einer *cedula* kam der Papst dieser Forderung nach und bat nur, »seine Ehre zu wahren«. Am 29. Mai schließlich erklärte das Konzil die Absetzung des Papstes, und zwar in einer Abstimmung nach Köpfen: jeder einzelne Anwesende sollte *placet vel non placet* – »ich stimme zu oder ich stimme nicht zu« – erklären. Die Abstimmung erfolgte ohne Gegenstimmen. Darauf wurde »Baldassare Cossa, einstmals Papst Johannes XXIII.« in die Burg Gottlieben, die dem Bischof von Konstanz gehörte, gebracht und dort eingekerkert. Zwei Tage später entließ man alle *familiares* (= Vertraute und Untergebene) des Abgesetzten, »und er blieb allein zurück«. Sein päpstliches Siegel wurde von einem Konstanzer Goldschmied zerstört. Er selbst wurde dem Pfalzgrafen Ludwig bei Rhein überantwortet, der ihn zunächst nach Heidelberg und später nach Mannheim brachte. Ein deutscher Dichter verfasste dazu die *klag Balthasar Cossa*:

Hier vor was ich der hoechste man,
den die kristenheit mochte han,
nu klag ich ser die missetat,
die mich davon geworfen hat!
Ich saß in eren hohem sal,
ich lebt froelich on lidens qual;
all diese welt gar süeße
kust mir geneigt die füeße [...]
Nu hilft mir nichts mins schatzes zier
und hab auch keinen freund bi mir! [...]

Erst am 23. April 1419, nach Ende des Konzils, wurde Cossa in Basel den Gesandten des neuen Papstes Martin V. übergeben. Nach einem Fußfall ernannte ihn dieser zum Bischof von Tusculum und bekleidete ihn wieder mit der Kardinalswürde. Baldassare Cossa starb aber schon wenige Monate später, am 22. Dezember 1419, und wurde im Baptisterium des Florentiner Domes beigesetzt, wo noch heute sein prachtvolles Grabmal zu sehen ist.

Weniger dramatisch gestaltete sich die Abdankung Papst Gregors XII. Am 15. Juni traf sein Prokurator Carlo Malatesta von Rimini in Konstanz ein und wurde von Sigmund ehrenvoll empfangen und auf sein Geheiß von den Fürsten in sein Quartier geleitet. In der Session am 4. Juli 1415, unter dem Vorsitz des Königs »mit den kaiserlichen Insignien«, verlas man Gregors Bulle, mit der er das Konzil anerkannte. Sein Legat Dominici erhielt das Wort: »Mit der Autorität seines Herrn Gregor berief und autorisierte er dieses Konzil und alles, was in diesem zu verhandeln war. Nachdem dies geschehen war, erhob sich Gregors Prokurator Karl von Malatesta und verkündete die Bereitschaft seines Herrn zum Verzicht und die Vollmacht, die dieser ihm in einer Bulle erteilt habe«.

Ein »überaus glücklicher und rühmenswerter Tag«, urteilt Fillastre, der aber nicht verschweigt, dass die erneute Berufung des Konzils durch Gregor ein Zugeständnis *ex necessitate* (= aus Not) war, das man um der Sache willen eher in Kauf genommen habe, »als die *cessio* nicht stattfinden zu lassen«. Gregor legte am 20. Juli in seiner Residenz in Rimini die Papstinsignien ab. Seine Kardinäle wurden vom Konzil bestätigt, schreibt Richental, *und ward jeglichem geordnot, das er narung hett*, sie wurden also versorgt. *Narung* hatte auch Gregor; er starb als Kardinal von Porto und Legat der Mark Ancona zwei Jahre später.

Nach der Vereinigung der beiden Obödienzen stellte sich ein ungleich schwereres Problem in der Person Papst Benedikts XIII., der standhaft auf seiner Legitimität beharrte und die Forderung nach einer *cessio* beharrlich ablehnte. Der Weg zu einer Lösung konnte nur über diplomatische Kontakte zu den spanischen Herrschern führen, die Benedikt nach wie vor die Treue hielten.

Jan Hus Wiclefista

Zum 28. November 1414 vermerkt der Kuriale Giacomo Cerretani in seinem Tagebuch: »Und an diesem Tag ist der Wyclifist Johannes Hus, weil er die üble Lehre des Wyclif in dem Haus, in dem er in Konstanz wohnte, denen, die zu ihm kamen und sich dort versammelten, predigte und sich trotz Ermahnung weigerte, dies zu unterlassen, [...] vor unseren Herrn Papst und die Herren Kardinäle geführt [...] und unter der Bewachung des Bischofs von Lausanne festgesetzt worden«. Seine Begleiter hätten eingewandt, dass der Papst Hus einen *salvus conductus* gegeben hätte, was aber der Papst abgestritten habe. Mit dieser kurzen Notiz beschreibt der Autor den Beginn des dramatischen Höhepunkts der Verhandlungen zur *causa fidei* und nimmt mit dem Begriff *Wiclefista* zugleich eine Vorverurteilung vor, denn einen schlimmeren Vorwurf in Glaubensdingen hätte er in der damaligen Zeit niemandem machen können.

Der englische Theologe John Wyclif (um 1330–1384) war schon vor dem Schisma in 19 Punkten durch Papst Gregor XI. verurteilt worden. 1382 hatte eine englische Synode 24 Artikel Wyclifs als häretisch oder irrig verurteilt, 1403 die Universität Prag 45 Artikel, 1412 die Universität Oxford, wo Wyclif jahrelang gelehrt hatte, gar deren 267. Der Widerspruch entzündete sich hauptsächlich am Kirchenbegriff Wyclifs, für den die wahre Kirche die *congregatio praedestinatorum* war, eine unsichtbare, universale Geistkirche der zum Heil Vorbestimmten.

Grundlage hierfür war eine philosophische Entscheidung in der Universalienfrage. Die Universalien, Allgemeinbegriffe oder Ideen, sind für den philosophischen »Realismus« *ante rem*, existieren also vor den Einzeldingen, im Unterschied zu der damals – auch unter den Konzilsvätern – vorherrschenden Lehre des »Nominalismus«, für den sie *post rem*, also reine *nomina* (= Namen) sind, die sich nur in den Einzeldingen manifestieren.

Gegenüber einem gedachten Idealzustand konnte die sichtbare irdische Kirche mit ihrer Hierarchie und ihren vielen Missständen nicht bestehen. Folgerichtig ging Wyclif in seinem fundamentalistischen Schriftverständnis noch einen Schritt weiter und erklärte, dass ein in Todsünde lebender Priester oder Bischof keine gültigen Sakramente spenden könne. Die Frage, ob ein sündhafter König auch ein legitimer Herrscher sein könne, ist ein weiterer Schritt.

Vielmehr verlangte dieses Denken eine radikale Abkehr von der weltlichen Macht der Kirche und ihren irdischen Besitztümern. Eine glaubhafte Kirche müsse in evangelischer Armut existieren. Auch das

Papsttum wird grundsätzlich angezweifelt. Denn wenn der Papst »in Lehre und Leben Christo entgegen ist, so ist er der vornehmste Feind Christi [...] und der hauptsächlichste Antichrist [...]. In Worten ist er dies, weil er Lügen ausstreut«, schreibt Wyclif in seinem Traktat *De Christo et suo adversario Antichristo* (= Über Christus und seinen Feind, den Antichrist). Außerdem hielt Wyclif die Konstantinische Schenkung, die zu seiner Zeit noch nicht als Fälschung entlarvt war, für einen Irrweg.

Noch radikaler ist Wyclifs Lehre von der Eucharistie. Im Gegensatz zur katholischen Lehre von der Transsubstantiation (= Wesensverwandlung), der Realpräsenz Christi in Brot und Wein unter Vernichtung bzw. Verwandlung der ursprünglichen Substanzen, lehrte Wyclif, dass die materiellen Bestandteile der Eucharistie in der Wandlung erhalten bleiben, was als Remanenzlehre (von lat. *remanere* = zurückbleiben) bezeichnet wird. Als Sakramente ließ Wyclif nur die Taufe und die Eucharistie gelten, Reliquienkult und Heiligenverehrung lehnte er ab.

Gebete der zur Verdammnis Prädestinierten hielt er, wie auch die Exkommunikation, für unwirksam. In der Laienbewegung der Lollarden fand Wyclifs Lehre in England eine Gefolgschaft, die schon in den Bauernaufstand von 1381 verwickelt war und 1414 nach einer weiteren Revolte blutig unterdrückt wurde. Eine letzte Verurteilung, bevor sich das Konstanzer Konzil der Frage annahm, erfolgte auf dem Konzil, das Johannes XXIII. 1413 nach Rom einberufen hatte, das aber wegen seiner geringen Resonanz nur kurz tagte und im Grunde erfolglos blieb.

Böhmen

Inzwischen hatte Wyclifs Lehre in Böhmen Wurzeln geschlagen. Die Heirat der Luxemburgerin Anna, einer Schwester König Sigmunds, mit dem englischen König Richard II. im Jahr 1382 hatte einige böhmische Studenten nach Oxford geführt, die dort das neue Gedankengut aufnahmen und an ihre 1348 gegründete Heimatuniversität Prag brachten. Hier vermischte sich religiöses Denken mit sozialen und nationalen Konflikten zwischen einer deutschen Oberschicht und den tschechischen Unterschichten. Wie alle Hochschulen war die Prager in vier Nationen gegliedert: eine sächsische, eine bayerische und eine polnische Nation vereinte die Ausländer, die böhmische die einheimischen Studenten.

Die Konflikte gipfelten in einem Erlass König Wenzels, dem so genannten Kuttenberger Dekret (1409), nach dem die böhmische Nation drei Stimmen, die drei anderen aber zusammen nur eine Stimme haben sollten. Die Folge war, dass die meisten deutschen Studenten und Professoren Prag verließen und in Leipzig eine neue Universität gründeten. Rektor der restlichen Hochschule wurde 1409/10 der Magister Jan Hus. In einfachen Verhältnissen um 1370 in Husinec geboren, studierte Hus nach dem Besuch einer Lateinschule an der Prager Universität und wurde 1394 *baccalaureus*, 1396 *magister artium*. Danach studierte er Theologie, vor allem bei seinem Lehrer Stanislav von Znaim, der später sein erbitterter Gegner wurde. Im Jahr 1400 wurde Hus zum Priester geweiht. Ein Forum für radikale Reformpredigten in tschechischer Sprache war die 1391 von Prager Bürgern gestiftete Kirche der »Unschuldigen Kinder von Bethlehem«, als deren Rektor Hus seit 1402 fungierte.

Die Theologie Wyclifs war schon 1403 Gegenstand eines erbitterten Streits unter Prager Gelehrten, in dem Hus die Verteidigung des englischen Theologen übernahm. Der römische Papst Gregor zitierte aus diesem Anlass zwei böhmische Theologen, Hussens Lehrer Stanislav von Znaim und Stephan Páleč, nach Rom, wo sie erfolgreich bekehrt und zu leidenschaftlichen Gegnern der Wycliiten wurden. Zu den Gegnern Hussens gehörte auch der Bischof von Leitomischl, Johann IV., genannt der »Eiserne«. Nach dem Pisaner Konzil betrieb auch Papst Alexander V. die Ächtung Wyclifs: Dessen Bücher mussten in Böhmen verbrannt werden, und die Diskussionen über seine Lehre wurden verboten.

Gegen dieses Verbot protestierte Hus mit seinem Traktat *De libris haereticorum legendis* (= Über das Lesen von ketzerischen Büchern) mit dem Argument, dass auch in solchen Büchern viele Wahrheiten zu finden seien. Er wurde daraufhin vom Prager Erzbischof exkommuniziert und appellierte dagegen an den Papst. An der Kurie betraute man darauf Kardinal Oddo Colonna, den späteren Papst Martin V., mit dem

Fall. Einer Vorladung nach Rom folgte Hus aus Furcht vor einer Verurteilung jedoch nicht. Als erbitterter Gegner profilierte sich in diesem Verfahren der Priester Michael von Deutschbrod (Michael de Causis). 1412 brach ein neuer Konflikt aus, als Johannes XXIII. einen Ablass verkünden ließ, mit dem der päpstliche Krieg gegen Ladislaus von Neapel finanziert werden sollte. Drei junge Leute, die in Prag dagegen protestierten, wurden hingerichtet und von Hus in der Bethlehemkapelle als Märtyrer gefeiert. An der Kurie wurde er daraufhin von Kardinal Pietro Stefaneschi verurteilt und gebannt. Hus appellierte dagegen an den obersten Richter Jesus Christus. König Wenzel, der ihn bis dahin immer beschützt hatte, wies ihn aus Prag aus. Drei von seinen Gegnern, darunter sein späterer Ankläger Stephan Paleč und Stanislav von Znaim, mussten Prag ebenfalls verlassen.

Von 1412 bis 1414 lebte Hus auf Burgen seiner böhmischen Anhänger, ohne das verhängte Predigtverbot zu beachten. In dieser Zeit schrieb er sein ekklesiologisches Hauptwerk *De ecclesia* (= Über die Kirche), in dem er seine Theorie von der Kirche der Auserwählten verteidigt und den Primat des Papstes ablehnt. In diesem Traktat »ist die Kirche zweigeteilt in gut und böse« (Thomas Rathmann). Für Walter Brandmüller stellt dieser »falsche, weil spiritualistische Kirchenbegriff des Prager Magisters und seines Oxforder Lehrmeisters« den eigentlichen Irrtum dar, und er folgert: »Hus war ohne jeden Zweifel Häretiker«.

An der Entwicklung in Böhmen hatte König Sigmund ein elementares politisches Interesse, da er damit rechnen konnte, die Nachfolge seines kinderlosen Halbbruders Wenzel anzutreten. Er ließ Hus daher eine Einladung zum Konzil mit dem Versprechen freien Geleites überbringen, die dieser im September 1414 annahm. Schon am 26. August hatte er einen offenen Brief verfasst, in dem er seinen vergeblichen Versuch schilderte, sich vor dem Erzbischof von Prag zu rechtfertigen, und seine Bereitschaft verkündete, sich in Konstanz vor dem Konzil und dem Papst zu verantworten: »Und wenn jemand von mir eine Ketzerei weiß, der soll sich dahin zu diesem Konzil aufmachen, um dort vor dem Papst und vor dem ganzen Konzil persönlich die Ketzerei gegen mich vorzubringen, die er jemals von mir gehört hat. Und wenn ich irgendeiner Ketzerei überführt werden sollte, weigere ich mich nicht, als Ketzer zu büßen«.

Hus in Konstanz

Begleitet von drei böhmischen Adligen – Johannes von Chlum, Wenzel von Dubá und Heinrich Chlum auf Latzembock – trat Jan Hus am 11. Oktober 1414 die Reise an. Als Sekretär reiste Peter von Mladoniowitz mit, der über Hussens Auftreten in Konstanz einen dramatischen Augenzeugenbericht verfasste. König Sigmunds Geleitbrief wurde erst am 18. Oktober in Speyer ausgestellt und erreichte den Empfänger in Konstanz. In einem Abschiedsbrief an seine böhmischen Freunde hatte Hus schon vor der Abreise angedeutet, dass er »unter sehr große und sehr zahlreiche Feinde« geraten würde, »unter denen die schlimmsten die einheimischen sind«. Die Möglichkeit eines Todesurteils schloss er nicht aus, »auf dass ihr [...], wenn ihr das wisset, nicht erschreckt, ich sei wegen irgendeiner Ketzerei, an der ich festgehalten hätte, verurteilt worden«.

Am 18. Oktober traf die Gruppe in Nürnberg ein, wo Hus mit einigen Klerikern disputierte, die anschließend äußerten, was er gesagt habe, sei »katholisch, und wir haben seit vielen Jahren dasselbe gelehrt und gehalten und glauben es«. Hier wie auch in anderen Reichsstädten ließ Hus Anschläge an den Kirchentüren anbringen, in denen er seinen Glauben beteuerte und jeden aufforderte, ihn in Konstanz anzuklagen, wenn er ihm eine Häresie oder Irrlehre zur Last legen wolle.

Am 3. November 1414 schließlich kam Hus in Konstanz an und nahm Quartier bei der Witwe Fida Pfister: *und zugend in der Pfistrinen hus an Sant Pauls gassen.* Er soll nach Richental dort Messen gelesen haben, bis Bischof Otto von Hachberg ihn fragen ließ, *warumb er mess hett. Nun wißti er doch wol, das er lange zit in des bäpstes bann wär und sonder jetzo in des hailgen conciliums. Do antwortt er, er hielte kain bann und wölt messe haben, als dick* [oft] *er sin gnad hett. Do verbot der bischof dem volk, daz sy sin mess nit hortend.*

Seine Begleiter hatten sein Kommen dem Papst angekündigt, der versicherte, dass Hus in Konstanz sicher sein werde, »selbst wenn er seinen

127

[des Papstes] leiblichen Bruder getötet hätte«. Fast gleichzeitig kamen aber Hussens Feinde Stephan Paleč und Michael de Causis an – Stanislav von Znaim war auf der Reise verstorben – und begannen gegen ihn zu agitieren:»Darauf lief Paleč mit genanntem Michael bei allen bedeutenderen Kardinälen, Erzbischöfen, Bischöfen und anderen Prälaten geschäftig hin und her. Wir sahen ihn das fast täglich tun«, wie Mladoniowitz berichtet.

Schon am Tage nach seiner Ankunft schrieb Hus an seine Freunde in Böhmen, dass Michael de Causis eine Anklage gegen ihn an die Münstertür angeschlagen habe, mit der Einleitung,»dies seien Anklagen gegen den gebannten, verstockten und der Ketzerei verdächtigen Jan Hus«. Zwei Tage später bekräftigte er, dass»viele mächtige Gegner« gegen ihn aufstünden. Er nahm sogar an, dass der Papst und die Kardinäle»Angst haben vor meiner öffentlichen Antwort und Lehre«. So konnte Hus am 10. November nach Böhmen schreiben, dass trotz des Aufsehens, das Michael de Causis verursache, die»Gans noch nicht gebraten« sei (von tschech. husa = Gans) und»sich auch nicht wegen des Gebratenwerdens« fürchte.

Ein Fluchtversuch, von dem Richental berichtet, dürfte wohl ein gezielt eingesetztes Gerücht gewesen sein, um den Geleitbruch im Nachhinein zu rechtfertigen. Richental jedenfalls lässt Heinrich Chlum auf Latzembock an Hus, nachdem dessen Flucht entdeckt und vereitelt worden war, die Frage richten: *Maister Hanns, warumb haben ir üwer gelait selber brochen?* –»Magister Jan Hus, warum habt ihr euer Geleit selbst gebrochen?« Dem Kardinal Fillastre ist das Verfahren allerdings nur eine kurze Notiz wert:»Inzwischen wurde gegen einen gewissen böhmischen Häretiker (*contra quendam hereticum Boemum*) und über die Irrtümer des Johannes Wyclif verhandelt«. Die Angelegenheit sei wegen der Diskussionen um die Zession der drei Päpste verschoben worden.

Inhaftierung

Obwohl der Papst die über Hus verhängte Kirchenstrafe aufgehoben hatte, wurde dieser am 28. November 1414 trotz des Protests seiner Begleiter verhaftet und im Dominikanerkloster auf der Insel eingekerkert, »in einen dunklen und finsteren Kerker, und zwar in unmittelbarer Nähe einer Kloake«. Die Gegner setzten sich also durch. Spätestens jetzt dürfte Hus klar geworden sein, dass man ihm, der nur als Gelehrter mit seinesgleichen hatte disputieren wollen, einen ganz gewöhnlichen Ketzerprozess machen würde. Die Generalkongregation bestellte am 1. Dezember 1414 eine zwölfköpfige Kommission, darunter die Kardinäle d'Ailly und Fillastre, die die Schriften des Prager Magisters begutachten sollte. Am 6. Dezember wurde er zu den 45 Artikeln Wyclifs verhört, zu denen er schriftlich Stellung nahm.

Seine *Responsiones ad quadraginta quinque conclusiones Wiclef* (= Antworten auf die 45 Artikel Wyclifs) vom 10. Dezember 1414 sind erhalten und ergeben ein erstaunlich konservatives Bild. Insgesamt 30 Artikel lehnt er rundheraus ab; er habe sie nie geschrieben oder gelehrt. Die absurde Unterstellung, dass »Gott dem Teufel gehorchen« müsse, tut Hus mit *falsa est* – »ist falsch« ab, was nicht verwundert. Doch auch die heikle Frage der Remanenz, des Verbleibens von Wein und Brot als eigene Substanzen nach der Wandlung im Rahmen der Eucharistiefeier, beantwortet er mit *nunquam tenui nec teneo* – »Ich habe es nie behauptet und behaupte es nicht«.

Ein Priester, der in Todsünde lebt, könne zwar nicht würdig die Sakramente spenden, aber auch der »schlechteste Priester tut dies, weil Gott es durch ihn wirkt«. Die Behauptung, dass Papst Silvester und Kaiser Konstantin irrig gehandelt hätten, wagt er »weder zu behaupten noch zu verneinen, denn beide konnten sündigen, der eine dadurch, dass er gab, der andere dadurch, dass er entgegennahm«. Auch die Frage nach dem weltlichen Besitz der Kleriker beantwortet er im Sinne der Tradition, »solange sie ihn nicht missbrauchen«.

Den Vorwurf, er habe seit Urban VI. keinen Papst anerkannt, weist er von sich; er habe sowohl Bonifaz, als auch Innozenz, Gregor, Alexander und den anwesenden Johannes XXIII. anerkannt. Er gibt auch zu, dass er nach der Absetzung bzw. Suspension durch den Prager Erzbischof weiter gepredigt habe, denn in großer Not dürfe ein Priester auch ohne besondere Erlaubnis predigen. Am 5. März 1415 schreibt er an Johannes von Chlum: »Ich sähe es gern, wenn der Herr König sich meine Antworten auf die Wiclif-Artikel vorlegen ließe. O möchte Gott ihm doch den Mund öffnen, dass er mit den Fürsten für die Wahrheit kämpfte«.

Ob Sigmund diese Antworten gelesen hat, ist nicht zu ermitteln. Hätte man sie für glaubwürdig gehalten, dann hätte Hus unverzüglich freigelassen werden müssen. Aber Stephan Paleč legte 42 neue Artikel vor, um Hus als Häretiker zu überführen. Dieser schreibt dazu am 3. Januar 1415 an seine Freunde in Konstanz: »Fast die ganze Nacht habe ich Antworten auf die Artikel geschrieben, die Paleč verfasst hat. Er arbeitet schnurstracks auf meine Verurteilung hin. Gott verzeihe ihm und stärke mich!« Die Kirchendefinition als *congregatio praedestinatorum* (= Gemeinschaft der Vorbestimmten) konnte er nicht abstreiten und setzte sich damit ins Unrecht. Auch die englische Delegation legte dem Papst eine *cedula* vor, in der verlangt wurde, dass man »insbesondere dem Erzketzer Hus, der schon in Haft ist, ohne Verzögerung den Prozess gemäß den kanonischen Sanktionen machen« solle.

Sigmunds Haltung war zwiespältig. Einerseits soll er über die Verhaftung Hussens erzürnt gewesen sein – denn er ahnte, dass es in Böhmen zu Unruhen kommen würde – und geschworen haben, eigenhändig die Kerkertüren aufzubrechen. Andererseits habe er am Neujahrstag den Kardinälen versichert, wie Cerretani mitteilt, dass man wegen der Sache Hus *et alia minora* (= und anderen Kleinigkeiten) nicht die Reform der Kirche und des Römischen Reiches verzögern solle, denn das sei »die Hauptsache, deretwegen das Konzil versammelt worden war«.

Der König hatte wohl »die häretische Tragweite der Causa« unterschätzt, wie Heribert Müller vermutet. Die Möglichkeit, Hus zu befreien, hätte er während der Flucht des Papstes gehabt, als man ihm die Schlüssel zum Gefängnis übergeben hatte – aber er tat es nicht. Der Fortgang der Konzilsverhandlungen lag ihm offensichtlich mehr am Herzen als das Schicksal eines einzelnen Klerikers, zumal viele Konzilsväter der Meinung waren, im Verfahren gegen einen Ketzer sei jedes Mittel recht. Richental behauptet, Sigmund habe es als *ain große schand* betrachtet, *solt sin fry gelait an im gebrochen werden. Do antworten im die gelerten, es könd und möcht in kainen rechten nit sin, daz ain kätzer gelait haben solt.*

Damit war aber das freie Geleit, das Sigmund Hus zugesagt hatte, gebrochen. In der öffentlichen Anhörung am 7. Juni 1415 gab der König dies sogar zu, und zwar mit dem Hinweis, er wolle keinen Häretiker schützen, und wenn jemand in der Irrlehre verstockt wäre, dann wolle er »allein ihn anzünden und verbrennen«. Der Geleitbrief vom 18. Oktober 1414 enthielt aber die Aufforderung an alle Reichsstände, man solle ihn freundlich aufnehmen, fürsorglich behandeln und ihn *transire, stare, morari et redire libere*, d. h. frei durchreisen, bleiben, verweilen und zurückkehren lassen.

Hus muss sich darauf verlassen haben, denn er hatte sich freiwillig nach Konstanz begeben, während er die Vorladung nach Rom aus Furcht vor seinen Gegnern abgelehnt hatte. *Sigismundus omnia dolose egit* – »Sigmund hat alles hinterlistig betrieben«, schrieb er am 26. Juni 1415 aus dem Gefängnis an seine Begleiter Wenzel von Duba und Johannes von Chlum. Letzterer ließ bereits am 15. Dezember 1414 einen Beschwerdebrief an die Tür des Münsters anschlagen, in dem er den Papst und die Kardinäle des Geleitbruchs bezichtigte. In der Tat bedeutete, wie der Rechtshistoriker Rudolf Hoke hervorhebt, die Formulierung *redire libere* im damaligen Rechtsverständnis auch eine Garantie für eine freie Heimkehr.

Die Zahl der Gegner wuchs. Am 21. Januar kam der *cancellarius Parisiensis* Jean Gerson an und brachte von der Pariser Universität weitere 20 Artikel aus Hussens Schrift *De ecclesia* mit. Nun hatte es Hus nicht mehr nur mit seinen böhmischen Verfolgern zu tun, sondern mit den einflussreichsten Theologen des Konzils, neben Gerson auch d'Ailly und Zabarella, die gleichwohl einen großen Teil seiner Kritik am zeitgenössischen Klerus teilten. Sie waren es, die dem Prozess die Richtung vorgaben, nicht der Papst, dem Stephen Greenblatt unterstellt, er habe mit dem Vorgehen gegen den böhmischen Reformer von seinen eigenen Problemen und seinem schwindenden Einfluss ablenken wollen.

Es waren auch die Theologen, die energisch den Weg der *via cessionis* für Johannes XXIII. forderten. Am 11. März 1415 hielt Bischof Gérard von Le Puy vor dem Konzil, in Anwesenheit von Papst und König – »mit Christi Hilfe der nächste Kaiser« – eine Predigt, in der er nicht nur zur Überwindung des Schismas, sondern auch zur »Ausrottung der Häresien und zur Rückführung der vom rechten Glauben Abweichenden zum Weg der Wahrheit« aufrief. Die »Bücher der perversen Lehre des Wyclif, Hus und ihrer Anhänger« seien zu verurteilen.

Sigmund geriet unter Druck, als in Konstanz ein Brief König Ferdinands von Aragón vom 27. März 1415 eintraf, in dem dieser schreibt, ihm sei »zu Ohren gekommen, dass ein falscher Christ mit häretischen Überlieferungen die Kirche Gottes untergraben« habe, und den König auch vom Vorwurf des Geleitbruchs absolviert, denn »es bedeutet keinen Wortbruch gegen den, der Gott gegenüber die Treue bricht«. Sigmund musste befürchten, dass ein Freispruch für Hus das ganze Konzilswerk in Frage stellen konnte. Immerhin erreichte er, dass Hus sich in drei Konzilssitzungen vor seinen Anklägern äußern und rechtfertigen durfte. Zuvor war aber in derselben Sitzung vom 6. April, die auch das Dekret »Haec sancta« verabschiedet hatte, die Verurteilung Wyclifs durch das Konzil von Rom 1412/13 bestätigt worden.

Die Kommission hatte inzwischen die 42 Artikel Palečs geprüft und 31 davon als gegenstandslos beurteilt. Es wurden aber böhmische Zeugen befragt, deren Ehrlichkeit Hus häufig anzweifelte, und 28 neue Anklagepunkte formuliert, so dass Hus sich jetzt mit insgesamt 39 Anklagepunkten konfrontiert sah. Am 4. Mai 1415 »hielt das Konzil eine Sitzung ab über die Irrtümer des verstorbenen Engländers Johannes Wyclif, zunächst über die 45 Artikel, die lange geprüft worden waren, dann über die verurteilten Bücher und seine *memoria*«. Fillastre berichtet auch, dass die 45 Artikel, die Bücher und die *memoria* verurteilt wurden.

Obwohl über die 260 weiteren Artikel, die »die Engländer von neuem überliefert hatten«, nicht diskutiert wurde, wurde die Verbrennung von Wyclifs Büchern angeordnet. Sein Leichnam sollte aus der geweihten Erde exhumiert werden, was allerdings erst 1428 geschah. Für Hus wurde die Verteidigung hierdurch noch schwerer. Schon am 24. März wurde Hus in die Burg Gottlieben verlegt, er befand sich »in einem Turm, der aber luftig war [...], in Fesseln einhergehend und nachts mit eiserner Handfessel an die Wand in der Nähe des Bettes gefesselt«.

Bereits im Dominikanerkloster war er erkrankt und litt in seinem neuen Gefängnis an »Blutbrechen, Kopfschmerzen und Steinen«, wie er brieflich seinen Freunden mitteilte, mit denen er offenbar ungehindert korrespondieren konnte. Am 13. Mai verlasen böhmische und polnische Ritter ein Schreiben böhmischer und mährischer Adliger (mit 250 Siegeln!), in dem gegen den Geleitbruch protestiert wird, da er »zu

Missachtung und Geringschätzung der Krone des Königreiches Böhmen und des vorgenannten Volkes führe«.

Man wies auch Gerüchte zurück, »dass man in Böhmen das Sakrament des kostbarsten Blutes des Herrn in Fläschchen herumtrage und dass schon Schuster die Beichte hörten« – eine Anspielung auf die Kommunion *sub utraque specie* (= unter beiderlei Gestalt, d. h. mit Brot und Wein), die sich in Böhmen durchzusetzen begann, ohne dass Hus, der sich ja bereits in Konstanz befand, daran beteiligt gewesen wäre.

Der Bischof von Leitomischl entgegnete direkt: »Das ist wahr, ehrwürdigste Väter und Herren!« und verkündete weitere Gerüchte aus Böhmen. So meine man in Böhmen, ein guter Laie könne »die Sakramente besser vollziehen als ein schlechter Priester«. Dies wiederum bestritten die böhmischen Adligen und legten ein Gutachten des Prager Inquisitors vor, in dem erklärt wurde, man habe bei Hus »niemals eine Irrlehre oder Häresie« gefunden.

Verhöre am 5.–8. Juni 1415

Die Anhörungen durch das Konzil fanden am 5., 7. und 8. Juni 1415 im Barfüßer- bzw. Franziskanerkloster statt, wohin man Hus verlegt hatte. Peter von Mladoniowitz, der die Vorgänge als Augenzeuge, vor allem aber als Sympathisant beschreibt – Fillastre und Cerretani berichten nichts darüber – betitelt den Teil seines Berichts, der diese Verhöre durch das Konzil betrifft, mit der Überschrift: »Es folgen die sogenannten Audienzen, die in Wirklichkeit aber nicht Audienzen, sondern Verhöhnungen und Gotteslästerungen waren«.

Hus geriet schon zu Beginn in Erklärungsnot, als ein angeblicher Brief von ihm vor den Nationen verlesen wurde, den er vor seiner Abreise aus Prag an seine Freunde geschrieben haben sollte. Darin heißt es: »Falls es eintritt, dass ich abschwöre, wisset, dass ich, wenn ich auch mit einem Lippenbekenntnis abschwöre, mit dem Herzen nicht zustimmen werde«. »Was für eine Lüge, allmächtiger Gott«, schreibt Mladoniowitz dazu, der auch die Zeugen der Lüge bezichtigt und die Exzerpte aus

Hussens Schriften, die als Grundlage der Anklage dienten, für »völlig entstellt« hält.

König Sigmund, der nicht persönlich anwesend war, habe aber empfohlen, »dass man in genannter Audienz nichts verurteile, sondern den Magister Johannes geduldig anhöre«, und dass seine Schriften im Original zu prüfen seien, nicht in Form von aus dem Zusammenhang gerissenen Artikeln. In der emotional aufgewühlten Atmosphäre geriet die Sitzung vom 5. Juni gleichwohl zum Tumult: »[...] als er [Hus] denen zu antworten suchte, die da und dort, bald rechts, dann links, bald von hinten auf ihn einschrien und ihn bekämpften, verwirrte er sich. Und wie er die gleichlautenden Benennungen oder die verschiedenen Begriffe [...] erläutern wollte [...], wurde er gleich angeschrien: ›Lass deine Sophisterei und sag ja oder nein!‹ Und andere verlachten ihn«.

Seine Interpretationen aus den Kirchenvätern wurden abgetan, als gehörten sie nicht zur Sache. Als er darauf schwieg, »schrien andere auf ihn ein und sagten: ›Siehe, du schweigst bereits; ein Zeichen, dass du diesen Irrtümern zustimmst‹.« An seine Freunde in Konstanz schrieb Hus nach der ersten Anhörung: »Fast alle schrien gegen mich wie die Juden gegen Jesus«. Er habe in der Geistlichkeit keinen einzigen Freund, bis auf einen (ungenannten) *pater* – Walter Brandmüller vermutet, damit sei Francesco Zabarella gemeint – und einen polnischen Doktor. Er will auch geäußert haben: »Ich hatte gemeint, es werde mehr Anstand, Güte und bessere Ordnung in dieser Versammlung herrschen, als da zu finden ist«. Die Sitzung wurde auf den 7. Juni vertagt.

Am Morgen dieses Tages wurde in Konstanz eine Sonnenfinsternis beobachtet, was manche als ein Zeichen vom Himmel, ähnlich wie bei der Kreuzigung Christi (Mt 27, 45; Mk 15, 33; Luk 23, 44–45), gedeutet haben könnten. Eine Stunde danach führte man Hus zu seiner zweiten Anhörung, nachdem er bei der ersten kaum zu Wort gekommen war. Um das Refektorium des Franziskanerklosters standen »viele Bewaffnete, [...] mit Schwertern, Armbrüsten, Hellebarden und Spießen« herum. Sigmund war dieses Mal persönlich anwesend und brachte in seinem Gefolge Hussens böhmische Begleiter, darunter den Chronisten Peter von Mladoniowitz, mit.

Man zitierte 20 Zeugen mit neuen Anklagen, darunter diejenige, Hus habe in der Bethlehemkapelle gelehrt, dass »nach der Konsekration der

Hostie auf dem Altar materielles Brot zurückbleibe«, – also die Remanenzlehre, die Hus schon in seinen *Responsiones* (= Antworten) abgelehnt hatte und auch jetzt wieder energisch bestritt. D'Ailly suchte
ihn darauf in eine Diskussion über die Universalienfrage zu verwickeln.
Und Zabarella betonte, dass die Zeugen, die gegen Hus ausgesagt hätten, alle »Prälaten, Doktoren und andere große und achtbare Männer«
seien.

Hus berief sich dagegen auf Gott und sein Gewissen als Zeugen seiner
Unschuld. Man warf ihm vor, die Abgaben an die Kirche als reine Almosen bezeichnet zu haben, wo sie doch »aus Pflicht und Schuldigkeit«
gegeben würden und daher keine Almosen seien. Zum Kern von Hussens Einstellung führt sein Verlangen, »Schriftbelege oder Vernunft-
gründe hören« zu wollen. Belege *ex nudo textu* (= aus dem nackten
Text) der Heiligen Schrift, also ohne Auslegung der Doktoren, könne die Kirche aber verurteilen, schrieb Gerson später in seiner Predigt
Prosperum iter.

Die Ankläger kamen immer wieder auf Hussens angeblichen Wy-
clifismus zurück, ferner auf dessen Behauptung, bei der Verurteilung
Wyclifs in London 1382 sei ein Erdbeben ausgebrochen (was zutrifft),
was Hus als Beweis für Wyclifs Rechtgläubigkeit ausgelegt habe. Hus
hatte gegen die Verbrennung von Wyclifs Schriften an die Päpste
Alexander V. und Johannes XXIII., zuletzt an Christus, appelliert:
»Ich bekenne hier in aller Öffentlichkeit, dass es keine gerechtere und
wirksamere Appellation gibt als die an Christus«. Doch »über diesen
Ausspruch lachten« die Ankläger »sehr«.

Auch warf man Hus vor, bei der Vertreibung der deutschen Professoren in Prag durch das Kuttenberger Dekret 1409 beteiligt gewesen
zu sein. Der Dialog zwischen Hus und d'Ailly wirft ein bezeichnendes
Licht auf die angespannte Atmosphäre der Versammlung. So formulierte d'Ailly: »Magister Johannes, kürzlich im Turm [von Gottlieben]
hast du zurückhaltender geredet, als du es eben tust. Wisse, dass dir
das nicht ansteht«. Und der Magister entgegnete: »Hochwürdiger Vater! Weil man mit mir damals freundlich sprach. Hier aber schreien fast
alle auf mich ein«.

Vor dem Ende der Anhörung wandte sich d'Ailly nochmals an Hus
und riet ihm, sich dem Spruch des Konzils zu unterwerfen, »und

das Konzil wird mit dir barmherzig verfahren«. Ebenso ermahnte ihn Sigmund, sich dem »Konzil auf Gnade zu überlassen«, da er keinen Häretiker schützen werde. Hus entgegnete: »Ich bin freiwillig hierhergekommen, nicht um etwas hartnäckig zu verteidigen, sondern um mich, wenn man mich unterwiesen hat, in allem, worin ich geirrt habe, demütig zu bessern«. Der Erzbischof von Riga, der die Aufsicht über den Gefangenen hatte, ließ ihn daraufhin ins Gefängnis zurückbringen.

Die dritte und letzte Anhörung des Magisters am 8. Juni beschäftigte sich mit den 39 Artikeln, die aus *De ecclesia* und anderen Schriften ausgewählt worden waren. Sie wurden einzeln verlesen, und diejenigen, die man wörtlich zitierte, »anerkannte der Magister als die seinen«. Die übrigen verlas ein Engländer, und der Kommentar der Zuhörer ließ an Deutlichkeit nichts zu wünschen übrig. D'Ailly, der den Vorsitz führte, vermerkte mehrmals zum König: »Siehe, hier steht es schlimmer, gefährlicher und irriger, als es in den Artikeln gefasst wurde«. Mladoniowitz gibt sämtliche Artikel wieder, vergleicht sie mit dem Wortlaut des Originals und stößt auf Ungereimtheiten. Sie legten nur solche »Punkte vor und pickten sie heraus, die aufrührerisch waren«.

Es ging in erster Linie um die Kirche, die Hus unter Berufung auf Augustinus als die »Gesamtheit der Auserwählten« definierte, womit er Wyclif folgte. Die Auserwählten können sündigen, ohne ihr Auserwähltsein zu verlieren, da die Gnade Gottes sie auf den rechten Weg weisen könne. Judas sei aber nie ein wahrer Jünger Jesu gewesen, da er ein Verworfener war. Von dort kam die Anklage auf Hussens Auffassung zum Papsttum zu sprechen, nach der ein Papst, der »auf entgegengesetzten Wegen [als denen Christi] wandelt, ein Bote des Antichrist« sei.

Die Aussage, dass er behaupte, das Papsttum sei von den Kaisern geschaffen worden, interpretierte Hus so: »In bezug auf den äußeren Ornat und die der Kirche erteilten Güter hat die päpstliche Würde ihren Ursprung von Kaiser Konstantin [...]. Was aber die geistliche Regierung und das Amt der geistlichen Kirchenleitung betrifft, so hat diese Würde ihren Ursprung unmittelbar vom Herrn Jesus Christus«. Seine Aussagen über Kardinäle mit unsittlichem Lebenswandel kommentierte d'Ailly mit den Worten: »Ihr habt in euren Predigten und Schriften nicht Maß gehalten. Eure Predigten müsstet ihr doch dem Erfordernis eurer Zuhörer anpassen«.

Mit seiner letzten Bemerkung offenbarte d'Ailly die Motive der Richter: »Ihr handelt schlecht, da ihr durch solche Predigten den Stand der Kirche stürzen wollt«. Zur Frage der Behandlung von Ketzern wurde Hus vorgeworfen, dass er die Bestrafung durch ein weltliches Gericht ablehne. Hus verteidigte sich: »Ich sage, dass ein Häretiker als solcher ruhig und in Demut durch die Heilige Schrift und die daraus erarbeiteten Beweisgründe unterwiesen werden müsste, wie es die Heiligen, Augustinus und andere, getan haben. Wenn aber ein solcher Häretiker trotz einer solchen Unterweisung von seinen Irrtümern unter keinen Umständen ablassen will, sage ich nicht, dass man einen solchen nicht auch körperlich strafen sollte, aber ich sage immer, dass eine solche Unterweisung aus der Heiligen Schrift vorausgehen müsste«.

Sein radikales Schriftverständnis offenbart Hus mit der These, dass ein Priester, der nach Christi Gesetz lebe und Schriftkenntnis habe, auch nach einer Exkommunikation verpflichtet sei, zu predigen: »Demnach nenne ich eine Exkommunikation vorgeschützt, ungerecht und ordnungswidrig, die gegen die Rechtsordnung und gegen Gottes Gebot erlassen ist«. Dieser dürfe ein Priester nicht Folge leisten, sondern müsse sein Predigeramt weiter ausüben. Kirchliche Strafen seien widerchristlich, da sie der Klerus zu seiner Erhöhung und zur Unterwerfung des Volkes ausgedacht habe.

Hier wandte d'Ailly wieder ein: »Das ist ja ganz gewiss noch viel schlimmer als das, was man in die Artikel gefasst hat«. Und Mladoniowitz hat eine Erklärung dafür: »Da diese Klauseln für sie in bezug auf ihren Stand gefährlich waren, deshalb missfielen sie ihnen«. In offene Konfrontation mit Sigmund geriet Hus mit der Aussage, wer im Stande der Todsünde sei, sei »vor Gott auch nicht in rechter Weise König«. Sigmund, der gerade zu Ludwig von der Pfalz und zum Burggrafen von Nürnberg gesagt hatte, es gebe »in der ganzen Christenheit keinen größeren Ketzer als diesen«, wandte sich direkt an den Angeklagten: »Johannes Hus! Niemand lebt ohne Schuld«.

Darauf griff Paleč in die Debatte ein: »Seht, wie groß die Verblendung ist! Und was heißt das, zur Sache auszuführen, dass jemand, wenn er kein wahrer Christ ist, demnach kein wahrer Papst, Bischof, Prälat oder König sei, da doch alle Einsichtigen wissen, dass Papst, Bischof und König Namen eines Amtes sind, Christ aber der Name eines Verdienstes ist. Und so bleibt es dabei, dass jemand der wahre Papst, König oder Bischof ist, auch wenn er kein wahrer Christ ist«. Hier schlägt Hus das Konzil mit seinen eigenen Waffen: »Ja, das zeigt sich an Papst Johannes XXIII., der jetzt Balthasar Cossa heißt und bereits abgesetzt ist. Wenn er der wahre Papst gewesen wäre, warum ist er dann abgesetzt?« Sigmunds Verweis auf Cossas »Missetaten« wirkte in diesem Zusammenhang wenig überzeugend.

Nach Abschluss des theologischen Verhörs stellte d'Ailly den Angeklagten vor eine Alternative: »Magister Johannes! Seht, zwei Wege sind euch gesetzt, einen davon wählet! Entweder, dass ihr euch ganz und gar der Gnade und Befugnis des Konzils überlasset und zufrieden seid, was immer das Konzil mit euch machen wird. Und das Konzil wird mit euch milde und menschlich verfahren [...]. Oder aber, wenn ihr noch weiterhin irgendwelche Artikel von den vorgenannten festhalten und verteidigen wollt und wenn ihr noch eine andere Audienz wünscht, so wird man sie euch gewähren«. Es seien aber »große und erlauchte Männer, Doktoren und Magister«, die starke Einwände gegen seine Artikel hätten, so dass Hus sich in noch größere Irrtümer verfangen würde. »Und ich gebe einen Rat, ich spreche nicht als Richter«.

Hus verlangte wiederum Schriftbelege, bevor er sich unterwerfe. »Und sogleich schrien viele und sagten: ›Seht, er redet verschlagen und verstockt; er will sich der Belehrung des Konzils unterwerfen und nicht einer Berichtigung und Entscheidung‹.« D'Ailly forderte ihn direkt zum Widerruf auf, doch Hus weigerte sich: »[...] man möge mich nicht zwingen, zu lügen und solchen Artikeln abzuschwören, mit denen ich – Gott ist mein Zeuge und das Gewissen – nicht übereinstimme [...], vor allem zu dem Artikel, dass im Altarsakrament nach der Konsekration materielles Brot verbleibe [...]. Aber dass ich allen mir zur Last gelegten Artikeln abschwören sollte, von denen mir bei Gott viele fälschlich zugeschrieben wurden – ich würde mir durch Lügen die Schlinge der Verdammnis bereiten [...]«.

Sigmund versuchte das Argument der Lüge zu entkräften: »Höre, Hus! Warum möchtest du nicht allen irrigen Artikeln abschwören, von denen du sagst, dass die Zeugen boshafterweise gegen dich ausgesagt haben? Ich jedenfalls will allen Irrtümern abschwören und schwöre ihnen ab, und dazu, dass ich keinen Irrtum festhalten will. Es ist aber nicht erforderlich, dass ich vorher einen gehalten habe«. Auch Zabarella versuchte, Hus eine Brücke zum Widerruf zu bauen:»Magister Johannes! Man wird euch eine Formel geben, die hinreichend auf das in den Artikeln Geschriebene beschränkt ist und unter der ihr den Artikeln abschwören sollt, und dann werdet ihr überlegen, was zu tun ist«.

Sigmund wies ihn darauf hin, dass»etwas abschwören« nicht zwingend bedeute, dass man es vorher gehalten habe, und wiederholte die Alternative, vor die er gestellt sei: Widerruf oder Vorgehen nach Recht und Gesetz. Mladoniowitz zitiert einen»feiste[n] Priester, der in einem kostbaren Gewand auf der Fensterbank saß« und ausrief:»Man soll ihn nicht zum Widerruf zulassen, denn wenn er widerruft, wird er es nicht halten«, ein Hinweis auf den angeblichen Brief nach Prag.

Nach Schluss des Verhörs sprach Sigmund noch einmal zu einigen Kardinälen, ohne darauf zu achten, dass Mladoniowitz mithören konnte:»Hochwürdigste Väter! Ihr habt bereits gehört, dass aus der Fülle dessen, was in seinen Büchern steht, was er eingestanden hat und was gegen ihn hinreichend bewiesen ist, sogar ein einziger Punkt davon zu einer Verurteilung für ihn ausreichen würde. Falls er jene Irrtümer nicht widerrufen, ihnen abschwören und ihr Gegenteil formulieren will, dann soll er also verbrannt werden, oder ihr möget mit ihm nach euren Rechten verfahren, wie ihr wisst. Und wisset, was immer er euch versprechen würde, dass er widerrufen wolle oder dass er hier widerrufen würde – glaubt ihm nicht [...]. Und darum macht auch Schluss mit seinen anderen geheimen Schülern und Anhängern, da ich in Kürze abreisen möchte. Und besonders mit diesem, diesem [...], den man hier festhält«.

»Und sie sagten: ›Mit Hieronymus?‹ Und er: ›Ja, mit Hieronymus‹. ›Mit dem werden wir innerhalb eines Tages Schluss machen. Das wird schon leichter, weil der da der Lehrer ist‹. [...] Nach diesen Bemerkungen gingen die einzelnen in guter Stimmung aus dem genannten Refektorium voneinander weg«.

Hinrichtung am 6. Juli 1415

»Ach, wie teuer war mir der Händedruck des Herrn Jan [von Chlum]« – eine Geste des Ritters beim Ende der letzten Anhörung – »der sich nicht scheute, mir Unglücklichem die Hand zu reichen, einem so verworfenen, mit Ketten gefesselten und von fast allen verfluchten Ketzer!« So schrieb Hus am 9. Juni 1415 aus dem Kerker an seine böhmischen Freunde. Er riet auch zu Vorsichtsmaßregeln: »Um Gottes willen seid vorsichtig beim Aufenthalt und der Rückreise. Tragt keine Briefe bei Euch! Die Bücher sendet einzeln durch Freunde!« In weiteren Schreiben an die Freunde in Konstanz und in Böhmen beschwor er sie, treu und fest im Glauben zu bleiben: »Seid Gott gehorsam, preist sein Wort, hört und erfüllt es gern!«

Das Konzil ist ihm keine Autorität mehr: »Ihr kennt jetzt schon das Verhalten der Geistlichen, die sich als wahre und sichtbare Stellvertreter Christi und seiner Apostel bezeichnen und sich heilige Kirche und heiligstes Konzil nennen, das nicht irren kann – und trotzdem irrte: Hat man doch ehedem vor Johannes XXIII. die Knie gebeugt, ihm die Füße geküsst, ihn heiligsten Vater genannt, obwohl man wusste, dass er ein schändlicher Mörder, Sodomit, Simonist und Ketzer ist, wie man später bei seiner Verurteilung ausgedrückt hat«. »Oh, hättet Ihr dieses Konzil gesehen, das sich ›heiligstes Konzil‹ und ›unfehlbar‹ nennt! Wahrlich, Ihr hättet grenzenlose Verdorbenheit erblickt. Darüber hörte ich offen von den Schwaben sagen, Konstanz oder Kostnitz, ihre Stadt, werde noch in dreißig Jahren nicht von den Sünden gereinigt sein, die dieses Konzil in ihrer Stadt beging«.

Als Beichtvater wählte er ausgerechnet Stephan Paleč, seinen erbitterten Gegner, aber man schickte ihm stattdessen einen »Doktor und Mönch. Der hörte mich liebevoll und sehr gütig an, sprach mich los und erteilte mir Ratschläge, nicht Auflagen, wie auch andere Ratschläge gaben«. Paleč besuchte ihn aber tatsächlich im Kerker »und weinte lange mit mir, als ich ihn bat, mir zu vergeben, wenn ich ihn mit einem Worte beleidigt, besonders aber, wenn ich ihn in einer meiner Schriften einen Lügner genannt habe. Ich sagte ihm auch, er sei ein Spitzel, und er leugnete nicht [...]. Ich warf ihm auch vor, dass er im Gefängnis vor den Kommissaren geäußert hat: ›Seit Christi Geburt hat außer Wyclif kein gefährlicherer Ketzer als du gegen die Kirche geschrieben‹.« Am 5. Juli wurde Hus vor dem Konzil noch einmal zum Widerruf aufgefordert. Auch sein Freund Johannes von Chlum riet ihm zu widerrufen, wenn er in irgendeinem Punkte schuldig sei, wenn er es nicht sei, »unter keinen Umständen« gegen sein Gewissen zu handeln, »und lüge auch nicht im Angesichte Gottes«. Hus verlangte ein weiteres Mal die Widerlegung aus den Schriftstellen. »Auf diese Worte entgegnete dem Magister Johannes einer der Bischöfe, der dabeistand: ›Willst du vielleicht weiser sein als das ganze Konzil?‹ Aber der Magister sprach zu ihm: ›Ich will nicht weiser sein als das gesamte Konzil, aber ich bitte, gebt mir den Geringsten von seiten des Konzils, der mich durch bessere und beweiskräftigere Schriftstellen belehrt, und ich bin bereit, sofort zu widerrufen‹. Darauf erwiderten die Bischöfe: ›Seht, wie verstockt er in seiner Häresie ist‹. Und nach diesen Worten ließen sie ihn zum Kerker führen«.

Am 6. Juli 1415 kam es zum letzten Akt des Dramas. Vor der Vollversammlung im Münster, in Anwesenheit König Sigmunds im vollen Ornat, hielt der Bischof von Lodi eine Predigt über das Thema *Destruatur corpus peccati* (= Der Leib der Sünde soll zerstört werden) (Röm 6, 6). Unter Berufung auf Aristoteles (»Ein kleiner Irrtum am Anfang ist ein sehr großer Irrtum am Ende«) und Hieronymus (»Das faule Fleisch muss herausgeschnitten werden, damit nicht der ganze Leib zugrunde geht oder faul wird«) forderte er Strenge, damit nicht, wie seinerzeit im Fall des Arius, aus einem kleinen Funken »die ganze Welt von seiner Flamme verwüstet« würde.

Der Bischof zitierte auch die alte Maxime gegen die Ketzerei, die schon Bernhard von Clairvaux (ca. 1090–1153) gegen die Häretiker seiner Zeit vorgebracht hatte: »Fangt uns die kleinen Füchse, die die Weinberge verderben« (*Capite nobis vulpes parvulas quae demoliuntur vineas*) (Hoheslied 2, 15) und fährt fort: »[...] damit sie nicht, wenn sie große Füchse werden, nur mit Mühe ausgerottet werden können«. Unter den Sünden müsse man diejenigen für die schlimmsten halten, »aus denen Schlimmeres oder mehr Schaden entsteht«.

Der Prediger ist selbstkritisch genug einzugestehen, dass der »Ursprung der Zerstörung, die Grube der Häresien und der Nährboden aller Ärgernisse« das »verfluchte Schisma« war. Dieses sei »eine Stätte für den Teufel, der seit Anbeginn seiner Erschaffung die Spaltung geliebt hat«. Sein Appell gilt Sigmund: »Darum, allerchristlichster König, hat dieser ruhmreiche Erfolg auf dich gewartet, dir gebührt dauernd diese Krone und der für alle Zeiten zu feiernde Sieg, dass du die zerrissene Kirche einigst, die so eingewurzelte Spaltung beseitigst, dass du die Simonisten bändigst und die Häretiker ausrottest«.

Dann wurden noch einmal die inkriminierten Artikel des Angeklagten vorgelesen, ihm aber, als er sich äußern wollte, von d'Ailly und Zabarella das Wort abgeschnitten. Nach der Urteilsverkündung »beugte Magister Johannes Hus wieder die Knie, betete für alle seine Feinde mit lauter Stimme und sprach: ›Herr Jesus Christus! Vergib allen meinen Feinden um deiner großen Barmherzigkeit willen, so flehe ich dich an. Und du weißt, dass sie mich fälschlich angeklagt haben, falsche Zeugen vorgeführt und falsche Artikel gegen mich erfunden haben. Verzeih ihnen um deiner unermesslichen Barmherzigkeit willen‹. Nach diesen Worten sahen viele, zumal die ›Hohenpriester‹, unwillig vor sich hin und verhöhnten ihn«.

Anschließend musste Hus seine priesterlichen Gewänder anziehen, die man ihm dann zur Degradierung Stück für Stück wieder auszog. Danach wollte man seine Tonsur zerstören. »Da sie aber untereinander stritten – einige wollten, dass man ihn mit einem Rasiermesser rasiere, andere aber sagten, es genüge, seine Tonsur allein mit einer Schere zu verletzen – sprach der Magister zum König gewendet: ›Siehe, diese Bischöfe wissen noch nicht einmal bei einer solchen Lästerung einig zu sein‹.«

Nach der Zerstörung der Tonsur »sprachen sie zum Schluss folgende Worte: ›Jetzt hat die Kirche bereits alle kirchlichen Rechte von ihm genommen und hat weiter nichts mehr mit ihm zu schaffen. Deshalb übergeben wir ihn dem weltlichen Gerichtshof‹.« Sigmund überwies ihn an den Pfalzgrafen Ludwig mit den Worten: »Geh hin und nimm ihn!« Ludwig, der damals, wie Mladoniowitz berichtet, in seiner Rüstung vor dem König stand und den goldenen Apfel mit dem Kreuz in seinen Händen hielt, übernahm darauf den Magister, »gab ihn in die Hände der Henker und geleitete ihn in den Tod«.

Hus trug eine Papierkrone auf seinem Haupt,»rund und ungefähr eine Elle hoch. Es waren drei schauerliche Teufel daraufgemalt, wie sie gerade die Seele mit ihren Krallen zerren und festhalten wollen. Und auf dieser Krone war der Titel seiner Prozesssache aufgeschrieben: ›Dieser ist ein Erzketzer‹.«»Bevor sie aber eine Schandkrone aus Papier auf sein Haupt setzten, sprachen sie unter anderem zu ihm: ›Wir überantworten seine Seele dem Teufel!‹ Und der Magister sagte mit gefalteten Händen und zum Himmel gerichteten Augen: ›Und ich überantworte sie dem gütigsten Herrn Jesus Christus‹.«

Auf dem Weg zur Richtstätte»war fast die ganze Bürgerschaft der Einwohner unter Waffen und geleitete ihn in den Tod«. Richental berichtet, man habe auf der *brugg an Geltinger tor* die Leute nur gruppenweise hinüber gelassen. *Und vorcht man die brugg bräch.* Auf dem Weg habe Hus gebetet: *Jhesu Christe fili dei vivi, miserere mei* (= Jesus Christus, Sohn des lebendigen Gottes, erbarme dich meiner). Über die letzte Szene am Richtplatz geben Richental und Mladoniowitz allerdings verschiedene Versionen.

Richental erzählt, er habe dem Verurteilten einen Beichtvater namens Ulrich Schorand gerufen, der ihm die Beichte unter der Voraussetzung eines Widerrufs abnehmen wollte. Hus hätte aber geantwortet, es sei nicht nötig, *ich bin kain todsünder nit.* Mladoniowitz berichtet, ein »Priester, der in einem grünen, mit roter Seide verbrämten Gewande zu Pferde saß«, habe erklärt:»Er braucht nicht gehört zu werden, und man braucht ihm auch keinen Beichtvater zu geben, denn er ist ein Ketzer«.

Selbst auf dem Scheiterhaufen sollen Pfalzgraf Ludwig und der Reichsmarschall von Pappenheim Hus noch einmal aufgefordert haben,»sein noch heiles Leben zu retten und dem von ihm einst Gepredigten und Gesagten abzuschwören«. Selbst hier weigerte sich der Verurteilte, da man ihm durch falsche Zeugen Dinge »aufgebürdet« habe, die er niemals gelehrt habe. *Und stallt im ain schemel under sin füß, und leit holtz und stro umb inn und schutt ain wenig bech darin und zündet es an. Do gehůb er sich mit schryen vast übel und was bald verbrunnen.*

Mladoniowitz schreibt, Hus habe beim Anzünden des Scheiterhaufens gesungen:»Christus, Sohn des lebendigen Gottes, erbarme dich meiner!« Sein Leiden habe so lange gedauert,»als man zwei oder höchstens drei Vaterunser sprechen kann«. Die Schandkrone sei, so Richental, nachdem Hus verbrannt war, noch unversehrt geblieben. *Do zerstieß sy der henker. Und do verbran sy och und ward der böst schmachk (= Gestank), den man schmeken möcht.*

Ob Richental dieses Phänomen auf höllische Dünste zurückführte, muss offen bleiben; er berichtet aber sachlich, es sei ein totes Maultier an der Stelle vergraben gewesen, *und von der hitz tett sich daz ertrich uff, daz der schmak heruß kam. Darnach fůrt man die äschen* [Asche] *gentzlichen, was da lag, in den Rin* [Rhein]. Nach Mladoniowitz hätten die Henker auch Hussens Hemd und seine Schuhe ins Feuer geworfen, »damit das die Böhmen nicht etwa wie Reliquien halten [...]«.

In einem Brief vom 2. September 1415 (mit 452 Siegeln!) protestierten böhmische Adlige gegen die Verurteilung und Hinrichtung. Hus sei »auf böse, falsche und freche Anklagen seiner und des Königreichs Böhmen und der Markgrafschaft Mähren Hauptfeinde und Verräter, auf ihre Denunziationen und Anstiftungen« verurteilt worden, obwohl er *non convictus et non confessus* (= nicht überführt und nicht geständig) gewesen sei. Für die Konzilsväter wird dies kein Argument gewesen sein, denn sie waren überzeugt, dass die Autorität des Konzils gerade durch die energische Bekämpfung der Häresie gestärkt werden müsse.

Im Dekret »Haec sancta« hatten sie eine kühne Theorie von der Kirche formuliert, die in ihrer Rechtgläubigkeit nicht unumstritten war. Der belgische Benediktiner Paul de Vooght schließt daraus, dass Hus vom Vorwurf der Häresie freizusprechen sei. Das Konzil hätte den Papst mit denselben Argumenten abgesetzt, mit denen Hus gegen die schlechten Priester und sündigen Könige polemisierte. Ein Konzilstheologe, Petrus von Versailles, kam zu der Auffassung, dass Hus niemals verurteilt worden wäre, wenn er einen guten Advokaten gehabt hätte. Umso heftiger verteidigten die Konzilsväter die katholische Lehre gegen eine Theorie, die ihre Stellung angeblich untergrub. Milde gegenüber einem Ketzer wäre ein Zeichen von Schwäche gewesen, die man sich in der papstlosen Zeit nicht glaubte erlauben zu können.

Mit den drei Anhörungen glaubte man, dem Angeklagten sehr weit entgegengekommen zu sein; das Verfahren war überdies formal korrekt. Jean Gerson, einer der Vorkämpfer des Dekrets »Haec sancta«, sprach in seiner Predigt *Prosperum iter* deutlich aus, dass die Bekämpfung von Häresien eine der Hauptaufgaben des Konzils sei. Vor allem dürfe man sich von Ketzern nicht auf das Glatteis von reinen Schriftbeweisen führen lassen, sondern müsse die Lehren der Kirche und ihrer Doktoren in das Verfahren einbeziehen. Diese Konzilsautorität hatte Hus abgelehnt, weil er sich nur einem Schriftbeweis beugen wollte. Er hatte bestritten, die meisten der ihm vorgeworfenen Ideen jemals gelehrt zu haben. Woher er die Kraft nahm, seinen Weg bis zu Ende zu gehen, ohne die vielen Gelegenheiten zum Widerruf wahrzunehmen, versucht Fillastre in der knappen Notiz zu erklären, die er dem Vorgang widmet. Hus habe sich *alta voce* (= mit lauter Stimme) geweigert zu widerrufen, »weil er glaubte, damit Gott und die Heiligen zu beleidigen, und dem zahlreichen Volk, dem er jene Lehre in Böhmen gepredigt hatte, kein Ärgernis geben (*scandalizare*) wollte«.

Demnach wäre nicht nur die subjektive Überzeugung von seiner Rechtgläubigkeit das Motiv für seine Standhaftigkeit gewesen, sondern auch die Erwartungen seiner böhmischen Anhänger, d. h. das Bewusstsein, dass es um mehr ging als um sein persönliches Schicksal. »Ein widerrufender Hus jedenfalls hätte«, so schließt Ferdinand Seibt, »alle seine Anhänger, oder, weniger verbindlich, alle die, die auf seine Standfestigkeit vertrauten, enttäuscht«. Thomas A. Fudge stellt in seiner 2010 erschienenen Gesamtdarstellung zu Jan Hus fest, dass seine Lehre – »by the standards of the fifteenth century« – zwar als häretisch gelten müsse, er sei aber kein Wyclifit gewesen und trotzdem heroisch in den Tod gegangen (»died heroically«). »He [Hus] was a good man, ethically upright, morally sound, committed to principle, honor and integrity«.

Die Stadt Konstanz gedenkt des tschechischen Reformators seit mehr als 150 Jahren mit einem Denkmalsmonument, das sich im Stadtteil Paradies befindet. Es handelt sich um den so genannten Hussenstein, einen Findling, der an der mutmaßlichen Stelle des Todes von Jan Hus und Hieronymus von Prag 1862 errichtet wurde (Abb. 5). Außerdem wurde eine Tafel an dem vermeintlichen Wohnort von Jan Hus in der Hussenstraße 64 in Konstanz angebracht. Heute ist dort ein viel besuchtes Hus-Museum untergebracht, das u. a. die

Tür der Gefängniszelle aus dem Dominikanerkloster zeigt, in dem Hus gefangen gehalten wurde. Während Hieronymus von Prag im Haus zum Delphin (Hussenstraße 14) logierte, befand sich Hussens Herberge, wie die moderne Forschung vermutet, nicht in dem Haus, in dem heute das Museum untergebracht ist, sondern im Haus zur roten Kanne (Hussenstraße 22).

Abb. 5: Der Hussenstein im Stadtteil Paradies zur Erinnerung an das Martyrium von Jan Hus und Hieronymus von Prag. (Foto: Thomas Martin Buck)

Hieronymus von Prag

Innerhalb eines Tages wollten sie mit Hieronymus von Prag, dem Schüler des hingerichteten Jan Hus, fertig werden, hatten die Konzilsväter Sigmund zugesagt. In Wirklichkeit dauerte das Verfahren ein ganzes Jahr. Hieronymus, geboren nach 1370, hatte in Prag und Oxford studiert, als *magister artium* an den Universitäten Paris, Köln und Heidelberg gelehrt, aber nur die niederen Weihen empfangen. Obwohl

Richental von ihm sagt, die Gelehrten hätten ihn als *vil und vierfalt großer an kunst dann der Huss* beurteilt, scheint seine Begabung eher in der eloquenten, publikumswirksamen Verbreitung der reformerischen Ideen des böhmischen Magisters gelegen zu haben. Wie dieser hatte Hieronymus 1412 gegen den Ablass Papst Johannes XXIII. protestiert. Als böhmischer Patriot war er zudem am Zustandekommen des Kuttenberger Dekrets und der Vertreibung der deutschen Professoren aus Prag beteiligt. Hus hatte am 3. Januar 1415 die böhmischen Freunde brieflich aufgefordert, Hieronymus vor dem Gang nach Konstanz zu warnen – »auf keinen Fall« solle er oder einer der »unseren« hierher kommen.

Über den Prozess des Hieronymus informiert Peter von Mladoniowitz als engagierter Anhänger der böhmischen Reformbewegung in seiner *Narracio de Magistro Hieronymo Pragensi, pro Christi nomine Constancie exusto* (= Bericht über Magister Hieronymus von Prag, der für Christi Namen zu Konstanz verbrannt wurde). Demnach kam Hieronymus, »der ehrlich litt an der schweren und unheilvollen Schande des Königreichs Böhmen«, freiwillig am 4. April 1415 nach Konstanz, floh aber angesichts des Verfahrens gegen Hus nach Überlingen und schrieb dort einen Brief an den König, den Adel und das Konzil mit der Bitte um freies Geleit.

Diese hätten gesagt: »Wir werden ihm einen *salvus conductus* zum Kommen, aber nicht für die Heimkehr geben«. In einem Schreiben, das an die Tore der Stadt geheftet werden sollte, habe Hieronymus geäußert, dass das Konzil wohl nicht »nach Gerechtigkeit und Billigkeit« urteilen würde und er sich daher für entlassen hielte. Er wollte nach Böhmen zurückkehren, wurde aber unterwegs ergriffen und an Herzog Johann von Bayern in Sulzbach ausgeliefert.

Inzwischen hätten die *instigatores* (= Aufwiegler) Michael de Causis und Stephan Paleč »und andere von ihren Komplizen« das Konzil gebeten, Hieronymus vorzuladen, worauf Herzog Johann ihn gefesselt »mit eisernen Handschellen an einer langen Kette [...], die bei seinem Gang klirrte«, nach Konstanz verbringen ließ, wo er am 23. Mai 1415 ankam. In einem Brief von Hus an seine Freunde vom 10. Juni 1415 äußert dieser schon seine Besorgnis, dass sein »lieber Gefährte« in Haft sitze und den Tod erwarte.

Die erste Anhörung verlief ähnlich tumultuarisch wie die des Jan Hus. Einer der Bischöfe habe zu ihm gesagt: »Hieronymus, warum bist du geflohen und trotz Vorladung nicht erschienen?«, worauf der Befragte geäußert habe, er sei wegen des verweigerten Geleits und der erbitterten Feinde, die er auf dem Konzil habe, nicht gekommen; sonst »wäre ich zweifellos nach Böhmen zurückgekehrt«. »Da erhob sich die Menge und trug mit Geschrei verschiedene Anschuldigungen und Zeugnisse gegen ihn vor«.

Als Schweigen einkehrte, befragte ihn erst Gerson, der schon in Paris mit ihm in Konflikt geraten war. Er habe sich wegen seiner Eloquenz für einen Engel gehalten und die Universität gestört sowie irrige Meinungen vertreten. Hieronymus antwortete, er habe dort *philosophice et ut philosophus* (= philosophisch und als Philosoph) gesprochen und bat, ihm seine Irrtümer aufzuzeigen – er werde sich demütig bessern.

Nun traten auch die Vertreter der anderen Universitäten, an denen er gelehrt hatte, hervor und beschuldigten ihn ebenfalls: »Und als du in Köln warst [...] und als du in Heidelberg warst [...]«. Inzwischen »schrien einige: ›Er soll verbrannt werden, er soll verbrannt werden‹; und er antwortete: ›Wenn euch mein Tod gefällt, dann in Gottes Namen‹.« »Hier griff Robert Hallum, Bischof von Salisbury, ein: ›Nein, Hieronymus, denn es steht geschrieben: Ich will nicht den Tod des Sünders, sondern dass er lebt und sich bekehrt‹.«

»Einer von den Freunden des Magister Hus« – es war Mladoniowitz selbst – habe Hieronymus durch das Fenster des Refektoriums zugerufen: »Sei standhaft und fürchte nicht den Tod um der Wahrheit willen [...]«. Hieronymus habe geantwortet: »Wahrlich, Bruder, ich fürchte den Tod nicht«.

Der Gefangene wurde in einem Turm bei St. Paul eingekerkert und »an eine Säule mit den Füßen und Händen angekettet – die Säule war so hoch, dass er nirgends sitzen konnte, sondern kopfüber hing«. Dort lag er zwei Tage und zwei Nächte. »Nur mit Wasser und Brot ernährt«, erkrankte er nach zwei Tagen schwer. Das Konzil habe ihm keinen Beichtvater gewährt. »In diesem Turm lag er ein Jahr minus sieben Tage«.

Nach der Hinrichtung von Jan Hus aber willigte Hieronymus *metu mortis* (= aus Todesfurcht) ein zu widerrufen, »weil er hoffte, aus ihren Händen entfliehen zu können«, wie Mladoniowitz berichtet. Er schwor am 23. September 1415 allen Lehren ab, die er und Hus vertreten hatten. Er habe Hussens Bücher eingesehen, die von dessen eigener Hand geschrieben waren, »die ich so gut wie meine eigenen kenne«, und habe verstanden, dass sie zu Recht verurteilt worden seien. Er habe ihn aber für einen guten Mann und in keiner Weise für irrgläubig gehalten. Seine eigene Darstellung der Trinität in Form eines Dreiecks, das er *scutum fidei* (= Schild des Glaubens) nannte, sei in rechtgläubiger Absicht geschehen.

Hierauf brachte man ihn wieder in seinen Turm, wenn auch weniger gefesselt, jedoch von Bewaffneten bewacht. Michael de Causis und Stephan Paleč aber verurteilten den Widerruf als unehrlich; er sei nur mit der Absicht erfolgt zu entfliehen. Auch einige Karmeliter, mit denen Hieronymus in Prag in Streitigkeiten verwickelt war, brachten neue Anschuldigungen gegen ihn vor. Als ihn d'Ailly, Fillastre und zwei andere Kardinäle in Schutz nahmen und sich für seine Befreiung einsetzten, äußerte einer seiner Feinde, Doktor Johannes Naso aus Prag: »Ich fürchte, dass ihr von jenen Ketzern oder vom König von Böhmen Geschenke empfangen habt«.

Die so gescholtenen Kardinäle hätten sich der *causa* des Hieronymus daraufhin entledigt. »Die Aufwiegler bestellten aber andere Richter, nämlich den Titularpatriarchen von Konstantinopel [Jean de la Rochetaillée] und einen gewissen deutschen Doktor [Nikolaus von Dinkelsbühl], weil sie wussten, dass der genannte Patriarch ein erbitterter Feind des Hieronymus war«. Die Ergebnisse der neuen Untersuchung in Form von 107 Artikeln wurden Hieronymus am 23. Mai 1416 in öffentlicher Sitzung vorgelegt »wie ein Strick des Todes, den sie ihm bereitet hatten«. Er antwortete auf 40 dieser Artikel mit der Behauptung, sie nicht gelehrt zu haben, sondern dass sie von falschen Zeugen verleumderisch und lügnerisch gegen ihn vorgebracht worden seien.

Am 26. Mai fand eine weitere Sitzung statt, in der Hieronymus sich auf die Märtyrer des Alten und Neuen Testaments als Vorbilder berief, »die alle als Unschuldige um der Wahrheit willen getötet wurden«. Hus und Wyclif seien heilige Männer gewesen, deren Auffassungen zur Entartung des Klerus er immer geteilt habe und teilen werde. Die Sünde, die sein Gewissen am meisten belaste, sei der Widerruf, den er »auf diesem

149

verderbenbringenden Stuhl« vorgetragen und damit dem Urteil gegen den guten und heiligen Mann zugestimmt habe. Dies ziehe er gänzlich zurück, da es aus Todesangst und Kleinmütigkeit geschehen sei. Die Zuhörer sagten, er habe sich durch diese Worte selbst das Urteil gesprochen.»Und so wurde er in den Kerker zurückgebracht und mit eisernen Ketten an Händen, Füßen und Armen gefesselt«. In feierlicher Sitzung am 30. Mai 1416 hielt der Bischof von Lodi, wie schon bei der Verurteilung des Jan Hus, eine Predigt über das Thema *Exprobravit incredulitatem eorum et duritiam cordis* (= Er warf ihnen ihren Unglauben und ihre Herzenshärte vor) (Mk 16, 14), in der er sich direkt an Hieronymus wandte:»Angesichts deiner langen Verstocktheit, Hieronymus [...], bedenke, dass, wenn auch mein Schelten draußen schrecklich klingt, drinnen die Liebe zur Milde waltet, und wie ich dich nicht mit dem Wort und dem Mund schonen darf, so will ich dich Schuldigen mit frommer Nächstenliebe ermahnen«.

Das Schlimmste sei seine Herzenshärte, die seine Verstocktheit und Hartnäckigkeit zeige.»Der Unglaube, wo er die Zurechtweisung annimmt, verdient Nachsicht. Aber die Verhärtung und Hartnäckigkeit ist nur durch endgültige Zerstörung zu strafen«. Die Tollkühnheit dieser Männer habe dazu geführt, dass gemeine, plebejische kleine Menschen von unbekannter Herkunft es gewagt hätten, das Königreich Böhmen zu erschüttern und unter den Bürgern Zwietracht zu säen. Kein Häretiker sei jemals so sehr wie Hieronymus verrufen gewesen. In England, in Frankreich, Ungarn, Polen, Litauen, Russland, Italien und ganz Deutschland sei der üble Ruf seiner Häresie verbreitet.»Ich werfe dir keinen fremden Kot ins Gesicht, sondern deinen eigenen [...]. Du bist nicht gefoltert worden, wärest du es doch! Dann hättest du gedemütigt alle Irrtümer gänzlich erbrochen«.

Hieronymus erwiderte dem Konzil:»Ihr wollt mich unbillig und ungerecht verurteilen. Ich aber werde nach meinem Tod ein Biss in eurem Gewissen und ein Nagel in euren Herzen sein, und ich lade euch alle vor, mir vor dem höchsten und gerechtesten Richter binnen hundert Jahren zu antworten«. Fillastre will noch mit Hieronymus diskutieren haben, als dieser behauptete, Hus sei als Häretiker verurteilt worden, weil er gegen den Hochmut des Klerus gepredigt habe. Dem Konzil missfalle auch der Hochmut vieler Kirchenleute; um dies zu reformieren, sei es schließlich zusammengetreten. »Aber es ist ja die Eigenart der Häretiker, dass sie ihrer falschen Lehre etwas Wahrheit beimischen, damit die einfachen Leute mit dem Wahren auch das Falsche für wahr halten«.

Das Urteil zählt nochmals alle seine Vergehen auf, vor allem den zurückgezogenen Widerruf – »wie der Hund, der zu seinem Erbrochenen zurückkehrt« (Spr 26, 11) –, exkommuniziert und bannt den Angeklagten und übergibt ihn dem weltlichen Arm. Die papierene Schandkrone mit den aufgemalten Teufeln habe er sich selbst aufgesetzt, berichten Fillastre und Mladoniowitz übereinstimmend, und dazu gesagt: »Unser Herr Jesus Christus hat eine Dornenkrone auf seinem Haupt getragen. Ich aber will anstelle jener Krone aus Liebe zu ihm diese Krone gerne tragen«.

Beim Gang zur Richtstätte habe er das Credo gebetet und die Litanei gesungen, berichtet Richental: *Und ward och verbrent an der statt, da der Huss verbrennet ward, und hortt man im och kain bicht, glich wie dem Hussen. Und lebt in dem für* [Feuer] *vast* [viel] *lenger dann der Huss und schrayg vast grülich, dann er was ain vaißter, starker man* [...]. *Und waintend vil gelerter lüt, das er verderben müst, wann er vast gelerter was dann der Huss.*

Der italienische Humanist Poggio Bracciolini, der als Skriptor der Kurie zum Konzil gekommen war und den Prozess verfolgte, zeichnet ein überaus positives Bild des böhmischen Reformers. In einem Brief an Leonardo Bruni Aretino, der als päpstlicher Sekretär nach der Absetzung Papst Johannes XXIII. Konstanz verlassen hatte und später Kanzler von Florenz wurde, schildert er das Prozessgeschehen und die standhafte Verteidigung des Angeklagten *propter rei gravitatem, tum maxime propter eloquentiam hominis ac doctrinam* – »wegen der Bedeutung der Sache, aber besonders auch wegen der Beredsamkeit und Gelehrsamkeit des Mannes«. »Ich gestehe, dass ich niemals jemanden gesehen habe, der in einer Sache, bei der es um seinen Kopf ging, mehr an die Beredsamkeit der Alten, die wir so sehr bewundern, herangekommen wäre«.

Drastisch habe er seine Gefangenschaft geschildert: »Welch eine Ungerechtigkeit, da ich dreihundertfünfzig Tage in einem harten Kerker lag, in schmutzigen Kleidern, Unflat und Kot, in Fußfesseln, in Entbehrung von allem, dass ihr meine Verleumder und Gegner immer angehört habt, mich aber nicht einmal eine Stunde anhören wollt«. Seinen Richtern habe er entgegengeschleudert: »Freilich seid ihr Menschen, keine Götter, nicht ewig, sondern sterblich. Ihr könnt straucheln, irren, getäuscht, betrogen und verführt werden. Hier sei das Licht der Welt, hier die Klügsten des Erdkreises versammelt, sagt man. Aufs Höchste müsst ihr euch bemühen, dass ihr nichts leichtfertig, nichts wider die Gerechtigkeit tut [...]. An wen soll ich mich wenden, versammelte Väter? Um wessen Hilfe bitten, wen anflehen, wen beschwören? Euch? Aber diese meine Verfolger haben euer Gemüt von meinem Heil abgewendet, da sie mich einen Feind aller genannt haben [...]. Wenn ihr ihren Worten Glauben schenkt, dann ist für mein Heil nichts mehr zu erhoffen«.

Hieronymus stellt sich in eine illustre Reihe von unschuldig Verfolgten: »Sokrates, ungerecht von den Seinen verurteilt«, »Platons Gefangenschaft, die Folter des Anaxagoras und des Zenon« sowie der biblische Joseph, der von seinen Brüdern verkauft wurde, und schließlich Johannes der Täufer und der Heiland selbst, die von falschen Zeugen, durch das Urteil falscher Richter verurteilt wurden. »Er blieb unerschrocken, furchtlos den Tod nicht nur verachtend, sondern ihn erstrebend, dass man ihn einen zweiten Cato hätte nennen können. O welch ein Mann, würdig des ewigen Gedächtnisses der Menschen [...]. Keiner der Stoiker hat mit solcher Standhaftigkeit den Tod erlitten«.

Dem Henker, der das Feuer hinter seinem Rücken entzünden wollte, damit der es nicht sähe, habe er gesagt: »Hierher tritt hin und zünde das Feuer vor meinen Augen an. Denn wenn ich es fürchtete, dann wäre ich nie an diesen Ort gekommen, den ich hätte fliehen können [...]. Mucius [Scaevola] hat nicht so furchtlosen Geistes seine Hand verbrennen lassen wie dieser seinen ganzen Körper, noch trank Sokrates das Gift so bereitwillig wie dieser das Feuer erduldete«.

Machte Poggio Bracciolini aus Hieronymus einen antiken Heroen, so stilisierte ihn Jacobellus von Mies, Prager Magister wie Hus und Vorkämpfer des Laienkelchs, zum christlichen Märtyrer. In der Bethlehemkapelle hielt er eine Gedächtnisrede auf Hus und Hieronymus über das Thema *Beati qui persecucionem paciuntur propter iusticiam* (= Selig, die Verfolgung leiden um der Gerechtigkeit willen) (Mt 5, 10). Hierin stellt er fest, dass alle Propheten nicht von heidnischen Königen, sondern von den Ihren getötet wurden. Die Lehre des Jan Hus sei nicht nur in Böhmen, sondern in der ganzen Kirche gehört worden, die »tönende Posaune, der unermüdliche Prediger der Wahrheit, der Feind der Simonisten, der Herold des Evangeliums, der göttliche Mund«. Mit falschem Zeugnis habe man ihn belastet, und als er Auskunft verlangte, habe er nur gehört: »Die gelehrten Doktoren sagen, dass die Artikel aus deinen Büchern irrig sind, also musst du sie widerrufen«.

Hieronymus sei ein Jahr gefangen gehalten worden, so hart gefesselt, dass seine Füße wegen der »Quetschung von Haut und Fleisch zu verfaulen angefangen« hätten. Seinen ersten Widerruf habe er zurückgezogen, Hus habe er als einen heiligen Prediger des Evangeliums gekannt, nicht als Unzüchtigen, Trinker oder Verbrecher. So seien sie in die Gemeinschaft der Engel aufgestiegen. Anders urteilt Enea Silvio Piccolomini, der spätere Papst Pius II. (1458–1464), in seiner *Historia Bohemica*: Die »auf der großen Synode von Konstanz zum Feuertod verurteilten Johannes und Hieronymus« büßten »für den Religionsfrevel in der Hölle. In Ewigkeit werden sie büßen«.

Die hussitische Bewegung

Die Todesurteile waren für Böhmen ein Fanal. *Und do wurdent die Behemer noch böser und hielten es die Behemschen herrn fast* [sehr] *mit den ketzern und Hussen,* schreibt Eberhart Windecke, *und do müstent die frome pfaffheit alle wichen und rumen und usserhalb Proge in der cleinen stat bliben.* Nicht ganz uneigennützig – wegen der erhofften Enteignung der Kirchengüter – übernahm der Adel, der schon gegen Hussens Verurteilung protestiert hatte, die Führung der Reformkräfte, die sich mit ihrer radikalen Armutsforderung für die Kirche zu einer revolutionären Bewegung entwickelten.

Als Sigmund 1419 nach dem Tod Wenzels die Herrschaft im Königreich Böhmen übernehmen wollte, verweigerten ihm die Stände die Anerkennung. Nur mit Mühe konnte er am 28. Juli 1420 seine Krönung im Veitsdom feiern. Die »unselige Krönung«, schreibt Laurentius von Březová, habe dazu geführt, dass der König »Kopf- und Armreliquiare sowie Monstranzen und alle anderen Kleinodien der Prager Kirche und des Georgsklosters« an sich genommen habe, um sie zu zerschlagen und als Sold zu verteilen.

Die Bewegung der Utraquisten oder Calixtiner (nach der Kommunion *sub utraque specie* = unter beiderlei Gestalt bzw. nach lat. *calix* = Kelch) übernahm die Macht in Prag und formulierte 1420 ihr Programm in vier Artikeln: freie Laienpredigt, Kommunion unter beiderlei Gestalt (was die Konstanzer Konzilsväter am 15. Juni 1415 verboten hatten), Armut der Kirche und Bestrafung von Todsünden durch weltliche Richter. Eine radikale Abspaltung gründete auf einem Berg, den man nach biblischem Vorbild Tabor benannte, eine Stadt, wo sich sozialrevolutionäre Ideen mit endzeitlichen Erwartungen verbanden.

Versuche König Sigmunds, die Bewegung mit Gewalt niederzuwerfen, scheiterten. Die Hussitenheere konnten auch in mehreren Kreuzzügen nicht überwunden werden, stießen sogar mehrmals in blutigen Feldzügen in die Nachbarländer vor. Der Augsburger Chronist Burkard Zink schreibt zu den Konstanzer Urteilen, davon sei *der christenhait groß mü und arbait, angst und not und groß verderben an laib, an guet, an vil enden und stetten* entstanden. Erst 1434, nach dem militärischen Sieg der gemäßigten Utraquisten über die radikalen Taboriten, nahm das Konzil zu Basel (1431–1449) die böhmischen Artikel in abgeschwächter Form (»Prager Kompaktaten«) an. Sigmund konnte nun endlich sein böhmisches Königtum in Besitz nehmen.

Für das tschechische Nationalbewusstsein ist die *causa* Hus bis heute ein Fanal. Tschechische Historiker haben seit dem Erwachen der tschechischen Unabhängigkeitsbewegung immer wieder in Hus den nationalen Märtyrer gezeichnet, sei es im Jahr 1848 (František Palacký) oder nach der Gründung der Tschechoslowakei 1918 (Václav Novotný). Die marxistische Historie des 20. Jahrhunderts sah in Hus und seinen Anhängern sogar Vorkämpfer der frühbürgerlichen Revolution.

Sigmunds diplomatische Mission

Wenige Tage nach der Vereinigung der Obödienzen Gregors XII. und Papst Johannes XXIII. brach König Sigmund am 19. Juli 1415 zu einer diplomatischen Mission auf, die ihn für anderthalb Jahre vom Konzil fernhalten sollte. Dieses veranstaltete zum Reiseantritt einen *großen crützgang* [Prozession], [...] *umb das gott den küng behůti und im gůt gelük zůschib und das es im wol gieng, und frölichen herrwider kem von den küngen und von bapst Benedicto, der genempt ward Petrus de Luna.* Jean Gerson kommentierte die Abreise des Königs mit einer programmatischen Predigt *Prosperum iter faciet nobis Dominus* (Ps 67, 20) (= Einen glücklichen Weg wird der Herr uns bereiten).

Einen glücklichen Weg zum Frieden der Kirche möge, so Gerson, der »Römische König, der Schutzherr der Kirche«, nehmen. Aber auch das Konzil solle mit Gottes Hilfe einen glücklichen Weg zur Reform finden. So »ging es«, wie Walter Brandmüller betonte, »Gerson darum, Selbstverständnis und Selbstbewußtsein des hauptlosen Konzils zu stärken und zur Weiterverfolgung der Konzilsziele Union, Häresiebekämpfung und Reform zu ermuntern«.

Papst Benedikt XIII. war nach der Absetzung Papst Johannes XXIII. und dem Rücktritt Gregors XII. der einzige noch verbleibende Prätendent auf den Papsttitel, und seine Obödienz umfasste immerhin noch die Königreiche Schottland, Aragón, Navarra und Kastilien sowie die südfranzösischen Grafschaften Foix und Armagnac. König Ferdinand von Aragón, der schon Gesandtschaften Sigmunds und Johannes XXIII. empfangen hatte – Letztere mit einer Einladung zum Konzil –, lud Benedikt zu einer Konferenz in Morella ein, die am 18. Juli 1414 begann und fast zwei Monate lang die in Pisa erfolgte Absetzung und eine mögliche Abdankung behandelte.

Beides lehnte Benedikt ab, wie er auch die Legitimität des Konstanzer Konzils bestritt. Auch eine französische Delegation konnte ihn nicht umstimmen. Die spanischen Delegierten, die im Januar 1415 in Konstanz eintrafen, waren ausdrücklich nur an König Sigmund, nicht an das Konzil gesandt worden. In ihrer Ernennungsurkunde hatte König Ferdinand ausdrücklich Benedikt als »einzigen, unbestreitbaren und wahren Papst und obersten Pontifex der universalen Kirche« bezeichnet. Dessen Aussichten schienen sich zu verbessern, als aus Konstanz die Nachricht von der Flucht Papst Johannes XXIII. eintraf.

Das vereinbarte Treffen mit Sigmund kam im September 1415 in Perpignan, nicht in Nizza, wie ursprünglich geplant, zustande – ein Entgegenkommen des Königs gegenüber dem Papst, der Aragón nicht verlassen wollte. Über Basel, Genf, Lyon und Nîmes war Sigmund in Begleitung von 15 Vertretern des Konzils am 15. August in Narbonne angekommen. Man erfuhr in Konstanz, dass der berühmte Dominikaner Vicent Ferrer, der ehemalige Beichtvater Benedikts XIII., im dortigen Dominikanerkloster in einer Predigt versichert hatte, dass »Herr Petrus de Luna bereit sei, der heiligen Kirche Gottes Frieden und Einheit zu schenken«.

In einem Brief an Sigmund kündigte Ferdinand seine baldige Ankunft in Perpignan an und bat um Nachsicht dafür, dass sich seine Abreise wegen einer Krankheit verzögert habe. Sigmund selbst traf am 19. September in Perpignan ein. Ein Brief des Erzbischofs von Riga, der zu Sigmunds Delegation gehörte, an das Konzil schildert die Gespräche »zwischen ihm, dem Herrn König von Aragón und Petrus de Luna«, bei denen als Ergebnis festzustehen schien, dass »Petrus entweder der Kirche durch seine *cessio* Frieden geben werde, oder, falls er dies nicht täte, ihm seine ganze Obödienz entzogen würde«.

Die »Herren Doktoren und Prälaten dieser Obödienz« würden mit dem König der Römer nach Konstanz kommen und dort eine Nation bilden. Die Bereitschaft Benedikts war aber an die Bedingung geknüpft, die in Pisa 1409 erfolgte Absetzung rückgängig zu machen. Damit wäre aber auch dem Konzil in Konstanz die Legitimationsgrundlage entzogen worden. Benedikt beharrte auch auf der Tatsache, dass er der einzige lebende Papstwähler sei, der vor dem Ausbruch des Schismas zum Kardinal ernannt worden war.

Sigmund brach die aussichtslosen Verhandlungen ab – *videns se frustratum* – »da er sah, dass er getäuscht worden war« – und verließ Perpignan am 6. November 1415, »ohne sich von dem König von Aragón zu verabschieden«, um in Narbonne die weitere Entwicklung der Dinge abzuwarten. Letzte Verhandlungen Ferdinands mit Benedikt blieben ohne Ergebnis, so dass der Entzug der Obödienz unvermeidlich war. Ein Brief an das Konzil teilte mit, der Papst sei mit »vierhundert

Pferden und fünfhundert gut bewaffneten Armbrustschützen auf seinen vier Galeeren von Collioure nach Peñíscola aufgebrochen [...] und entschlossen, bis an sein Lebensende nicht zu verzichten«. Das Kastell Peñíscola sei »eine Tagesreise von Valencia mitten im Meer und ein sehr starkes Kastell«. König Ferdinand verkündete daraufhin auf einem *concilium* der Prälaten Aragóns, wenn auch unter Protesten, dass sich die Obödienzen »ohne Erlaubnis unseres Papstes versammeln« und »gegen ihn für die Einheit der Kirche vorgehen können«. Sigmund schrieb seinerseits dem Pfalzgrafen Ludwig aus Narbonne, der in seiner Abwesenheit als Konzilsvogt fungierte, er habe mit den »Gesandten der Könige von Aragón, Kastilien und Navarra [...] die *unio* der heiligen Kirche beschlossen«.

Richental schildert, wie die Nachricht in Konstanz aufgenommen wurde: *do kam mär und bottschaft von unßerm herr dem römischen küng, wie daz der küng von Aragoni, der küng von Castel, der küng von Naver, der küng von Payorik, der gräff von Fussi und all ander fürsten und herren, die da hieltend den bäpst Benedictum, Petrum de Luna, gantz wärind abgetretten von sinr obedientz und hinfür nüntz von im halten noch gehorsam sin. Und ward in der selben nacht fünf mål laudes gelüt mit allen gloggen.* Pfalzgraf Ludwig habe ausrufen lassen, dass jedermann bis Mittag feiern solle; eine feierliche Messe mit dem ganzen Konzil und eine Dankprozession schlossen sich an. *Und waren da nün prusuner, die stäteklich prusunotend.*

Capitula Narbonensia

Am 13. Dezember 1415 wurden die *Capitula Narbonensia* feierlich verkündet. »Mit einer höchst feierlichen Prozession und Glockengeläut bis zur Ermüdung der Ohren« habe man das Ereignis gefeiert, schreibt ein Teilnehmer und lobt Sigmund in höchsten Tönen: Er habe sich als *princeps devotissimus* gezeigt, »unendliche *melancolias* erduldet und Lügen und Verrat hinnehmen müssen«. Dem »Teufel Petrus de Luna« habe er »mehr Menschlichkeit und Demut erwiesen, als selbst ein einfacher Ritter hätte tun müssen«. Durch seine Geduld habe sich die Verhandlung zum Guten gewendet.

Der Vertrag enthielt alle Voraussetzungen für eine Teilnahme der Spanier am Konzil. Sie sollten offiziell eingeladen werden, an der Beseitigung des Schismas und der Lösung der *causa fidei* sowie der Wahl eines neuen Papstes mitzuwirken. Letztere dürfe aber erst nach dem Tod Benedikts oder seiner formellen Absetzung geschehen. Nach seinem Tod solle keine einseitige Neuwahl seiner Obödienz stattfinden. Beschlüsse gegen die Obödienz Benedikts von Seiten der Pisaner Partei oder Gregors XII. sollten aufgehoben, umgekehrt aber seine Ernennungen, auch die von Kardinälen, anerkannt werden. Schließlich sollten alle künftigen spanischen Konzilsdelegierten mit dem *salvus conductus* versehen werden. Für den Fall, dass Benedikt sich weiterhin hartnäckig zeige, wollte König Ferdinand ihm die Obödienz entziehen.

Dies geschah in einem feierlichen Gottesdienst in Perpignan am 6. Januar 1416. Es war Vicent Ferrer, der nach einer mitreißenden Predigt die Nachricht verkünden durfte,»gesiegelt mit dem Siegel des Königs und unterzeichnet von der Hand seines Erstgeborenen. [...] Und da das ganze Volk kein Latein verstand, wurde die besagte Urkunde in die Volkssprache übertragen auf einem Blatt Papier [...] in meiner Anwesenheit«, schreibt ein Augenzeuge. Auch glaube der König fest daran, dass die Könige von Kastilien und Navarra ebenfalls die Veröffentlichung der Subtraktion, der Entziehung der Obödienz, vollziehen würden, da er Boten zu ihnen gesandt habe, um sie darum zu bitten.

König Ferdinand starb aber kurz darauf, als er in Kastilien über die Subtraktion verhandeln wollte. In Konstanz wurde ihm, wie Richental berichtet, *ain groß opfer in dem münster* gehalten. Man hatte dort *ain behusung* gemacht, unter der *ain bett mit iiij guldin tüchern* stand. *Und hatt mess der patriarch Anthiocenus und warend daby all cardinäl, ertzbischoff, bischoff, äpt, bröpst, alle pfaffheit und gelert lüt, och all weltlich fürsten und herren.*

Durch sein Wirken waren die Bedingungen dafür erfüllt, dass das Konzil zu einem wirklichen Generalkonzil werden konnte. Am 28. Januar 1416 kehrte die Konzilsdelegation nach Konstanz zurück: »Ihnen gingen mit großer Freude viele Prälaten und *familiares* der Kardinäle entgegen und geleiteten sie in ihre Häuser«. Die *Capitula Narbonensia* wurden am 30. Januar 1416 vor dem Konzil verlesen: *Und do die verlesen wurden, do ward gentzlich und luter ertailt, daz nun hinnahin kain gaistlicher noch weltlicher prelat, noch herr nit mer gehorsam sin solt bapst Benedicto by dem flůch ewiger verdampnuß und by berobung aller pfründen, wer da wider täti.*

Am 4. Februar beschloss das Konzil, die *litterae convocationis*, die Berufungsschreiben an die Spanier, zu entwerfen, »die mit dem Siegel des Kardinals von Ostia, des Vizekanzlers, und der vier Vorsitzenden der Nationen gesiegelt und von denselben unterschrieben wurden«. Auch nach Schottland seien Einladungen ergangen, soweit Fillastre. Der Kampf um die Obödienz Papst Benedikts XIII. trat damit in sein letztes Stadium.

Frankreich und England

Sigmunds Mission war mit diesem Erfolg noch nicht beendet. Er zog zunächst nach Avignon, wo ihm die Bürgerschaft einen festlichen Empfang bereitete: *und hatten die burger alle gassen, darinne er riten solt, mit důchen* [Tüchern] *uberzogen unz* [bis] *sin herberge*, schreibt Eberhart Windecke, der sich im Gefolge des Königs befand. Außerdem hätten sie alles geschenkt, *was er do verzert und dritusend gulden darzü*.

Hier erhielt Sigmund die Nachricht von der vernichtenden Niederlage, die Frankreich bei Azincourt am 25. Oktober 1415 gegen das Heer Heinrichs V. von England erlitten hatte. Windecke, der gerade dem König Geld aus Genf besorgt hatte, schreibt von einer Delegation des französischen Königs Karl VI., die Sigmund in Lyon aufsuchte: *und baten in gar sere, das er ziehen wolt gen Frankrich und do versüchen, ob er den Krieg zwuschen Frankrich und Engelant verrichten* [schlichten] *möchte.*

Im März traf Sigmund zur Vermittlung in Paris ein, ließ sich aber bald im Kloster Saint-Denis nieder, da die bürgerkriegsartigen Zustände zwischen den Anhängern Burgunds und denen des Grafen von Armagnac in der Hauptstadt kein längeres Verweilen möglich machten: *ein teil Franzosen, ein teil Engelsch, ein teil Armonieck, ein teil burger, daz sie einander koppten zü stücken hiewent* [...] *und grossen jamer tribent*, so Windecke. Sigmunds Beziehungen zu Herzog Johann Ohnefurcht waren gestört, da sich das Konzil mit dem Fall Jean Petit befasste, der ein schlimmerer Ketzer als Jan Hus sei, wie Sigmund geäußert haben soll.

Ein Brief an den Erzbischof von Gran, Janós Kanizsai, verrät den überbordenden Optimismus des Königs: Er wolle noch im Mai 1416 Frieden zwischen Frankreich und England stiften, im Juni in Konstanz die Wahl eines neuen Papstes bewerkstelligen und noch im selben Jahr in Ungarn gegen die Türken zu Felde ziehen. Dass diesen hochfliegenden Plänen kaum Ergebnisse folgten, kann nicht verwundern. Die französische Seite führte zwar Verhandlungen, bereitete aber gleichzeitig Offensiven gegen England vor und kündigte an, *das der grofe von Armigecke und etlich rete der cronen von Frankrich die erste botschaft und briefe nit halten wolten, als si dem Romschen konige verschrieben und zugesaget haben.* Windecke schildert auch Sigmunds Reaktion: *da erschrag der konig Sigemont also sere, das im das wasser sin backen aberann.*

Sigmunds neue Politik bedeutete einen völligen Bruch mit den Traditionen des Hauses Luxemburg, das immer beste Beziehungen zu dem französischen Haus Valois unterhalten hatte. Als erster römischer König reiste er nach England, traf am 1. Mai 1416 in Dover ein und wurde in London von Heinrich V. prunkvoll empfangen. Am 15. August schlossen die beiden Monarchen den Vertrag von Canterbury, ein gegenseitiges Schutz- und Trutzbündnis, das auch ein gemeinsames Vorgehen gegen Frankreich nicht ausschloss. Sigmund hatte damit seine bisherige Neutralität geopfert, was nicht ohne Folgen für seine Stellung als Vogt des Konzils bleiben konnte.

Der englisch-französische Konflikt wurde in die Kirchenversammlung hineingetragen. Am 25. August 1416 war Sigmund wieder in Calais, wo er seinen Vertrauten Eberhart Windecke mit der heiklen Mission betraute, die kostbaren Geschenke Heinrichs V. in Brügge zu Geld zu machen: *zwo itel* [rein] *gulden kannen* [...] *und darinne fünftusent nobeln* [englische Goldmünze von 7,97 g] [...], *die selben cleinöter* [...] *hieß mich Eberhart Windeck der konig versetzen zü Brücke in Flandern: die versatzt ich für achtzehentusent gulden.*

Rückkehr des Königs

Von Calais fuhr Sigmund zu Schiff nach Dordrecht, *wann er gedurst* [durfte] *dem herzogen von Burgonien nit getrúwen durch sin lant zü riten.* Im Januar 1417 war er in Aachen und vom 6. bis 21. Januar in seinem Stammland Luxemburg. Am 27. Januar kam er nach achtzehnmonatiger Abwesenheit wieder in Konstanz an: *Do samnotend sich patriarchen, all cardinäl, ertzbischoff, bischoff, äpt, bröpst, auditores, prelaten, all schúlen, all prelaten, all örden und gantzi pfaffhait und all gelert lüt, gaistlich und weltlich, all fürsten, grafen, fryen, ritter und knecht in daz münster.* Von dort zogen sie dem König entgegen *gen Peterßhusen uff die brugg.* Mit diesem feierlichen Geleit zog der König unter *ainem kostbaren guldin túch* in die Stadt ein.

Im Münster hielt Robert Hallum, Bischof von Salisbury, eine Predigt über das Thema *Erit magnus coram domino* (= Er wird groß sein vor dem Herrn) (Lk 1, 15). Anschließend begab sich Sigmund in sein Quartier *zú den augustinern, da belaib er das concilium uß.* Zwei Tage später luden die englischen Bischöfe den König, die Fürsten und Herren zu einem Festmahl: *und ob dem herren tisch saßen clij herren. Und gabend inn aber iij essen, ieglichs mit acht gericht, och vergüldet und versilbert, vil costlicher dann vor,* schreibt Ulrich Richental beeindruckt. Zwischen den Gängen wurde ein Spiel *von unßer frowen, von den dry küngen, von Herodes* aufgeführt.

Aus Paris hatte Sigmund am 5. April 1416 das Konzil brieflich gefragt, ob seine Anwesenheit notwendig sei und dazu aufgefordert, keine wichtigen Beschlüsse in seiner Abwesenheit zu fassen. In der Reform des Klerus solle aber fortgefahren werden. So kann Richental feststellen: *In der zit, als unßer herr der küng hinweggeritten was, da zwüschen ward nit nüws, dann daz sy den crützgang all sontag tattend umm daz münster* [...]. In der *causa reformationis* hatte das Konzil während der Abwesenheit des Königs nicht viel zuwege gebracht.

In der *causa fidei* war mit dem Prozess und der Hinrichtung von Hieronymus von Prag am 30. Mai 1416 der Konflikt mit den böhmischen Wyclifiten weiter verschärft worden. Offenbar hatte man diesen Fall nicht zu den wichtigen gezählt, für die die Anwesenheit des Königs unbedingt notwendig war. Die Diskussion um die Thesen Jean Petits

161

war auf die Zeit nach der Wahl eines neuen Papstes verschoben worden.

Natio Hispanica

Die Einladungsschreiben an die Spanier hatten ihre Empfänger erreicht. König Ferdinands Nachfolger Alfons V. ließ sich nicht dazu herbei, wieder an die Seite Benedikts XIII. zu treten, obwohl die Anerkennung der Narbonner Beschlüsse im spanischen Klerus nicht ohne Widerstand vonstatten ging. Am 5. September 1416 berichtet Fillastre vom Einzug der Aragonesen »mit dreizehn Lasttieren und hundertzehn Pferden [...], und zwar der Graf von Cardona, ein Ritter und drei Doktoren mit dem General des Mercedarierordens [...], und [die Aragonesen] wurden sehr ehrenvoll begrüßt, indem man ihnen aus der Stadt entgegenging und sich ihnen eine große Menge von Prälaten und Doktoren anschloss«.

Mit einem Seneca-Zitat hat, Cerretani zufolge, Graf Cardona seine Vorstellung eingeleitet: »Wer spät aufbricht, macht die Verzögerung durch Schnelligkeit seiner Füße wett«. König Ferdinand habe seinem Sohn auf dem Sterbebett »die heilige Union der Kirche« ans Herz gelegt. Selbst die Mutter des jungen Königs habe – »entgegen der Natur der Frauen, die wankelmütig und unbeständig ist« – diesen zur Erfüllung des väterlichen Auftrags verpflichtet. Die Gründung einer Nation sollte aber aufgeschoben werden, bis die kastilischen Delegierten eingetroffen seien.

Das Ansinnen, dass jedes der iberischen Königreiche eine eigene Nation bilden sollte, führte Fillastre *ad absurdum*: Dann müsse auch die »deutsche Nation in das Römische Reich, Ungarn, Dalmatien, Kroatien, Dakien, Norwegen, Schweden, Böhmen und Polen« aufgeteilt werden. Am 24. Dezember 1416 traf dann die Delegation Navarras ein, am 30. März 1417 endlich die kastilische. Mit einem präzisen Fragekatalog, so berichtet Fillastre, machte sie Sigmund klar, dass sie nicht gewillt war, sich bedingungslos in das Konzil einzugliedern: War die Sicherheit in Konstanz gewährleistet? Welcher Fürst war dafür verantwortlich? Wer sollte das Konklave für die Wahl des künftigen Papstes beschützen und nach welchem Modus sollte die Wahl stattfinden?

Auch der Verzicht des »Johannes und Gregors, wie sie in ihren Obödienzen genannt werden«, sei zu klären, wie auch das Vorgehen gegen Benedikt XIII. Welche Sicherheit wird den Wählern zugesichert, damit sie in voller Freiheit entscheiden können? Sigmund habe den Rat der Nationen erbeten, was er darauf antworten solle. Die Konstituierung der spanischen Nation zog sich noch einmal über drei Monate ermüdender Verhandlungen hin, bis sie am 16. Juni 1417 verkündet wurde. *Do ward ain groß fröd under dem collegium* [...] *und nach der sessio ward drümal laudes gelüt*, schreibt der Chronist Ulrich Richental dazu.

Schon am 5. November 1416 war das Verfahren gegen den von fast allen verlassenen Papst von Peñíscola eröffnet worden, der immer noch an seinem Anspruch festhielt, legitimer Papst zu sein. Wie Johannes XXIII. beschuldigte man ihn, ein verstockter Schismatiker und Häretiker zu sein – über seinen Lebenswandel war nichts Nachteiliges bekannt – und setzte eine Kommission zur Untersuchung seiner Verfehlungen ein. »Einer von den Kardinälen«, schreibt Fillastre – wahrscheinlich er selbst –, »verfasste eine Instruktion zu diesem Prozess«; es seien »vierzig und mehr Artikel« gewesen. Vor allem sein wiederholt gebrochenes Zessionsversprechen, auch nach dem Rücktritt bzw. der Absetzung seiner Rivalen, und seine Weigerung gegenüber den Monarchen hätten das Schisma vertieft und großes Ärgernis in der Kirche verursacht.

Zwei Benediktiner als Abgesandte des Konzils überbrachten Benedikt eine befristete Vorladung nach Peñíscola, der er natürlich nicht Folge leistete, vielmehr dem Konzil mitteilte, dass die wahren Schismatiker in Konstanz säßen, während die wahre Kirche in Peñíscola sei. So war es nur folgerichtig, dass er das gesamte Konzil exkommunizierte. Nach dreimaliger Ausrufung vor dem Münster, *ob er sich versprechen wölt oder ieman anders von sinen wegen*, konnte der Prozess ohne ihn stattfinden, nicht zuletzt auf Grund des Drängens König Sigmunds, der »wollte, dass Petrus de Luna hinausgejagt und die Reform stattfinden sollte, bevor man die Wahl [eines neuen Papstes] betreibe«.

Der König habe sich aufgeführt, schreibt Fillastre, »als ob er Haupt und Ordner des Konzils wäre«. Seine Helfer seien der Erzbischof von Mailand, der Patriarch von Antiochia, der Erzbischof von Riga und der Bischof von Salisbury. Nach den Anfangsbuchstaben der Genannten »M«, »A«, »R« und »S« sei deshalb gesagt worden, »dass Mars das Konzil regiere«. Am 1. April 1417 lief die in der Zitation festgelegte Frist für Benedikts Erscheinen in Konstanz ab. Nach einem letzten Aufruf an Benedikt am 22. Juli 1417 wurde schließlich das Urteil in Abwesenheit am 26. Juli in der 37. Session des Konzils verkündet, das ihn für abgesetzt erklärte und seine Anhänger von der Treuepflicht entband. Und wurden alle gloggen gelüt, wie es in der Konzilschronik Richentals heißt.

Benedikt starb 1423 in Peñíscola, ohne seinen Anspruch jemals aufzugeben, obwohl ihn sogar der vormalige Papst Johannes XXIII. aus Florenz dazu aufforderte, seinem Beispiel zu folgen und zurückzutreten. Er ernannte auch weiterhin Kardinäle, die sogar nach seinem Tod noch zwei weitere Nachfolger wählten, nämlich Clemens VIII. und Benedikt XIV., die aber niemand mehr beachtete. Denn mit dem Vertrag von Narbonne am 13. Dezember 1415 und der Absetzung Benedikts XIII. am 26. Juli 1417 war der Weg der Spanier zum Konzil frei.

Die Voraussetzungen für die Wiedervereinigung der abendländischen Kirche waren geschaffen. Jetzt musste nur noch ein *einhelliger* Papst gewählt werden: *Do ward man ze rat, daz man je erdenken wölt, wie unverzogenlich* [unverzüglich] *ain ainhelliger bäpst wurd,* wie es in Richentals Konzilschronik heißt. »Da beschloss man, die Einheit der Kirche wiederherzustellen und einen neuen Papst zu wählen, der von allen Parteien akzeptiert würde«. Im nachfolgenden Kapitel ist dementsprechend von der legendären Konstanzer Papstwahl im Kaufhaus, von den Kardinälen als Wahlgremium, von der besonderen Rolle der Nationen, vom Konklave und der Erhebung Papst Martins V. am 11. November 1417 zu handeln.

»Köpfe des Konzils«
Doctor christianissimus – Jean Charlier de Gerson (1363–1429)
Das Konzil hatte den Ausgang der Verhandlungen mit dem flüchtigen Papst nicht abgewartet, sondern eigenmächtig nach Auswegen aus der verfahrenen Situation gesucht, zumal schon eine Abwanderung aus Konstanz in vollem Gange war. Am 23. März hielt »ein gewisser Doktor von der Universität Paris eine Predigt zur Bestätigung des Konzils«. Der Gelehrte, den Giacomo Cerretani nicht namentlich nennt, war der berühmte *Doctor christianissimus* Jean Charlier de Gerson, Kanzler der Pariser Universität. Seine Predigt mit dem Thema *Ambulate dum lucem habetis* (Joh. 12, 35) (= Gehet, solange ihr Licht habt) ist ein ekklesiologischer Diskurs.

»Geht nicht mit den Schritten des Körpers, sondern mit dem Gang des Geistes [...], damit ihr nicht der Finsternis anheimfallt, der Finsternis der Teilungen und Schismen, der Finsternis so vieler Irrtümer und Häresien«. Es geht um das Verhältnis der Kirche zu ihrem Haupt, dem *caput primarium* Christus, das durch ein eheliches Band mit der Kirche verbunden ist. Sie können sich nicht den Scheidungsbrief geben. Das *caput secundarium* aber, der Papst als *vicarius Christi* (= Stellvertreter Christi), ist der Kirche nicht ehelich verbunden, und so »können sie sich gegenseitig den Scheidungsbrief geben«. Dem Konzil kommt in diesem Denken eine entscheidende Rolle zu: »Die Kirche und das sie repräsentierende Generalkonzil ist die Regel, die vom Heiligen Geist gesetzt, von Christus überliefert wurde, der jedermann, welchen Standes auch immer, und wenn es sogar der päpstliche wäre, sie zu hören und ihr zu gehorchen verpflichtet ist, wenn er nicht als Heide oder Zöllner gelten will«.

Ein Konzil könne auch ohne die ausdrückliche Zustimmung des Papstes, auch eines rechtmäßig gewählten und lebenden, versammelt werden, wenn er sich weigert, ein solches zu berufen, um *materiae grandes,* wichtige Gegenstände, die Lenkung der Kirche betreffend, zu beschließen [...]. Ein anderer Fall tritt ein, wenn Zweifel über mehrere, die das Papsttum beanspruchen, bestehen. Mit dieser Predigt gelang es Gerson, die Stimmung zu beeinflussen und die Richtung des Vorgehens zu bestimmen.

Jean Charlier, 1363 in dem kleinen Weiler Gerson in der Grafschaft Rethel in bescheidenen Verhältnissen geboren, studierte seit 1377 am Collège de Navarre in Paris, wurde fünf Jahre später *magister artium* und studierte dann Theologie bei Pierre d'Ailly. 1393 wurde er Dekan des Kapitels von St. Donatian in Brügge, 1395 Kanzler der Pariser Universität. Als *cancellarius Parisiensis* kannten ihn die Zeitgenossen. Mit den Ehrennamen *doctor christianissimus* oder *consolatorius* (= tröstlich) zeichneten ihn die scholastischen Theologen aus.

Als Kirchenlehrer, Prediger, Dichter und Mystiker war er einer der bedeutendsten Theologen seiner Zeit. Zum Verfechter der *via concilii* wurde er erst nach dem Scheitern der Zusammenkunft von Savona, vor allem geschah dies durch seinen Traktat *De auferibilitate sponsi ab ecclesia* (= Über die Absetzbarkeit des Bräutigams von der Kirche, 1409). Ein Schismatiker sei auch ein Häretiker und könne nicht Stellvertreter Christi sein. In seinem umfangreichen Werk ging es Gerson um die Hauptfrage der damaligen Kirche, um die Beendigung des Schismas, aber vor allem um eine tiefergreifende Reform an Haupt und Gliedern. Diese durfte nicht nur von oben dekretiert, sondern musste von unten gelebt werden und beim gläubigen Individuum beginnen. Gerson schrieb daher nicht nur in der lateinischen Sprache der Gelehrten, sondern auch in der Volkssprache. Eine Fülle von katechetischen und aszetischen Werken ist überliefert; sogar seine mystische Theologie hielt er für den einfachen Christen für zugänglich. Die ›*Montaigne de contemplacion*‹ (= »Berg des Schauens«) beschreibt den Aufstieg der Seele zu Gott über den Weg der Askese und Bußübung in einfacher und verständlicher Sprache.

Gerson war auch eine der treibenden Kräfte im Prozess gegen Jan Hus. Er hatte schon im Mai 1414 den Prager Erzbischof Konrad von Vechta auf die in Böhmen grassierenden häretischen Bewegungen hingewiesen und ihn zu entschiedener Reaktion gemahnt, falls nötig auch durch die weltliche Macht. Leidenschaftlich betrieb Gerson in Konstanz auch die Verurteilung des Magisters Jean Petit. Dieser hatte den Mord an Herzog Ludwig von Orléans (1407) durch Johann Ohnefurcht von Burgund als einen erlaubten und gebotenen Tyrannenmord gerechtfertigt (*Iustificatio ducis Burgundiae*).

Diese Behauptung war bereits auf einer Pariser Synode 1413 verurteilt worden. Gerson setzte sich dafür ein, dass dieses Problem als *causa fidei* auch in Konstanz verurteilt wurde. In seinen Anklagen schreckte er vor einer Verfälschung von Petits Theorie nicht zurück. Dieser habe behauptet, dass *quilibet tyrannus* (= jeder Tyrann) beseitigt werden dürfe. So hatte es Petit aber nicht formuliert, sondern dies nur für Majestätsverbrechen und Hochverrat reklamiert. Der Herzog suchte seinerseits das Konzil durch Geschenke – große Mengen Wein – in seinem Sinn zu beeinflussen.

Die Feindschaft des Burgunders kam Gerson teuer zu stehen. Als das Konzil beendet war, konnte er nicht nach Paris zurückkehren, da Johann Ohnefurcht die Stadt in Besitz genommen hatte und ein grausames Regiment ausübte. Gerson verbrachte daher ein Jahr in Bayern und Österreich, bevor er sich nach Lyon, einer Stadt außerhalb der Reichweite der burgundischen Macht, in das dortige Cölestinerkloster zurückzog, wo sein Bruder Prior war. Dort starb er 1429.

Konklave und Papstwahl

Konzil der Einheit

Zum 550-Jahr-Jubiläum des Konstanzer Konzils im Jahr 1964 hat der Kirchenhistoriker August Franzen das Constantiense als »Konzil der Einheit« charakterisiert. Damit ist treffend umschrieben, was dem Konzil seine bis heute anhaltende Nachwirkung und die positive Einschätzung der Nachwelt gesichert hat. Es war ein »Unionskonzil«, das die Einheit der abendländischen Christenheit wiederhergestellt und mit der Wahl Martins V. das Schisma, wenn man von dem Basler Intermezzo und der Wahl eines letzten (illegitimen) Gegenpapstes einmal absieht, beseitigt hat. Der große Unterschied zum sehr viel länger tagenden Nachfolgekonzil von Basel bestand darin, dass es in Konstanz keinen unbezweifelten Papst gab, die Kirche also, wenn man hierarchisch und nicht korporativ denkt, in gewisser Hinsicht temporär »führungslos« war und sich gleichwohl aus diesem Dilemma befreite.

Vor diesem Hintergrund, nämlich dass in Konstanz hinsichtlich des päpstlichen Stuhles Sedisvakanz herrschte, da es zwar drei Päpste, aber keinen unbezweifelten Papst gab, ist denn auch die universalhistorische Leistung des Constantiense und der dort versammelten Konzilsväter zu beurteilen. Sie hatten etwas vermocht, was über nahezu 40 Jahre trotz verschiedener Anläufe nicht gelungen war, nämlich die mit dem Jahr 1378 beginnenden schismatischen Papstwahlen zu beenden und dadurch das Papsttum als geistlich-moralische Führungsinstitution der christlichen Kirche wieder so zu stabilisieren, dass es im 16. Jahrhundert sogar die Herausforderung durch den Protestantismus und die sich daraus entwickelnde Konfessionalisierung überlebt hat.

Die wundersame Lösung der nahezu unlösbar scheinenden *causa unionis* blieb so sehr im kollektiven Gedächtnis der Nachwelt haften, dass die Glaubensfrage, die *causa fidei*, die zur Hinrichtung der tschechischen Reformatoren Jan Hus und Hieronymus von

Prag führte, sowie der relative Misserfolg der *causa reformationis* erinnerungspolitisch für lange Zeit ins Hintertreffen gerieten. Das Scheitern in der Glaubens- und Reformfrage hat das Renommée und die Nachwirkung der Konstanzer Synode – trotz der tiefen Tragik der mit der so genannten Häresiefrage einhergehenden Geschehnisse und Folgeereignisse – jedenfalls nicht nachhaltig beeinträchtigen können. Das Konstanzer Konzil gilt als größtes und bedeutendstes Konzil vor dem Tridentinum. Es war, wie das der Augsburger Thomas Prischuch nach 1418 in »Des conzilis grundveste« formulierte, *zeit, daß zisma vergang, die ainkait hat geslafen lang, daß mans ufwek uß dem slaf!*

Vielen Zeitgenossen ist die Konstanzer Papstwahl, die man sich nach der komplizierten Vorgeschichte viel länger, komplizierter und anstrengender vorgestellt hatte, denn auch wie ein Wunder vorgekommen, das weniger auf menschliche Einwirkung als vielmehr auf das Walten des Heiligen Geistes zurückgeführt wurde. Das hatte gewiss auch mit der akuten Notlage zu tun, in der sich die Kirche jener Zeit befand. Umso größer war die Freude über den Erfolg: *Et sic habet ecclesia Dei unicum et indubitatum visibilis ecclesiae pastorem* – »und so hat die Kirche Gottes wieder einen einzigen und unbezweifelten Hirten der allgemeinen Kirche« schrieb voller Freude der Gesandte der Wiener Universität und Teilnehmer des Konzils Peter von Pulkau seinen gelehrten Kollegen. Der Generalprokurator des Deutschen Ordens Peter von Wormditt schrieb am 11. November 1417 anlässlich der Wahl des neuen Papstes: *Des wir alle gefroyet syn.*

Wenn das Konstanzer Konzil in der Geschichte der Kirche also eine besondere Stellung einnimmt, so hat dies nicht nur mit seiner Berufung, seiner Zusammensetzung, seiner Geschäftsordnung, seinem Abstimmungsmodus, sondern auch mit der Wahl des Papstes zu tun, die in dieser Form gewiss ganz einmalig und der Zenit dieser Kirchenversammlung gewesen sein dürfte. Die besondere Art und Weise, wie man bei der Wahl des neuen Konzilspapstes vorging, wird denn auch nur verständlich, wenn man die besonderen historischen Umstände in Rechnung stellt, die zu ihr geführt haben. Die Konstanzer Papstwahl und ihre Vorgeschichte kann, wie das Karl August Fink formuliert hat, eigentlich nur »aus den eigenartigen Verhältnissen des Großen Schismas verstanden werden«.

Die Konstanzer Papstwahl

Was in Konstanz im November 1417 stattfand, war in jedem Fall keine normale Papstwahl, sondern ein Novum, da der Amtsvorgänger Johannes XXIII. zwar nicht verstorben oder vom Glauben abgewichen (*papa a nemine iudicatur, nisi deprehendatur a fide devius*), aber – durch seine Flucht und den damit einhergehenden Versuch, das Konzil zu sprengen bzw. zu verlegen – doch »moralisch« versagt hatte, was schließlich zur Aufhebung seiner Gerichtsimmunität und zu seiner Absetzung in der 12. Session am 29. Mai 1415 führte.

Damit war das Constantiense für die Zeit vom 21. März 1415 bis zum 11. November 1417 zum Konzil ohne Papst geworden. Es stellte sich deshalb die zentrale Frage, wer außer dem König, der jetzt die Leitung des Konzils mehr oder weniger übernahm, diese Lücke füllen könnte. Welche Rolle sollten etwa die Kardinäle während der Sedisvakanz des päpstlichen Stuhles und – vor allem – welche Rolle sollten sie bei der anstehenden Papstwahl spielen? Wie sollte die Wahl des Papstes ablaufen?

Um die Besonderheiten der Konstanzer Ereignisse des Jahres 1417 verstehen zu können, ist deshalb ein kurzer Blick in die Geschichte der Papstwahl sowie des Kardinalats nötig. Denn die Wahl des Papstes wird, wie Horst Fuhrmann gezeigt hat, »nach Regeln vollzogen, die erst allmählich im Laufe von beinahe einem Jahrtausend zu einem festen Verfahren zusammengewachsen sind«. Die entscheidende Zäsur stellt in diesem Zusammenhang das Zeitalter der Kirchenreform und insbesondere das Jahr 1059 dar.

Denn das Papstwahldekret Papst Nikolaus II. (1058–1061), das in diesem Jahr im Rahmen einer römischen Synode erging, hatte aus den Kardinalbischöfen, den gottesdienstlichen Helfern und Beratern des Papstes an den Titelkirchen von Rom, die unabhängigen Wähler des Papstes gemacht. Der Grund für diesen in der Geschichte des Papsttums wichtigen Einschnitt war die Tatsache, dass man im Kontext der hochmittelalterlichen Kirchenreform und des damit einhergehenden Gedankens der *libertas ecclesiae*, der Freiheit der Kirche, das Papsttum aus der Abhängigkeit des stadtrömischen Patriziats bzw. Adels befreien wollte.

Man spricht deshalb für die erste Hälfte des 11. Jahrhunderts auch vom »Adels- oder Tuskulanerpapsttum«, weil stadtrömische Adelsgeschlechter (besonders Tuskulaner, Crescentier usw.) relativ eigenmächtig über die Besetzung des päpstlichen Stuhles bestimmten, was u. a. dazu führte, dass 1046 drei, teilweise simonistisch ins Amt gelangte Päpste (Gregor VI., Benedikt IX., Silvester III.) durch den salischen König Heinrich III. (1039–1056) auf den Synoden von Sutri und Rom »abgesetzt« werden mussten, weil dieser sich nicht von einem Papst zum Kaiser krönen lassen wollte, dessen Legitimität in Zweifel stand. Er bestimmte daraufhin nacheinander mehrere deutsche Bischöfe zu Päpsten.

Das Ergebnis des Dekrets von 1059 war jedenfalls, dass es künftig feste Regeln gab, wer von wem ins Papstamt gewählt werden konnte; die römische Kirche hatte sich also von stadtrömischen Einflüssen emanzipiert, schloss sich nach außen hin ab und rekrutierte die künftigen Päpste, die so genannten *papabili*, aus der Mitte ihrer Kardinäle (von lat. *cardo* = Türangel). Diese waren ursprünglich Diakone und Priester an den »Angelkirchen«, den Hauptkirchen Roms, und nahmen vornehmlich liturgische, karitative und beratende Aufgaben wahr.

Die Kardinäle, deren Position durch das Reformpapsttum des 11. Jahrhunderts eine wesentliche Stärkung erfuhr, bestimmen fortan die Wahl eines neuen Papstes. 1179 wurde durch Papst Alexander III. (1159–1181) auf einem Laterankonzil im Blick auf eine geregelte Wahlhandlung noch zusätzlich festgelegt, dass der gewählte Kandidat eine Zweidrittelmehrheit der Stimmen auf sich vereinigen müsse. Denn bei seiner Wahl 1159 war es diesbezüglich zu Unregelmäßigkeiten und Handgreiflichkeiten gekommen.

Man sieht an diesem Beispiel, dass nahezu jede Vorschrift der Wahlprozedur irgendwann einmal, wie das Fuhrmann formuliert hat, Antwort auf eine besondere, zu einer Reform zwingenden Situation gewesen ist. Um beispielsweise die Wahl eines neuen Papstes möglichst kurz und zeitlich überschaubar zu halten, wurde im Jahr 1241 erstmals nachweislich ein Konklave durchgeführt, das zur Wahl Papst Coelestins IV. (1241) führte, der allerdings bereits kurz danach – entkräftet durch das vorangegangene qualvolle Wahlprocedere – verstarb. Das

Wort *Con-clave* bedeutet »mit dem Schlüssel« (von lat. *con* = mit und *clavis* = Schlüssel), d. h. »verschlossen«. Der Begriff bezeichnete seit alters her jeden abschließbaren Raum und war zunächst keineswegs für kirchliche Zwecke reserviert. Erst im Laufe der Zeit erfolgte eine Begriffsverengung auf das päpstliche Wahlkonklave, das in einem von außen abgeschlossenen Raum stattfinden sollte. Für den Chronisten Richental sind die Kardinäle ein Kollegium, *die dann sind und erwellen sond und die man inschlüßen* [einschließen] *sol.*

Von Papst Gregor X. (1271–1276) wurde 1274 auf dem fünften allgemeinen Konzil in Lyon eine feste Konklaveordnung (»Ubi periculum«) für die Papstwahl geschaffen, die in der Folgezeit Gültigkeit haben sollte. Er zog damit die Konsequenzen aus seiner eigenen Wahl, die erst nach einem fast dreijährigen Konklave erfolgte. Die Kardinäle sollten durch diese Ordnung, die etwa auch die strenge Rationierung von Speisen und Getränken vorsah, zu einem schnellen Wahlabschluss gedrängt werden, so dass nach Möglichkeit eine längere Vakanz des päpstlichen Stuhles vermieden werden konnte.

Zu Beginn des 15. Jahrhunderts lassen sich, was die historisch gewachsene Ordnung der Papstwahl anbelangt, mithin drei wesentliche Elemente unterscheiden, die aber – aufgrund der besonderen Konstanzer Wahlumstände – modifiziert werden mussten: die Kardinäle als Papstwähler, die Zweidrittelmehrheit der Stimmen für den gewählten Papst und das Konklave zur Beschleunigung der sich teilweise recht lange hinziehenden Wahlhandlung.

Die Kardinäle als Papstwähler

Zunächst gab es das Problem, dass das Kardinalskollegium zur Zeit des Konzils sehr einseitig zusammengesetzt war. Das hatte mit der Verlegung der römischen Kurie ins südfranzösische Avignon zu Beginn des 14. Jahrhunderts, aber auch mit den besonderen Umständen des Schismas ab 1378 zu tun, die sich in der ungleichmäßigen Zusammensetzung des Kollegiums widerspiegelten. Abgeshen von den drei spanischen Kardinälen Benedikts XIII., die in Konstanz nicht anwesend waren, bestand das Kollegium zur Zeit des Konzils aus 15 Italienern, sieben Franzosen und einem Spanier. Es gab ferner, was man ebenso wissen muss, keinen Kardinal, der nicht unter schismatischen Bedingungen erhoben worden wäre. Viele waren erst unter Johannes XXIII. ins Kardinalsamt gelangt.

Hätte man unter diesen Bedingungen auf traditionelle Weise, wie es das Papstwahldekret vorschrieb, gewählt, wären die deutsche und englische Nation, die über keinen Kardinal verfügten, von vornherein ohne jeden Einfluss geblieben und es hätten Kardinäle gewählt, deren Legitimität, da sie durchweg von schismatischen Päpsten erhoben worden waren, nicht zweifelsfrei war. Das hätte mit Sicherheit dazu geführt, dass ein unter diesen Umständen gewählter Papst kaum allgemeine Anerkennung gefunden hätte, was aber das erklärte Ziel des Konstanzer Konklaves war: Das Schisma sollte durch einen *verus, unicus et indubitatus pontifex*, einen wahren, einzigen und unzweifelhaften Papst endgültig beendet und die Einheit der Kirche wiederhergestellt werden.

Die Konklaveregelungen mussten also dergestalt sein, dass die kommende Wahl in jeder Hinsicht gegen künftigen Einspruch abgesichert war und niemand einen Grund zur Obödienz- bzw. Gehorsamsverweigerung bot. Dazu bedurfte es eines völlig neuen Wahlverfahrens, das es weder früher noch später jemals wieder in dieser Form bei einem Konklave gegeben hat. Insofern ist die Konstanzer Papstwahl des Spätjahres 1417 durchaus etwas Besonderes und nur vor dem Hintergrund der aporetischen Situation, in die sich das Papsttum seit 1378 selbst manövriert hatte, zu verstehen.

Was die Rolle des Kardinalskollegiums anbelangt, so wirkten außerdem die negativen Erfahrungen des Pisaner Konzils von 1409, das als Konzil der Kardinäle gilt, auf das Constantiense zurück. Denn dort hatten die Kardinäle beider Obödienzen in der Lösung der Schismafrage die Führung übernommen, aber durch die Wahl eines dritten schismatischen Papstes, nämlich Alexanders V. und später Johannes' XXIII., die Situation der Kirche nicht verbessert, sondern eher noch verschlimmert. Es war also, was die Beteiligung der Kardinäle anbelangte, Vorsicht geboten, wenn man das Schisma tatsächlich beenden wollte. Ihr aufrichtiges Bestreben, die Einheit der Kirche wiederherzustellen, hatte in Pisa zu keinem Erfolg geführt.

Darüber hinaus war die Reputation des Kollegiums im frühen 15. Jahrhundert schwer angeschlagen. Es gab durchaus zeitgenössische Stimmen, die der Meinung waren, dass die Kardinäle die Hauptschuldigen am Großen Abendländischen Schisma seien, da sie aufgrund ihrer Uneinigkeit 1378 in kurzer Zeit hintereinander zwei Päpste gewählt hätten. Es war, worauf Heinrich Finke hinwies, der Kampf um vermeintliche Rechte und Privilegien ihres Standes, welcher sie zu dieser verhängnisvollen Doppelwahl bewog, deren für die Gesamtkirche fatale Folgen erst 1417 beseitigt werden konnten. Die prinzipielle Schwäche des Kardinalskollegs zeigte sich in Konstanz vor allem daran, dass sein angestammtes Wahlprivileg temporär außer Kraft gesetzt wurde, nicht die Kardinäle, sondern das Konzil bestimmte, wie die Wahl vor sich gehen sollte.

Die Rolle der Nationen

Das hatte nicht zuletzt damit zu tun, dass man auf irgendeine Weise die Nationen, die bereits auf dem Pisanum 1409 eine wichtige Rolle gespielt hatten, an der Lösung der Unions- und Schismafrage beteiligen musste. Sie spielten in Konstanz sowohl als Beratungs-, Stimm- und Konzilsorgane bekanntlich eine zentrale Rolle und konnten auch bei der anstehenden Papstwahl nicht übergangen werden. Durch den Einbezug der Konzilsnationen konnte auch das Manko der ungleichmäßigen Zusammensetzung des Kardinalskollegiums, in dem etwa weder Engländer noch Deutsche vertreten waren, ausgeglichen werden.

Die Kardinäle – namentlich Guillaume Fillastre und Pierre d'Ailly – brachten deshalb am 29. Mai 1417 von sich aus den Vorschlag »Ad laudem« ein, wonach die Nationen im Papstwahlgremium vertreten sein sollten, ohne aber die Kardinäle überstimmen zu können; beide Gremien müssten für eine gültige Papstwahl je eine Zweidrittelmehrheit erreichen. Der endgültige Wahlmodus wurde jedoch erst sehr viel später, nämlich in der 40. Session am 30. Oktober 1417, festgelegt. Er folgte dem französischen Vorschlag, dass alle fünf Nationen je sechs Vertreter in das Konklave entsenden und zusammen mit den Kardinälen den neuen Papst wählen sollten.

Mit den 23 Kardinälen, die in Konstanz präsent waren, und den 30 Vertretern der fünf Nationen würde es insofern insgesamt 53 Papstwähler geben. Man darf in diesem Zusammenhang auch nicht vergessen, dass die Konstanzer Papstwahl aufgrund ihrer Besonderheit und der verfahrenen Situation an der Spitze der Kirche einen ebenso langen wie komplexen Abstimmungsprozess voraussetzte, der bereits 1415 begann und erst 1417 nach langwierigen Verhandlungen durch die Initiative der Könige Sigmund und Ferdinand I. von Aragón (1412–1416) abgeschlossen werden konnte.

Dieser Prozess war deshalb so schwierig, weil er möglichst konsensual, also unter Einbezug aller Beteiligten (auch der schismatischen Päpste und deren Obödienzen), vonstatten gehen musste. Die Wahl musste, sollte sie kanonisch unanfechtbar sein, unbedingt einhellig erfolgen. Das war das Ziel. Das Konzil hatte deshalb bereits in der 12. Session am 29. Mai 1415 ausdrücklich jede Form einer Papstwahl, die *sine deliberatione et consensu*, d. h. ohne vorherige Abstimmung und Übereinstimmung, zustande kommen sollte, verboten. Auch durfte keiner der drei schismatischen Päpste wiedergewählt werden.

Das Konzil sollte weiterhin nicht auseinandergehen, bevor nicht ein neuer Papst gewählt und damit die Einheit der Kirche wiederhergestellt worden sei. Man hätte in Konstanz also, selbst wenn man gewollt hätte, nicht einfach *tabula rasa* machen und einen neuen Papst wählen können. Das war bereits in Pisa 1409 schief gegangen und sollte sich in Konstanz keinesfalls noch einmal wiederholen. Das heißt, die Konzilsväter mussten vor der Papstwahl die Frage beantworten, wie sie nach der Flucht Johannes XXIII. mit den beiden verbliebenen Päpsten Gregor XII. und Benedikt XIII. umgehen wollten.

Da man, wie bereits angedeutet, Päpste als Stellvertreter Christi auf Erden, kirchenrechtlich betrachtet, nicht einfach absetzen bzw. verurteilen konnte (*prima sedes a nemine iudicatur*), weil sie in gewisser Hinsicht Gerichtsimmunität besaßen, setzte die Klärung der Situation ein längeres kirchenrechtlich fundiertes Verfahren voraus, das von allen Konzilsmitgliedern gutgeheißen und approbiert werden musste, bevor man zur Neuwahl schreiten konnte.

Gregor XII. und Benedikt XIII.

Da der römische Papst Gregor XII. aus freien Stücken zu einem ehrenvollen Rücktritt bereit war, gestaltete sich seine Abdankung nicht so schwierig. Seine Bedingung war allerdings, dass das Konstanzer Konzil, das er nicht anerkannte, weil es von Johannes XXIII. einberufen worden war, noch einmal durch einen Kardinal seiner Obödienz in seinem Namen einberufen und autorisiert werden sollte – es handelte sich um Giovanni Dominici –, bevor er zurücktreten könnte. Das geschah in der 14. Session am 4. Juli 1415, auf der Gregor dann offiziell durch seinen Prokurator Carlo Malatesta von Rimini seinen Rücktritt erklären ließ. Der nun ehemalige Papst Gregor wurde darauf zum Kardinalbischof von Porto und Legaten der Mark Ancona ernannt.

Mit der Vereinigung der römischen und pisanischen Obödienz war nach dem Rücktritt Gregors XII. zwar ein erster, aber noch keineswegs zureichender Schritt auf dem Weg zur Einheit der Kirche getan. Denn es hing jetzt alles von der Frage ab, wie sich der Papst der avignonesischen Obödienz, wie sich Benedikt XIII. verhalten würde bzw. ob er und die spanische Nation sich dem Konstanzer Konzil anschließen oder verweigern würden. Spanien kam deshalb in der zweiten Phase des Konzils bei der Lösung der Unionsfrage eine Schlüsselrolle zu. Diese Frage war aber nicht mehr in Konstanz zu lösen.

Sigmund, der nach der Flucht des Konzilspapstes mehr und mehr im Sinne eines *advocatus ecclesiae*, eines Schutzherrn der Kirche, die konziliare Führungsrolle übernommen hatte und in den Konzilssitzungen auch stets *in corona et habitu imperiali*, mit Krone und den entsprechenden kaiserlichen Insignien bzw. Herrschaftszeichen, auftrat, brach deshalb am 19. Juli 1415 mit einer großen Konzilsdelegation, die mehrere Tausend Personen umfasste, zu Verhandlungen mit Benedikt XIII. und seiner Obödienz, zu der auch König Ferdinand von Aragón gehörte, nach Narbonne auf. Erst am 27. Januar 1417, mithin nach mehr als 1½ Jahren, kehrte er nach seiner spanisch-französisch-englischen Reise wieder nach Konstanz zurück, um das Konzil fortzuführen.

Durch die Reise des Königs wurde nicht nur ein neuer Schauplatz eröffnet; es veränderte sich auch der Charakter des Konzils, das für nahezu die Hälfte der Konzilsdauer ohne den König auskommen musste und so im Juli 1415 nicht nur zu einem papst-, sondern auch zu einem königlosen Konzil wurde. Denn in der Zeit der königlichen Abwesenheit blieb es mehr oder weniger sich selbst überlassen und arbeitete nur eingeschränkt weiter, zumal der König von den Synodalen ausdrücklich verlangte, dass während seiner Abwesenheit in den wichtigeren Fragen keine Entscheidungen zu treffen waren.

In Konstanz kehrte, wie Richental berichtet, nach der Abreise des Königs konziliarer Alltag ein. Man richtete Turniere aus und organisierte Tänze für die Frauen: *Och wurdent von den fürsten, ritter und knechten vil gestäch umm ring, und darnach den fröwen ainen tantz. Und sollich schön leben zergieng allweg mit lieby und früntschaft.* Viele von den weltlichen Konzilsteilnehmern verließen deshalb die Versammlung und kamen erst nach der Rückkehr des Königs wieder nach Konstanz. Sigmund hatte während seiner Abwesenheit den Pfalzgrafen und Kurfürsten Ludwig als seinen Stellvertreter und Konzilsprotektor bestimmt. Das Konzil wurde während der königlichen Abwesenheit zwar weitergeführt, musste aber zusammengehalten werden. Kein Synodale hatte das Recht, Konstanz ohne die Erlaubnis des Konzils zu verlassen.

Im Gegensatz zu den weltlichen Konzilsteilnehmern waren also die geistlichen zum Bleiben verpflichtet. Sie sollten sich zwar mit der Reformmaterie beschäftigen, *set tamen nichil concluderetur neque statueretur, donec esset reversus,* wie Fillastre notiert, »aber nichts beschließen oder festsetzen, bis Sigmund wieder nach Konstanz zurückgekommen wäre«. Ferner sollten jeden Sonntag bis zur Rückkehr des Königs eine Bittprozession und eine *missa solemnis,* eine feierliche Messe, gehalten werden, um für den Erfolg der königlichen Reise zu beten. Die Konzilsväter beschäftigten sich nun also mit konziliaren Sachfragen im engeren Sinne: der Häresiefrage, dem Streit zwischen Burgund und Orléans um die Frage des Tyrannenmords, dem Konflikt zwischen Polen und dem Deutschen Orden, der Griechenunion, innerkirchlichen Reformfragen usw.

Die Verhandlungen mit Papst Benedikt XIII. gestalteten sich, wie wir bereits oben im Kapitel über die Aufgaben des Konzils erfahren haben, sehr viel schwieriger als die mit Gregor XII. König Ferdinand von Aragón und Papst Benedikt hatten sich bereits vorbereitend im Sommer 1414 in Morella getroffen, wo es u. a. um die Frage ging, inwiefern die Entscheidungen des Pisaner Konzils von 1409 – vor allem die Absetzungsurteile – als legitim zu betrachten seien. In Perpignan – nicht in Nizza, wie ursprünglich geplant – trafen sodann am 21. September 1415 die Könige Sigmund und Ferdinand sowie Papst Benedikt XIII. zusammen. Auch der Tiroler Ritter Oswald von Wolkenstein, der 1415 in den Dienst Sigmunds getreten war, aber schon bald im Auftrag des Königs eine große Gesandtschaftsreise über England und Schottland nach Portugal und später Südfrankreich antrat, muss hier mit von der Partie gewesen sein. Sein Lied »Es ist ein altgesprochner rat« (Kl. 19), dessen Schauplatz nicht die Konzilsstadt, sondern Frankreich und Spanien ist, berichtet davon, wobei es allerdings weniger um konziliare Ereignisse als vielmehr um Späße, Begegnungen mit Frauen, Prozessionen und Feste geht.

Doch die von Sigmund, Ferdinand und Benedikt geführten Zessionsgespräche scheiterten, was sich bereits auf der Konferenz von Morella angedeutet hatte. Papst Benedikt verlangte, dass das zu Pisa gegen ihn gerichtete Urteil für ungültig erklärt würde. Zu einer bedingungslosen Abdankung war er – trotz der Intervention des hl. Vicent Ferrer – nicht bereit. Er sei der einzige legitim erhobene Kardinal, da seine Erhebung als einzige in die Zeit vor dem Schisma zurückreiche. So habe auch er allein das Recht, einen Papst zu wählen, wobei er sich allerdings, das war sein einziges Zugeständnis, nicht selbst wählen wollte.

Darauf brach Sigmund die Verhandlungen ab. Die *via cessionis* führte, was Benedikt anbelangte, nicht zum Erfolg. Die Verhandlungen brachten nur insofern einen Fortschritt, als nach dem Scheitern der *via cessionis* die *via subtractionis*, der Weg des Gehorsams- bzw. Obödienzentzugs, eingeschlagen wurde. Im Vertrag von Narbonne vom 13. Dezember 1415, der mit den Königen von Aragón, Kastilien, Navarra und Schottland sowie den Pyrenäengrafschaften Foix und Armagnac geschlossen wurde, konnte der größte Teil der Anhängerschaft Benedikts zum Obödienzentzug und damit die spanische Nation für die Teilnahme am Konstanzer Konzil gewonnen werden.

Damit war nach der erzwungenen Abdankung Johannes' XXIII. und der freiwilligen Zession Gregors XII. der nächste Schritt getan und nach Walter Brandmüller eine wichtige Voraussetzung für die

»Wiedervereinigung der Kirche des Abendlandes« geschaffen. Die *Capitula Narbonensia* stellten ohne Zweifel einen großen Erfolg und in gewisser Hinsicht einen Wendepunkt des Konzils dar, zumal Benedikt zwar nicht auf sein päpstliches Amt verzichtet, aber – machtpolitisch betrachtet – doch jegliche weltliche Unterstützung verloren hatte.

An dieser Stelle ist besonders die Rolle des aragonesischen Königs Ferdinand zu betonen, der durch seinen Obödienzwechsel bzw. Obödienzentzug, den er am 6. Januar 1416 vollzog, wesentlich zum Gelingen der Union beigetragen hatte, aber bereits am 2. April nach vorangehender langer Krankheit – einem schweren Nierenleiden – in Igualada verstarb. Anlässlich seines Todes wurde am 30. April 1416 im Konstanzer Münster eine prunkvolle Totenfeier abgehalten.

Die *Capitula* wurden am 4. Februar 1416 vom Konzil bestätigt bzw. ratifiziert. Als die Nachricht vom Narbonner Vertrag in Konstanz am 29. Dezember 1415 eintraf, wurde eine Messe gefeiert, es wurden die Glocken geläutet und die Trompeter posaunten die Frohbotschaft durch die Stadt: *Mornends an dem mentag frü, do hieß hertz[og] Ludwig von Payern von Haidelberg durch die statt ze Costentz rüffen, daz menglich firen solte biß ze mittag. Und halt alle pfaffhait ain loblich gesungen mess von der hailgen drivaltikait. Und warent by der mess all fürsten und weltlich herren. Und lut man aber laudes zů drin malen. Darnach hettend sy ain crützgang umb daz münster mit allem hailtumb. Und die wil lut man all gloggen.* Der Vertrag von Narbonne hatte, wie das Walter Brandmüller formuliert,»den Weg der Spanier zum Konzil eröffnet«.

Die Konstituierung der spanischen Nation erwies sich jedoch als äußerst schwieriges Unterfangen, das sich von September 1416 bis Juni 1417 hinzog. Am 15. Oktober 1416 vereinigten sich die ersten (aragonesischen) Vertreter der ehemaligen Anhängerschaft Benedikts mit dem Konzil, nachdem sie bereits am 5. September in der Konzilsstadt angekommen waren; sie bildeten neben der deutschen, italienischen, französischen und englischen die fünfte, die spanische Nation, die Ende Dezember 1416 durch die Delegierten von Foix und Navarra sowie im Juni 1417 durch die Inkorporation von Kastilien vervollständigt wurde, dessen Vertreter bereits seit Ende März 1417 in der Stadt waren. In der 23. Session, am 5. November 1416, begann

179

nach kanonischem Recht der Absetzungsprozess gegen Benedikt, der, weil er sich geweigert hatte, auf das Papstamt zu verzichten und damit das Schisma verlängerte, als Schismatiker bezeichnet und verurteilt werden konnte.

Die Modalitäten der Wahl

Nachdem der König im Januar 1417 von seiner Reise nach Spanien, Frankreich und England wieder nach Konstanz zurückgekehrt war, fing man im Sommer an, über den Termin und die Formen der Wahl eines neuen Papstes nachzudenken. Das hatte einerseits mit dem Anschluss der Aragonier, der Navarresen sowie der Kastilier an das Konzil zu tun, der endgültig im Frühjahr 1417 erfolgte. Andererseits erbaten sich die kastilischen Gesandten am 5. April 1417 dezidiert Auskunft bezüglich des Wahlverfahrens. Nach allem, was vorgefallen war, musste es – vor allem, wenn man an die fünfte *sessio generalis* vom 6. April 1415 und die Promulgation des Superioritätsdekrets »Haec sancta« denkt – die Sache des Konzils sein zu beschließen, wie die Papstwahl vonstatten gehen und das Schisma und damit die Spaltung der Kirche beendet werden sollte.

Die Lösung bestand darin, dass die Wahl ausnahmsweise nicht nur durch das Kardinalskollegium, das nach der Flucht des Konzilspapstes massiv an Reputation verloren hatte, sondern auch durch Vertreter der einzelnen Nationen vorgenommen werden sollte, d. h. außer den 26 Kardinälen, von denen 23 in Konstanz anwesend waren, sollten je sechs Delegierte der fünf Nationen wählen. Für die gültige Wahl waren eine Zweidrittelmehrheit des Kardinalkollegs und zwei Drittel der Wählerstimmen jeder Nation erforderlich.

Damit war die Wahl nicht nur kanonistisch, sondern auch politisch weitestgehend abgesichert, so dass es keine Widersprüche gegen das Ergebnis geben würde. Bevor jedoch zur Wahl geschritten werden konnte, musste der so genannte Prioritätenstreit ausgestanden werden. Es ging dabei um die Frage, ob die Reform der Kirche vor oder nach der Papstwahl erfolgen sollte. Die Frage war berechtigt, denn man musste annehmen, dass ein neu gewählter Papst nicht in der Weise reformwillig sein würde, wie dies für das papstlose Konzil anzunehmen war.

Die deutsche und die englische Nation waren zusammen mit dem König der Meinung, dass die Reform vor der Wahl stattfinden sollte. Der König verfocht mit allen ihm zur Verfügung stehenden Mitteln die Priorität der Reform vor der Papstwahl. Die romanischen Nationen (Franzosen, Spanier, Italiener) sahen das jedoch anders: Sie hätten es bevorzugt, wie Richental sagt, *daz man gewellet hett und darnach reformaciones genommen hett.* Das galt auch für das Kardinalskollegium, das in diesem Punkt mit König Sigmund nicht einig ging und auf die vorrangige »Beseitigung der Anomalie einer papstlosen Kirche« (Heinrich Finke) drängte.

Zur Wende in der Streitfrage kam es erst, als am 4. September 1417 Robert Hallum, Bischof von Salisbury, starb. Er war ein enger Bundesgenosse Sigmunds und hatte den König im Prioritätenstreit unterstützt. Die englische Nation nahm jedoch den Tod Hallums zum Anlass, um die Seite zu wechseln. Sie trat, veranlasst durch eine Entscheidung des englischen Königs Heinrichs V., den romanischen Nationen bei und veränderte damit ihre Konzilspolitik.

In diesem Zusammenhang spielte Henry Beaufort, Bischof von Winchester und Onkel Heinrichs V. von England, eine wichtige Rolle. Er traf anlässlich einer Pilgerfahrt nach Jerusalem 1417 in Konstanz ein und übernahm eine Vermittlungsrolle zwischen Sigmund und den Kardinälen, die sich bislang nicht hatten einigen können. Die Lösung des Prioritätenstreits bestand schließlich in einem Kompromiss. Die Reform sollte zwar nach der Papstwahl stattfinden, aber Reformdekrete, die bereits abstimmungsreif seien, sollten noch vor der Wahl beschlossen und dekretiert werden.

In der 39. Sitzung des Konzils am 9. Oktober 1417, also ungefähr einen Monat vor der Papstwahl, wurden daher fünf wichtige Reformdekrete erlassen, zu deren Umsetzung der neue Papst verpflichtet sein sollte. Dazu zählte auch das berühmte Dekret »Frequens«. Es schrieb dem Papst die periodische Abhaltung von Konzilien zur Reform der Kirche vor, was mit der Primatsidee nur schwer vereinbar war. Das bedeutete, dass das Konzil als Institution perpetuiert, d. h. zu einem festen Verfassungs- und Reformelement im Leben der Kirche werden sollte.

Am 19. April 1418 wurde auch gleich der nächste Tagungsort, nämlich Pavia, festgelegt.

Der Text dieses Reformdekrets lautet in der deutschen Übersetzung von Hans Schneider: »Regelmäßig tagende Konzile sind das beste Instrument zur Kirchenreform. Daher wird durch diesen Erlass auf immer eine Periodizität der allgemeinen Konzile in festen Intervallen angeordnet; das nächste Konzil soll nach fünf, das übernächste nach weiteren sieben Jahren, die folgenden sollen in zehnjährigem Abstand abgehalten werden«. In der 40. Sitzung am 30. Oktober 1417 wurde der künftige Papst schließlich zur Reform der Kirche noch vor Beendigung der Synode verpflichtet und auch der endgültige Wahlmodus von den Nationen beschlossen.

Das Konklave im Kaufhaus

Die Wahl eines neuen Papstes, zu der nach der Klärung des Wahlmodus nun geschritten werden konnte, war zweifellos der Höhepunkt des Konstanzer Konzils. Am 8. November 1417 zogen die Papstwähler bei Regen kurz vor Sonnenuntergang feierlich in das Konklave ein. Man hatte, wie Richental berichtet, ausnahmsweise früher zu Mittag gespeist. Zuvor hatte morgens im Münster ein feierlicher Gottesdienst stattgefunden, um den Beistand des Heiligen Geistes für die Wahl des künftigen Papstes zu erbitten.

Die Predigt hielt der Bischof Giacomo Arrigoni von Lodi zum Thema *Eligite meliorem* – »Wählt den Besten«. Anschließend wurden, wie Fillastre berichtet, die Konklavebestimmungen Papst Clemens VI. (1342–1352) verlesen, die hinsichtlich der Speisen und Getränke nicht ganz so streng waren, wie dies Papst Gregor X. in »Ubi periculum« 1274 festgelegt hatte. Hernach wurden die Konklavewächter bestimmt, die Namen der Papstwähler öffentlich bekannt gegeben und das Verbot ausgesprochen, nach römischem Brauch Hab und Gut des zum Papst gewählten Kardinals zu plündern.

Danach zogen die Wähler in Prozession vom Oberen Münsterhof, wo man sich versammelt hatte, zum Kaufhaus, und wurden hier wie dort vom König, wie Richental berichtet, empfangen und vereidigt: *Dannoch rittend in das concilium die xxiij cardinäl, ie ainer nach dem andern, und die drißig herren von den naciones. Und rait unßer herr der küng vor inn allen. Und all fürsten mit im biß zů dem kofhus und stůnden da ab vor den schranken und hůben da, biß sy all hin in komen.* Die Prozession wurde vom Titularpatriarchen von Antiochien, Jean Mauroux, der wie ein Papst angezogen war, begleitet. Er gab der Gruppe der Papstwähler den Segen und empfahl sie der Heiligen Dreifaltigkeit.

Der Zug war vom König zum Kaufhaus geführt worden, das durch Gatter von der Stadt abgegrenzt war: *Do rait unßer herr der küng des ersten mit den fürsten ab dem hoff zů dem conclavi zů dem kofhus, daz da ståt ze niderst an dem Merkstatt* [Marktstätte]. *Und stůnd ab und knüwt uff sine knüw. Darnach rittend sy all nach ain ander ieglicher besonder och zů dem conclavi für den küng und stůndent ab iren pfärden, und santend die pfärd und die knecht wider in ir herberg. Und gieng ieglicher inhin zů dem gatter, ieglicher nit mer dann mit ainem priester und ainem schůler. Do gnadet unßer herr der küng ieglichen besonder und batt sy, daz sy ir werk mit der hilff des hailgen gaistes vollbrächtind, und daz sy kain misshellung nit machtind.*

Darauf geleitete der König jeden Papstwähler persönlich in den umschränkten und abgegrenzten Raum des Konklaves. Der Bezirk des Kaufhauses bildete mithin einen durch bewachte *gätter* (= Gatter) geschlossenen Raum. Niemand durfte ihm, wie Sigmund angeordnet hatte, näher als einen Armbrustschuss kommen. Die Wähler zogen sodann in Begleitung ihrer Bediensteten in das Konklave. Sie wurden vom König ermahnt, die Wahl im Sinne des Heiligen Geistes, d. h. einträchtig, vorzunehmen und sich jeglicher Uneinigkeit und Zerwürfnisse zu enthalten.

Nachdem Sigmund als letzter das Kaufhaus verlassen hatte, wurde dieses vom Hochmeister von Rhodos verschlossen *und belaib davor nacht und tag.* Der Rat der Stadt und der König hatten zusätzlich Wachen aufgestellt, die den Zugang und das Essen kontrollierten. Vom See her war ebenfalls kein Zugang möglich. Zwei Bischöfen und zwei Doktoren war die Aufgabe zugedacht, die für die Konklavisten beigebrachten Speisen und Getränke zu prüfen, die dann durch ein Fenster ins Kaufhaus gereicht wurden. Außerdem war verordnet worden, dass täglich eine Bittprozession am Kaufhaus vorbeiziehen sollte, um den Segen Gottes für die Wahl zu erbitten.

Nachdem das Konklave eröffnet worden war, waren die Papstwähler unter sich und die Papstwahl konnte beginnen. Fillastre berichtet, dass das Konstanzer Konklave zu den schönsten seit langen Zeiten gehörte. Schon im August hatten die Konzilsväter den Rat der Stadt Konstanz gebeten, ein geeignetes Gebäude zur Verfügung zu stellen, worauf die Konstanzer ihr Kaufhaus auswählten: *Erat autem conclavis locus magna valde domus communis civitatis super lacum et nulli domui contigua, in qua erant merces rerum omnium* –»In der Stadt Konstanz gab es direkt am See ein sehr großes und frei stehendes öffentliches Gebäude, in dem mit allen Dingen Handel getrieben wurde«, schreibt Fillastre. Er betont auch, dass es, wie dies auch heute noch der Fall ist, *tria magna atria*, drei große Stockwerke oder Böden, im Kaufhaus gegeben habe, einen unteren, der den Handelsgeschäften vorbehalten war, und zwei obere, die für das Konklave und seine Belange verwendet wurden.

Das Kaufhaus wurde – ähnlich wie zu Beginn des Konzils das Münster – für die Bedürfnisse des Konklaves umgebaut. Richental berichtet in seiner Chronik sehr ausführlich davon: *Daz kofhus ward vermuret* [zugemauert], *all bayen* [Fenster] *und die tür an dem kofhuß. Hie niden und hie unden an der rosstrenki was es och verschranket, untz an daz gewelb by Sant Conratz brugg* [Landungsplatz für Schiffe, die vom See und Rhein herkamen]. *Und was die wer* [Wehr] *under der brugg gantz vermachot. Und vornan an der brugg was ain tür gemacht gen dem kofhuß. Da stůndent och xij gewapoter man vor von Costentz vor dem tor, und innen an dem thor och xij von des küngs wegen. Das thor, daz ietz der Krench* [Kran zum Beladen der Schiffe] *ist, daz was gantz verrigelt. Und ussen in dem see ain armbrost schutzes verr* [ein Armbrustschuss entfernt] *warend große blöker an ainander gebunden, daz nieman herin fůr.*

In den beiden Geschossen über dem im Untergeschoss untergebrachten Waren- und Verkaufslager wurden im Kaufhaus 56 Wohnzellen für die Papstwähler eingerichtet, wobei drei für die eventuell noch ankommenden spanischen Kardinäle Benedikts XIII. frei gehalten wurden, da das Konzil ihnen, sollten sie rechtzeitig in Konstanz eintreffen, das Recht zusprach, mitwählen zu dürfen. Jedem

Papstwähler wurde also, wie Richental sagt, *ain behusung gebuwen*, d. h. eine Kammer mit einer Bettstatt und einem kleinen Tisch eingerichtet, die mit dem Namen und dem Wappen des Konklaveteilnehmers versehen war.

Zu den 56 Konklaveteilnehmern, von denen letztlich nur 53 an der Wahl teilnahmen, kamen noch die Sekretäre oder Diener der Papstwähler, die ihre Herren begleiteten. Nach Richental, der seinen Bericht vom Notar des Erzbischofs von Gnesen hatte, nahm jeder Papstwähler noch einen Bediensteten mit in das Konklave. Natürliches Licht gab es im Kaufhaus keines, da alle Fenster und Türen des ersten Stockwerks zugemauert bzw. im zweiten Stockwerk mit Bretterverschlägen geschlossen worden waren, d. h. man musste *liechter zünden*, wenn man Licht haben und nicht im Dunkeln sitzen wollte. Die Konklavisten verließen denn auch nach vier Tagen entsprechend bleich und schlecht aussehend den »Dunkelarrest«, wie Johann Marmor sagt.

Auf dem *ersten boden*, also auf dem ersten Stockwerk, in der nordwestlichen Ecke des großen Saals, zum alten Rathaus hin, wurde eine ebenfalls finstere Kapelle für Heilige Messen eingerichtet. Auch zwei Toiletten (*haimliche gemach*) – auf jedem Stockwerk eine – wurden installiert, wie Richental ausdrücklich berichtet. Der Hinweis macht deutlich, dass auch im Konstanzer Konklave des Jahres 1417, das immerhin das Große Abendländische Schisma beendet hat, neben allem anderen, was zu entscheiden war, auch an menschliche Bedürfnisse gedacht wurde. Die Toiletten waren allerdings stockfinster, aber naheliegenderweise zum See hin ausgerichtet.

Die spätmittelalterlichen Kaufhäuser waren wegen des Binnenverkehrs bevorzugt an den Häfen oder Dämmen errichtet worden. Man nannte sie wegen der Treppen oder Stufen (lat. *gradus*), die das Ein- und Ausladen der Waren bei unterschiedlichem Wasserstand erleichterten, auch Gredhäuser. Das Konstanzer Kaufhaus, das ja nicht zuletzt zur Abwicklung der Geschäfte mit *den Walhen von Mailan*, d. h. den aus Mailand stammenden italienischen Kaufleuten, errichtet wurde, stand mithin – im Gegensatz zu heute – direkt am Wasser. Man muss sich also die Aufschüttungen des 19. Jahrhunderts wegdenken, wenn man sich die Situation zur Zeit des Konzils vor Augen führen möchte. Den Seepark, wie er heute existiert, gab es nicht.

Die Kammern der Papstwähler wurden jeweils karg mit einem Tisch und einem Bett möbliert. Davor in einem kleineren *kemerli* waren die Bediensteten untergebracht. Die Wohnungen der Papstwähler wurden so verteilt, dass keiner einen Nachbarn derselben Nation hatte, mit dem er hätte sprechen, in Kontakt treten oder Verabredungen treffen können. Diese Maßnahme sollte wohl möglichen Konspirationen oder Absprachen vorbeugen. Die Teilnehmer der Papstwahl wurden, da es im Kaufhaus keine Kochgelegenheit gab, zudem täglich mit Essen beliefert.

Um eine wie auch immer geartete Kommunikation mit der Außenwelt zu verhindern, wurden die Speisen, bevor sie ins Konklave gegeben wurden, durchsucht. Dafür waren *zwen bischoff und zwen doctores* zuständig, *die inn ir essen und trinken besahend*: Getränke wurden in durchsichtigen gläsernen Behältnissen gebracht, *und warend die guttren* [Glasbehälter] *wol mäßig und daz menglich durch den win sehen mocht, daz nüntz darinn lag*, Fische, Brot und Fleisch wurden zerschnitten, um eventuelle Ingredienzien, die ins Konklave geschmuggelt werden sollten, aufzuspüren, das Gemüse wurde mit Löffeln untersucht.

Die Nahrungsmittel wurden in Bütten oder, wie es in der Chronik heißt, in *gelten* bzw. Holzwannen geliefert. Vielleicht hat man ähnliche Geräte zur Weinlese verwendet: *Jeglicher herr, der da innen waz, hatt ain geltlin, gemacht als groß, als da man junge kind inn badet. Die warend alle beschützt* [mit zwei Öffnungen für die Tragestangen versehen] *und suber gemālot* [bemalt], *und ieglichs herren schilt* [Wappen] *was daran, als dann hienach gemält stat.* Jeder Teilnehmer des Konklaves hatte also eine durch sein Wappen gekennzeichnete hölzerne Wanne, in der sich die für ihn bestimmte Nahrung befand. Die Wannen wurden von zwei Knechten mit Stangen getragen.

Die Wahl Papst Martins V.

Am 9. November 1417 nahmen die Konklavisten ihre Arbeit auf, ohne jedoch schon zu wählen. Zuvor hatte Guillaume Fillastre in der provisorischen Kapelle im Kaufhaus die Messe gelesen und der Dekan des Kardinalskollegiums, Jean de Brogny, eine Ansprache gehalten.

Anschließend einigte man sich über den Modus der Abstimmung. Es sollte schriftlich, aber nicht geheim abgestimmt, d. h. das jeweilige Votum sollte öffentlich verlesen werden. Probleme der gemischten Wahl von Kardinälen und Nationen wurden ebenfalls eingehend diskutiert.

Am 10. November kam es zum ersten Wahlgang. Am frühen Morgen waren bereits drei stille Messen gelesen worden, um göttlichen Beistand zu erbitten. Dann schritt man zur Wahl. Jeder Wähler legte seinen Zettel in die Urne. Kardinal von Saluzzo sammelte die Voten ein und verlas diese mit lauter Stimme und stellte fest, dass auf den Stimmzetteln teilweise bis zu zwölf Namen verzeichnet waren. Es gab, wie Fillastre berichtet, zwar keine Zweidrittelmehrheit für einen Kandidaten, aber es zeichnete sich doch immerhin ab, wer als *papabili* angesehen wurde. Dazu gehörten: Jean de Brogny, Francesco Lando, Amédée de Saluzzo, Oddo Colonna und Guillaume Fillastre. Nachmittags wurden Probleme der Häufung von Namen auf den Stimmzetteln sowie Probleme des Akzesses (von *accedere* = hinzu- oder beitreten) besprochen, der, wie man festlegte, schriftlich erfolgen sollte.

Am Martinstag, dem 11. November 1417, erfolgte nach der Heiligen Messe, die Antonio Panciera, der Kardinal von Aquileia, zelebrierte, der zweite Wahlgang. Während der Auszählung der Stimmen kam die tägliche Bittprozession *zwüschen der zehenden stund und der ailften stund* zum Fischmarkt vor dem alten Rathaus am Kaufhaus. An der Spitze schritten weißgekleidete Sängerknaben, die das *Veni creator spiritus* – »Komm, Heiliger Geist« sangen. Alle Konklavisten, die den Gesang der Prozession hörten, waren sehr ergriffen und zu Tränen gerührt. Die Wähler knieten nieder und sangen die Antiphon leise mit: *Darnach do wurdent sy glich ains* – »danach wurden sie sogleich einig«, wie uns die Konzilschronik Richentals mitteilt.

Die Stimmenauszählung des zweiten Wahlgangs ergab nach den Berichten des Kardinals Fillastre sowie des aragonesischen Deputierten Felipe de Malla folgendes Ergebnis: Jean de Brogny erhielt 11 Kardinalsstimmen, 3 französische, 5 spanische und 1 deutsche; Francesco Lando 10 Kardinalsstimmen, 2 italienische, 3 französische und 1 spanische, Saluzzo 12 Kardinalsstimmen, 2 italienische, 3 französische, 1 deutsche und 5 spanische; Colonna 8 Kardinalsstimmen, 4 italienische, 1 französische, 3 deutsche, 2 spanische und 6 englische.

Kardinal Oddo Colonna hatte damit im Gegensatz zu allen anderen genannten Kardinälen Stimmen von sämtlichen Nationen erhalten und von zwei Nationen – der italienischen und englischen – sogar die nötige Zweidrittelmehrheit. Die englische Nation hatte sogar geschlossen für ihn gestimmt. Außer den genannten Kardinälen hatten noch der Bischof von Genf und einige andere – etwa der pfälzische Notar Job Vener, der im Gefolge des Pfalzgrafen Ludwig nach Konstanz gekommen war – einige Stimmen bekommen.

Es war zwar noch keine Entscheidung gefallen, aber ein dritter Wahlgang wurde trotzdem nicht abgehalten. Jetzt erfolgte der Akzess, der Hinzutritt der Wähler zu einem Kandidaten. Kardinal Colonna erhielt, nachdem auch die deutsche Nation zu ihm übertrat, noch sieben weitere Kardinalsstimmen, so dass schließlich noch eine Stimme fehlte. Diese erhielt er durch die Kardinäle Fillastre und Pierre de Foix. Insgesamt dauerte es nicht mehr als eine halbe Stunde und Oddo Colonna war zum neuen Papst gewählt.

Er nahm die Wahl mit den Worten an *O Deus omnipotens, tu, qui iustificas peccatorum, fecisti hoc. Tibi laus et gloria –* »Allmächtiger Gott, du machst den Sünder gerecht, du hast dies getan, dir sei Lob und Ehre«. Colonna nannte sich nach dem Namen des Tagesheiligen Martin V.: *Und in der ailften stund an Sant Martins tag, ee daz crütz wider in daz münster kam, do schray man und rüft usser dem conclavi: Wir habend ainen bäpst.*

Das Konklave, von dem die Kardinäle und die Delegierten der Nationen im Vorfeld zu Recht befürchtet hatten, dass es wegen der Uneinigkeit sehr schwierig werden würde und sie deshalb lange in dem winterlich kalten und unbeheizten Kaufhaus am See ausharren müssten, hatte nur drei Tage gedauert. Mit Martin V. war die Wahl auf einen Kardinal der Obödienz Gregors XII. gefallen, der bereits am Pisaner Unionsversuch von 1409 teilgenommen hatte. Die einmütige Entscheidung für einen allgemein anerkannten Papst war, wie Walter Brandmüller konstatiert, »die eigentliche und geschichtsträchtige Tat des Konzils. Mit ihr war das Konzil, das noch Wochen vorher in Parteien aufgespalten war, über sich selbst hinausgewachsen«.

Wie bereits zur Anreise des Konzilspapstes, als dieser stürzte, so erzählt der Chronist Richental auch hier eine Geschichte, die die erfolgreiche Papstwahl, die vielen wie ein Wunder vorgekommen sein mag, in einen metaphysischen Rahmen einpasst. Es handelt sich um das so genannte »Vogelwunder«, das sich seinem Bericht über das Konklave und die Wahl Martins V. unmittelbar anschließt. Zugleich zeigt die Erzählung, dass er sein Erzählwerk in einen theologischen Zusammenhang gestellt hat, bezeichnet die Wahl Martins V. am 11. November 1417 unter dramaturgischen Gesichtspunkten doch den Höhepunkt der Chronik.

Da beschach ain großes zaichen [Wunder] *von den vogeln. Vorhin, ee daz die herren in das koufhus komen, do was des koufhus tach all nacht mit rappen* [Raben] *besetzt und mit tulen* [Dohlen], *mit krayen* [Krähen], *mit rûchen* [Saatkrähen], *und mit andern sölichen vogeln. Und als bald die herren hin in komend, do kam der selben vogel kainr mer daruff. Und alsbald der bâpst erwelt waz worden, do lag ain nebel, der ging uff ze mittag. Do komend so vil klainer vogel von maisen* [Meisen], *zinslin* [Zeisigen], *bûchfinken* [Buchfinken], *distelvogel* [Distelfinken], *bläweli* [Blaumeisen], *rötelin* [Rotkehlchen] *und allerlay clainer vogel, ye ain schar nach der andern, by zwain tusenden. Und die flugend uff des koufhus tach* [Dach], *daz daz tach glich bedeckt ward mit klainen vögelin. Daz menglich sach und groß wonder darab nam.* Das Mirakel soll, so die Funktion der Geschichte, als Zeichen Gottes interpretiert werden. Es zeigt, dass ein für die universale Kirche unhaltbarer Zustand durch die einhellige Wahl Martins V. auf wundersame Weise beendet wurde.

Nachdem die Wähler dem neuen Papst Fuß, Hand und Mund geküsst hatten, zog sich dieser zurück und legte in seiner Zelle die Pontifikalgewänder an. In der provisorischen Konklavekapelle wurde das *Te Deum* gesungen. Den Vizekamerar und Kardinal Louis Aleman ließ man durch das Fenster, das der Nahrungsmittelzufuhr diente, in das Kaufhaus ein. Dann wurde das Tor zum Konklave geöffnet und öffentlich verlautbart: *Habemus papam* – »wir haben einen Papst«, worauf der König sowie die anderen Konklavewächter in das Konklave eingelassen wurden, um dem neu gewählten Papst zu huldigen sowie den schuldigen Gehorsam zu versprechen.

Krönung und Inthronisation

Der Papst wurde schließlich in feierlicher Prozession auf einem Schimmel und unter Glockengeläut vom Kaufhaus zum Münster geführt, wo es einen ungeheuren Menschenauflauf ob des besonderen Ereignisses gab, dass ein Papst in einer deutschen Stadt gewählt worden war. Richental spricht von insgesamt 80.000 Personen, die sich am Kaufhaus versammelt hätten, um den neuen Papst zu sehen. Auf dem Oberen Münsterhof spendete Martin V. dem Volk den Segen und begab sich dann zu Tisch. An den folgenden Tagen wurde er vom Kardinalbischof von Ostia zunächst zum Diakon, dann zum Priester und schließlich zum Bischof geweiht.

An den darauffolgenden Tagen kommt es ferner zu Obödienzleistungen der Patriarchen, der Erzbischöfe, Bischöfe, Priester und Mönche. Auch der König sowie alle Fürsten und Herren versprachen ihm Gehorsam. Inzwischen wurde das Münster insofern umgebaut, als Bänke, Tische und Stühle aufgestellt wurden, um am Sonntag, den 21. November 1417, Papst Martin V. im Chor der Konstanzer Kathedralkirche feierlich inthronisieren zu können. Schon für die zurückliegende Prozession vom Kaufhaus zum Münster war die Treppe vor dem Blidhaus mit Brettern abgedeckt worden, damit der Papst mit seinem Gefolge leichter auf den Oberen Münsterhof gelangen konnte.

Die Krönungsmesse des Papstes hielt der Kardinal von Ostia, während Felipe de Malla predigte. Martin V. nahm im Chor des Münsters Platz. Sein Haupt wurde mit heiligem Öl gesalbt. Die Litanei wurde lateinisch und griechisch gesungen. Daran schloss sich eine Prozession durch das Münster an. Der Papst ging dabei unter einem Baldachin. Die Zeremonie sah das Tragen eines schweren Evangeliars auf Hals und Schultern vor, so dass der Papst nur gebeugt einhergehen konnte. Als die Prozession die Mitte des Münsters erreichte, hielt ihm ein Bischof an einem Stecken einen Wergbüschel vor Augen, der entzündet wurde. Er symbolisiert im päpstlichen Krönungszeremoniell die irdische Vergänglichkeit und Hinfälligkeit: *Sic transit gloria mundi* – »So vergeht der Ruhm der Welt«. Das Erhebungszeremoniell dauerte bis zum frühen Morgen.

Am darauffolgenden Tag, am 22. November 1417, wurde der Papst auf dem Oberen Münsterhof vor der Bischofspfalz öffentlich gekrönt. Dazu wurde eigens ein hölzernes Podium errichtet, wo die geistlichen und weltlichen Großen Aufstellung nahmen: *Uff dem obern hoff waz ain große brügi gemacht von der mittlen tür biß an die absiten gen der pfaltz, und giengen uffhin zwo groß brait stegen.* Auf dem Podium selbst war für den Papst ein Thron mit Baldachin installiert worden, der sich wohl an die Mauer des Münsters anlehnte: *Uff der brugg was gemachet ain hoher stůl, wol fünff sprotzen hoch an die kilchen.* Das Gedränge war so groß, dass nicht einmal der König auf die hölzerne Tribüne gelangen konnte. Wieder erschien ein Bischof, der dem Papst den Wergbüschel vor Augen hielt und entzündete. Darauf setzten drei Kardinäle zusammen mit dem Hochmeister von Rhodos dem Papst die Papstkrone, die Tiara, auf. Der Papst setzte sich nun auf seinen Schimmel und begann mit dem Umritt durch die Stadt, bei dem, der Tradition gemäß, eine jüdische Abordnung vor ihn trat und um Bestätigung ihrer Privilegien bat. Wie dies Johannes XXIII. bei seinem Einritt am 28. Oktober 1414 getan hatte, so schenkte auch Martin V. den Papstschimmel nach seinem Umritt dem Bürgermeister der Stadt.

Mit der Wahl Martins V. hatten die Konstanzer Konzilsväter das Große Abendländische Schisma und damit die Spaltung der Kirche erfolgreich beendet. Nach Bernhard Fromme handelte es sich dabei um das »einzig wirklich grosse Ergebnis des Konstanzer Konzils«. Die Frage, die Hans Schneider in diesem Zusammenhang gestellt hat, ob nicht eigentlich das Dekret »Haec sancta« die Voraussetzung für die Beendigung des Schismas und die neue Papstwahl schuf und ob die Legitimität Martins V. und seiner Nachfolger deshalb bis zur Gegenwart an der Geltung dieses Dekrets hängt, kann hier nicht beantwortet werden, ist aber reizvoll. Es ist jedenfalls maßgeblich die konziliare Theorie gewesen, die den Weg zur Wahl Papst Martins V. und damit zur Beendigung des Schisma geebnet hat.

Ebenso ist die Frage zu stellen, warum die Reform, die eigentlich durch das Dekret »Frequens« durch kontinuierlich stattfindende Konzilien als integrales Verfassungselement der

Kirche verstetigt werden sollte, nach dem Basler Konzil abbrach. Fest steht indes, dass es dem Constantiense erfolgreich gelungen ist, durch die Wahl eines allgemein anerkannten Papstes eine der schwersten Krisen, in die sich die mittelalterliche Papstkirche nicht ohne eigene Schuld manövriert hatte, zu beenden. Außerdem war die Konstanzer Papstwahl bis heute die einzige legitime Papstwahl, die nördlich der Alpen auf deutschem Boden und zudem in einem Profanbau, dem Konstanzer Kaufhaus, stattfand.

Die Konstanzer bezeichnen das Papstwahlgebäude heute im Anschluss an ein »Kunst- und Antiquitätenkabinett«, das der Konstanzer Antiquar und Kunsthändler Joseph Kastell (1770–1844) dort im frühen 19. Jahrhundert im so genannten »Conciliums-Saal« zur Erinnerung an das Konzil einrichtete und der interessierten Öffentlichkeit gegen ein kleines Entgelt zugänglich machte, als »Konzil«. Es handelte sich dabei um die erste kulturhistorische Sammlung der Stadt Konstanz, die zunächst in der zweiten und schließlich in der dritten Etage des Kaufhauses präsentiert wurde.

Später ging sie in dem von Ludwig Leiner (1830–1901) im Jahre 1870 gegründeten Rosgartenmuseum auf. Sie enthielt, wie der begleitende Katalog ausweist, auch »Denkwürdigkeiten« aus der Konzilszeit, u. a. einen Armstuhl, dessen sich Papst Martin V. während des Konzils bedient haben soll. Der Stuhl befindet sich heute beim Bischof in St. Gallen. Ob es sich dabei allerdings tatsächlich um den Armstuhl des Papstes handelt, ist eher fraglich.

Nicht fraglich ist, dass es im Kaufhaus selbstverständlich Toiletten für die Papstwähler gab. Der Hinweis macht deutlich, dass im Konstanzer Konklave des Jahres 1417 neben allem anderen auch an menschliche Bedürfnisse gedacht wurde. Auch die detaillierte Beschreibung des Interieurs, d. h. der Räumlichkeiten, in denen die Konklavisten mit ihren Bediensteten untergebracht waren, sowie das Ritual der Nahrungsmittelversorgung und -untersuchung im Konklave machen darauf aufmerksam, dass Geschichte nicht nur einen »Vordergrund«, sondern immer auch einen »Hintergrund« hat.

Dass dieser alltagsgeschichtliche Hintergrund wichtig ist, weil er mit dem Leben der Menschen in der Stadt während des Konzils zu tun hat, will das nachstehende Kapitel zeigen, das sich dezidiert mit dem Alltag des Konzils befasst, soweit dieser aus den zeitgenössischen Quellen zu erheben ist. Unser Bild vom Konzil wird damit durch Facetten bereichert, die zum Verständnis dessen, was zwischen 1414 und 1418 in Konstanz geschah, von zentraler Bedeutung ist und daher nicht unberücksichtigt bleiben sollte.

Alltag des Konzils

Konstanz als Konzilsstadt

Eine Geschichte des Konstanzer Konzils wäre unvollständig, wollte man nicht auch von der Stadt sprechen, die dieses säkulare Ereignis bewältigt hat – ein Ereignis, das nach Auffassung von Karl August Fink immerhin als »die größte und bedeutendste Versammlung des späten Mittelalters« gilt. Was sich in Konstanz versammelte, war ein repräsentativer Kreis »aller gesellschaftlich relevanten Kräfte in Europa«, wie das Thomas Rathmann formuliert hat. Die Synode stellte nicht zuletzt wegen ihrer Größe für die Stadt und die ganze Bodenseeregion eine gewaltige logistische Herausforderung dar, zumal Konstanz zwar für 3½ Jahre nahezu die gesamte christliche und außerchristliche Welt in seinen Mauern beherbergte, aber gewiss keine »Weltstadt« im modernen Sinne, sondern – in der Terminologie der modernen Stadtforschung – eher eine Mittelstadt war.

Das Konzil hat sich für die Stadt, wenn man von den Quartierschulden, die manche Konzilsteilnehmer (u. a. auch der König) nicht zahlten, einmal absieht, jedoch »ausgezahlt«. In ökonomischer Hinsicht kam es sogar einem massiven Konjunkturschub gleich, der, worauf Bernhard Kirchgässner hingewiesen hat, nach der Restriktion und dem wirtschaftlichen Rückgang der Nachkonzilszeit in den Jahren 1440 bis 1450 eine »Zeit höchster wirtschaftlicher Machtentfaltung« einleitete, die erst 1460 mit dem Verlust des Thurgaus relativ abrupt endete. Das Konzil war mithin nicht nur ein theologisches oder kirchengeschichtliches, sondern, wie dies Johannes Helmrath und Heribert Müller formuliert haben, ein »polyvalentes Ereignis«, das vielfache Auswirkungen auf die Stadt und ihre Geschichte hatte. Sie sollen im Folgenden – ohne Anspruch auf Vollständigkeit – näher betrachtet werden.

Konstanz war als Bischofs- und Reichsstadt im Spätmittelalter keineswegs unbedeutend. Die Stadt durfte im Gegenteil als international gut vernetzte Fernhandelsmetropole gelten. Textilien und hauptsächlich die in der Bodenseeregion hergestellte Leinwand (*tela di Costanza*) waren die Grundlagen des spätmittelalterlichen Konstanzer Handels, die die Stadt zum führenden Handelsplatz im ganzen Bodenseegebiet machten. Die Lage der Stadt am Weg über die Alpen empfahl sie ferner als Tagungs- und Versammlungsort. Die Via Claudia Augusta, auf welcher der Konzilspapst im Herbst 1414 mit seinem Gefolge nach Konstanz etschaufwärts anreiste, war eine der wichtigsten Römerstraßen, die den süddeutschen Raum mit Norditalien verband. In der Stauferzeit, vor allem im Zeitalter Friedrich Barbarossas (1152–1190), war Konstanz Schauplatz bedeutender Hof- und Reichstage gewesen. 1408 wurde in Konstanz Frieden mit den gegen den Abt von St. Gallen revoltierenden Appenzellern vereinbart, d. h. die Stadt hatte durchaus Tagungs- und Versammlungserfahrung, zumal die Friedensverhandlungen damals unter dem Vorsitz König Ruprechts (1400–1410) stattfanden.

Die Leistung der Stadt, die sich den Empfang der hohen Herrschaften 1408 durchaus etwas kosten ließ, wird in diesem Zusammenhang vom Konstanzer Chronisten Ulrich Richental im Eingang seines Geschichtswerkes denn auch gebührend betont: *Do kemen inn all herren, grafen, fryen, ritter und knecht ze hilff und kem och dar der aller durchlüchtigost fürst, küng Růprecht, römischer küng, [...] und wurd da die sach nach eren verrichtet und wer dahin in dem krieg kem* – gemeint ist der Appenzellerkrieg (1401–1429) – *der hett herberg, essen und trinken, och alle sin notdurft in gemainem und gelichem kouff, das herren und menglich wunder nem.*»Die Sache wurde nach Ehren verrichtet«, d. h. die Stadt hatte sich glänzend bewährt, war also bereits zu Beginn des 15. Jahrhunderts, was Beherbergung, Verköstigung und Versorgung von zahlreichen, auch hochgestellten Gästen anbelangte, tagungs- und kongresserfahren, wie Richental im Zusammenhang der Vorverhandlungen von Lodi in seiner Chronik ausführt.

Hinzu kommt, dass Konstanz, worauf Helmut Maurer zu Recht hinwies, als altehrwürdige Bischofsstadt seit alters über eine Eigenschaft verfügte, welche die mit Konstanz um die Konzilsausrichtung konkurrierende Abteistadt Kempten nicht in diesem Ausmaß besaß bzw. besitzen konnte: sie verfügte als geistliche Bischofs- und Domkapitelstadt über eine ebenso lange wie reiche Zeremonial-

und Ritualerfahrung im Bereich bischöflich-kirchlicher Liturgie, die durchaus anschlussfähig war an das, was ein Generalkonzil in dieser Hinsicht von einer Stadt verlangte. Das galt selbstverständlich auch für andere Rituale, Zeremonien und performative Inszenierungen wie Einritte, Einholungen, Prozessionen, Umgänge, Pontifikalämter, Exequien (kirchliche Totenfeiern) usw., die integraler Bestandteil des liturgisch-kirchlichen Lebens einer mittelalterlichen Bischofsstadt waren. In Konstanz »kannte man«, wie Maurer das formuliert hat, »die Zeichen«. Sie mussten nicht erst erlernt oder angeeignet werden. Und man kannte – das kam hinzu – aus Erfahrung die unumgänglichen »Spielregeln« (Gerd Althoff) von geistlicher und weltlicher Politik im Spätmittelalter. Das dürfte nicht zuletzt den Ausschlag für Konstanz als Konzilsstadt gegeben haben.

Größe und Bedeutung des Konzils

Zur Zeit des Konzils zählte Konstanz gleichwohl nur ungefähr 6.000–8.000 Einwohner, was nicht klein, aber auch nicht überaus groß war. Die Stadt hatte damit ungefähr so viel Einwohner wie Basel oder Ulm, war also etwas kleiner als Straßburg und etwas größer als Freiburg. Man darf in diesem Zusammenhang aber nicht den Fehler machen, moderne Maßstäbe an vormoderne Verhältnisse anzulegen. Denn auch eine Stadt wie Köln, die im Mittelalter als »Großstadt« galt, zählte nicht mehr als 35.000 bis 40.000 Einwohner. Hinzu kommt, dass die Mehrzahl der um 1400 existierenden 4.000 deutschen Städte Kleinstädte waren, das heißt, es handelte sich um urbane Siedlungen mit weniger als 1.000 Einwohnern. Genaue Zahlen zu erheben, ist im vorstatistischen Zeitalter freilich schwierig. Das gilt auch für die Zahl der Konzilsteilnehmer, was etwa die Aussage Richentals bezeugt: *Und sölt ich Ůlrich Richental die* [Teilnehmer] *all verschriben haben, so wär diß bůch ze groß worden.* Wir müssen uns deshalb, wenn wir etwas über die Teilnehmer des Konzils erfahren wollen, auf die zahlreichen zeitgenössischen Geschichtsschreiber und Chronisten verlassen.

Dabei fällt auf, dass sich das Konzil in der Stadtchronistik des späten Mittelalters auf vielfache Weise niedergeschlagen hat. Offenbar erschloss sich bereits den Zeitgenossen die Bedeutung dessen, was in Konstanz geschah, recht früh. Der Konstanzer Chronist Richental etwa war nachweislich an der Vorbereitung des Konzils sowie der Zählung der Konzilsgäste beteiligt. Berühmt ist zum Beispiel diejenige der »offenen« Frauen, die ihre Liebesdienste in der Stadt anboten. Der Chronist führte die Zählung zusammen mit einem Begleiter im Auftrag des Herzogs und Kurfürsten Rudolf III. von Sachsen durch, der das Reichsmarschallamt innehatte. Man darf sogar davon ausgehen, dass sein chronikalisches Werk aus diesen konzilsvorbereitenden und konzilsbegleitenden Arbeiten erwachsen ist.

Aber nicht nur Richental war an Namen, Zahlen und Fakten interessiert. Nahezu jede zeitgenössische Stadtchronik bringt irgendwelche Hinweise zur Größe und Teilnehmerzahl der Konstanzer Kirchenversammlung. Manche Städte – wie Augsburg etwa – haben sich sogar Teilnehmerverzeichnisse erbeten. Die Überzeugung, »dass die Versammlung nach Umfang und Rang der Teilnehmer etwas Einmaliges war, herrschte«, wie Wolfgang Müller betont hat, nahezu »überall«, wo vom Konzil berichtet wurde. In einer bayerischen Handschrift (Clm 5596), die heute in der Münchener Staatsbibliothek liegt, wird vom Konzil nichts anderes überliefert als eine mit den Äbten beginnende sowie mit Rittern und Knechten endende Teilnehmerliste. Nikolaus Elstraw, Sekretär des Herzogs Ernst von Österreich (1377–1424), hat ebenfalls – wohl während seiner Anwesenheit auf dem Konzil – eine umfangreiche Liste (heute Wien, Österreichische Nationalbibliothek, Cod. Lat. 5070) erstellt, die Hermann von der Hardt 1699 abgedruckt hat. Viele Richental-Handschriften sind außerdem mit einem Tausende von Namen umfassenden Listenteil versehen, der als integraler Bestandteil der Chronik zu sehen ist.

Das Konzil als »unerhörtes« Ereignis

Daraus darf man schließen, dass das Konzil, zumal es nördlich der Alpen stattfand, bereits von den Zeitgenossen als »Novum«, als »Sensation«, ja gar als »unerhörtes Ereignis«, wahrgenommen wurde. Der Hinweis der Geschichtsschreiber auf die schiere Größe der Versammlung hatte natürlich die Funktion, die historische Bedeutung dessen, was in Konstanz zwischen 1414 und 1418 geschah, historiographisch zu unterstreichen. Die mit der Berichterstattung einhergehenden Wappenbücher und Teilnehmerlisten hatten insofern auch eine repräsentative Funktion. Sie fungierten als eine Form der zeitgenössischen kollektiven Gruppendarstellung.

Die Namen- und Teilnehmerlisten sollten der Nachwelt nachprüfbar dokumentieren, wer an dem Konzil teilgenommen hatte. Werner Paravicini hat das Ereignis deshalb zu Recht auch als »grand théâtre de la préséance« gekennzeichnet. Es reichte nicht nur, dabei gewesen zu sein, man wollte seine Teilnahme – im Blick auf die Nachwelt – auch dokumentiert und festgehalten sehen. Die Konzilsüberlieferung ist insofern nicht frei von der Tendenz, für die Stadt, die das Ereignis so erfolgreich bewältigt hat, historiographisch zu werben. Die Untersuchung der Teilnehmerlisten hat in jedem Fall von einem breiten öffentlichen Interesse an der Zahl der in Konstanz Versammelten auszugehen. Das geht aus vielerlei Hinweisen, Quellen und Dokumenten hervor.

So berichtet z. B. die Klingenberger Chronik, als sie auf das Konzil zu sprechen kommt, nicht nur davon, dass es damals in Konstanz Personen gegeben habe, die versuchten, die Teilnehmerzahl zu ermitteln und in einem *aigen buoch* niederzulegen, sondern auch, dass *vil herren, gaistlich und weltlich gen Costentz* gekommen seien, *won es was das gröst concilium, das man in vil iaren in tüschen oder in wälschen landen ye gesehen hatt* – »denn es war das größte Konzil, das man seit vielen Jahren in deutschen oder in romanischsprachigen Landen durchgeführt habe«.

Ein Konzil in seinen Mauern zu beherbergen, wurde, wie man heute sagen würde, in der Folgezeit geradezu zu einem »Alleinstellungsmerkmal«, das einer Stadt zu Ansehen, Renommée und ökonomischer Prosperität verhelfen konnte. Konstanz hat diese Chance nachweislich genutzt, zumal es in Ulrich Richental und Gebhard Dacher über fähige Chronisten verfügte, die auch etwas davon verstanden, wie man ein historisches »Ereignis« »bewirbt«, d. h. über Texte adressatengerecht für die Nachwelt aufbereitet, inszeniert und vermarktet, damit es beim Zielpublikum »ankommt« und historiographische Wirkung über den Augenblick hinaus erzielte.

In diesem Zusammenhang spielte auch der um die Mitte des 15. Jahrhunderts aufkommende Inkunabeldruck als Transfermedium eine wichtige Rolle. 1483 erschien bei Anton Sorg in Augsburg bereits der erste Druck der Chronik. Der Basler Konzilsversuch des Andrea Zamometić aus dem Jahre 1482 dürfte in diesem Zusammenhang eine nicht unwesentliche Rolle gespielt haben. Das Konstanzer Konzil und seine Dekrete werden jedenfalls zu einem festen Bestandteil der weiteren kirchlichen Reformbemühungen im ausgehenden 15. und 16. Jahrhundert. Die Diskussion seiner Bedeutung reicht über das Zweite Vatikanische Konzil bis in die heutige Zeit.

Die historiographische Erfassung des Konzils

Geschichte ist uns ja nicht einfach »gegeben«, sondern wird im Rekurs auf Quellen und Überlieferungen im Nachhinein von Menschen aufgeschrieben, dargestellt und konstruiert. Ein zeitgeschichtliches Geschehnis wird zu einem »historischen Ereignis« erst dadurch, dass Historiker es aufbereiten und darüber schreiben. Der Text und seine Verbreitung bzw. Überlieferung spielen bei der Bewahrung von Vergangenheit insofern eine gewichtige Rolle. Das Konstanzer Konzil hat es nicht zuletzt dem Chronisten Richental zu verdanken, dass es so berühmt geworden und bis heute so populär geblieben ist.

Wahrscheinlich liegt es an Richental, dass wir überhaupt eine näherungsweise Vorstellung von dem haben, was damals in Konstanz geschah. Ihm ist es jedenfalls in überaus anschaulicher und plastischer Weise gelungen, etwas vom gesellschaftlichen Leben und Alltag in der Stadt während des Konzils in seiner illustrierten Chronik einzufangen. In diesem Zusammenhang spielt vor allem die Konstanzer Handschrift (heute Rosgartenmuseum) eine wichtige Rolle, da sie eine dezidiert stadthistoriographische Intention verfolgt. Hier ist es, wie in der Einleitung ausdrücklich betont wird, ja nicht mehr Richental, der als Verfasser auftritt, sondern die *erber lüt* (= die ehrbaren Leute), die das Werk *von gedachtnusse wegen* (= um der Erinnerung willen) verfasst haben. Von Richental als Autor ist gar nicht mehr die Rede.

Es geht mithin um das Gedächtnis der Stadt an ein Ereignis, das sich in ihren Mauern zugetragen hat und nicht dem Vergessen anheimfallen soll. Man darf deshalb davon ausgehen, dass die Konstanzer Handschrift – ähnlich wie Conrad Justingers 1420 entstandene Berner Chronik – entweder in städtischem Auftrag hergestellt und redigiert wurde oder die Stadt das von Richental vermittelte Geschichtsbild als »offiziell« akzeptierte. Diese Form der städtischen Geschichtsschreibung hatte nicht zuletzt die Aufgabe, auch künftig für Konstanz als Konzilsort zu werben. Die relativ kleine Stadt sollte bekannt gemacht und ihre Vorzüge als Versammlungsort herausgestellt werden. Als exklusives städtisches Geschichtsdokument gehörte die Handschrift deshalb lange Zeit zum Bestand der Stadtkanzlei bzw. des späteren Stadtarchivs und wurde interessierten Gästen – etwa dem Pilger Hans von Waltheym im ausgehenden 15. Jahrhundert – bei Gelegenheit durchaus mit Stolz vorgezeigt.

Die moderne Forschung geht davon aus, dass die Stadt Konstanz während des Konzils insgesamt ca. 2.300 Konzilsteilnehmer im engeren Sinne und eine geschätzte Gesamtzahl von ca. 70.000 Konzilsgästen »von Schottland bis Polen, Schweden bis Kastilien, vor allem aber aus Deutschland, Italien und Frankreich« (Johannes Helmrath) in ihren Mauern beherbergte. Der Dichter Johannes Engelmar liegt demnach in seiner »red vom concili zu Costniz«, die in den historischen Volksliedern der Deutschen von Rochus von Liliencron abgedruckt ist, nicht so falsch, wenn er von 80.000 Personen ausgeht. Wenn man diese Zahlen hört, die letztlich auf das Teilnehmerverzeichnis (die sog. *Recapitulacio*) der Richental-Chronik zurückgehen, muss man allerdings vorsichtig sein. Denn es ist in Rechnung zu stellen, dass ein Konzil eine fluktuierende Menschenansammlung war, d. h. es waren nie alle Konzilsteilnehmer gleichzeitig in der Stadt anwesend, was die Chronisten auch durchaus betonen.

Das Konzil als fluktuierende Menschenansammlung

Es herrschte, wie dies bei größeren Menschenansammlungen durchaus üblich ist, ein ständiges Kommen und Gehen. Außerdem haben

200

manche Gäste bei ihrer Anreise bereits darauf Rücksicht genommen, dass die Stadt offenbar aus allen Nähten platzte, so dass wenigstens die Pferde – schon allein aus Gründen der Futterbeschaffung – vorrangig außerhalb der Stadtmauern untergebracht wurden. Eberhard III. von Neuhaus, Erzbischof von Salzburg, zog zwar nach Konstanz in den Salmannsweiler Hof, kam aber zu Schiff, *wann er die pfärd zů Salmenwile ließ*. Es handelte sich dabei, wie Richental berichtet, um 170 Pferde, die im Zisterzienserkloster Salem und seiner Umgebung besser aufgehoben waren als in der Konzilsstadt. Die neun preußischen Komturen, die am 12. Januar 1415 *in Ůlrich Hartzers huß und zů dem Beren* zogen, *santen die pfärd* nach ihrer Ankunft sogleich *wider von inn*, d. h. viele Gäste ließen einen Teil ihres Trosses nach ihrer Ankunft sofort wieder nach Hause bringen, da in der Stadt kaum genug Platz für Pferde und Menschen war.

Der Versuch, genaue Teilnehmerzahlen zu ermitteln, wurde im Umfeld des Konzils zwar unternommen, aber es war schwierig, da es eine systematische Teilnehmerstatistik, wie sie später in Basel über das System der Inkorporation versucht wurde, noch nicht gab. Richental sagt am Ende seiner Chronik in der Aulendorfer bzw. New Yorker Handschrift, dass er die Zählungen *all monott*, d. h. jeden Monat, durchgeführt habe. Das lässt doch auf eine gewisse Methodik und Systematik der statistischen Erhebungen im zeitgenössischen Konstanz schließen. Die mehrfach in der Chronik wiederkehrende Wendung *von hus ze hus* scheint ein in diesem Zusammenhang gebräuchlicher Terminus technicus gewesen zu sein, der das Verfahren bei der Zählung spiegelt. Man ging bei der Erfassung der Teilnehmer offenbar in der Tat, wie es in der Ettenheimer Handschrift der Konzilschronik (heute Karlsruhe, Badische Landesbibliothek, Ettenheim-Münster 11) heißt, *von ainem huß in das ander*.

Die Klingenberger Chronik spricht davon, dass es zu diesem Zwecke Personen in Konstanz gab, *die sölichs ergiengend und söllichem nåch giengend und das ouch aigenlich beschribend*. Das *ergiengend* muss man sich ganz konkret als »ergehen«, d. h. als mühsame Erkundung vor Ort vorstellen. Hier kommt wieder die Erfahrungsdimension zum Tragen, die uns in Richentals Geschichtswerk allenthalben begegnet. Der Straßburger Kantor von Jung St. Peter Reinbold Slecht spricht in seiner Fortsetzung der »Flores temporum« von 1366–1444 – es handelt sich dabei um ein spätmittelalterliches Geschichtswerk – von *inquisitores*, von Kundschaftern, die die ermittelten Daten schriftlich fixierten und anschließend König Sigmund übermittelten. Dass der König es war, der alle Fremden verzeichnen ließ (*rex fecit conscribere omnes extraneos*), betont Slecht ausdrücklich. Auch hier fällt der für das Zählverfahren (*inquirere*) offenbar kennzeichnende Begriff *de domo ad domum* –»von Haus zu Haus«. Dass *ein gesworner schriber von der stat ze Costencz*, also ein von der Stadt vereidigter Schreiber für die Zählung zuständig war, betont der Berner Chronist Conrad Justinger in seiner amtlichen Chronik des Jahres 1420 ausdrücklich. Die genauen Zahlen, was die Teilnahme am Konzil anbetraf, waren trotzdem schwer festzustellen. Das lag daran, dass hinsichtlich der spätmittelalterlichen Konzilien Johannes Helmrath und Heribert Müller zufolge Primär- und Sekundärfunktionen unterschieden werden müssen.

Primär war das Konzil selbstverständlich eine kirchliche Versammlung, die sich vorrangig mit theologischen bzw. kirchenpolitischen Fragen beschäftigte. Die Verhandlungen im Hinblick auf die drei *causae* (Union, Glaubensfragen, Reform) wurden im Wesentlichen von Kanonisten und Theologen bestritten. Die moderne Mediävistik hat indes darauf hingewiesen, dass Konzilien – wie moderne Massenveranstaltungen auch – über viele Sekundärfunktionen verfügten, d. h. viele Konzilsgäste waren keine Synodalen, gehörten also dem Konzil im engeren Sinne gar nicht an. Sie nutzten etwa nur die Möglichkeit, den päpstlichen oder königlichen Hof zur Erledigung irgendwelcher Geschäfte aufzusuchen und dann die Stadt wieder zu verlassen. Viele kamen vielleicht auch nur deshalb, weil Konstanz durch das Konzil zu einer Art »touristischen« Metropole im Bodenseeraum geworden war, deren Besuch sich schon deshalb lohnte, weil man dort allerlei zu hören und zu sehen bekam.

Ein Konzil zog eine Unzahl von Menschen unterschiedlicher Couleur an. Die Klingenberger Chronik formuliert: *und kam ouch in der selben zit mengerlay lütt gen Costentz*, denn eine solche Versammlung war nicht nur ein kirchliches, sondern auch ein politisches Ereignis. Es fanden, was man nicht vergessen sollte, im Februar 1415 und im April/Mai 1417 zwei Reichstage und im Februar 1417 ein Reform- bzw. Äbtekapitel der Benediktiner in Konstanz bzw. in der Abtei Petershausen statt. Insofern verschwammen, was die kirchliche Institution »Konzil« anbelangt, die Grenzen zwischen dem Reichstag, der königlichen und päpstlichen Hofhaltung und der kirchlichen Versammlung, die zugleich auch ein europäischer Gesandtenkongress war. Nicht zu vergessen ist die eindrucksvolle Repräsentanz des regionalen Adels, die aus den Teilnehmerlisten anschaulich hervorgeht.

Es waren nicht nur Papst Johannes XXIII., sondern auch die Gesandten der beiden anderen Päpste und vor allem die Mehrheit der Kardinäle anwesend. An der Wahl Martins V. nahmen im November 1417 insgesamt 23 Kardinäle teil. Zu beachten ist auch die große Zahl der Universitätsgelehrten, die auf den Konzilien des 15. Jahrhunderts eine zentrale Rolle spielten und vom Papst zur Teilnahme eigens eingeladen wurden. Richental berichtet in seiner Teilnehmerstatistik von insgesamt 14 europäischen Universitäten, die nach Konstanz Abgesandte geschickt hätten. Nicht zuletzt diesen Gelehrten ist die Lösung des Schismaproblems durch die Entwicklung der konziliaren Theorie zu danken. Außerdem waren fast alle europäischen Monarchen durch Gesandtschaften vertreten, so dass man hinsichtlich des Konstanzer Konzils zu Recht von einem »europäischen Ereignis« (Birgit Studt/Gabriela Signori) gesprochen hat.

Zur Fluktuation des Konzils dürfte auch beigetragen haben, dass der König im Sommer 1415 zu seiner spanisch-französisch-englischen Reise aufbrach, die ihn erst Anfang des Jahres 1417 wieder zurück nach Konstanz führte. Das Konzil blieb also für nahezu 1½ Jahre sich selbst überlassen, was, worauf Hartmut Boockmann hinwies, nahezu die Hälfte der Konzilsdauer umfasste. Der König hatte sich vor seiner Abreise allerdings ausgebeten, dass nichts Wesentliches während seiner Abwesenheit entschieden werde. Dem Kurialen Giacomo Cerretani zufolge bestand er darauf, *quatinus in eius absencia sacrum concilium non procedat ad aliquam conclusionem arduorum negotiorum* – »dass das heilige Konzil während seiner Abwesenheit in wichtigen Dingen keine Beschlüsse fasse«.

Die Versammlung dauert länger als erwartet

Solange die spanische Frage nicht gelöst war, lag die Unionsfrage also gewissermaßen auf Eis. Es ist deshalb nicht falsch, wenn man sagt, dass das Konzil seit dem Sommer 1415 in gewisser Hinsicht auf der Stelle trat. Alles hing von den Verhandlungen mit der avignonesischen Obödienz bzw. mit Papst Benedikt XIII. und Ferdinand von Aragón ab. Die Abreise des Königs dürften deshalb viele, vor allem weltliche Konzilsteilnehmer, die ihn nicht begleiteten, zum Anlass genommen haben, das Konzil temporär oder auch auf Dauer zu verlassen. Das hatte nicht zuletzt auch finanzielle Gründe. Eine Konzilsgesandtschaft und die damit einhergehende weite Reise verursachten hohe Kosten, für die im Falle einer universitären Konzilsdelegation die Universität geradestehen musste. Das können wir etwa den Briefen des Wiener Universitätsgesandten Peter von Pulkau, aber auch jenen des Generalprokurators des Deutschen Ordens Peter von Wormditt entnehmen. Das Geld reichte umso weniger, je länger sich das Konzil hinzog und je weniger absehbar war, wann es enden würde.

Dass die Kirchenversammlung so lange dauern würde, hatte anfänglich niemand erwartet. Der Aufenthalt und der Unterhalt in der Stadt waren teuer, die finanziellen Mittel jedoch zumeist beschränkt. So bat etwa Peter von Wormditt am 9. März 1415 aufgrund der hohen Lebenshaltungskosten um *meer czerunge, yo ee, yo besser* – »um mehr Zehrung, je eher, desto besser«, da an eine Abreise vor Ostern nicht zu denken sei. In den Quellen findet sich zwar immer wieder die Nachricht, das Konzil werde wohl bald zu Ende sein, die Zeitgenossen waren sich aber offenkundig unsicher, wie lange die Synode tatsächlich dauern würde. In den Berichten der Konzilsgesandten ist daher immer wieder von Geldsorgen und Mittelknappheit die Rede.

Als das Problem so akut wurde, dass man Unfrieden im Sinne sozialer Verwerfungen befürchtete, hat die Stadt Konstanz für verarmte Kleriker, wie Richental berichtet, recht modern anmutende sozialpolitische Maßnahmen bzw. Notstandsarbeiten im Stadtgraben, an der Stadtmauer und in den Weingärten eingeleitet, die es diesen erlaubte, etwas Geld zum Lebensunterhalt zu verdienen und damit ihre Existenz in der Konzilsstadt zu bestreiten. Otto Feger sprach diesbezüglich von einer »wertschaffenden Arbeitslosenfürsorge«: *Och buwtend die von Costentz stäteklichen, nit umb irs nutzes willen, sundern daz die armen lon gewunnen.* [...] *Und komend vil priester und gelert lut, die werchotend* [arbeiteten], *es wär im graben, am murwerch oder in wingarten. Daz tettend die von Costentz darumb, daz nit bößers von inn ufferstünd.* Im Gegensatz zum späteren Basler Konzil gab es in Konstanz zwar das System der eidlichen Inkorporation noch nicht, aber die geistlichen Konzilsväter waren doch bei Strafe der Exkommunikation zum Bleiben verpflichtet. Sie konnten also das Konzil nicht einfach verlassen: *In dem selben concilium ward och declariert und wurdent des gemainlich ze r*ȧ*t, das all pfaffhait, patriarchen, cardinal, ertzbischoff, bischoff, äpt, pröbst und all gelert lüt, die von des concilium wegen gen Costentz waren komen, daz och die ze Costentz beliben solten, biß das daz concilium ain gantz ende nem, by dem fl*ů*ch ewiger verdampnuß und by berobung ir pfr*ů*nden und benefici.*

Das galt etwa auch für die Wiener Konzilsgesandten Peter von Pulkau und Kaspar Maiselstein, die sich per Instruktion verpflichtet hatten, bis zum Ende des Konzils zu bleiben. Von Seiten der Kardinäle wurde unter dem Vorsitz des Patriarchen von Konstantinopel, Jean de la Rochetaillée, eine Kommission eingesetzt, die sich um die *armen cardinäll, ertzbischoff und bischoff* kümmerte, *die ze ver* [weit] *hatten in ir land, umb zer gelt ze senden.* Die *camera apostolica* (apostolische Kammer) wurde eigens angewiesen, bedürftige Konzilsteilnehmer finanziell zu unterstützen.

Die Synode, so hatte das Konzil in der dritten Session am 26. März 1415 nach der Flucht des Konzilspapstes feierlich beschlossen, dürfe nicht aufgelöst werden, *nec dissolvatur usque ad perfectam exstirpationem presentis schismatis et quousque ecclesia sit reformata in fide et in moribus, in capite et in membris* – »bevor das gegenwärtige Schisma nicht vollständig beseitigt, die Kirche hinsichtlich des Glaubens und der Sitten an Haupt und Gliedern reformiert sei«, wobei viele Konzilsväter zunächst davon ausgegangen waren, dass das Constantiense bald zu Ende sein würde. Von Peter von Pulkau findet sich z. B. ein früher Brief vom Januar 1415, in dem er befürchtet, das Konzil werde bis Ostern dauern. In einem späteren vom 15. Januar 1416 nimmt er an, das Konzil sei nicht vor dem Pfingstfest 1416 zu Ende. Als sich seine diesbezüglichen Schätzungen immer wieder als falsch herausstellten, verzichtete er schließlich ganz auf eine Festlegung: *De fine concilii nemo novit* – »Niemand weiß, wann das Konzil zu Ende sein wird«. Man war sich also offenbar nicht im Klaren, wann das Konzil tatsächlich enden und welchen Verlauf es nehmen würde. Diese grundsätzliche Offenheit der historischen Situation muss mitbedacht werden, wenn man aus der Retrospektive urteilt. Was uns heute als abgeschlossener historischer Vorgang erscheint, war für die Zeitgenossen hinsichtlich seines Ausganges offen, d. h. in keiner Weise vorherseh- oder antizipierbar. Nach Auffassung der italienischen Partei, der auch der Konzilspapst Johannes XXIII. angehörte, sollte die Hauptaufgabe des Constantiense eigentlich nur darin bestehen, das Pisanum von 1409 und damit die Absetzungsurteile gegen Gregor XII. und Benedikt XIII. zu bestätigen. Es kommt denn auch, als der König lange ausblieb und nicht nach Konstanz zurückkehrte, zu Unmut ob der langen Dauer, die so nicht erwartet wurde: *Und das bestund also lang zit, daz nit vil sachen volgiengen und wartot man täglich unßers herren des küngs zůkunft* [Ankunft]. *Und wurden die Ytalici vast* [sehr] *unwillig, so lang ze Costentz ze sin.*

Erst als sich im Januar 1415 durch die von Kardinal Fillastre eingebrachte Cedula »die Tür öffnete« (*hostium apertum esset in domino*) und ein allgemeiner Umschwung der Meinungen einsetzte, mithin mehr und mehr klar wurde, dass nur eine Zession aller drei Päpste zur Lösung der Schismafrage führen würde, zeichnete sich ab, dass das Konzil eine ebenso komplexe wie langwierige Angelegenheit werden würde, die durch den Einbezug der avignonesischen Obödienz viel mehr Zeit brauchte, als man dies eigentlich finanziell eingeplant hatte. Im Juli 1415 verlagerte sich mit der Abreise des Königs zudem der Schauplatz, d. h. nicht mehr Deutschland, sondern die Iberische Halbinsel war der Ort, wo über den Erfolg oder Misserfolg des Konstanzer Konzils entschieden wurde.

Zur Alltagsgeschichte des Konzils

Es wird überhaupt zu wenig bedacht, dass Konstanz zur Zeit des Konzils nicht immer und zu aller Zeit der Mittelpunkt der Ereignisse war. Das gilt vor allem für die Zeit ab Juli 1415. Die Frage, was in der Stadt nach der Abreise des Königs geschah, liegt deshalb nahe. Eine Alltags- oder Kulturgeschichte des Konzils für diese Zeit zu schreiben, ist schwierig, weil die dafür nötigen Quellen fehlen. Aber wir haben doch zumindest den Augenzeugen und Chronisten Richental, der als Nicht-Synodale gewissermaßen einen Blick »von außen« und »von unten« auf das Konzil für diese »ereignislose« Zeit zulässt. Es ist ihm von modernen Historikern zwar häufig vorgehalten worden, er hätte vom Konzil als theologisch-kirchlicher Versammlung nicht viel verstanden und sein Horizont sei stark eingeschränkt, ja er sei sogar »naiv« gewesen, aber dieser Nachteil könnte sich – im Zuge des *cultural*, *linguistic* und *iconic turn* in der modernen Geschichtswissenschaft – durchaus als ein Vorteil erweisen.

Denn Richentals Chronik ist in der spätmittelalterlichen Konzils-überlieferung nicht nur ziemlich singulär, er erzählt uns auch Dinge, die wir nicht wüssten, wenn wir ausschließlich Historiographen wie Fillastre, Cerretani oder Turre folgen müssten. Diese haben zwar gewichtige Texte hinterlassen, ihre Perspektive richtet sich aber, weil sie eine stark synodale bzw. konziliare ist, kaum auf die Geschichte der Stadt. Hier hat Richental als Bürger von Konstanz angesetzt. Er beschreibt den Alltag, wie er etwa nach der Abreise des Königs eingekehrt war. Das Konzil hatte sich zu diesem Zeitpunkt bereits konstituiert und seine theologische Arbeit aufgenommen. Die Ankunft der Konzilsväter in der Stadt und die damit verbundene Unruhe waren daher im Sommer 1415 längst überstanden.

Auch die Gäste, sofern sie sich nicht nur kurzfristig in der Stadt aufhielten, waren weitgehend einquartiert. Die Umbauten waren getätigt worden. Die vielen Zugereisten hatten sich mit den städtischen Verhältnissen, die zunächst einmal für viele Gäste fremd gewesen sein dürften, mehr oder weniger arrangiert. Das galt gewiss auch für das Wetter, das am Bodensee im Herbst und Winter aufgrund des vielen Nebels nicht immer zuträglich ist. Der Humanist Benedetto da Piglio teilt in einem

Brief vom 14. Februar 1415 etwa mit, dass er seit Oktober 1414 in Konstanz »noch keinen vollen Sonnentag« erlebt habe. Dennoch ging alles mehr oder weniger seinen gewohnten Gang, wobei konziliares und städtisches Leben sich zwar vielfach wechselseitig beeinflussten, aber häufig auch unverbunden nebeneinander her liefen.

Otto Feger hat beispielsweise darauf hingewiesen, dass die Papstwahl, obwohl sie zu den wesentlichen Erfolgen des Konzils zählt, in den Ratsprotokollen nirgends erwähnt wird, »obwohl doch die Stadt ihr Kaufhaus ausräumen und zur Verfügung stellen musste, was sicherlich eine empfindliche Störung des Geschäftslebens und auch eine materielle Einbuße an Einnahmen und Gebühren für die Stadtverwaltung bedeutet hat«. Wir müssen daher annehmen, dass im Konstanz der Konzilszeit viel geschehen ist, wovon wir nichts wissen, weil es niemand überliefert hat oder der Erwähnung für wert hielt. Dazu zählt in erster Linie das alltägliche Leben in der Stadt, das ja – trotz des großen Konzils und der damit einhergehenden spektakulären Ereignisse – selbstverständlich seinen normalen Gang nehmen musste.

Nur ansatzweise erfahren wir in den Quellen etwas über diesen Alltag, wenn z. B. König Sigmund anlässlich des Konklaves verbietet, in dessen Nähe laut zu pfeifen, Geschrei oder einen Auflauf zu machen, Karten oder andere Spiele zu spielen: *Und sölt och dazwüschen nieman kain gelöff noch kain geschraig machen, weder mit pfifen noch mit dehainen andern sachen. Und solt och kain schiff by ains armbrost schutzes* [ein Armbrustschuss entfernt] *nach zů dem kofhuß varen. Und solt och da zwüschen nieman spilen noch karten, noch kainerlay spil tůn, weder haimlich noch offenlich, biß ain bǎpst erwellet wurd.* Wir müssen uns eine spätmittelalterliche Stadt überhaupt sehr anstrengend, sehr lebhaft, sehr laut, sehr umtriebig und vor allem sehr eng und kleinteilig vorstellen.

Reise- und Transportmittel

Man darf in diesem Zusammenhang außerdem nicht vergessen, dass jede Persönlichkeit von Rang in Begleitung einer ganzen Schar von Sekretären, Dienern und Soldaten bzw. Wächtern kam. Allein der Konzilspapst Johannes XXIII. verfügte nach Ausweis der Quellen über eine Eskorte von 600 Reitern. Zu dem ihn begleitenden Tross gehörten auch 22 Wächter, die die Aufgabe hatten, seine Residenz, d. h. die Bischofspfalz, innen wie außen zu bewachen und zu sichern. Der Metropolit von Konstanz, der Erzbischof von Mainz, kam, wie berichtet wird, ebenfalls mit 600 Pferden, Herzog Ludwig von Bayern mit 400, Burggraf Friedrich VI. von Nürnberg gleichfalls mit 400. Man brauchte für die Gäste also nicht nur Wohnungen und Herbergen, sondern auch Ställe für die Pferde.

Die Pferde, die mit den Konzilsgästen einzogen, dienten nicht nur zum Reiten, sondern auch als Last- bzw. Saumpferde und trugen etwa Gepäck. So wird beim Einzug des Papstes betont, dass ihn neun weiße Rösser begleiteten: *die ross warend alle verdeckt mit rotem tůch, dero achti geladen waren mit wåtsecken.* Wåtsecke waren verschnürbare Mantel-, Sattel- oder Reisesäcke, die im Mittelalter zum Transport von Kleidern und Gewändern verwendet und den Pferden wie Tragetaschen über den Rücken gehängt wurden. Die englische Delegation führte beispielsweise 22 Saumpferde, *die wåtseck und ander ding trugen,* mit sich. Man muss annehmen, dass mancher Gast in einem solchen Sack so ziemlich den ganzen Hausstand mitführte.

Wie wichtig die Pferde im Allgemeinen waren, zeigt sich etwa auch daran, dass beim Einzug des Kardinals Jean de Brogny am 12. August 1414 in der Konzilschronik zunächst nur angeführt wird, er sei *mit lxxx pfärden in den hof* des Domdekans Albrecht von Beutelsbach gezogen. Am Ende der Chronik in der Teilnehmerliste wird jedoch erwähnt, dass er *cum lxxx personis,* d. h. mit 80 Personen, in die Stadt eingezogen sei. Man muss also von der Anzahl der Pferde auf eine entsprechende Anzahl an Personen schließen, die mit den Konzilsgästen in der Stadt ankamen, was aber auch zeigt, dass Pferde mindestens ebenso wichtig waren wie Menschen. Die Zahl der in Konstanz untergebrachten Pferde dürfte mithin teilweise fast ebenso groß wie die der Menschen gewesen sein. Man wird zu den Hochzeiten des Konzils von ca. 20.000 bis 30.000 Pferden ausgehen dürfen.

Papst Johannes XXIII. bekommt von der Stadt nach seinem Einzug deshalb nicht von ungefähr *viertzig malter haber* (= Hafer) als Ehrengeschenk überreicht, die in das Erd- bzw. Untergeschoss der Pfalz verbracht wurden, wo gewiss auch Pferdeställe untergebracht waren. Dass – trotz ihrer Wichtigkeit als Transportmittel – nicht immer gut mit Pferden umgegangen wurde, zeigt ein Gewaltritt Sigmunds, von dem in der Chronik Richentals eher en passant die Rede ist. Der König startete im Mai des Jahres 1418 früh morgens in Zürich, ritt den ganzen Tag durch, um *zů dem nachtmal* in Konstanz zu sein. Der ungefähr 70 km lange Ritt, der die Pferde offenbar überanstrengte, kostete acht Tieren das Leben: *Und rait so bald und so behend, das vil ross zeräch* [zuschanden] *wurdent und sturbend iro ächti.*

Feste und Feiern

Die teilweise aufwändig und feierlich gestalteten Einritte der Konzilsteilnehmer zeigen, dass Zeremoniell und Politik in der vormodernen Epoche noch enger und stärker miteinander verschränkt waren, als dies heute der Fall ist. Es konnte deshalb nicht ausbleiben, dass die Stadt gewissermaßen zur »Bühne des Konzils« wurde. Der öffentliche Stadtraum spielte bei dieser Inszenierung eine zentrale Rolle. Man begab sich, wenn es das Wetter zuließ, an die Öffentlichkeit. Man verbrachte freie Stunden außerhalb des Hauses, spielte Karten oder vergnügte sich, man zeigte sich auf Gassen und Plätzen, besuchte Gasthäuser und las, was an den Kirchentüren angeschlagen war; man verlas konziliare Beschlüsse und holte den Papst sowie den König im Rahmen von zeremoniellen Prozessionen feierlich in die Stadt ein.

Aber nicht nur das, man beschenkte sich auch öffentlich, disputierte in der tribünenartig umgebauten Konzilsaula auf Augenhöhe miteinander und tauschte theologische Argumente aus, man schrieb Traktate und Gegentraktate, lieferte sich literarische Kämpfe, man hörte täglich Messen, die musikalisch gestaltet und untermalt waren, man schloss Ehen und lud feierlich zu Tisch, man hielt Turniere ab, richtete Tänze und Gastmähler für die Frauen aus, gestaltete festliche Empfänge und feierte Feste – eines der schönsten dürfte das der Geldwechsler von Florenz am St. Johanns Tag des Jahres 1416 gewesen sein, das Richental auch ins Bild setzen ließ.

Die Florentiner Geldwechsler ließen das Fest, um möglichst viel Aufmerksamkeit zu erregen, durch fünf Posaunisten mehrmals am Tag öffentlich in der Stadt ausrufen bzw. ankündigen. Die St. Johanns-Kirche wurde mit Tüchern, Tannenreisig und Maiensträuchern feierlich geschmückt. Auf einer mit frischem Gras bestreuten Straße, an der allenthalben Maisträucher aufgesteckt waren, bewegte sich die Prozession vom Franziskanerkloster zur Johanns-Kirche. Bevor diese begann, ließ man, wie Richental berichtet, die Posaunisten drei Mal die Trompete blasen: *Und zů dem dritten mal, do giengen all bischoff und gelert lüt uss Ytalia von den barfůßen mit den prusunern und och pfifern uff dem gras biß gen Sant Johann.*

Etwas Besonderes war auch am 27. Januar 1417 geboten, als die englischen Prälaten nach der lange erwarteten Rückkehr des Königs nach Konstanz diesem ein prachtvolles Fest ausrichteten, zu dem sie *all weltlich fürsten und die großen herren und insonder hertzog Ludwigen von Payern und burggräff Fridrichen von Nüremberg und ettlich ander grafen und nün bischoff und ettlich auditores ze tisch* in das Haus zum Goldenen Schwert luden. Insgesamt waren 152 Personen geladen. Zur Inszenierung des ritualisierten Mahles, das über drei Gänge und acht Speisen verfügte, berichtet Richental: *Und gabend inn aber iij essen, ieglichs mit acht gericht, och vergüldet und versilbert, vil costlicher dann vor.* Außerdem wurde – begleitend zum Gastmahl – eine theatralische Darstellung der Geburt Christi, der Anbetung durch die Könige, der Flucht nach Ägypten sowie des Kindermords zu Bethlehem im Sinne eines geistlichen Spiels dargeboten.

Ähnlich üppig und ausgelassen dürfte das Nachtmahl gewesen sein, das der Chronist zu Ehren des Königs und der Königin am Abend des Johannistages 1415 auf seinem Landgut *an dem Hard* ausrichten ließ, wo eigens eine Küche aufgeschlagen wurde: *Daz beschach och, und schlůg man ain kuchi* [Küche] *uff vor dem torggel* [Weintorkel], *das man forcht, die torggel verbrunen, und kochot man inn ze imbiß und ze nacht vor des selben Ůlrichs torggel, und aussend all herren und fröwen da den imbiß und daz nachtmal in den wisen under den bommen* [Bäumen]. Man muss sich das Ambiente recht idyllisch vorstellen, zumal der *imbiß* offenbar im Freien – mitten in den angrenzenden Wiesen und unter Bäumen – stattfand.

Aufschlussreich ist in diesem Zusammenhang eine Kleinigkeit, die Richental herausstellt und die uns en passant etwas über den Charakter der Protagonisten mitteilt. Der König wollte nicht, dass die Pferde der Gäste *an die jungen bom* – »an die jungen Bäume« gebunden wurden und *müßtend sy heften an die felwen.* Unter *felwen* sind wohl Weidenbäume oder Weidengeflecht zu verstehen. Bei dem königlichen Wunsch ging es offenbar um die Hege bestimmter Waldteile oder neuer Baumpflanzungen, die an dem genannten Ort angelegt worden waren. Es sollten wohl Verbiss-Schäden durch die angebundenen Pferde verhindert werden.

Herstellung von konziliarer Öffentlichkeit

Etwas, was für uns heute im digitalen Zeitalter selbstverständlich ist, nämlich dass jeder alles, was er wissen will, auch wissen kann, gab es früher in diesem Maße nicht. Es fehlte die für moderne Gesellschaften konstitutive Öffentlichkeit. Ergebnisse konziliarer Entscheidungen oder städtischer Maßnahmen wurden deshalb bekannt gemacht bzw. öffentlich ausgerufen oder an den Türen der Stadtkirchen (vor allem des Münsters) zur allgemeinen Kenntnisnahme für die schrift- und lateinkundigen Laien angeschlagen. Die Hinrichtung von Jan Hus und Hieronymus von Prag wurde als öffentliches Ereignis im Stadtraum inszeniert. Es zog Unmassen von Schaulustigen an, die die beiden böhmischen Reformatoren bis zur Hinrichtungsstätte begleiteten. Als Hus nach seiner angeblichen Flucht zur Verhaftung auf den Oberen Münsterhof vor den dort in der Bischofspfalz logierenden Papst geführt wurde, heißt es in der Chronik: *und luffen im nach mer dann xij tusent menschen durch wonders willen* – »es liefen ihm mehr als 12.000 Menschen aus Neugier nach«. An einer anderen Stelle sind es sogar *achtzehen tusend menschen*, die den böhmischen Magister und Reformator sehen wollten.

Das Konzil war insofern, was man nicht vergessen darf, nicht nur ein theologisches, sondern auch ein öffentliches Ereignis, das sich auch, wenn man etwa an die großen Belehnungen, Turniere oder Prozessionen denkt, im Stadtraum inszenierte. So ritt etwa der König mit Pfalzgraf Ludwig nach der Flucht des Papstes im März 1415 *mit sinen prusunern* durch die Stadt *und hieß stäteklichen uff prusunen,* um – sehr aufschlussreich – vor allem die vielen Händler, Krämer, Kaufleute und Geldwechsler zu beruhigen, dass alles seine Ordnung habe und sie keinesfalls abreisen oder ihres Geschäftes verlustig gehen sollten – das Konzil, so die Botschaft der königlichen Initiative, gehe in jedem Fall weiter. Denn die Flucht des Papstes hatte in Konstanz große Panik und Verwirrung ausgelöst. Die Klingenberger Chronik berichtet, dass es *ain groß geschray und gelöff ze Costentz* gegeben habe. Sogar in die Unterkunft des Papstes sei man eingedrungen: *Also luff man dem bapst durch die pfallentz und nam yederman, was ym werden mocht.*

Das Durcheinander und die öffentliche Erregung müssen so groß gewesen sein, dass sich hauptsächlich die Florentiner Wechsler – darunter auch Cosimo di Giovanni de Medici – veranlasst sahen, ihr gesamtes Bargeld aus Konstanz fortzuschaffen. Denn diese Geldwechsler aus Florenz, deren Zahl Richental in seiner Teilnehmerliste mit 73 angibt, waren es, *die da allain dem bapst, den cardinäl und irem gesind wechßlotend und hinder die sy ir gůt leitend,* d. h. der Konzilspapst verfügte über seine eigenen »Finanzdienstleister«, die das Konzil finanzierten und durch die Flucht des Papstes ihre Geschäfte ernsthaft bedroht sahen. Diese Finanz- und Liquiditätskrise hätte daher, ökonomisch gesehen, leicht das Ende des Konzils bedeuten können. Dass die Wechsler und Bankiers tatsächlich ihr gesamtes Bargeld in der Furcht, es zu verlieren, bereits aus Konstanz fortgeschafft hatten, geht aus einem Brief des Generalprokurators des Deutschen Ordens, Peter von Wormditt, vom 21. Oktober 1415 hervor.

Es war nur der Energie und Umsicht Sigmunds zu verdanken, dass in dieser Hinsicht bald wieder Ruhe einkehrte und das Konzil, das selbstverständlich auch eine wirtschaftsgeschichtliche und finanzpolitische Dimension hatte, weitergehen konnte. Denn der König versprach: *Und solt menglich libs und gůtz sicher sin, und solt besser gelait haben dann vor. Des wurdent die wechsler, appenteger, kromer, koflüt und yederman vast fro, und loptend unßern herren küng Sigmunden umb söllichs gar vast und sprachend: War es in iren landen beschehen, so wärind sy umm*

ir hab komen. Und also, do schlussend sy ir laden wider uff, dann sy hat-
tend vor beschlossen.

Welher hinweg wölt riten, der solt zalen vorhin

Die Anwesenheit von Geldwechslern und Bankiers in der Stadt macht
zudem deutlich, dass wir es bereits mit einer geschäftstüchtigen, früh-
kapitalistischen Gesellschaft und einer entsprechenden Geld- und Kreditwirtschaft zu tun haben, in der es, wie heute auch, leichter fällt, Geld
auszugeben als Schulden zu bezahlen. Das Letztere fiel vor allem dem
König am Ende des Konzils schwer, der zwar der Meinung war, niemand dürfe die Stadt verlassen, *er hett dann bezalt,* sich selbst aber
von dieser Regel großzügig ausnahm. Denn er hinterließ nach seiner
Abreise erhebliche Schulden. Diese sorgten im nachkonziliaren Konstanz für nicht wenig Ungemach, zumal die Bürger zunächst darauf
bestanden hatten, dass die königlichen Schulden vor der Abreise bezahlt werden müssten, andernfalls *möcht inn* [den Räten] *wol kumber
uff ston,* d. h. andernfalls würde es soziale Unruhen in der Stadt geben.
Es wären nämlich *der armen lüt* [...] *so vil, denen sin diener schuldig wären, die wurden groß clag darvon haben,* wie die Chronikhandschriften
aus Konstanz und Wien schreiben.

Do das unßer herr der küng markt, do erdacht er den list – »als das
unser König merkte, da ersann er folgende List«. Er bestellte die Stadtgemeinde gesammelt in das Kaufhaus ein, wo er zum Ende des Konzils
eine programmatische Rede hielt, die vor allem auf die große Ehre ab-
hob, die er Konstanz mit der Konzilsvergabe erwiesen hätte. In diesem
Zusammenhang rühmte und lobte er die Stadt und ihre Bürger vor ver-
sammelter Gemeinde, *wie daz sy sich in dem concilium so erlich und so
fromklich gehalten hettind.* Die Schmeichelei verfehlte ihre Wirkung auf
die Konstanzer nicht. Die Stadtväter gaben dem Drängen des stets wenig solventen Königs nach, nicht sofort für seine und seines Gefolges
Schulden aufkommen zu müssen, und gestatteten ihm, wertvolle Pfänder hinterlegen zu dürfen, die Gewähr für künftige Bezahlung bieten
sollten. Die königlichen Pfänder – es handelte sich um wertvolle seide-
ne Tücher – erwiesen sich jedoch als unverkäuflich, da das königliche

Wappen eingewoben war und die Ware deshalb niemand kaufen wollte. Die Konstanzer blieben deshalb darauf sitzen.

Die Klingenberger Chronik, die Sigmund in recht ungünstigem Licht erscheinen lässt, schreibt, dass er zwar *ain adeliche küngliche herliche gestalt*, aber *ain ungetrüw hertz besessen habe: Sine wort warent süß, milt und gůt, die werk kurtz,schmal und klain.* Die Ulmer, die den König wenig später in den Mauern ihrer Stadt willkommen hießen, ließen sich auf einen solchen Handel nicht ein. Sigmund versuchte es zwar wieder *und batt die von Ulm, das sy der schuld uff inn kemind.* Er wolle, wie er beteuerte, bald zahlen. Aber die Ulmer, die vielleicht aus der Erfahrung der Konstanzer klug geworden waren, betonten, *sy köndent und wöltend daz nit tůn, welher hinweg wölt riten, der solt zalen vorhin* [...]. *Da müßt unßer herr der küng gůt uffbringen, wie er mocht. Do beliben vil da, die nit dannen mochtend kommen, wann daz sy iro pfärd, harnasch, klaider müßtend verkofen.* Die Ulmer drängten also auf Begleichung der Schulden, so dass nicht wenige königliche Diener Pferd und Harnisch verkaufen mussten, bevor man sie aus der Stadt ließ.

Wie rational und rechenhaft die Schuld- oder Kreditwirtschaft im spätmittelalterlichen Konstanz betrieben wurde, zeigt der Bericht Richentals, dass die gesamte Schuldsumme der königlichen Hofhaltung in zwei Büchern bzw. Registern schriftlich niedergelegt wurde. Daraus erhellt, dass der in den spätmittelalterlichen Städten beheimatete Handel durch die erweiterten Märkte bereits sehr differenziert und spezialisiert war. Man kannte also die sorgfältige Schuld- und Rechnungsführung. Der ortsansässige Kaufmann leitete den Verkauf seiner Waren durch schriftliche Anweisungen und konnte vermittels der doppelten Buchführung vom Stand seiner Geschäfte stets Rechenschaft geben. Er bediente sich auch vielfach bereits des bargeldlosen Zahlungs- oder Kreditverkehrs.

Es bedurfte jedoch der Zeugen und Testatoren. Eine Version des königlichen Schuldscheins erhielt, wie Richental berichtet, deshalb Anna Bidermann, die Tochter von Hug Bidermann, die andere Bentz Keller. Der König bekam eine Abschrift und verpflichtete sich in einem *besigelten brief, die schuld ze bezalen darnach uff die nächsten pfingsten mit vil gülten.* Doch *daz zil ging uß und solliche schuld ward nit zalt* – »der Termin verstrich und die Schuld blieb unbeglichen«. Richental, der ebenfalls zu den Betrogenen zählte, resümiert, die Bürger der Stadt seien vom König *überfürt*, d. h. an der Nase herumgeführt bzw. betrogen worden.

Allweg mit lieby und früntschaft

Neben Kaufmannschaft, Handel und Gewerbe gab es in der spätmittelalterlichen Stadt, wie im Blick auf die Feste bereits angedeutet wurde, selbstverständlich auch Unterhaltung und Vergnügen, die spätmittelalterliche Konzilsstadt war mithin auch für die Lösung des »Freizeitproblems« (Johannes Helmrath) zuständig. Zur Unterhaltung des Adels wurden beispielsweise, wie die Konzilschronik notiert, mitten in der Stadt Turniere abgehalten und Tänze sowie Gastmähler für die Frauen ausgerichtet: *Och wurdent von den fürsten, ritter und knechten vil gestäch umm ring, und darnach den fröwen ainen tantz. Und sollich schön leben zergieng allweg mit lieby und früntschaft.* Ein solches, von Friedrich IV. von Österreich *uff dem indern ussern veld by dem Paradiß* [Vorstadt von Konstanz] ausgerichtetes Turnier soll ja Anlass für den Konzilspapst gewesen sein, die Stadt vom 20. auf den 21. März 1415 heimlich nach Schaffhausen hin zu verlassen.

Derartige Turniere muss man sich wohl als Massenspektakel vorstellen, die die Aufmerksamkeit der städtischen Öffentlichkeit offenbar in so großem Maße absorbierten, dass es selbst einer stadtbekannten, hochgestellten Persönlichkeit wie dem Papst gelang, die Stadt unerkannt zu verlassen. An dem oben angeführten Quellenausschnitt erkennt man auch die Tendenz, den Alltag, der gewiss nicht immer von *lieby und früntschaft*, sondern auch von Konflikt, Streit und Gewalt geprägt war, retrospektiv zu harmonisieren bzw. zu idealisieren. Geschichtsschreibung bildet vergangene historische Wirklichkeit ja nie nur einfach ab, sondern gestaltet sie, Historiographie ist also immer intentional überformt. Jede Geschichte wird mit einer bestimmten Absicht geschrieben. Will man wissen, wie es wirklich war, muss man deshalb Quellenkritik üben. Das gilt auch für Richental, der ein bestimmtes Bild vom Konzil entworfen hat, dessen Richtigkeit kritisch zu hinterfragen ist.

Der langen Rede kurzer Sinn: Die Quellen, die uns das Konzil hinterlassen hat, sind nicht immer ganz objektiv und tendenzfrei. Die Stadt Konstanz, welche die Versammlung gewiss unter großen Mühen und erheblichen Anstrengungen durchführte, hatte selbstverständlich ein großes Interesse daran, dass das Geschehen im Nachhinein nicht nur nicht vergessen, sondern auch in einem bestimmten Licht dargestellt wurde. So sollte etwa das chronikalische Werk Richentals, worauf Stefan Weinfurter hingewiesen hat, am Beispiel der Stadt Konstanz den »Idealzustand einer geordneten Gemeinschaft« darstellen, wie dies etwa in den vielfach geschilderten Prozessionen, aber auch bei anderen Inszenierungen zum Ausdruck kommt, die nicht zuletzt das perfekte und geordnete Zusammenspiel von Stadt und Konzil ausdrücken und symbolisieren sollen.

Diesem Zwecke wurden viele Erzählpartien untergeordnet, die zwar von *unlust, misshellung* und *unfrid* handeln, dem Leser der Chronik aber den Eindruck vermitteln, alle diesbezüglichen Schwierigkeiten und Probleme seien von der Stadt und der Bürgerschaft souverän gelöst worden, so dass der Eindruck entsteht, während des Konzils habe eitel Harmonie in Konstanz geherrscht: *In dem allem hieltend sich burger und die frömden mit ain andern so lieplich, das kain klag, noch kain unfrid under nieman uffstůnd, noch kain brunst* [Feuersbrunst] *uffstund. Es kam och nie klag für gericht, als lang das concilium werott.*

An einer anderen Stelle der Chronik heißt es: *Und ward och kain unwill nit under inn und leptend all mit ain andern tugentlich, das menglich wonder darab nam, das so vil volks da was, so von frömden landen kommen was, sich da als tugentlichen hielt, in der metzgi, an dem fischmarkt und andern märkten.* Die Erklärung, die Richental für diesen friedvollen Zustand bietet, hat seiner Meinung nach mit der Tatsache zu tun, dass Gott seine beschützende Hand über das Konzil hielt. Das geht jedenfalls aus einem Zusatz der Konstanzer Handschrift hervor, wo es heißt: *Und maint menglich, es gienge nit zů von menschlicher wißhait, sunder von schickung und ordnung gottes.*

Ein schönes Beispiel für diese Tendenz zur nachträglichen Idealisierung ist die Schilderung, die Richental nach der Abreise des Königs vom Eichhorn, einem Wald bei Konstanz, gibt, wo sich an schönen Tagen geistliche wie weltliche Herren wohl amüsierten und die Zeit vertrieben: *Also bestůnd do das concilium in gůtem frid und ward aber da zwischen kain unfrid, und hattend die frömden so vil schirms und frids, das sy wandlotend durch spatzierens willen by ainr mil wegs umb Costentz, in die stett und durch die wäld und wahin sy woltend. Und besonder in daz Aichorn* [Eichhorn] *giengen sy täglichs in spatzieren. Und in dem holtz vand man wirt, die allerlay win schanktend, wie man den haben wolt. Und fand man darinn fail gebrätne hünr und was man begerott, und darzů erber fröwen, die tzů denen sachen gehortend. Und das die gaistlichen herren spatzieren gingen, in welhen garten sy wolten, daz wart* [verwehrte] *inn nieman. Sy tettend och kainen schaden. Also vertribend die herren ir wil.*

Und fand man darinn gemayner froen vil

Die der Konstanzer Chronikversion folgenden Handschriften sprechen zusätzlich zu den gebratenen Hühnern noch von *flaisch, würst, bratten* und *visch*, die dort im Eichhorn den Gästen serviert wurden. Dass es sich hier, gemäß der Rhetorik und Topik mittelalterlicher Literatur und Kunst, nicht unbedingt um einen *locus amoenus*, einen »schönen Ort«, aber auch um kein Schlaraffenland handelte, der Text mithin intentional überformt ist, also eine bestimmte erzählerische Absicht verfolgt, kommt darin zum Ausdruck, dass einige Chronikversionen den vorletzten Satz *die tzů denen sachen gehortend* folgendermaßen ergänzen: *und fand man darinn allerlay spil und gemayner froen vil* – »und man fand darin allerlei Unterhaltung und auch öffentliche Frauen«. Die *gaistlichen herren*, die hier paradiesisch ungehindert durch Zäune und Schranken quer durch die freie Natur spazieren, hatten es im Eichhorn also nicht nur mit *erber froen*, wie es in der Aulendorfer bzw. New Yorker Version heißt, sondern auch mit *gemayner froen vil* zu tun, was Prostitution vermuten lässt.

Der Hinweis auf die *gemeinen Frauen* (wobei »gemein« nicht gemein in unserem modernen Sinne, sondern »öffentlich« heißt) wirft sogleich ein anderes Licht auf die in der Chronik teilweise recht beschaulich und idyllisch geschilderten konziliaren Alltagsszenen. Die »Kurzweil«, die hier von den weinausschenkenden und hühnerbratenden Wirten im

Eichhorn dargeboten wird, hat nämlich einen durchaus ambivalenten Charakter, erlaubt uns aber, wenn wir die Quellen quer und kritisch lesen, einen unverstellten Blick auf den Alltag in der Konzilsstadt. In Basel war später zur Zeit des dortigen Konzils, worauf Claudius Sieber-Lehmann hingewiesen hat, gemischtgeschlechtliches Baden, Tanzen und Würfelspiel beispielsweise untersagt worden. Es wurde streng auf »Sittenzucht« geachtet, was sich aber, da sich die Aufrufe wiederholten, offenbar nicht in allen Fällen als durchsetzbar erwies.

In Basel sind, wie aus archivalischen Akten und Protokollen hervorgeht, auch minderjährige Mädchen zur Prostitution mit Konzilsteilnehmern gezwungen worden, teilweise sogar von den eigenen Eltern. Der Blick auf den Alltag einer spätmittelalterlichen Stadt ist also nicht ganz so einfach und unverstellt möglich, wie man vielleicht annehmen möchte. Zum einen fehlen uns oft die Zeugnisse, weil vieles von dem, was in täglichen Routinen geschieht, nicht schriftlich festgehalten wird. Der Kommunikationsbereich Alltag war nämlich durch Mündlichkeit geprägt. Zum anderen müssen wir, bevor wir unangemessene Urteile fällen, die Alterität, d. h. die Andersartigkeit, des Mittelalters in Rechnung stellen. Hinzu kommen die unterschiedlichen Perspektiven, die die Zeitgenossen auf das Konzil hatten. Wer die lateinischen Akten des Konzils studiert, erfährt wenig über den Alltag, die Nöte und die Sorgen der Menschen, weil er immer schon die geistlich-kirchliche Perspektive derjenigen einnimmt, die berichten.

Der Blick der synodalen Berichterstatter war indes nahezu ausschließlich auf das Konzil und auf die in diesem Rahmen stattfindenden »Haupt- und Staatsaktionen« gerichtet. Auch in der amtlichen städtischen Überlieferung der Ratsprotokolle für die Jahre 1414–1418 finden sich, wie Otto Feger gezeigt hat, nur einige wenige Notizen, die uns etwas über das Konzil mitteilen. Die »Konstanzer Chronik« Gebhard Dachers widmet dem Konzil gar nur einen Satz: *Vff das selbig jar* [gemeint ist 1414] *kam daz concilium gen Costentz.*

Wir schließen daraus nicht, dass das Konzil für die Stadt unwichtig gewesen ist, nehmen aber an, dass der historische Blick immer selektiv, d. h. von Interessen oder von bestimmten Intentionen geprägt ist, die wir bei der Interpretation der uns vorliegenden Überlieferung mitbedenken müssen. Die moderne Geschichte hat hier gegenüber der äl-

219

teren Forschung insofern eine Perspektivenumkehr eingeleitet, als sie sich bewusst der Alltagsgeschichte der Menschen zugewandt hat. Das hat mit der Tatsache zu tun, dass jede Geschichte zwei Seiten hat. Das gilt auch für das Konzil.

Die Zählung der *offnen frŏwen* zu Konstanz

Zur Erläuterung dessen, was gemeint ist, sei an dieser Stelle nur ein kleines Beispiel angeführt: Der Auftrag zur Dirnenzählung während des Konstanzer Konzils verbindet sich beispielsweise mit Herzog Rudolf von Sachsen, zu dessen Aufgaben es gehörte, wie uns Richental bei der Vorstellung der Kurfürsten berichtet, der *unzucht* zu wehren, *so von bŭben und anderm hoffgesind beschicht*. Der Chronist, in welcher Funktion auch immer, sollte diese nicht ganz einfache Zählung durchführen. Er sagt selbst: *Item och mŭßt ich minem herren hertzog Rŭdolffen von Sachßen erfaren, wie vil offner frŏwen wärint. Und gab mir ainen zŭ, der mit mir rait von hus ze hus. In ainem funden wir xxx, in dem andern minder oder mer, ettlich in stälen und winfassen, die an der gassen lagen, der warend, on haimlich frŏwen, ob vij^c*.

Hätten wir allein diese Mitteilung, so wüssten wir nur, dass der Chronist die *offnen frŏwen* zu zählen beauftragt wurde. Er sollte dies nicht allein, sondern mit einem Helfer tun, dessen Namen wir allerdings in der Aulendorfer bzw. New Yorker Chronikversion nicht erfahren. Wir erfahren auch, dass diese Frauen offenbar nicht nur in Häusern, sondern auch in Ställen und Weinfässern logierten, und dass es, ausgenommen die *haimlich frŏwen*, insgesamt 700 waren, die sich im zeitgenössischen Konstanz auf diese Weise verdingten. Was allerdings mit der ausschließenden Wendung *on haimlich frŏwen* gemeint ist, wird erst klar, wenn man die Wolfenbütteler Version der Konstanzer Konzilschronik beizieht. Denn hier wird derselbe Vorgang etwas ausführlicher und vor allem anders erzählt.

Man sieht an dieser Stelle, wie wichtig es ist, die Konzilschronik in ihren verschiedenen Versionen, die durchaus voneinander abweichen, zur Kenntnis zu nehmen. *Ouch mŭst ich schambarlich schrieben, darzŭ zwang mich min genädiger herr, hörzog Rŭdolff von Sachsen, der ze*

Costenz marschalck was, das ich erfaren můst, wie viel offner varender frŏwen zů Costenz wären. Unnd gab mir ainen zů, der gůt zů sollichen sachen was, Burgkharten von Haggelbach. Allso ritten wir von ainem frŏwenhus zů dem andern, die söllich frŏwen enthiellten, unnd fůnden inn ainem hus etwen 30, inn ainem minder, in dem andern mehr, ane die, die inn den ställen lägen unnd inn den badstůben. Unnd funden allso gemainer frŏwen by 700. Do wollt ich ir nit mehr sůchen. Do wir die zal für in brachten, do sprach er, wir solten im die haimlichen frŏwen auch erfaren. Do antwurt ich im, das sin gnad das thätt, ich war es nit mächtig ze tůnd. Ich würd villicht umb dis sach ertött, unnd mocht ouch finden, das ich nit gern hett. Do sprach min herr, ich hett recht. Unnd das bestůnd allso.

Jetzt erfahren wir auch den Namen des Begleiters, Burkhard von Haggelbach; das Adverb *schambarlich* lässt des Weiteren etwas von dem Missvergnügen erahnen, das Richental ob des herzoglichen Auftrages offenbar empfand, wobei man mit modernen Wertungen bei der Beurteilung mittelalterlicher Sachverhalte vorsichtig sein muss. Allzu schnell überträgt man ungeprüft heutige Vorstellungen auf eine weithin fremde Lebenswelt. Denn Dirnen hatten einen festen Platz in der mittelalterlichen Gesellschaft; sie waren nahezu zunftmäßig organisiert, genossen trotz ihres verrufenen Gewerbes ein gewisses gesellschaftliches Ansehen und wurden bei festlichen Anlässen, Hochzeiten, Prozessionen und Gottesdiensten von der Obrigkeit immer wieder herangezogen. König Sigmunds Gefolge etwa wurde, worauf Harry Kühnel hinwies, 1413 im Frauenhaus zu Bern freigehalten.

Als sich Sigmund in den 1430er Jahren einige Wochen in Ulm aufhielt, führte er sein Gefolge »durch die für ihn erleuchteten Straßen« in das Frauenhaus, das er selbst jedoch nicht besuchte. Die Prostitution zählte zum Alltag und war insofern zunächst einmal nichts Ungewöhnliches. Die als Frauenhäuser bezeichneten Bordelle waren im 15. Jahrhundert Teil der städtischen Kultur und Lebensweise »und in ihrer Notwendigkeit unumstrittene Institutionen« (Peter Schuster). In Basel richteten die Stadtväter während des Konzils beispielsweise drei städtische Bordelle ein. Die Ursachen der Prostitution, auf die wir hier nicht näher eingehen können, waren im wirtschaftlichen, sozialen und rechtlichen Bereich zu suchen.

Die durch Herzog Rudolf offiziell angeordnete Konstanzer Dirnenzählung macht ja nicht zuletzt deutlich, dass Prostitution nicht nur als anrüchig, sondern in gewisser Hinsicht als selbstverständlich erachtet wurde. Beate Schuster hat außerdem darauf hingewiesen, dass der Umgang der Stadt Konstanz mit der Prostitution im Vergleich zu anderen Städten »erstaunlich liberal« war: »Die freie Zugänglichkeit der Dirnen am Ziegelgraben war nicht nur in Konstanz, sondern in ganz Deutschland bekannt«. In der Wolfenbütteler Version werden allerdings auch noch Badehäuser erwähnt, die im Mittelalter wie in der Antike nicht nur Bade-, sondern stets auch Vergnügungs-, Erholungs- und Kommunikationsorte waren. Aufschlussreich wird es allerdings, als der Herzog, nachdem die Zählung der *offnen fröwen* offenbar erledigt und durchgeführt ist, auch noch die Zählung der *haimlichen fröwen* verlangte, womit wohl das Phänomen der Privatprostitution außerhalb der Frauenhäuser gemeint war.

Hier war für Richental und seinen Begleiter offenbar eine Grenze erreicht. Sie weigerten sich, weil sie es nicht wollten und weil sie bei dieser Form der investigativen Statistik um ihr Leben fürchteten. Der Herzog folgte der Auffassung seiner Bediensteten und ließ die Sache, was für ihn spricht, auf sich beruhen: *Do sprach min herr, ich hett recht. Unnd das bestůnd allso.* Die Gründe für die Verweigerung kann man nur vermuten, aber das Geschäft war sicher einträglich, wenn auch schwer kontrollierbar, und es hätte in diesem Rahmen gewiss manche Konstanzerin enttarnt werden müssen, die so unentdeckt blieb. Wir haben auf das Basler Beispiel der Eltern, die sogar ihre Kinder aus finanziellen Gründen während des Konzils prostituierten, bereits hingewiesen. Es gibt mithin eine Grauzone, die historisch kaum aufzuhellen ist.

Wenn man den konziliaren Alltag der Stadt Konstanz zwischen November 1414 und April 1418 also näher in den Blick nehmen will, muss man, wie leicht aus den bereits genannten Beispielen ersichtlich ist, verschiedene Ebenen, Perspektiven und Dimensionen unterscheiden. Man muss vor allem in Rechnung stellen, dass wir aufgrund der teilweise disparaten und einseitigen Quellensituation nur relativ wenig über diesen Alltag wissen und vieles von dem, was damals geschah, im Dunkeln oder Unklaren bleiben muss. Wichtig ist es auch zu wissen, dass das Konzil sich erst allmählich zu dem entwickelt hat, was wir heute unter dem feststehenden Terminus »Konstanzer Konzil« verstehen, wenn man nicht überhaupt der Meinung ist, dass das Konstanzer Konzil erst *nach* dem Konzil als »historisches Ereignis« – vermittelt durch einschlägige Texte, Traktate und Chroniken – konstituiert worden ist.

Das papst- und königlose Konzil

Hinzu kommt, dass vieles von dem, was uns heute am Konzil interessiert, den Zeitgenossen selbstverständlich war, so dass sie es kaum als mitteilenswert erachteten. Außerdem war lange unklar, ob das Konstanzer Konzil viel mehr als eine italienische Partikularsynode werden würde, stellte die italienische Nation in der Frühphase doch die Mehrheit der Konzilsmitglieder. Johannes XXIII. hatte dafür gesorgt, dass sein Konstanzer Anhang groß und in der ersten Phase des Konzils dominant war. Relativ hektisch und umtriebig dürfte es von Januar bis Juli 1415 zugegangen sein, da sich jetzt mit der Ankunft der anderen Konzilsnationen, der Gesandten der anderen Päpste, dem Streit um die Erweiterung des Stimmrechts und der Ankunft der Mitglieder der Pariser Universität herausstellte, dass der Konzilsplan des Papstes nicht aufgehen würde und alle mehr oder weniger auf seine Absetzung bzw. Zession drängten. Nach langer Vorbereitung kommt es folglich Ende März zu seiner Flucht.

Da Friedrich IV. von Österreich ihm bei der Flucht behilflich und vertraglich verpflichtet war, verhängte König Sigmund am 30. März 1415 die Reichsacht über den Herzog und überzog dessen Herrschaft gegen den Willen des Konzils mit Krieg. Damit wurde mit einem Schlage klar, dass das Konzil keineswegs nur ein theologisches, sondern auch ein machtpolitisches Ereignis war. Eine große Zahl von Fehdebriefen, die in diesem Zusammenhang verfasst wurden, ist noch erhalten. Selbst Richental hat einige von ihnen geschrieben. Die Konstanzer rücken sogar ihren *großen heber* [= Hebelwurfgeschütz] heraus, um die Stadt Feldkirch in Vorarlberg im Rahmen dieses

Konflikts einzunehmen. Dieser warf derart große Steine gegen die Stadtbefestigung, dass Feldkirch eingenommen werden konnte. Zur Versöhnung bzw. Unterwerfung des Herzogs kam es am 5. Mai 1415 in einer denkwürdigen Szene im Refektorium des Franziskanerklosters: *Unde also gap sich herczog Frederich vorgenant in des romeschen koniges gnode mit leibe unde gut, lant und leute,* wie Peter von Wormditt in einem Brief vom Juni 1415 berichtet. Die Abreise Sigmunds im Juli 1415 schloss diese erste, recht aufregende Konzilsphase ab, die die Flucht und Absetzung des Papstes, die Ächtung Herzog Friedrichs und die Hinrichtung des Jan Hus, manche Auseinandersetzung in der Unions- und Zessionsfrage und vieles mehr gesehen hatte. Danach änderte sich der Charakter des Konzils.

Aus einem Konzil der Pisaner Obödienz wurde, wie das Walter Brandmüller formuliert hat, ein papstloses und bald auch königloses Konzil der drei Obödienzen. Der Chronist drückt die Tatsache, dass es in gewisser Hinsicht auf der Stelle trat, treffend aus, wenn er sagt: *In der zit, als unßer herr der küng hinweggeritten was, da zwüschen ward nit nüws, dann daz sy den crützgang all sontag tattend umm daz münster, und daz sy all tag mess hattend zů dem tůmb.* Das heißt: Nachdem der König mit seinem Gefolge hinweggeritten war, geschah nicht sehr viel Neues. Man hielt die Prozessionen ab, wie vorgeschrieben, und hörte jeden Tag im Münster die Messe.

Die Infrastruktur des Konzils

Um den konziliaren Alltag zu verstehen, wie er sich jetzt entwickelte, muss man wissen, dass die wesentlichen Entscheidungen, die die Infrastruktur dieses Alltags bestimmen würden, bereits lange vor dem Beginn des Konzils, nämlich unmittelbar nach den Verhandlungen von Como und Lodi 1413, gefallen waren, d. h. man hatte noch ein knappes Jahr Zeit gehabt, um von Seiten der Stadt alle Eventualitäten zu antizipieren und vorzubereiten. Das galt zunächst einmal für die vorbereitende Organisation des Ereignisses, nachdem die Entscheidung für Konstanz als Konzilsstadt gefallen war. Es galt der Kirchenversammlung eine effektive städtische Infrastruktur zur Verfügung zu stellen, so dass sich die vielen Gäste, die zu erwarten waren, in der Stadt wohl und sicher fühlen würden.

Dass dies tatsächlich der Fall gewesen sein muss, zeigen die Äußerungen des Kurialen Dietrich von Nieheim, die er in seine Vita des Konzilspapstes Johannes XXIII. eingestreut hat. Dietrich, der gewiss nicht unkritisch war, hat Konstanz als kleine, aber schöne Stadt beschrieben, deren Lage reizend und deren Luft gesund und für jedes Alter und jede Nation bekömmlich ist. Die Stadt sei von schiffbarem Wasser umgeben. Es gebe einen See und einen Strom, an denen die Stadt zu großen Teilen gelegen sei. Die Stadtgemeinde verfüge darüber hinaus über eine gute und effektive Verwaltung (*bona politia*). In der Nähe gebe es nicht weit entfernt Weingärten (*vineae*), Felder (*campi*), Gärten (*horti*), Wiesen (*prata*) und Wälder (*nemora*) – alles in allem ein Land (*ager*), *cui benedixit dominus* – »auf dem der besondere Segen Gottes zu ruhen scheine«.

Schwerlich werde man, so schließt der Kuriale seinen Lobpreis der Konzilsstadt, einen ähnlichen Ort finden, wo alle einzelnen für das Leben der Menschen notwendigen und angenehmen Dinge in gleicher Weise zusammenkommen, wie dies in Konstanz der Fall sei. Damit die Stadt auf die vielen Fremden, die in sie strömen würden, einen wohl vorbereiteten Eindruck machen würde, bedurfte es gleichwohl großer Anstrengungen. Die päpstlichen Gesandten Johannes von Montepulciano und Bartholomeus de Lante hatten hier bereits vieles im Rahmen der päpstlichen Quartierkommission festgelegt und besprochen. Ein solcher Lokaltermin war im Vorfeld von größeren Synoden durchaus üblich. Er hatte die Aufgabe, die Verhältnisse vor Ort im Hinblick auf das künftige Ereignis zu prüfen.

In diesem Zusammenhang gab es auch Verhandlungen mit den geistlichen und weltlichen Behörden der Konzilsstadt, die vor allem die volle Freiheit des Papstes und der Kurie, aber auch die der Konzilsbesucher, betraf. Die Konstanzer erteilten allerdings erst nach der Vermittlung des Königs, der den Erzbischof von Kalocsa als Gesandten hierher schickte, die verlangten Zusagen. In jedem Fall war die Stadt, als die ersten Konzilsgäste im Spätsommer bzw. Herbst 1414 eintrafen und ihre Wappen als Zeichen der Quartiernahme an ihre Herbergen anschlugen, vorbereitet auf das, was auf sie zukommen sollte. Man denke allein an die

Adventuszeremonielle, die für die hochgestellten Persönlichkeiten (König, Papst, Kardinäle, Erzbischöfe, Herzöge, Fürsten, Gelehrte usw.), die mit ihrem Gefolge in Konstanz erscheinen würden, durchzuführen waren, aber auch an die zu überreichenden Ehrengeschenke.

Der Basler Rat ließ sich von der Stadt Konstanz einige Jahre später denn auch ausdrücklich beraten und belehren, wie eine Stadt mit einem Konzil in ihren Mauern umgehen soll. Man denke auch an die Wohnraumbewirtschaftung, an die Ernährungssituation und Lebensmittelversorgung, deren Sicherstellung zu bezahlbaren Preisen ohnehin zu den vordringlichen Aufgaben spätmittelalterlicher Stadtverwaltungen gehörte. Man denke aber auch an die baulichen Zurüstungen, die auf öffentlichen Plätzen, in der Konstanzer Kathedralkirche, am Kaufhaus, am Obermarkt, auf dem Oberen Münsterhof oder etwa an der Bischofspfalz vor und während des Konzils vorzunehmen waren.

Die Ökonomie und Topographie des Konzils

Es war weiterhin mit einer großen Zahl fremder Wirte, Metzger, Händler, Krämer, Geldwechsler, Bankiers usw. zu rechnen, da die Stadt allein mit ihren beschränkten Ressourcen die allgemeine Versorgung, aber auch die Durchführung der Bank- und Geldgeschäfte nicht würde bewältigen können. Das heißt, man benötigte Verkaufsstände, Räume und Flächen, um Waren anzubieten und Geschäfte abzuwickeln. Es mussten auch für die fremden Handwerker Werkstätten oder andere Räumlichkeiten geschaffen bzw. zugewiesen werden, die es ihnen erlaubten, ihrer Tätigkeit effizient nachgehen zu können.

Richentals Chronik berichtet: *Do sich das also vergieng, do viengan an ze buwen die fromden mechanici, daz sind handtwerchlüt, was gewerbs si konden. Des ersten uff dem undern hoff kromer, gürtler, schůchtzer [Schuhmacher], scherer. Und die machtend gadmer [Buden] und machtend laimy [leinene] stuben, und waren och daselbs wirt. Des glichen uff dem obern hoff. Darnach uff dem platz vor dem Blidhus. Die metzger hattend da allerlay flaisch fail und allerlay wilprät, und gaben daz in gemainem [öffentlichem] koff, als dann hernach verschriben stat. Vor Sant Steffan in der barfüßer kilchoff, an den muren und undern schöp-*

fen [Wirtschaftsgebäude in der Stadt] *und innen in dem crützgang, da saßen die kromer und schriber und machtend inn da selbs hüsly. Und hatten under inn selb alle nacht wachter, wann man den kirchoff beschloß, daz dann ire wachter hutend. Und suss in aller statt, wa sy ain winkel funden, da machten sy hüßer. Suss die wirtt, sy wären erber lüt wirt oder hůren wirt, die empfiengen herberg in der vorstatt Stadelhofen und wa sy in kommen mochtend. Das bestůnd och also daz concilium uß, daz nieman betrübet ward, noch nieman laid beschach.*

Man muss sich die Stadt während des Konzils, was Geld, Handel, Gewerbe und Kommerz anbelangt, wohl wie eine große Messe oder einen großen Jahrmarkt vorstellen. Auf dem Unteren Münsterhof wurden, wie die Konzilschronik berichtet, Holzbuden bzw. leinene Verkaufsstände oder -buden, so genannte *gaden,* für Krämer, Gürtler, Schuhmacher, Scherer und Wirte eingerichtet, wie wir sie noch heute von Jahrmärkten kennen. Dasselbe geschah auf dem Oberen Münsterhof und vor dem Blidhaus, dem Zeug- oder Geschützhaus der Stadt. Davor – auf dem Markt zwischen Hofhalde und Stephanskirche – richteten die Metzger, die zu den angesehensten und reichsten Bürgern der Stadt gehörten, ihre Stände bzw. Fleischbänke ein und breiteten ihr reichhaltiges Angebot aus. Man muss nur die Illustrationen der Konzilschronik betrachten, um sich ein Bild von der Fülle des kulinarischen Angebots zu machen.

Vor der Stadtkirche St. Stephan, auf dem Friedhof des Franziskanerklosters, an den inneren Wänden der Stadtmauer und *undern schöpfen* (wohl einem städtischen Vorratsspeicher) boten Krämer und Schreiber in kleineren Hütten ihre Dienstleistungen an. Letztere waren wichtig, weil sie die Texte, die in großer Zahl in Konstanz kursierten, abschrieben bzw. kopierten. Sie spielen, wie Stephen Greenblatt in seinem Buch »The Swerve« erst unlängst gezeigt hat, auch bei der Wiederentdeckung von antiken Handschriften eine wichtige Rolle. Es wurde, wie die Chronik Richentals verlauten lässt, für die Nacht auch ein System der Bewachung der Waren und Güter entwickelt, so dass man, was man offenbar befürchtete, im Schlaf nicht bestohlen wurde. *Und suss in aller statt, wa sy ain winkel funden, da machten sy hüßer.* Man muss sich diese *hüßer,* die hier überall im Stadtraum installiert wurden, also nicht zu stabil und solide vorstellen. Vermutlich nächtigten die Händler und Krämer sogar in ihren Verkaufsständen.

Viel Aufsehen im damaligen Konstanz dürften vor allem die italienischen Pastetenbäcker mit mobilen Backöfen auf zweirädrigen Karren (*stoßwägelin*) erregt haben, von denen Richental berichtet, es seien während des Konzils 330 Bäcker dieser Art in der Stadt gewesen: *Och komen do zemal gen Costentz beken, die basteten bůchen mitt hünr, mit fischen, mit ayern, und wie jeglicher die haben wolt, und buchent och ring und brätschelen, und hattend wägelin mit ainem rad, als man gewonlich mist oder stain in die garten und uss den garten fürt. Daruff hattend si gemacht bachöfelin, darinn sy die basteten und ander sölich ding bůchen. Die wägelin mit den öfen, die alweg warm waren, fůrtend sy durch die statt, da sy dann maintend das ir zů verkofen.* Die Pasteten oder Fladen, die diese Bäcker mit ihren fahrbaren Öfen herstellten, waren gut gewürzt und mit Hühnerfleisch, Fischen oder Eiern gefüllt. Wir dürfen hier an wohlschmeckende, gefüllte Teigtaschen denken, die sicher gern und zahlreich verzehrt wurden.

Fremde Wirte und Hurenwirte wurden in der südlichen Vorstadt Stadelhofen angesiedelt, wo sie ihre Geschäfte ungehindert treiben konnten und wo sie bis zum Ende des Konzils verblieben. Auch das Münster musste, wie wir bereits angedeutet haben, in seinem Inneren umgebaut werden, sollte es für eine relativ große Zahl an Konzilsvätern als regelmäßiger Versammlungs- und Tagungsort dienen. Im Kirchenschiff standen damals allerdings noch keine Bänke. Altäre waren in den Chören und im Seitenschiff untergebracht. Die Seitenkapellen entstanden erst nach dem Konzil. Vor dem Hochchor befand sich ein großer Lettner, vor dem eine Mariensäule angebracht war, die wir auf den Illustrationen der Richental-Chronik erkennen können. Im Langschiff wurden beidseits drei Reihen Bänke aufgestellt, auf denen die Konzilsväter während der 45 *sessiones generales* saßen. Und auch Johannes XXIII., der pünktlich vor Beginn des Konzils am 28. Oktober 1414 mit seinem großen Gefolge in der Stadt eintraf, musste ebenfalls angemessen und standesgemäß untergebracht werden.

Richental bietet keine Geschichte des Konzils, sondern eine Geschichte der Stadt zur Zeit des Konzils. Wir können daher mit Hilfe der von ihm verfassten Chronik geradezu eine Art Topographie des Konstanzer Konzils erstellen, das heißt, wir wissen relativ genau, wo etwas passiert ist, wer wo gewohnt oder wann und wohin die Herberge gewechselt hat. Wir erfahren die Namen der Menschen, der Gassen und Straßen sowie der Häuser, Tore und Plätze. Man kann noch heute, da Konstanz das Glück hatte, im Zweiten Weltkrieg weitgehend unzerstört zu bleiben, durch die »mittelalterliche Stadt« gehen und versuchen, das Geschehen des Konzils mehr oder weniger genau zu lokalisieren. So ist beispielsweise festzustellen, dass es das Haus zum Helffand, zum Elefanten, immer noch gibt, das Richental gleich zu Anfang seiner Chronik erwähnt, als es um die Größe des Papstschirmes bzw. Papsthutes (*soliculum*) geht, der von der einen zur anderen Seite der schmalen Gasse (heute Salmannsweilergasse) reicht (Abb. 6).

Abb. 6: Das Haus zum Elefanten in Konstanz an der Salmannsweilergasse. (Foto: Thomas Martin Buck)

Die Stadt als Bühne des Konzils

Um den Konzilspapst standesgemäß unterbringen zu können, ließ der Konstanzer Bischof, Otto III. von Hachberg, den Johannes XXIII. einige Jahre zuvor zum Bischof erhoben hatte, die Pfalz im Vorfeld des Konzils eigens »renovieren, mit Holz täfeln und zieren« bzw. zum Papstpalast (*palatium apostolicum*) umbauen, worauf Hermann Tüchle hingewiesen hat. Die Rechnungen zur Renovierung des Bischofshofes, die z. B. Türen, Schlösser, Fenster und Kamine betraf, haben sich, wie Karl August Fink in einer Untersuchung zum Finanzwesen des Konzils schreibt, erhalten. Zum Schutz gegen die Kälte waren die Fenster repariert und der Ofen in der *aula magna inferior* neu aufgesetzt worden.

Der Papst sollte es offenbar warm haben, zumal das Konzil ja im teilweise schon winterlichen November begann. Bischof Otto verließ recht bald nach Beginn der Synode die Stadt, um für den Stellvertreter Christi auf Erden und sein großes Gefolge, das mehrere Hundert Personen umfasste, Platz zu machen. Er scheint während des Konzils in der Stadt kaum präsent gewesen zu sein. In der Chronik ist nur einmal von ihm die Rede.

So intervenierte der Konstanzer Bischof, als Jan Hus, der am 10. Oktober 1414 zum Konzil aufgebrochen, am 3. November in Konstanz angekommen und im Haus der Witwe Fida Pfister untergekommen war, in der Kammer seiner Unterkunft *neben der stuben* die Messe las und mit diesem geistlichen Angebot offenbar – hauptsächlich bei den Nachbarn – viel Zuspruch fand: *Und komen vil der nachgeburen und hortend by im mess, das des lofens vil ward.* Darauf sandte Bischof Otto seinen Vikar Hans Tenger und seinen Offizial Konrad Elye zu Hus, um ihm das Abhalten von Messen zu verbieten: *Do nun das vernam unßer herr der bischoff, bischoff Ott, und was ein geborner marggraf von Röteln, bischoff ze Costentz, do sendet er zů im sin vicary, maister Hansen Tenger, und sin official, maister Conraten Helye. Die zwen komen zů im und rettend* [redeten] *mit im, warumb er mess hett. Nun wißti er doch wol, das er lange zit in des bäpstes bann wär und sonder jetzo in des hailgen conciliums. Do antwortt er, er hielte kain bann und*

wölt messe haben, als dick er sin gnad hett. Do verbot der bischof dem
volk, daz sy sin mess nit hortend. Otto von Hachberg lag jedoch falsch, wenn er behauptete, dass Hus
in des bäpstes bann wär, da Johannes XXIII. seine Exkommunikation
für die Dauer des Konzils aufgehoben hatte. Andernfalls hätten
im Konstanz der Konzilszeit – für die Dauer des Aufenthalts eines
Gebannten – keine Messen stattfinden dürfen. Darüber hinaus scheint
der Bischof während des Konzils keine hervorgehobene Rolle gespielt
zu haben. Er fand sein Grab in der Margarethenkapelle des Münsters,
die er in den 30er Jahren des 15. Jahrhunderts mit einem direkten
Durchgang zur Pfalz versah. Noch heute lassen sich Spuren von Türen
im Erd- und im Obergeschoss der Kapelle nachweisen, die von den
Umbaumaßnahmen Ottos zeugen. Was die Pfalz anbelangt, sind die
wesentlichen Umbauten allerdings erst nach dem Konzil vorgenommen worden. Dennoch spielte die Bischofspfalz als Versammlungs-
und Beratungsort der Generalkongregation – vor allem die *aula magna
inferior* im Erdgeschoss – eine wichtige Rolle.

Das Essen, zu dem der Papst den König nach der Verleihung der
Goldenen Rose am 10. März 1415 eingeladen hatte, fand etwa *in der
pfallentz in der großen stuben,* in der *aula magna inferior* statt. Hier
wurde in der Generalkongregation auch vieles vorberaten, was im
Münster dann entschieden bzw. verlautbart wurde. Ebenfalls nicht zu
vergessen ist in diesem Zusammenhang das, was man in der modernen
mediävistischen Forschung als »Formen und Funktionen öffentlicher
Kommunikation« bezeichnet. Geistliche wie weltliche Herrschaften
brauchten in der Vormoderne den öffentlichen Raum, um ihre Macht
zeigen, präsentieren und darstellen zu können. Soziale und politische
Ordnung wurde in öffentlichen Handlungen sichtbar und kenntlich
gemacht bzw. inszeniert. So erhält König Sigmund anlässlich einer
Messe im Münster am 10. März 1415 nicht nur die Goldene Rose, er
zeigt sie auf dem Erker der Bischofspfalz auch der Volksmenge und
reitet anschließend mit ihr durch die Stadt, *daz inn* [die Rose] *aller
menglich wol sehen mocht.*

Das heißt, dass der Stadtraum, die Plätze, Straßen, Gassen, Tore, aber
auch die Kirchen, Klöster und Häuser gewissermaßen zur »Bühne des
Konzils« wurden. Das Konzil, das ja zunächst einmal eine theologische

Versammlung war, schuf sich auf diese Weise eine eigene Öffentlichkeit. Die Rituale, Zeremonien, Prozessionen, Schaustellungen, Gastmähler, Belehnungen und Exequien waren Akte öffentlicher Kommunikation des Konzils mit der Stadt, die es den Einwohnern und Besuchern gestatteten, am Geschehen des Konzils, von dessen theologischen und kanonistischen Materien sie weitgehend ausgeschlossen waren, teilzunehmen.

Am 30. April 1416 wurde etwa anlässlich des Todes von König Ferdinand von Aragón am 3. April in Igualada im Konstanzer Münster ein prachtvolles Requiem gefeiert, mit dem die Leistung des Königs bei der Wiedervereinigung der abendländischen Kirche ausdrücklich gewürdigt werden sollte. Vor dem Requiem wurde in der Stadt *mit allen gloggen* geläutet, wodurch die Totenfeier öffentlichkeitswirksam wurde. Insofern ist es nicht ganz richtig, wenn Otto Feger festgestellt hat, »dass die Stadt Konstanz am Konzil nicht viel mehr beteiligt war als durch die Stellung von Verpflegung und Unterkunft«.

Es ist gewiss nicht falsch, in diesem Zusammenhang das Bild vom *spectaculum mundi*, vom großen »Welttheater« zu bemühen. Das Konzil in einer deutschen Stadt war nicht nur ein »Novum«, es dürfte aufgrund des Spektakels, das es immer wieder bot, auch eine hohe Anziehungskraft ausgeübt und viele Menschen nach Konstanz gelockt haben, die, wie Johannes Helmrath zu Recht betont, mit dem Konzil im engeren Sinne zunächst einmal gar nichts zu tun hatten: Händler und Fuhrleute, Handwerker und Künstler, Bankiers und Geldwechsler, Musikanten und Huren, Lohnschreiber und Handschriftenjäger, Karrieristen und Schaulustige. Es kommt nicht von ungefähr, dass man hinsichtlich der Kirchenversammlungen des 15. Jahrhunderts auch von einer Drehscheiben- und Katalysatorfunktion spricht.

Das Spektrum der Konzilsteilnehmer und das städtische Recht

Die Klingenberger Chronik nennt am Ende ihrer Aufzählung der Konzilsteilnehmer eine Gruppe, die vor allem unter alltagsgeschichtlichen Gesichtspunkten Interesse hervorruft, weil es sich um Personen handelt, die gewiss nicht primär um des Konzils und seiner theologischen

Materien willen nach Konstanz gekommen sind: *Item es warend ouch zu Costentz herolten, […] spillüt, prasuner, trumitter, pfiffer, giger und aller spillüt, der warent fünffhundert und daby.* Item es waren och ze Costentz in concilio appentegger und ir knecht […]. Item kofflütt, goldschmid, äffentürer, kramer, schůchmacher, schnider, kürsiner, huoffschmid, brotbeken, wirt, wächssler, schärer und andre hantwerk und suß ander volk, der was on zal, die all burgrecht ze Costentz hatten als wol als ander burger ze Costentz.*

Bemerkenswert ist, dass alle diese Personen *burgrecht ze Costentz hatten*, mithin unter denselben Bedingungen Handel treiben und in der Stadt agieren konnten, wie dies für die einheimischen Bürger der Stadt galt. Das war großzügig und für mittelalterliche Verhältnisse keineswegs selbstverständlich, hatte man doch befürchtet, dass zwischen den fremden und einheimischen Handwerkern und Gewerbetreibenden »Unlust«, d. h. Streit, entstehen würde: *Do wurden als vil frömder appenteger, schůchmacher, schnider, goltschmid, kürsiner* [Kürschner] *und aller handtwerchlüt, daz man forcht, daz unlust zwüschen denen und den handtwerchlüten ze Costentz uffstünde gegen den frömden.* Das war aber nicht der Fall. Denn eine Abordnung des Papstes, des Königs und der Kardinäle sprach beim Rat der Stadt vor und schlug für die Zeit des Konzils folgende »Gewerbe- und Handwerksordnung« vor: *Des ersten, das all ir burger, die da handtwerch tribind, all möchtind werben und tůn alle handtwerch, wamit er sich verstünd, daran er gewinnen möcht, und daz kain handtwerch nit verbannen wär daz concilium uß.*

Für die Dauer des Konzils sollten demnach alle Fremden ihr Handwerk oder Gewerbe frei in der Stadt betreiben können, ohne Maut oder Zölle zahlen zu müssen. Sie sollten wie die Konstanzer Bürger das Bürgerrecht (*burgrecht*) haben, d. h. Streitfälle wurden vor Konstanzer Gerichten nach Konstanzer Recht entschieden. Bei Klagen eines Konstanzers gegen einen Fremden, der nicht das Bürgerrecht besaß, waren die *camera apostolica* bzw. der päpstliche Kammerauditor und zwei päpstliche Beisitzer, bei Klagen eines Fremden gegen einen Konstanzer ein städtischer Gerichtsausschuss von drei Ratsherren zuständig. Das päpstliche Gericht war offenbar so leistungsfähig und effizient, dass es nach Auffassung vieler Konstanzer sogar schneller und effektiver als das städtische Gericht agierte: *Und maint allermenglich, es wurd vor dem auditor bas und belder ußgericht dann vor den von Costentz.*

Diese die Wirtschaft und das Rechtswesen der Stadt betreffenden Regelungen waren angesichts der besonderen Herausforderung, die das Konzil für die Stadt darstellte, großzügig und zweckmäßig, aber wohl auch kaum zu umgehen. Sie bedeuteten die Aufhebung des Zunftzwanges und die Einführung der Gewerbefreiheit für die Dauer des Konzils. Dass es unmittelbar nach dessen Ende zu wirtschaftlichen Schwierigkeiten bzw. Restriktionen kam, die allerdings bereits in den 1450er Jahren wieder weitgehend behoben waren, hat offenbar mit Umstellungsproblemen zu tun, die mit der Neuordnung des Konstanzer Gewerbelebens nach dem Konzil zu tun hatten. Erst 1460 ist ein tiefer Einschnitt in der wirtschaftlichen Entwicklung zu verzeichnen. Die Eroberung des Thurgaus durch die Eidgenossen beraubte die Stadt in ökonomischer Hinsicht ihres Hinterlandes, was für die Handelsstadt auf lange Sicht gesehen nicht ohne Folgen bleiben konnte.

Händel und Strafen

Etwas über die Sozialverfassung und Rechtsordnung der Stadt zur Zeit des Konzils zu erfahren, ist nicht ganz einfach. In den Ratsbüchern finden wir dazu nicht allzu viel. Und alles, was wir von Richental darüber hören, hat die Tendenz, glaubhaft zu machen, dass alles seine Ordnung gehabt, es also kaum größere Rechtsbrüche, Kriminalfälle oder Hinrichtungen in der Stadt zur Zeit des Konzils gegeben habe. Es ist ein Bild allgemeiner Befriedung, das die Chronik entwirft, gewissermaßen ein Idealzustand. Als der König am Donnerstag in der Pfingstwoche des Jahres 1418 zu einem Gespräch mit dem Herzog von Burgund aufbricht, heißt es bei Richental ausdrücklich: *Und was daz uffbrechen also tugentlich und also beschaiden, daz nie kainer verheft ward, noch nieman kain laid geschach.*

Dass *kainem nie kain laid* während des Konzils geschah, wird nicht nur mehrfach in der Chronik erwähnt. Es ist dem Chronisten so wichtig, dass er das Thema im letzten Kapitel des erzählenden Chronikteils noch einmal eigens aufgreift und betont, es sei nicht recht, wenn behauptet würde, dass *vil lüt von dem nachrichter getödet wurden ze Costentz, die wil daz concilium da was.* Es seien, sofern er es in Erfahrung bringen konnte, *mit allerlay töden* (Ertränken, Hängen, Verbrennen, Rädern und Enthaupten) nur 17 Personen und *nit mer* zu Tode gekommen. *Und zwen man wurdent libloß getan under inn selber,* d. h. zwei haben sich selbst umgebracht.

Angesichts der unerwarteten Länge des Konzils und der Fülle an Menschen, die sich in der Stadt tummelten und dort sicher auch ihr Unwesen trieben, verwundert diese Einschätzung, zumal der Chronist hinsichtlich der Hinrichtungen unterschiedliche Zahlen nennt und in seiner Chronik selbst von einigen schwereren Kapitaldelikten, z. B. vom Mord an dem Luzerner Propst, dem Anschlag Herzog Heinrichs von Bayern-Landshut auf seinen Vetter Herzog Ludwig von Bayern-Ingolstadt oder den Überfällen, die auf das Konto des Freiherrn Georg von Enne gingen, berichtet.

Da ist menklichen ze wissen, das in dem zit die von Costentz mit unsers herren des küngs rāt und hilff daz concilium also uff enthieltend, daz zit uß, das nieman in der statt, noch x mil wegs darumb, kain laid geschach, weder mit roben noch mit niderlegen, noch mit kainer diebstal, dann den frömden, die es nit klagen woltend. Und beschach och kain brunst noch zerworffnust nit. Wol sprach menglich, daz vil lüt getöt wurdint umm ir diebstal, umb todschleg und ander verschuldet sachen; das ist aber nit, dann ich das nit erfragen kond von den haimlichern [Räten] *ze Costentz, dann daz daby verdurbent by xxij und nit mer.* Folgt man diesem Textausschnitt, so hat es während der 3½ Jahre, die das Konzil in den Mauern der Stadt tagte, also nicht 17, sondern immerhin 22 Hinrichtungen, aber keine Feuersbrunst und kein Zerwürfnis gegeben. Das habe er von den Räten der Stadt, *den haimlichern,* wie er sagt, offiziell erfahren bzw. bestätigt bekommen.

Dass das so nicht ganz richtig oder doch zumindest zweifelhaft ist, geht aus der Tatsache hervor, dass der Chronist hier die Stadt im Nachhinein gegen Vorwürfe und Verleumdungen in Schutz nehmen will: *Wol sprach menglich, daz vil lüt getöt wurdint umm ir diebstal, umb todschleg und ander verschuldet sachen.* Es gab demnach Gerüchte, dass mehr Menschen ums Leben gekommen seien. Das sei aber nicht wahr, wie Richental ausdrücklich betont. Nur die Ungarn, die Walachen und Winden *und menig vertān volk,* das mit König Sigmund nach Konstanz kam, also zu seinem Gefolge gehörte, hätte immer wieder Anlass zu Problemen gegeben. So hätte es etwa unter den Gefolgsleuten des Königs Diebstähle gegeben. Sättel und Steigriemen (*stigleder*) seien verschwunden bzw. gestohlen worden. Doch der Marschall des Königs hätte die Täter überführt und diese dem Rat mit der Auflage überstellt, sie ertränken zu lassen, was dieser aber nur in besonders schweren Fällen tat: *Do aber die rät söllich klain schuld erfunden, do schikten sy ain über daz birg. Uff welhem aber groß schuld was, dem tatend sy sine recht*, d. h. bei Geringfügigkeiten wurde von der Todesstrafe abgesehen und der Täter *über daz birg* (= Alpen) ins Exil geschickt.

Wer große Schuld auf sich geladen hatte, wurde allerdings dem Nachrichter bzw. Henker übergeben. Aufschlussreich ist in diesem Zusammenhang der Nachsatz, mit dem der Chronist seinen Bericht über die Art und Weise der Rechtspflege zur Zeit des Konzils abschließt: *Und daz all frömd lüt wonder nam, wie daz in ainr söllichen klainen statt und in aim söllichen klainen land, daz doch besetzt wär mit gůten vestinen, tzů kommen möcht, wann das man allweg gott die er gab.* Man muss das, was Richental uns über das Leben in der Stadt zur Zeit des Konzils mitteilt, also durchaus kritisch lesen. Er liefert uns nicht in jeder Hinsicht »Fakten«. Gleichwohl gibt er uns immer wieder Hinweise, die uns erahnen lassen, wie der Alltag in der spätmittelalterlichen Stadt, Sozialverfassung und Rechtsordnung betreffend, tatsächlich aussah.

Fahrendes Volk und andere Konzilsgäste

Im Gefolge der geistlichen und weltlichen Fürsten gelangten damals nicht nur Herolde nach Konstanz, die u. a. für die Identifizierung von Rittern anhand ihrer Wappen zuständig waren, es kamen auch zahlreiche Sänger, Musikanten, Instrumentisten (Posaunisten, Trompeter, Pfeifer, Geiger) und Spielleute. Sie hatten die Aufgabe, öffentlich inszenierte Akte wie Feste, Messen, Prozessionen, die zahlreichen Belehnungen oder die öffentlichen Auf- und Umzüge mitzugestalten und musikalisch zu untermalen. Friedrich VI. von Nürnberg *begabot* bzw. beschenkt ausdrücklich die Torhüter, Posaunisten, Pfeifer und Spielleute, die an seiner geschichtsträchtigen Belehnung durch den König mitgewirkt hatten. Auch Herzog Ludwig von Bayern *begabott* nach seiner Belehnung die Herolde und Spielleute. Die Musiker trugen offenbar einen wesentlichen Teil zum Gelingen der politischen Inszenierungen bei.

Bei der Eröffnungsprozession des Konzils werden beispielsweise ausdrücklich *des bäpstes senger* erwähnt, ebenso bei der Segensspendung vom Erker der Bischofspfalz: *Darnach koment sin senger all mit brinnenden kertzen, das der ärgger* [Erker] *schain, als ob er brunne* [brenne]*; und staltend sich hinder inn.* Bei der täglichen Prozession anlässlich des Konklaves im November 1417 wird die Antiphon *Veni sancte spiritus* von Sängerknaben gesungen, so dass diese die Konzilsväter im Kaufhaus sogar hören können und sich darauf recht schnell einig werden. Neben Sängern, Musikern und Instrumentisten gab es ferner Apotheker und ihre Knechte, ebenso Kaufleute, Goldschmiede, Glücksjäger, Krämer, Schuhmacher, Schneider, Kürschner, Hufschmiede, Bäcker, Wirte, Wechsler, Scherer *und suß ander volk.* Unter dem mittelalterlichen Apotheker dürfen wir uns allerdings nicht einen modernen Ausbildungsberuf vorstellen.

Der Apotheker der Vormoderne konnte der Krämerzunft, den Kaufleuten, aber z. B. auch der Safranzunft, angehören, denn die ersten Apotheker waren, worauf Harry Kühnel hingewiesen hat, »allenthalben Gewürz- und Drogenhändler, die nebenbei aus dem Orient über Venedig eingeführte Arzneimittel vertrieben«. Sie handelten mit Spezereien (= Gewürzen) aller Art wie etwa mit Pfeffer, Safran, Ingwer, Gewürznelken, Zimtrinde, Muskat, Weihrauch, Kümmel usw., also Produkten, die gewiss auch auf dem Konstanzer Markt angeboten wurden. Am meisten aufschlussreich für die Zusammensetzung des bunt zusammengesetzten »Konzilspersonals« ist vielleicht der oben angeführte Begriff *äffentürer,* der wohl vom mittelhochdeutschen *âventiure* (= gewagtes Beginnen mit ungewissem Ausgang) bzw. *âventiuraere* (= einer, der auf ritterliche Wagnisse auszieht) abgeleitet sein dürfte und neuhochdeutsch als »Abenteurer«, »Glücksjäger« oder als »herumziehender Händler« verstanden werden kann. Stephen Greenblatt spricht diesbezüglich von »jugglers, acrobats, street singers, and hangers-on of all types«.

Hier haben wir den Typus des vagierenden, geschäftemachenden, auf sein Glück hoffenden Konzilsreisenden vor uns, der sich überall dort befindet, wo etwas »los« ist und es etwas zu »holen« gibt. Er ist nicht vornehmlich des Konzils wegen in Konstanz, sondern sucht das Geschäft oder das öffentliche Spektakel. Ganz ähnlich agieren die mehr als 160 *studentes*, von denen Richental in seiner Teilnehmerstatistik spricht. Sie, die man ebenfalls zum (allerdings akademischen) »Fußvolk« des Konzils rechnen darf, sind nicht zum Studieren in die Stadt gekommen, sondern »laufen nach der päpstlichen Kurie« (*qui currebant post curiam*), die einen, um etwas zu sehen (*ad videndum*), die anderen, um Pfründen zu erhalten oder Pferdeställe zu misten (*propter prebendas eciam ad purganda stabula et equos*), und wieder andere *propter truphas* – »um Betrügereien, Durchstechereien und Spiegelfechtereien zu begehen«, was auf Kleinkriminelle schließen lässt.

Man wird im 15. Jahrhundert also durchaus auch so etwas wie einen vormodernen »Konzilstourismus« in Rechnung stellen dürfen, selbst wenn es das Wort und das Phänomen im modernen Sinne noch gar nicht gab. Der öffentliche Stadtraum mit seinen Wegen, Gassen und Plätzen spielte in diesem Zusammenhang eine gewichtige Rolle. Er fungierte als Schnittstelle zwischen dem inneren Räderwerk des Konzils, das seine theologischen Aufgaben sukzessive abarbeitete, und seiner äußeren Performanz für die Normalsterblichen, die durch bestimmte Rituale und Zeremonien mitunter sichtbar und fassbar wurde.

Uff dem kerhals was ain ärgger

Ein zentraler öffentlicher Stadtraum, der im Rahmen der genannten Inszenierungen eine wichtige Rolle spielte, war beispielsweise der Münsterhof, der sich in einen unteren und oberen Teil aufgliederte (*curia inferior et superior*). Der Obere Münsterhof war nicht nur ein Ort der geistlichen Repräsentation, sondern auch der bischöflichen Macht. Als Immunitäts- und Rechtsbezirk war er durch Mauern von der Kernstadt abgeschlossen. Es gab zwei Tore, von denen sich das eine nach der südlichen Hofhalde (*große tür*), das andere nach dem

Unteren Münsterhof (zur heutigen Wessenbergstraße hin) durch eine vorgelagerte Steintreppe öffnete. Zwischen dem Münsterturm und dem benachbarten Domherrenhof befand sich das mit einem Gewölbe überdeckte Hoftor.

Wir dürfen davon ausgehen, dass an der zum Oberen Münsterhof hin zugekehrten Seite der Pfalz zur Konzilszeit eigens ein hölzerner, zweistöckiger Erker (*ärgger*), ein *gewelbter kerhals*, wie Richental sagt, installiert wurde. Es muss sich um ein für die damalige Zeit offenbar zentrales Bauelement an dieser Stelle gehandelt haben, das der Chronist nicht nur eingehend beschreibt, sondern auch immer wieder erwähnt: *Uff dem kerhals was ain ärgger, glich als wyt als der kerhals ist.* Es dürfte sich um einen Treppenturm mit drei großen offenen und zwei seitlichen Fenstern, gehandelt haben, der sich *uff dem obern hoff ze Costentz an der pfaltz* befand: *Und uff dem ärgger was ain michler* [großer] *uß geschoßner ärger, der hett vornen dry michel bayen* [Fenster], *und zů yetweder siten zwen.*

Der Zugang zur Pfalz war während des Konzils wohl nicht unmittelbar über das Münster (und die Margarethenkapelle), sondern nur über den Oberen Münsterhof möglich. Der genannte Treppenturm muss sich rechts vom Haupteingang der Pfalz befunden haben, wie auf den Rekonstruktionszeichnungen von 1830 zu erkennen ist. Der Begriff »kerhals« (= Kellerhals) deutet vielleicht darauf hin, dass unterhalb des Erkers ein Zugang zum Untergeschoss der Pfalz existierte, das Wirtschaftszwecken diente.

Der erkerähnliche Turm wird in der Chronik erstmals erwähnt, als die Bürger der Stadt dem Papst ihre Aufwartung machen und am 31. Oktober 1414 ihre Ehrengeschenke im Rahmen einer öffentlichen Zeremonie auf den Oberen Hof darbringen. Während der Papst in würdevoller Distanz auf dem erhöhten Erker steht und die Szenerie betrachtet, nimmt der päpstliche Auditor die Ehrengeschenke des Rates entgegen und überreicht der Stadt einen seidenen Rock als päpstliche Gegengabe.

Der »zweistöckige Erker«, der vermutlich eigens für das Konzil errichtet und später abgebrochen wurde, befand sich nicht von ungefähr auf der dem Oberen Münsterhof zugekehrten Seite der Bischofspfalz, wo im Zentrum der geistlichen Stadt öffentliche Akte inszeniert,

Messen gehalten und Versammlungen sowie Turniere durchgeführt wurden. Hier präsentierte sich der Papst der Stadtöffentlichkeit, hier empfing er den Rat, hier erteilte er den Gläubigen den Segen, hier erfolgte die Kerzenverteilung an Mariä Lichtmess, hier zeigte sich König Sigmund der Bürgerschaft mit der Goldenen Rose, die er kurz zuvor vom Papst erhalten hatte.

Die Funktion des Treppenturmes mit aufgesetztem Erker bestand während des Konzils offenbar nicht darin, einen Zugang zur Pfalz zu eröffnen, sondern konziliare Öffentlichkeit bzw. Visibilität herzustellen. So berichtet die Chronik, dass der Papst nach der Messe an Mariä Lichtmess im Jahre 1415 zur Kerzenverteilung in die Pfalz auf den Erker ging: *Und nach der mess, do ging er in die pfaltz uff den ärgger, der uff den hoff sicht* [sieht]. Das heißt: Er präsentiert sich einer räumlich wie personell begrenzten Öffentlichkeit. Es geht darum, zu sehen und gesehen zu werden. Geistliche Macht wird gewissermaßen zeremonialisiert zur Schau gestellt. Diese bewusste Herstellung bzw. Inszenierung von Öffentlichkeit dürfte umso wichtiger gewesen sein, als die Stadt und ihre Bürger von dem Konzil und seinen Sitzungen im Allgemeinen wenig mitbekamen, zumal der Chronist selbst betont, dass das Konzil *allweg in dem münster* saß.

Der Erker war insofern – neben den dafür vorgesehenen Türen des Münsters und andern Orten öffentlicher Verlautbarung – ein wichtiges Element öffentlicher und symbolischer Kommunikation zwischen der Klerikersynode einerseits und der städtischen Bevölkerung andererseits. Die »zeremonielle Verschränkung« (Helmut Maurer) von Stadt und Konzil kommt jedenfalls nirgendwo deutlicher zum Vorschein als in der Existenz dieses wohl schon kurz nach dem Konzil wieder entfernten Treppenturms. Er dürfte, das lässt sich aus den Chronikillustrationen schließen, ein hölzernes Provisorium gewesen und den umfangreichen Neubauten Bischof Ottos III. von Hachberg in den 20er Jahren des 15. Jahrhunderts zum Opfer gefallen sein. Auf den Rekonstruktionszeichnungen, die vor dem Abriss der Pfalz im Jahr 1830 angefertigt wurden und heute im Rosgartenmuseum liegen, ist er jedenfalls nicht mehr zu finden.

Auf dem Oberen Münsterhof wurden, was der Papst nach seiner Flucht in den so genannten »Informationen« bitter beklagt, auch große Turniere durchgeführt, die mit erheblichem Tumult und Lärm verbunden gewesen sein dürften. Erwähnenswert ist dies deshalb, weil im Rahmen eines solchen Turniers (*gestäch*) am 12. oder 13. Februar 1415 ein Unglück passierte, das zum Tod vieler Menschen führte, zumal es sich am Fastnachtstag ereignete, wo viele Menschen in der Stadt unterwegs waren.

In einer anonymen Quelle, dem so genannten Knöpflerfragment, heißt es: »Heute wurde in Konstanz ein großes Turnierfest gehalten. Dabei ist ein an das Münster anlehnendes Haus, das von einer allzu großen Menschenmenge besetzt war, eingestürzt«. Derartige Veranstaltungen wurden daher künftig nach Möglichkeit bei dem so genannten Paradies, einer Vorstadt von Konstanz, oder, wie Richental sagt, *uff dem indern ussern veld* durchgeführt. Als nach der Wahl Martins V. ein Turnier auf dem Oberen Münsterhof stattfinden sollte, wollte sie, wie die Konzilschronik berichtet, *unßer hailger vatter der bǎpst uff dem obern hof nit laßen stechen, und zugend das gestäch an den vischmarckt.*

Und wertend dem volk, daz nit getreng wurd

Man kann sich also vorstellen, wie groß und problematisch die Menschenansammlungen im Konstanz der Konzilszeit teilweise waren. Sitzungen des päpstlichen Gerichts, der *Sacra Romana rota*, in der Stephanskirche fanden unter großem Gedränge statt. Bei der Belehnung des Burggrafen Friedrichs VI. von Nürnberg mit der Mark Brandenburg waren alle Häuser, *die dahin sehen mochtend, gestekt voller lüt*. Die Prozession zur Eröffnung des Konzils am 5. November 1414 wird von Bütteln des Papstes begleitet, die diesen vor der Volksmenge in Schutz nehmen: *Die wartend dem volk vor getrang* [Gedränge]. Dasselbe geschieht, als der neu gewählte Papst vom Kaufhaus zum Oberen Münsterhof geführt wird: *Und luffend die büttel des bǎpstes mit irn silbrin trömeln* [Stecken] *und wertend dem volk, daz nit getreng wurd* – »und hielten den Weg frei, um Gedränge zu verhindern«.

Einmal, als der Papst nach einer Messe dem Volk den Segen erteilen wollte, befanden sich auf dem Oberen Münsterhof vor der Pfalz so viele Menschen, *daz sy in ainr gantzen stund kum ab dem hof kommen mochten, nach dem und der segen beschach.* Als der neue Papst Martin V. auf dem oberen Hof gekrönt werden sollte, war dort die versammelte Menschenmenge so groß, *das der küng selb uffhin nit mocht kommen.* An einer Prozession, die u. a. auch nach Petershausen führte, nahmen so viele Menschen teil, *daz man vorcht, die brugg über Rin die ging nider.* Am 6. März 1418, als Martin V. auf dem oberen Hof den Segen erteilte, *do mu̇ßt man all türen behüten, die uff den hof gand, dero vj sind, daz nieman ertrucket wurd noch getötet.*

Die schiere Zahl der in Konstanz versammelten Menschen führte bei der Verbrennung des tschechischen Reformators Jan Hus etwa dazu, dass nicht alle Schaulustigen gleichzeitig über eine Brücke gehen durften, um ihr Zusammenbrechen zu verhindern: *Und mu̇ß man die lüt uff der brugg an Geltinger tor* [später Paradieser Tor] *halten, daz ye ain schar hinüber kam. Und vorcht man die brugg bräch.* In einer Welt, die arm an Amüsement und Unterhaltung im modernen Sinne war, galt die Verurteilung und Hinrichtung eines »Ketzers« offenbar als Sensation, die niemand verpassen durfte und wollte. Man führte Hus nicht zuletzt deshalb auf den so genannten Brühl, eine im Westen der Stadt gelegene große Wiesenfläche, die der Stadtbevölkerung zu Festen und Vergnügungen, aber auch als Hinrichtungsstätte diente. Ken Follett hat in seinem modernen historischen Roman »Die Säulen der Erde« das Mittelalter gar nicht so schlecht adaptiert, wenn er das Werk mit einer spektakulären Hinrichtung, die Menschen aus nah und fern anzieht, beginnen lässt.

Babylonisches Stimmengewirr

Ein anderes Problem, das die Klingenberger Chronik in ihrem Bericht über das Konzil anspricht, waren die vielen in Konstanz zur Konzilszeit kursierenden Sprachen, die mitunter wohl zu einer babylonischen Sprachverwirrung führten: *Item es kamen ouch gen Costentz, diewil das concilium wert, xxvij sprachen, da kainer den*

242

andren verstůnd noch markt nach der sprach. Das Sprachenproblem manifestiert sich indirekt etwa auch im Umbau des Münsters. Dieses wurde nämlich nicht nur umgestaltet, um als Konzilsaula für die Synodalen zu dienen. Im Thomas- und Mariä-End-Chor sowie in den Seitenschiffen wurden insgesamt auch zwölf Beichtstühle eingerichtet, in denen in mehreren Sprachen gebeichtet werden konnte: *Und was an jeglichem stůl geschriben, was sprachen der kond, der in dem stůl ze bicht sass, umb söllichs, daz jegliche sprach irn bichter fund.* Die Konklavebestimmungen König Sigmunds wurden kurz vor der Papstwahl in deutscher, lateinischer, italienischer und französischer Sprache in der Stadt öffentlich verkündet, *darumb daz es menglich marckti* – »damit es jeder verstehen konnte«.

Der Hinweis auf die Beichtstühle zeigt weiterhin, dass das Konstanzer Konzil auch ein kommunikatives oder sprachliches Ereignis war, worauf vor allem der Berliner Germanist Thomas Rathmann hingewiesen hat. Die Chronikhandschriften verfügen nicht von ungefähr neben den Listen, die die Teilnehmer aufführen, auch über so genannte »Sprachen- und Nationenkataloge«. Auf diese Weise sollten die unterschiedlichen Sprachen und Nationen, die in Konstanz präsent waren, dokumentiert und für die Nachwelt festgehalten werden. Diese Kataloge hatten ferner den Sinn, die Universalität des Ereignisses zu dokumentieren.

Es gab deshalb mit Sicherheit, wie uns Richental, aber auch Fillastre berichten (etwa vor der Papstwahl, als die lateinischen Konklavebestimmungen ins Deutsche übersetzt werden mussten: *primo in latino, postea in theutonico prius interpretata*), immer wieder ein Übersetzungs- oder Verständigungsproblem, das im Falle von drei Äthiopiern dazu führte, dass man sie nicht verstand, *qui autem ignorabant latinum* – »die aber kein Latein konnten«. Richental berichtet von diesen Konzilsgästen in seiner Teilnehmerliste. Die Nachricht ist allerdings nicht über jeden Zweifel erhaben, da die drei Äthiopier nach Richental Abgesandte des legendären Priesterkönigs Johannes sein sollen.

Aber die Multilingualität dürfte im Spätmittelalter, zumal auf einer kirchlichen Versammlung, die in der Frühgeschichte des Humanismus eine nicht unwichtige Rolle spielte, noch durchaus handhabbar gewesen sein, zumal die Kirchen-, Gelehrten- und Universitätssprache Latein war, das alle Kleriker und Theologen relativ fließend gesprochen, geschrieben und verstanden haben dürften. Manche Konzilsgäste waren auch der deutschen Sprache mächtig, so etwa der päpstliche Palastauditor Johannes Naso. Er war der Vermittler, als die Stadt dem Papst drei Tage nach seiner Ankunft ihre Ehrengeschenke auf dem Oberen Münsterhof darbrachte: *Und der bapst was uff dem ärgger* [Erker] *und sant zů inn herab ainen auditor, hieß maister Hanns Nasse und was von Beham, doch kund er wol tütschs, der was ir fürsprech und sait dem bapst in latin, wie im daz die von Costentz geschenkt hetten.*

Während der Papst auf dem Erker steht und von Ferne dem Geschehen zusieht, verhandelt Naso, der eigentlich Böhme ist, auf Deutsch mit dem Magistrat der Stadt und übersetzt das Ergebnis anschließend dem Papst, der offenbar kein Deutsch konnte, in die lateinische Sprache. Auch Hus, wenn die Bemerkung Richentals korrekt ist, konnte Deutsch. Er fing jedenfalls kurz vor seiner Hinrichtung an, in deutscher Sprache zu predigen, was Herzog Ludwig von Bayern allerdings sofort unterband.

Latein war so sehr die Universalsprache des Mittelalters, dass man diese Epoche zu Recht auch als »lateinisches Mittelalter« bezeichnet hat. Auch die Umgangssprache des Konzils und der Synodalen war Latein. So sind denn auch nahezu alle Akten des Konzils, die sich in den großen Konziliensammlungen finden, in lateinischer Sprache gehalten. König Sigmund etwa, *won er wol latin kund reden,* hatte jedenfalls, wie Richental bemerkt, kein sprachliches Problem, als er zwischen dem Kardinalskollegium und den Nationen vermittelte. Er war nicht nur diplomatisch sehr gewandt, er beherrschte auch viele Sprachen.

Wer die »Acta Concilii Constanciensis« von Heinrich Finke lesen und studieren will, muss Latein können. Eine Ausnahme stellt allerdings die Konzilschronik Richentals dar, die in ihrem erzählerischen Teil in der Volkssprache verfasst wurde, im Listenteil allerdings auch lateinische Textpartien kennt, die zeigen, dass Richental nicht nur weit gereist, sondern zumindest zweisprachig war. Die Autoren volkssprachlicher Werke verfügten im Mittelalter häufig auch über lateinische Gelehrsamkeit. Man darf sich das Konzil aufgrund der Schreibwut der Synodalen und der damit einhergehenden Traktatkriege daher als eine »gigantische Zirkulation von Texten« (Thomas Rathmann) vorstellen.

Bereits der Mittelalterphilologe Paul Lehmann hat von den »gewaltigen Literaturmassen« gesprochen, »die unmittelbar durch die konziliaren Bestrebungen und Bewegungen ins Leben gerufen wurden«. Wir sprechen im Hinblick auf das Mittelalter zu Recht von einer semi-oralen Gesellschaft. Die Oralität oder Mündlichkeit spielte neben der Schriftlichkeit eine zentrale Rolle, d. h. vieles von dem, was sich im Konstanz der Konzilszeit abspielte, geschah nicht nur schriftlich über Texte, Schriftstücke, Traktate, Cedulae, Consilia, Deliberationes, Avisamenta oder wie man diese Texte auch sonst noch nannte, sondern vor allem auch mündlich: Man hat, worauf Thomas Rathmann hinwies, »gepredigt, geredet, Geredetes aufgeschrieben, Aufgeschriebenes in Umlauf und Dekretiertes in Anschlag gebracht, gelesen und erneut wieder darüber geredet und dies konserviert«. Das Konzil war in der Tat auch ein »diskursives Ereignis« (Thomas Rathmann) oder eine »Dauersequenz von Sprechakten« (Johannes Helmrath).

Eine für die Adressaten missliche Variante des Sprachen- bzw. Übersetzungsproblems diskutiert Richental, als er vom Einzug des Bischofs von Posen, Andreas Laskary, berichtet. Dieser zog zunächst mit 18 Personen und Pferden in das Haus zur Rebgrub in der Amelungsgasse (= Salmannsweilergasse) und danach *in der Swartzen hoff*. Dieser Bischof war zwar Doktor der Theologie, aber *kond böß tutsch*, sprach also sehr schlecht Deutsch. Dennoch predigte er drei Mal in der Kirche St. Stephan in deutscher Sprache, was kaum ein Kirchenbesucher verstanden haben dürfte, hätte er nicht einen Simultanübersetzer bei sich gehabt: *und hatt allweg ainen tütschen priester neben im ston. Wenn er ain wortt nit wol in tütsch mocht sprechen, so fragt er inn.* Eine solche volkssprachliche Predigt wird ihre Wirkung auf die Gläubigen gewiss nicht verfehlt haben, aber kurz und verständlich wird sie kaum gewesen sein, zumal ein zusammenhängender Redefluss kaum entstanden sein dürfte. Im Münster, wo eigens ein Predigtstuhl eingerichtet wurde, ist selbstverständlich lateinisch gepredigt worden.

Die »Klangfarben« des Konzils

Nach der Verleihung der Goldenen Rose an König Sigmund lud der Papst den König, Jean de Brogny und sechs weitere Kardinäle, den Erzbischof von Mainz und auch weltliche Herren zu Tisch. Bevor man jedoch mit dem Essen beginnen konnte, musste eine recht lange Predigt angehört werden: *Und als sy nun tze tische woltend sitzen, do predigott inn vor dem tisch* [vor dem Essen] *ain lerer göttlicher kunst und vast* [sehr] *lang*. Im Konstanz der Konzilszeit – wir haben bereits darauf hingewiesen – wurde sehr viel gesprochen, gepredigt, geredet, verhandelt, diskutiert, gesungen, geschrieben und übersetzt. Wir dürfen uns die Stadt, die – etwa kurz vor der Flucht des Papstes im März 1415 – nur so von Gerüchten, Anklagen und Verleumdungen rumorte, daher nicht zu geruhsam und leise vorstellen. Die Klanggeschichte des Konzils wäre noch zu schreiben.

Die orale Kultur der Vormoderne war auditiv geprägt. Es wurde nicht nur viel geredet, sondern auch viel zugehört. Die akustische Dimension des Konzils ist heute allerdings nur noch ansatzweise zu rekonstruieren. Da gab es nicht nur den Lärm der Händler, Kaufleute und Handwerker, es gab auch nahezu ständiges Glockengeläut. Die Glocken läuteten, als der Papst in die Stadt ein- und wieder auszog, sie läuteten, als das Konzil eröffnet wurde, sie läuteten, als Rom nach dem Tod Ladislaus' von Neapel wieder zur Obödienz Johannes' XXIII. zurückkehrte, sie läuteten, als Konzilssitzungen begannen, sie läuteten auch, als die Nachricht vom Narbonner Vertrag, der am 13. Dezember 1415 geschlossen wurde, die Konzilsstadt erreichte. Glocken waren im Mittelalter nicht nur Zeitsignale, sondern auch Kommunikationsmittel. Sie riefen zu Gottesdienst und Versammlung, gaben Totengeleit und Alarm in Notzeiten, etwa bei Feuer oder Krieg.

Dass sie auch der Abwehr von Unwettern dienen konnten, geht aus einer Textstelle der Chronik hervor, die von einem gewaltigen Gewitter berichtet, das am 29. September 1417 nachts über Konstanz niederging, aber offenbar nicht lange dauerte: *An Sant Michels tag ze nacht umb die wingloggen* [abends], *do komend vil tonder und blitzgen. Und lut man vast für daz wetter. Es werot aber nit lang.* Der Tages- und Lebensrhythmus wurde in der Vormoderne, zumal in einer Bischofs- und

Konzilsstadt, stark von der Kirche, der Liturgie und der Geistlichkeit bestimmt. Es gab Prozessionen und Pontifikalämter, die aufwändig zelebriert wurden. Da gab es aber auch die *prusuner, pfifer* und *trumitter*, die Posaunenbläser, Pfeifer und Trompeter, die etwa nach der Flucht des Papstes zusammen mit König Sigmund und Herzog Ludwig von Bayern, dem späteren Protektor des Konzils, lautstark durch die Stadt zogen, um keine Panik aufkommen zu lassen. Die Menschen sollten ob des skandalösen Verhaltens des Papstes beruhigt und Panik verhindert werden.

Der König ruft sogar, wie es in der Konzilschronik heißt, *mit sin selbes munde* durch die Stadt, *das nieman hinweg fûr, biß man innen wurd, waz der sach wär.* Auch das Fest der Geldwechsler von Florenz wird von durch die Stadt ziehenden Posaunisten angekündigt. Billige Heringe werden in der Stadt öffentlich ausgerufen, so dass jeder die Möglichkeit hatte, sie zu kaufen. Die Konzilssitzungen, die im Langschiff des Münsters abgehalten wurden, verliefen ebenfalls mitunter hitzig. Es kam zu regelrechten Wortgefechten. So gab es etwa im Vorfeld der Flucht des Papstes am 15. Februar 1415 einen Eklat, der zur überstürzten Abreise Erzbischofs Johanns II. von Mainz am 16. Februar führte. Das war der Tag, an dem Johannes XXIII. im Saal der Konstanzer Bischofspfalz erklärte, er werde dem Beispiel unseres Erlösers Jesus Christus folgen und der Kirche Frieden und Einheit schenken, indem er auf das Papsttum verzichten werde.

Richental berichtet davon und bekundet damit zugleich, wie aufgeheizt, feindselig und angespannt die Stimmung unter den Synodalen im Frühjahr 1415 war. Der Metropolit war allerdings bereits recht feindselig, nämlich *gantz gewâpet*, in der Stadt erschienen, *daz suß kain gaistlicher nie tett*, d. h. mit Rüstung und ganz in Waffen nach Konstanz eingeritten. *An dem mentag nach Letare ward ain grôß session in dem münster. Und koment dahin all gaistlich fürsten, cardinäl, patriarchen, ertzbischoff, bischoff, äpt, pröbst und all schûlen. Do ward man ze rat, daz man je erdenken wölt, wie unverzogenlich [unverzüglich] ain ainhelliger bâpst wurd. Do stûnd enmitten under inn uff der ertzbischoff und churfürst bischoff Johanns von Nassôw, ertzbischoff ze Mentz, und sprach offenlich: Und wär sach, daz sy kainen andern nemind dann bâpst Johannsen, so wölt er daby niemer sitzen, und wölt im och kain gehor-*

sammi niemer tůn. Dawider sprach der patriarch von Constantinopel in latin: Quis est iste ipse? Dignus est conburendus. Das ist: Wer ist der? Er ist wirdig ze verbrennen. Do das der ertzbischoff von Mentz hortt, do luff er uss der session. Und also zerging die session. *Der ertzbischoff sass in ain schiff und fůr an stett gen Schäffhusen und darnach haim. Sin diener rittend im nach.*

Im Zentrum der Debatte stand die Unionsfrage. Es ging um den Punkt, wie *unverzogenlich ain ainhelliger Baupst wurd* – »wie ohne Verzug ein allgemein anerkannter Papst gefunden werden könnte«. Die Vertreter der deutschen, französischen und englischen Nation hatten am 15. Februar 1415 beschlossen, dass der Rücktritt aller Papstprätendenten der einzige Weg zur Einigung der heiligen Kirche Gottes sei. Bischof Vitalis von Toul sollte diesen Entscheid der italienischen Nation überbringen. Da stand Johann II. von Nassau, Erzbischof und Kurfürst von Mainz sowie Metropolit von Konstanz, auf, um zu Protokoll zu geben, dass er unverbrüchlich zu Johannes XXIII. stehe und keinen anderen Papst anerkennen würde. Darauf erfolgte die böse Replik bzw. Rückfrage des Patriarchen von Konstantinopel, wer das sei, der sich in dieser Weise ausgesprochen habe, und dass er würdig sei, verbrannt zu werden. Johann verließ darauf empört die Sitzung und das Konzil und fuhr mit einem Schiff gen Schaffhausen. In einigen Versionen, die der Konstanzer Handschrift folgen, findet sich noch folgender aufschlussreiche Zusatz: *Do das der erztbischoff von Mentz hortt* – und jetzt der Zusatz – *do ward er im fürchten, wie ein grosser her er was.* Johann bekam es, obwohl er ein großer Herr war, offenbar mit der Angst zu tun.

Zwang, Lärm und Gestank

Das Konstanzer Konzil war insofern keine Veranstaltung, die frei von Angst, Zwang und Bedrohung gewesen ist. Man muss in diesem Zusammenhang nur an das Verfahren gegen Hus denken, dem, obwohl er mit einem königlichen Geleitbrief vom 18. Oktober 1414 nach Konstanz gekommen war, anlässlich der ersten Befragung im Münster am 5. Juni 1415 von den Konzilsvätern das Recht verweigert wurde, seine theologische Position angemessen darzustellen bzw. sich zu verteidigen. Stattdessen wurde er mit Hohn und Spott bedacht bzw. beschimpft und von den Konzilsvätern niedergeschrien. Während der Sessionen konnte es auch vorkommen, dass Diskutanten, deren Meinung nicht goutiert wurde, ausgezischt und damit zum Verstummen gebracht wurden.

Fünf Kardinäle, die dem Papst, wie er bei Strafe des Ämterverlustes befohlen hatte, nach seiner Flucht ins Schaffhauser Exil gefolgt waren und dann am Mittwoch in der Osterwoche des Jahres 1415 wieder in die Stadt zurückkehrten, wurden nicht empfangen, sondern öffentlich verspottet: *und rait inn nieman engegen, dann das die andern iro spottotend.* Dasselbe geschah drei kastilischen Bischöfen, die im September 1417 im Streit mit den Aragonesen das Konzils zunächst verließen, dann aber wieder nach Konstanz zurückkehrten bzw. wieder vom König zurückgeholt wurden: *und wurdent vast verspottet von den andern frömden herren.*

Die Reaktion zeigt, dass das Kardinalskollegium nach der Flucht des Papstes einen schweren Stand hatte und es sich in kirchlichen Verfassungsfragen, aber auch in der Zessionsfrage, die ja zur Flucht des Papstes geführt hatte, nicht einig, also durchaus angreifbar war. Den Kardinälen wurde vorgeworfen, mit dem flüchtigen Papst kollaboriert zu haben. Die Kardinäle hatten deshalb zeitweise sogar Angst, vom König gefangen gesetzt zu werden, weil sie – wie etwa im Prioritätenstreit des Jahres 1417 – anderer Meinung als der König waren. Im Gegensatz zum König wollten sie, dass die Papstwahl vor der Reform durchgeführt würde.

Papst Johannes XXIII. hat als ein wesentliches Hauptmotiv für seine Flucht von Konstanz nach Schaffhausen die Furcht vor dem König genannt, was gewiss nicht nur vorgeschoben war, zumal Sigmund kurz vor der Flucht des Papstes sogar einmal in das päpstliche Schlafgemach eingedrungen sein soll, als der Papst sich bereits zu Bett gelegt hatte. Konstanz schien dem Papst kein sicherer Ort mehr zu sein, wie Dietrich von Nieheim referiert. Am 13. März 1415 ließ der König sogar kurzzeitig die Tore der Stadt verschließen: *orta est suspicio de recessu tam domini nostri pape quam etiam prelatorum* – »da der Verdacht aufkam, unser Herr Papst und eine Anzahl von Prälaten wollten das Konzil verlassen bzw. fliehen«.

Sigmund ließ daher an den Toren und auf dem See Wachen aufstellen und während der Nacht auch innerhalb der Mauern der Stadt. Als der Kardinal von St. Angelo, Pietro Stefaneschi, die Stadt am 14. März 1415 durch das nach Italien gerichtete Kreuzlinger Stadttor verlassen wollte *recreationis vel potius temptandi causa*, d. h. um sich zu erholen bzw. um zu versuchen, ob man frei passieren könne, wurde ihm der Ausgang untersagt. Er durfte die Stadt nicht verlassen, was zu einer Verletzung des *salvus conductus* sowie einem Protest des Papstes führte, der für sich und die Konzilsväter Freiheit im Sinne des vom König ausgestellten und garantierten freien Geleits reklamierte.

Der König bzw. die ihn vertretenden Fürsten argumentierten, die Wachen seien auf Geheiß des Konzils aufgestellt worden, auf dass sich nicht einige Prälaten unerlaubt entfernten und damit das Konzil zur Auflösung brächten. Der König schreckte auch nicht davor zurück, wie bereits oben im Kapitel über die Aufgaben des Konzils kurz erwähnt wurde, am 19. März 1415 mit seinem Gefolge in eine Versammlung der französischen Konzilsnation einzudringen, um zusammen mit der englischen und deutschen Nation eine Entscheidung in seinem Sinne herbeizuführen. Auch Herzog Friedrich IV. von Österreich, der am 15. Oktober 1414 in Meran vom Papst gegen einen Jahressold von 6.000 fl. zum Generalkapitän der päpstlichen Truppen erhoben worden und am 26. Februar 1415 in Konstanz eingezogen war, sorgte immer wieder für Aufregung.

Nicht nur dass ein Rechtsstreit mit dem Bischof Georg von Trient anhängig war, mit der päpstlichen Fluchtbeihilfe verfiel er sogar der Reichsacht des Königs, bis ihn dieser wieder in seine Huld und Gnade aufnahm. Der moderne Mensch ist hier, was vor allem die Lautstärke, die Hitzigkeit der Auseinandersetzung, die Grobheit und Direktheit sowie den Lärm anbelangt, sensibler geworden. So berichtet Richental, dass es in der Kirche St. Stephan, wo das päpstliche Gericht, die *Sacra Romana rota*, eingerichtet wurde, der 15 *auditores* angehörten, an den Gerichtstagen – montags, mittwochs und freitags – mitunter so laut war, dass die Chorherren, denen die Kirche eigentlich als Stiftskirche für ihr Gebet zugehörte, wegen des Krachs und der Menge an Leuten, die darin umhergingen, ihre Messe früher singen mussten, um etwas geistliche Ruhe zu haben: *Und müßtend die korherren zů Sant Steffan, wann sy sitzen woltend, dester früger* [früher] *singen von des gebrächtz* [Geschrei] *wegen und des umblofens* [Umherlaufen], *so by inn was.*

Hinzu kam, dass gewonnene Prozesse von den Beteiligten, wie ebenfalls Richental berichtet, mit einem Glas französischen, burgundischen oder italienischen Weines gefeiert wurden, was man sich gewiss auch fröhlich, laut, ausgelassen und mitunter exzessiv vorstellen darf. Was Gerüche anbelangt, so berichtet Richental, dass an der Stelle, wo Jan Hus verbrannt wurde, durch die Hitze das Erdreich aufgebrochen und ein Tierkadaver (*rossmul*) zum Vorschein gekommen sei, den der Kardinal Rinaldo Brancaccio zufällig dort vergraben hatte.

Dieser Kadaver verbreitete einen entsetzlichen Gestank: *Und do er aller ding verbrunnen* [verbrannt] *was, dannocht was die infel* [Inful] *in dem für* [Feuer] *gantz. Do zerstieß sy der henker. Und do verbran sy och und ward der böst schmachk* [Gestank], *den man schmeken möcht; wann der cardinal Pangracius* [Rinaldo Brancaccio] *hett ain rossmul* [Maultier], *daz starb an der statt von elti* [an Altersschwäche], *daz ward davor da hin gegraben. Und von der hitz tett sich daz ertrich uff, daz der schmak heruß kam.* Die Geschichte dürfte mit der kritischen Haltung gegen Hus und seiner Lehre zu tun haben, die den Zeitgenossen als teuflische Häresie galt.

Der halbverweste Kadaver ist, wie Hubert Herkommer gezeigt hat, ein »Dämonenemblem«. Die Erde öffnet sich und die Verdammten stürzen hinab in den Höllenschlund. In eine andere Richtung führt das Problem der Überführung von Konzilsvätern, die während des Konzils verstarben, aber nicht in Konstanz, sondern in der Heimat beerdigt werden wollten. Ihre Särge wurden mit Weihrauchbüscheln versehen und wegen des Geruchs luftdicht abgeschlossen. Am 16. Oktober 1415 verstarb etwa der Kardinal Landulf Marramaldi von Bari, der *cardinalis Barensis: Und starb in dem hof by dem crützgang, als man gat usser dem crützgang gen den predigern, den do inne hett herr Conrat von Münchwil. Dar inn stat Sant Katrinen capell. Und trůg man inn also tod zů den predigern in daz closter. Und lag da unvergraben biß an dritten tag. An dem dritten tag vergrůb man inn in dem kor an der linggen siten, in ain aichen beschlützten trog, und tett man vil bisem* [Weihrauch] *darin für den bösen schmak.*

Der Tote blieb zunächst unbegraben und wurde für drei Tage in der Kirche des Dominikanerklosters auf der Insel aufgebahrt. Danach, am Freitag vor Allerheiligen, fand das Requiem statt, das Richental ausführlich beschrieb: *Also am fritag nach aller hailgen tag beging man im sin opfer. Daz was also: Tzům ersten hett man gemacht zů baiden absiten tromen* [Balken]. *Uff den tromen da kertzen uff stůnden hoch enbor und brunnen da vier und drissig brinnender kertzen; dero ward lxviij kertzen, der jegliche wag iiij lib. wachs. Och hett man in der kirchen gemacht vornan by dem kor by dem altar by dem fletz* [Langschiff des Münsters] *ain hütten mit holtz nit bewandet. Daz stund uff vier sülen. Und hett ain tach, daz was in vier ort gemacht. Und als zwen knopff daruff solten stan. Uff dem tach da stůnden großer kertzen xij brinnend. Und waz daz tach uff recht, und stunden uff dem tach klain brinnend kertzen, der jegliche wol ainen fierling wachs hett. Und der was mer dann iiij hundert, je aine von der andern gestekt, als zwen finger brait sind. Und daz hus was glich an ze sehen, als so ain hültzin huß in all macht brinnet. Und was das hus by zwaintzig schůch wyt und xiiij brait und under dem hus lag die bar* [Totenbett]. *Daz was ain groß michel bett, das was bedekt mit iiij guldinen kostlich tůchen. Und stůnden zů den hopten zwo groß kertzen, und zů den füßen zwo, die och brunnen. Und umb daz hus ze ring umm saßen sin diener, die im dann zů gehortend, der waren xxxxv, die all mit swartzem klaid beklaidet waren mit nüwem swartzem tůch umb wunden als lang mentel, da kappen an sind. Und was das tůch dannoch nit geschroten, noch genäget, sy hettend es suss also umm sich gewunden. Und hattend jeclich xij eln und kostott ain eln ain guldin. Und gingen inn die mentel wyt umb sich und zugend die an der erden wol ains schůchs lang nach, nach dem und er dann lang was. Und hatt jeglicher ain brinnend kertzen in der hand, die halb pfündig was. Und in dem kor uff sinem grab lag och ain guldin tůch und brinnend och iiij groß kertzen daby zwo zů den hopten und zwo zů den füssen und hatt ain cardinäl die selben, und dientend im zwen cardinäl: der ain sang die epistel, der ander das ewangelium. Und nach der mess waren siben cardinäl, angelait als priester on den messsachel* [Messgewand], *da jeglicher ain collect las. By dem opfer waren zwen patriarchen, all cardinäl und alle pfaffhait und gelert*

*lüt, all fürsten und herren, der burgermaister und der gantz rätt, die da
all ze opfer gingen.* Und von der lich gab man jeglichem ain kertzen, er
*wär herr oder knecht, frowen oder man, wer sy nemen wolt, daran ain
halb vierling wachs was, die mochtends och mit inn haim tragen.* Und ich
Ůlrich Richental fragt sin ußgeber und innemer, was daz opfer und be-
grept [Begräbnis] möcht kosten. Die sprachen, daz es mit allen dingen ob
xiij hundert tuggaten gestünd.*

Nach den Exequien begrub man ihn im Chor der Dominikanerkirche in einem *aichen beschlützten trog, und tett man vil bisem
darin für den bösen schmak,* d. h. er wurde in einem verschlossenen
Sarkophag beigesetzt, in den zuvor noch wegen des unangenehmen
Geruchs Weihrauchbüschel gelegt wurden. Nach 14 Tagen hat man den
Kardinal schließlich wieder aus dem Grab geholt. In der Konstanzer
Handschrift heißt es hierzu: *und verharzt man und verwachst man
den bam erst recht und verbalsamot sinen lip so best kond,* d. h. man
verschloss den Sarg mit Harz und Wachs und balsamierte den toten
Leib so gut als möglich ein. Dann wurde der Kardinal nach Italien
bzw. Neapel überführt: *Und darnach über xiiij tag, do grůb man den
selben cardinal wider uß und fůrt man inn in sins vatters land, in
daz küngrich gen Napoltz,* d. h. der Sarkophag wurde nach Italien
verbracht. Auf seine Nachfrage erfuhr der Chronist, dass die Bestattung
1.300 Dukaten kostete.

Dasselbe geschah mit Kardinal Francesco Zabarella, der am 26. September 1417 verstarb und vorerst im Franziskanerkloster bestattet
wurde. Er war einer der bedeutendsten Gelehrten des Konzils: *An dem
xxvj. tag Septembris, daz was an ainem sonntag ze aubend, do starb der
hochwirdig herr, herr Franciscus cardinalis Florentinensis, in dem hus
zů dem Hohen hirtz* [Hohen Hirschen]. *Mornends do lut man im ze
vesper glich wie ainem bischoff. Und trůg man inn in den chor zů den
barfůßen zů der linggen siten. Und gieng damit alle pfaffhait, unßer herr
der küng, all gaistlich und weltlich fürsten und herren. Und hattend im
ain großes opfer, doch nit als köstlich, als davor geschriben stat. Und ee
daz er begraben wurd, do hatt man inn verbismot* [einbalsamiert] *in ain
aichin trog, und vergrůb man inn. Und erst über xiiij tag, do grůb man
inn wider uß und fůr man inn in sin land gen Florentz.* Auch hier wurde

also der tote Leib wieder ausgegraben, um nach einiger Zeit endgültig in der Heimaterde bestattet zu werden.

Erzbischof Robert Hallum von Salisbury, der griechische Gelehrte Manuel Chrysoloras sowie der Kardinal Bandello Bandelli von Rimini dagegen wurden in der Konzilsstadt bestattet – Hallum vor den Stufen des Hochaltars im Münster, wo die Grabplatte noch heute zu sehen ist, Manuel in der Kirche des einstigen Dominikanerklosters, das heute als Inselhotel dient, und Bandello Bandelli im Augustinerkloster. Bei ihm ist der Hinweis wichtig, dass er kein Totenopfer erhielt, *dann er was nit vast rich* –»denn er war nicht sehr reich«. Im Tod waren mithin auch in Konstanz nicht alle Konzilsväter gleich.

Sicherheit und Schutz der Straßen und Verkehrswege

Einen tieferen Einblick in den Alltag der Konzilsstadt gewinnt man vor allem dann, wenn man auf die »kleinen« Geschichten achtet, die uns Richental gewissermaßen en passant mitteilt, die den Alltag des Konzils aber nicht unwesentlich bestimmt haben dürften. Hier ist es ein Vorteil, dass Richental ein genauer Beobachter war und aufmerksam nicht nur vom Konzil, sondern auch vom Leben in der Stadt und in der Region erzählt. Der Wert seiner Chronik bemisst sich ja nicht nur an den Fakten und Ereignissen, die er uns mitteilt, sondern auch an den Wahrnehmungen, Stimmungen und Gefühlslagen, die er uns vermittelt. Was er bietet, ist teilweise ein Blick »von unten«, auf Dinge, die wir nicht wüssten, wenn wir nur die lateinischen Akten und Dokumente der Synodalen und Konzilsteilnehmer besäßen.

So berichtet er von dem Streit um des Papstes Schimmel bei dessen Ankunft am 28. Oktober 1414 auf dem Oberen Münsterhof, von der (nochmaligen) Heiligsprechung Birgittas von Schweden, von der heiteren und gelösten Atmosphäre angesichts der Kerzenverteilung 1415 durch den Papst, von dem Nachtmahl, das der Chronist auf seinem Gut an dem Hard für den König und die Königin am 24. Juni 1415 ausrichten ließ, von einem großen kupfernen Leuchter aus Messing von einem *maister von Nüremberg*, den der König für 2.000 Gulden gekauft und dem englischen König als Geschenk geschickt habe, von einem großen

»Tier«, wohl einem Büffel oder Wisent, der dem deutschen König Sigmund aus Litauen zum Geschenk dargebracht wurde und den er an den englischen König weiterleitete, von der papiernen Inful des Jan Hus mit dem Schriftzug »Heresiarcha«, die nicht verbrennen wollte, von der Schweiß- und Bahrprobe nach der Ermordung des Propstes von Luzern am 7. Dezember 1417 und von den Räubereien des Ritters Georg II. von Enne, Freiherr von Grimmenstein, die dieser zusammen mit seinem Knecht Jörg von seiner Burg aus unternahm.

Der letztgenannte Konflikt rührte an die Frage, ob die Konzilsstadt die Sicherheit und den Schutz der Straßen für die an- und abreisenden kirchlichen Würdenträger und Gesandtschaften garantieren konnte. Georg von Enne und seine Leute hatten 1416 am Sonntag vor Palmsonntag offenbar ein *schiff mit korn und anderm plunder, daz darinn was* überfallen: *Und was in dem schiff der von Veltkirch gůt, der von Constentz gůt und ander lüten.* Das Diebesgut wurde auf die Burg Grimmenstein verbracht. Außerdem konnte die Sicherheit von Bischöfen, Prälaten und anderen geistlichen Herren auf der An- und Abreise zum Konzil nach Konstanz nicht mehr gewährleistet werden, da die Leute des Freiherrn diese offenbar überfielen und beraubten: *Darzů hettind och sin diener und die er da ufflieβ, vormåls gejegt bischoff und prelaten und ander herren, die zů dem concilium uff und nider fůrend, und och ettlichem daz sin entwert* [beraubt].

Die Konstanzer machten darauf kurzen Prozess, zumal Georg von Enne gerade in der Stadt war, als Anklage gegen ihn erhoben wurde. Sein Knecht Jörg konnte jedoch entrinnen. Die Art, wie die Geschichte von dessen Tod erzählt wird, zeigt, wie wichtig die Stadt Sicherheitsfragen dieser Art nahm, zugleich aber auch, wie pragmatisch sie diese löste. Jörg versuchte, Grimmenstein über den See zu erreichen. Doch die Konstanzer Söldner erwischten ihn laut Richental noch auf dem See und ergriffen die Gelegenheit beim Schopfe, sich eines Sicherheitsproblems ohne Prozess und juristisches Verfahren zu entledigen: *Die erwuschtend inn uff dem see in dem schiff und namen inn uss dem schiff und ließen inn inen empfallen in den see, als ob sy es nit gern hettind getan, mit allem harnasch* [Harnisch], *daz inn doch bevolhen was und ertranktend inn da,* d. h. der Knecht des Freiherrn wurde in voller Rüstung in den See fallen gelassen, in dem er augenblicklich ertrank.

Die Stadt hatte dieses entschiedene Vorgehen ihrer Dienstleute, das lässt sich der verklausulierten Formulierung entnehmen, offenbar befohlen. Dennoch sollte der offenkundige Mord so aussehen, als sei er nicht beabsichtigt gewesen, *als ob sy es nit gern hettind getan.* Das Leben des Freiherrn wurde verschont, seine Burg aber in Brand gesteckt und geschleift, d. h. dem Erdboden gleichgemacht. Anzufügen ist dieser Geschichte noch deren Ausgang, wie er uns von Richental berichtet wird. Denn dieser sagt einerseits viel über die Mentalität und Religiosität der Zeit aus, verrät uns – en passant – aber auch etwas über die Rolle der Frau in der Geschichte.

Der Knecht des Freiherrn lag fünf Tage tot im Wasser, ehe man ihn barg. Wahrscheinlich wäre es zur Bergung nie gekommen, wäre da nicht seine Ehefrau gewesen, die ihn suchen ließ und von den Behörden darüber hinaus ein christliches Begräbnis für ihren Ehemann erbat: *Also lag er in dem wasser tod biß an den fünften tag. Und sin elich wib erwarb, daz man inn sölt suchen. Also vergrůb man inn gen Sant Johann.* In diesen drei knappen Sätzen liegt eine ganze kleine Welt beschlossen, die Welt einer Frau, die ihren Mann vielleicht gegen ihren Willen hat zum Raubritter werden sehen, die ihn aber nach dessen unrühmlichem Ende gleichwohl nicht seinem Schicksal überlässt, sondern die Suche nach seinem Körper in Auftrag gibt und ihn schließlich auf dem Kirchhof von St. Johann in Konstanz christlich bestatten lässt.

Eine andere Erzählung, nämlich die von der Kanonisation der hl. Birgitta von Schweden, gestattet uns über die damit einhergehenden Illustrationen einen Einblick in den Chor des Münsters zur Zeit des Konzils. Birgitta war schon einmal durch Papst Bonifaz IX. im Jahr 1391 zur Ehre der Altäre erhoben worden. In Konstanz wurde diese Heiligsprechung, die durch einen Schismapapst vorgenommen worden war, nochmals durch das Konzil bestätigt. Auf der entsprechenden Illustration, die das zu diesem Anlass gehaltene Pontifikalamt zeigt, sehen wir nicht nur das Büstenreliquiar der Heiligen, mit dem der Segen erteilt wurde, sondern auf dem dahinterliegenden Altar auch Teile des damaligen Konstanzer Münsterschatzes, zu dem Schreine, Kreuze und Büstenreliquiare des hl. Konrad sowie des hl. Pelagius gehörten. Die Reliquiare der Dompatrone sind auch auf den Illustrationen im

Rahmen der Inthronisation und Salbung Papst Martins V. im Jahr 1417 zu sehen.

Fleisch-, Ochsen- und Rinderhandel

Die von Richental erwähnte Geschichte von dem *groß tier*, einem Büffel oder Wisent, verrät uns nicht nur etwas über die Ess- und Schenkgewohnheiten der Zeit, sondern auch, wie man verderbliche Lebensmittel – in diesem Falle Fleisch – haltbar machte, um sie über weite Strecken transportieren zu können. Da die Beschaffung von Fleisch in mittelalterlichen Ballungszentren kein geringes Problem war, entwickelte sich ein »transkontinentaler Ochsenhandel« (Harry Kühnel), d. h. es wurde Schlachtvieh aus den Fürstentümern Moldau und Walachei sowie aus der ungarischen Tiefebene auf festgelegten Ochsenwegen nach Mitteleuropa eingeführt. Der Rinderhandel wurde im Spätmittelalter europaweit betrieben. Rinderherden aus Ungarn wurden bis nach Straßburg und Venedig getrieben. In unserem Fall stammen die Tiere aus Litauen. Sie wurden vom polnischen König zusammen mit wertvollem Pelzwerk nach Konstanz gesandt.

Peter von Wormditt berichtet von dem Ereignis in einem Brief vom 9. Februar 1417: *Ouch wisset, das der konig von Polan hat eynen wesant* [Wisent] *gesant her dem romisschen konige, und der ist gestren hergebrocht, und hat im und andren fursten und herren vil pelcze, schuben etc. gesant.* Es handelte sich um drei Büffel oder Wisente, einer war als Geschenk für König Sigmund, die beiden anderen als Geschenk für die polnisch-litauische Gesandtschaft in Konstanz gedacht. Zu dieser Gesandtschaft gehörten beispielsweise auch der Erzbischof Nikolaus Tramba von Gnesen und die ihn begleitenden Bischöfe aus Plock, Lebus, Posen, Breslau, Oppeln und Krakau. Einer dieser Begleiter war Jakob Kurdwanowski, Bischof von Plock. Er logierte in des Chronisten Haus »Zum Goldenen Bracken«.

Man brachte, wie Richental berichtet, die Büffel lebendig aber nur bis Krakau, *do wurdent sy von banden und von wildi also blöd, daz man sy von Krakro gen Costentz lebendig nit mocht bringen. Do tot* [tötete] *der küng sy alle drü. Die zway sieltz* [einsalzen] *er in ain häring tun-*

nen, und sandt die den bischofen und herren die von sinen wegen ze Cos-
tentz warend, des ich in minem hus vil geessen hab [gegessen habe] *und*
och in andern landen. Das dritt, das was daz größt, daz sieltz er mit der
hut [Haut] *und bewarot es mit gůter spetzery* [Gewürzen]. Man musste die Tiere aufgrund ihrer Wildheit, die einen geordneten Transport
offenbar unmöglich machte, also schlachten. Das Fleisch zweier Tiere
wurde – im Gegensatz zu den Illustrationen, die das Tier liegend im
Holzfuhrwerk zeigen – zerteilt, eingesalzen und mit Pferdefuhrwerken
in hölzernen Heringstonnen bzw. Heringsfässern nach Konstanz verbracht.

An dieser Stelle werden die Bedeutung und der Wert des Rohstof-
fes Holz für das Mittelalter klar. Die Fässer, nach Ernst Schubert die
»Container des Mittelalters«, waren selbstverständlich aus Holz. Entsprechend wichtig waren etwa die Berufe des Böttchers, Küfers oder
Büttners. Sie stellten die Fässer her, die zum Warentransport – man
denke etwa an den rheinischen Wein oder den hansischen Hering –
dienten. Der Chronist hat, wie er sagt, sogar selbst von dem Fleisch ge-
kostet: *des ich in minem hus vil geessen hab und och in andern landen,*
was wiederum darauf schließen lässt, dass Richental aufgrund der Reisen, die er unternahm, einen weiteren Horizont hatte.

Das dritte Tier, welches das größte war, wurde *mit der hut* eingesalzen bzw. konserviert, d. h. es wurde offenbar als Ganzes, nachdem es
ausgeweidet worden war, unter Einsatz von teuren Gewürzen für den
weiteren Transport haltbar gemacht: *Und was im sin ingewaid ußge-*
nommen. Und do das kam, do macht er es bas mit bulfer, und sandet es
dem küng von Engeland den Rin ab. Und als man es fůrt ußhin von Cos-
tentz, do hieß er im vor brusunen [trompeten], *daz es menglich säch.*
Und sandt im da mit dry häring tunnen desselben wildprätz. Und maint
der fůrherr, der sy brächt hett von Littőw, si gestünden gen Costentz ob
cccc ungerscher guldin. Dass man ein Tier einem Monarchen schenkte,
hatte mit der Tatsache zu tun, dass im Mittelalter das seltene und fremde
Tier ein Faszinosum war und allenthalben Staunen erregte. Man denke
in diesem Zusammenhang etwa an Abul Abbas, den Elefanten Karls des
Großen, den dieser als Geschenk von dem Kalifen Harun ar-Raschid
erhielt, wie Einhard berichtet.

Zorn, Gewalt und Mord

Von der Hitzigkeit der Auseinandersetzung, dem Jähzorn, der latenten Gewaltbereitschaft und Impulsivität während des Konzils zeugt der Überfall Herzog Heinrichs von Bayern-Landshut auf seinen Vetter Herzog Ludwig von Bayern-Ingolstadt in der Münstergasse (heute Katzgasse) am 19. Oktober 1417: *Do wartott hertzog Hainrich uff hertzog Ludwigen und rant* [rannte] *inn an vor dem huß, daz man nempt zů dem Armbrost, als man găt von dem undern hof an Münstergassen, und schlůg inn da nider und gab im da zwo wunden. Und damit rait er zů dem tor hinuß.* Untersuchungen zum Prozess der Zivilisation, wie sie etwa Norbert Elias vorgelegt hat, haben darauf hingewiesen, dass die Tatbestände der »Affektregulierung« oder der »Affektkontrolle« im Mittelalter und in der Frühen Neuzeit noch nicht so ausgeprägt waren wie in der Neuzeit. Eine spätmittelalterliche Stadt ist ohne Gewalt beim Austrag zwischenmenschlicher Konflikte nicht vorstellbar.

Heinrich verletzte seinen Vetter Ludwig, da sie Richental zufolge *krieg und stöß mit ain andern hattend,* schwer. Das geht aus der Aussage Heinrich Kuwts hervor, der Prokurator des Herzogs war. So durchschlug etwa ein Schwerthieb den Schädelknochen über dem linken Ohr. Ludwig von Bayern-Ingolstadt war zum Frühstück beim König eingeladen gewesen und verließ die königliche Tafel um die Mittagszeit. Heinrich hatte in der Münstergasse auf seinen Vetter gewartet. Ursache der Auseinandersetzung war, dass Ludwig Heinrich vor den Fürsten und dem versammelten Konzil massiv beleidigt und seine legitime Herkunft in Frage gestellt hatte. Heinrich rächte sich daraufhin. Er und sein Gefolge entkamen nach der Bluttat, ohne dass die Straftat gesühnt wurde. Der König ließ die Tore erst schließen, als Heinrich bereits geflohen war. Dennoch folgte er ihm, musste aber nach einiger Zeit feststellen, dass er ihn nicht mehr einholen würde. Auch die Konstanzer, die sich zur Wahrung des Rechtsfriedens auf dem oberen Markt versammelt hatten, mussten unverrichteter Dinge abziehen: *Do hieß unßer herr die tor ze Costentz alle beschließen. Und samlotend* [versammelten] *sich die von Costentz an dem obern markt, alle gewăpnott. Und stůndent da wol by zway stunden. Darnach hieß man menglich haim gon. Do was unßer herr der küng hertzog*

Hainrichen nach geritten. Dem sandet [sandte] *man nach ze hilff unßer soldner. Darnach do unßer herr der küng markt, daz er inn nit mocht erriten, do rait er wider gen Costentz.*

Am 7. Dezember 1417 wurde Nikolaus Bruder, Propst von Luzern, auf der Brücke zum Dominikanerkloster in Konstanz von einem Luzerner erschlagen: *Uff mentag nach Sant Niclaus tag an der sibenden stund nach mitternacht, do ward ermürdet der ersam herr herr Hainrich, probst ze Lutzern, uff prediger brugg. Und ward getragen in der prediger portstuben, da starb er an stett. Do ward der morder gefangen. Der verjach* [gestand] *glich an stett on alles foltren. Und maint, er hett nit unrecht getan, sin burger von Lutzern hettind es inn gehaißen und hettind im och sold darumb geben. Darnach an dem dornstag ward der morder für gericht gefüret. Dannocht lag der probst unvergraben, wann die gaistlichen halten, wann ain pfaff getötet wirt, den sol man unvergraben laßen ligen biß an den dritten tag. Und fůrt man den morder von dem Ziegelgraben die mur umbhin. Und do er für die prediger bruck kam, do fieng der tot lichnam an ze schwitzen. Do nun der morder verurtailt ward in der råtstuben, do fieng der tot lichnam an ze blüten, und ward an allem sinem lib rot und schön, als man inn vor ye gesehen hett. Daz sahend all prediger und ob ccc menschen, die durch wonder in daz kloster luffend. Und ward darnach erst begraben. Der morder ward uss geschlaipft und uff ain rad gesetzt.*

Hier handelte es sich nicht mehr nur um einen Angriff auf Leib und Leben, sondern um Mord. Der Propst des Chorherrenstiftes von Luzern wurde am frühen Morgen des 7. Dezember 1417 vorsätzlich umgebracht. Der Mörder gestand, wie uns Richental mitteilt, ohne Folter. Er war der Meinung, kein Unrecht begangen zu haben, da ihn *sin burger von Lutzern* mit der Tat beauftragt und sogar dafür bezahlt hätten. Am 9. Dezember 1417 wurde der Mörder vor Gericht gestellt. Als er von dem Ziegelgraben die Stadtmauer entlang an der Predigerbrücke (= Tatort) vorbei zum Rathaus geführt wurde, fing der Leichnam des Propstes, der wohl in der Kirche des Dominikanerklosters aufgebahrt lag, an zu schwitzen. Als er schließlich in der Ratsstube verurteilt wurde, begann dieser zu bluten *und ward an allem sinem lib rot und schön.*

Man sieht an diesem Beispiel, dass Justiz im Mittelalter nicht nur eine säkulare, sondern auch eine metaphysische Dimension hatte.

Der Mensch hat sich nicht angemaßt, über alles richten und urteilen zu können. Das weltliche war im göttlichen Recht aufgehoben. Das Rechtsinstitut der Gnade war Ausdruck der Tatsache, dass menschliche Rechtsprechung keine vollständige Gerechtigkeit schaffen konnte. Der letztgültige Schiedsspruch wurde im Mittelalter deshalb häufig Gott überantwortet. Man spricht in diesem Zusammenhang auch von einem »Gottesurteil«. Einen solchen Fall haben wir hier vorliegen. Das Urteil, das das weltliche Gericht über den Mörder des Propstes gesprochen hat, wird durch das Gottesurteil der »Schweiß- oder Bahrprobe« begleitet bzw. bestätigt. Der Mörder wurde noch an demselben Tag gerädert.

An der Beschreibung beider Episoden kann man ferner erkennen, wie genau der Chronist das Geschehen im Stadtraum lokalisiert. Das geht hinsichtlich der letzten Geschichte aus einem Zusatz der Konstanzer und Wiener Handschrift hervor, der die knappe Mitteilung *Do ward der morder gefangen* noch zusätzlich ergänzt und präzisiert: *Und luff der morder Prediergassen ufher bis für den Regenbogen, do stůnd ainer, der hieß Henni Tecker und schlůg mist uf. Und do er den morder also sach loffen, do hůb er die furcken* [Mistgabel] *für und sprach: du bößwicht stand still, was hast du geton, das du also flüchst. Do floch er wider hinder sich und den Dimpfel* [Haus zum Tümpfel] *ab bis an Ziegelgraben. Do luf im mengklich nach und ward gefangen.*

Der Zusatz erlaubt uns nicht nur, die Verhaftung des Mörders zu rekonstruieren, sondern auch die Tat im Stadtraum zu lokalisieren. Der Mörder floh durch die Predigergasse (= Inselgasse) bis vor das Haus zum Regenbogen, wo er von einer Person namens Henni Tecker gesehen, angerufen und zusammen mit anderen vom (Haus zum) Tümpfel durch den Ziegelgraben verfolgt und schließlich festgenommen wurde. Wir erfahren hier en passant auch, dass man im Konstanz der Konzilszeit – wie auf dem Lande – Misthaufen aufschlug, d. h. Mist aus dem Stall schichtweise ablegte. Es war ja frühmorgens im Dezember, Henni Tecker hatte vermutlich gerade seinen Pferde-, Kuh- oder Schweinestall ausgemistet, als er zufällig den Mörder des Propstes durch die Predigergasse rennen sah.

Spaß, Spiel und Ausgelassenheit

Neben Gewalt und Mord gab es im konziliaren Konstanz indes auch Spaß, Spiel und Ausgelassenheit. Wir hatten dies bereits im Zusammenhang der Konklavebestimmungen des Königs bemerkt, die bestimmte Spiele und Belustigungen, die im zeitgenössischen Konstanz offenbar en vogue waren, zur Zeit der Papstwahl im engeren Umkreis des Kaufhauses verboten. Sehr heiter ging es beispielsweise auch bei der Kerzenverteilung zu, die an Mariä Lichtmeß 1415 erfolgte. Die Szene spielte sich auf dem Oberen Münsterhof ab.

Der Papst befand sich zusammen mit vier Kardinälen auf dem oben erwähnten Erker, erteilte den Segen und begann dann, in die vor dem Erker versammelte Volksmenge Kerzen zu werfen: *An unßer frowen tag zů der liechtmiss, do hatt mess unßer hailger vatter der pabst Johannes, und wurden vor im gewiht die kertzen, und er sprangt selbs daz wichwasser daruff und laß selbs fünf collecten ob den kertzen. Und nach der mess, do ging er in die pfaltz uff den ärgger, der uff den hoff sicht. Und stůndent iiij cardinäl by im, angeleit glich wie priester, mit wißen infeln. Unßer herr der küng und der hochmaister von Rodiß, die stůnden och daby. Und der bapst gab dem volk den segen und warff selb kertzen hinab under daz volk, die eln messig waren.*

Als auch die Kapläne begannen, Kerzen in die Menge zu werfen, ereignete sich das, was der Chronist als ein *groß krepfen* bezeichnet hat. Das Wort bedeutet so viel wie »zugreifen« oder »abgreifen«. Gemeint ist eine Rangelei um die in die Volksmenge herabgeworfenen Kerzen. Wir kennen das etwa von Faschingsumzügen, wenn Süßwaren in die Volksmenge geworfen werden. Insgesamt, so bemerkt Richental, sind ca. 60 Pfund Wachs auf diese Weise verteilt worden. Die Schilderung beinhaltet ein Geschehen, das, obwohl Wachs im Mittelalter sehr wertvoll war, von großer Heiterkeit und Ausgelassenheit zeugt.

Die Chronik Richentals berichtet: *Und ward von dem volk ain groß krepfen und überfielend ain andern, daz ain größ gelächter ward. Nach ymbiß und uber tisch sandt der bapst allen herren, gaistlichen und och weltlichen, die nammhaft waren, och kertzen in iro hüser. Die tailtend sy dann mit irn huswirten. Die tailtend sy dann für, daz doch jeglichem ward, wer ir begerott. Do schatzt man, daz der nachgenden kertzen wär by xl lib. Wachs.* Danach lud der Papst zu Tisch und ließ an die nicht anwesenden geistlichen und weltlichen Herren, die sich im Gegensatz zum Volk selbstverständlich nicht um das Wachs gerauft hatten, weitere Kerzen verteilen, so dass jeglichem, *wer ir begerott,* eine Kerze zuteilwurde.

Die Wohnungs- und Quartierfrage

Die Quartierfrage dürfte die brisanteste Frage vor und während des Konzils gewesen sein, wobei wir auch hier keine modernen Maßstäbe anlegen dürfen. Wir können davon ausgehen, dass die Ansprüche an eine Unterkunft maßvoll waren. Das geht etwa aus der Notiz Fillastres hervor, dass viele Papstwähler im engen Konklave, das im Kaufhaus am See stattfand, besser und komfortabler untergebracht waren als in ihren angestammten Quartieren. Viele Menschen haben sich außerdem einen Raum bzw. ein Bett geteilt. In der Herbergsordnung, die zu Anfang des Konzils verabschiedet wurde, ist daher von einem zweischläfrigen Bett die Rede, d. h. man teilte sich in der Regel die Schlafgelegenheit.

Das Mittelalter kennt außerdem keine Privat- oder Intimsphäre in unserem modernen Sinne. Herbergen verfügten in der Regel über große Schlafräume. An Komfort in heutigem Sinne ist nicht zu denken. Man war vielfach schon froh, überhaupt ein Dach über dem Kopf zu haben. Die Schamschwelle verlief auch nicht dort, wo sie sich heute befindet. Die Menschen in der mittelalterlichen Stadt lebten eng und dicht zusammen, d. h. es sind sehr viel mehr Personen in der Stadt untergekommen, als wir uns dies heute vorstellen können, und zwar einfach deshalb, weil man zusammenrückte, und, was Schlafplätze anbelangte, teilweise sehr bescheiden war oder sich aufgrund der beschränkten finanziellen Mittel nichts anderes leisten konnte.

Das gilt vor allem für die Konzilsgäste, die nicht unbedingt standesgemäß untergebracht sein mussten: *Item cortisani* [Höflinge] *von allen landen, die och ze Costentz warend, uß und in luffend und rittend, als ich sy erfragen kond von huß ze huß, in ainem huß waren xx, in ettlichem mer. Ettlich lagend in den winfassen* [Weinfässern], *ettlich in den hütten, ettlich in der herren stäl, wie dann ainer zů mocht kommen, der was an*

263

der zal, als ich sy rechnot, xxvj^c. Aus diesem Hinweis, der sich am Ende
der von Richental verfassten Chronik findet, geht hervor, dass von den
Bediensteten verschiedener geistlicher wie weltlicher Herren und Höfe,
viele in Häusern, manche aber auch in großen Weinfässern, in Hütten
sowie in den Ställen ihrer Herren wohl mit dem Vieh nächtigten.

Die Quartierfrage war aber nicht nur deshalb ein Problem, weil viele
Konzilsgäste selbst bei entsprechender Planung keine angemessene Unterkunft gefunden haben dürften. Die Stadt war einfach zu klein. Hinzu kam, dass die Preise, die für Unterkünfte verlangt wurden – ebenso
wie bei den Lebens- und Gebrauchsmitteln – anzogen. Um diesem Problem abzuhelfen, wurde noch vor Beginn des Konzils gleich nach der
Ankunft des Papstes eine Kommission eingesetzt, bestehend aus drei
päpstlichen Delegierten, drei königlichen Räten und drei Vertretern der
Stadt. Dieser Ausschuss setzte die Preise und zugleich die Leistungen
der Gastgeber fest. Es galt, Höchstpreise für Unterkunft und Unterhalt
festzulegen.

Die Ordnung sah nach Richental folgendermaßen aus: *Des ersten,*
daz man geben sol von ainem bett mit siner zůgehört, daruff zwen mit
eren wol ligen möchten, je zů dem monat zwen rinisch gulden, und von
ain pfärd, bloß ze ständ, von yeder nacht iij d; und sölte der hußwirtt si-
nen gesten geben tisch, tischlachen, linlachen, küssi, pfulwen, häfen, kessi,
kanten und alle söliche bruchige ding, und die linlachen und tischlachen
und was wäschens bedörfft, tzů ye xiiij tagen nüw gewäschen geben. Das
bestůnd nit zwen monot, sy mindrotend es.

Aus dieser »Herbergsordnung« ist nicht nur zu ersehen, was alles zu
einer angemessenen Unterkunft im Konstanz der Konzilszeit gehörte
(Tisch, Tischtuch, Leintuch, Kissen, Federbett, Häfen, Töpfe, Kessel
und Kannen) und wie oft die Wäsche gewechselt bzw. gewaschen
werden musste, nämlich alle zwei Wochen; es wird auch bestätigt, dass
Betten damals zwei- bzw. mehrschläfrig waren. Das zweischläfrige
Bett kostete pro Monat in der Konzilsstadt zwei rheinische Gulden.
Im Vergleich hierzu wurde für die Einstellung eines Pferdes für die
Nacht drei Pfennige verlangt. Das war sozusagen die vormoderne
»Parkgebühr«, denn nicht nur die Menschen, sondern auch die Pferde,
wenn man sie nach der Anreise nicht sofort wieder nach Hause

schickte oder anderwärts unterbrachte, benötigten eine entsprechende Unterkunft und Versorgung in der Konzilsstadt.

Die Zahlen, die Richental in seiner Chronik hinsichtlich der Konzilsteilnahme nennt, sind also so abwegig nicht, wenn man bedenkt, dass hinsichtlich Etikette, Intimität und Privatheit in einer geschäftigen spätmittelalterlichen Kongress- und Handelsstadt gewiss andere Verhältnisse geherrscht haben dürften, als dies heute der Fall ist. Man erkennt auch, dass es durchaus möglich war, *mit eren*, d. h. ehrenhaft, gemeinsam in einem Bett zu schlafen, ohne dass daraus ein wie auch immer geartetes Problem entstand. Was heute die Ausnahme ist, war damals selbstverständlich. Vermutlich gab es auch viele unkonventionelle Lösungen.

Man muss also vorsichtig sein, wenn man – aus der Perspektive des modernen Menschen – des Chronisten Statistik kurzerhand als übertrieben, naiv und unsachgemäß beurteilt. Die Gesamtzahl, d. h. die Ziffer »72.460«, die sich am Ende der New Yorker Handschrift findet, stammt ohnehin von einer späteren Hand aus dem 19. Jahrhundert. Der italienische Humanist Benedetto da Piglio, der im Gefolge des Kardinals Pietro Stefaneschi von Bologna nach Konstanz gekommen war, sah das noch anders. Er schrieb am 14. Februar 1415 an seinen Bruder, dass Konstanz zwar eine kleine Stadt sei, sie könne aber »doch wunderbarerweise viele Menschen beherbergen«.

Das bestůnd nit zwen monot, sy mindrotend es. Der Nachsatz des oben zitierten Quellenausschnitts zeigt deutlich, dass die Diskussion um Höchstpreise für Unterkunft und Unterhalt, die bereits im November 1414 geführt wurde, mit der oben genannten Herbergsordnung keineswegs abgeschlossen war. Am 31. Dezember wählte deshalb das Konzil 15 Kardinäle und Prälaten, welche für angemessene Preise in der Konzilsstadt Vorsorge treffen sollten. Die Kommission beschwerte sich nicht nur beim König, sondern wurde auch beim Stadtrat vorstellig, *sy säßen ze swär mit herberg und wär der kouff umb alles äßig ding nit wol bestelt* – »die Preise für die Unterkunft sowie die Lebensmittel seien zu hoch, außerdem gäbe es Probleme im Bereich der Nahrungsmittelversorgung«. Man sieht, das Konzil generierte als Großveranstaltung Probleme, die wir auch heute noch von Großereignissen kennen.

Darnach als Hans Swartzach daz burgermaisterampt besass an dem zwölften tag, do komen für den rat tze Costentz des bapstes bottschaft, des küngs und ander herren, und maintend, sy säßen ze swär mit herberg und wär der kouff umb alles äßig ding nit wol bestelt. Und also gab ain rät sin bottschaft och zů inen. Die saßen zesammen und machtend dise ordnung: Das man nit mer solt geben von ainem bett, daz zwen mit eren wol ligen möchten, dann andert halben rinischen gulden ainen monot. Und solt aber der hußwirt linlachen geben, pfulwen, küssi, allweg zum monat nüw gewäschen. Und von ainem pfärd, zů ainer nächt ze stend, ij pfenning. Das werot och nit lang, dann sich jedermann richtet nach betten und stallung und daz jeglicher frömder herr sich selb mit sinem huswirt richt. Und ward in jars frist, daz man gab von ainem bett, daz was zum monat, ain rinischen gulden, von ainem pfärd dry haller und ain pfenning.

Darauf wurden die Preise für ein zweischläfriges Bett im Monat auf 1½ rheinische Gulden festgesetzt. Bettdecke und Kissen sollten jeden Monat einmal gewechselt bzw. gewaschen werden. Für das Unterstellen eines Pferdes wurden pro Nacht zwei Pfennige verlangt. Aber auch diese Preise, so Richental, hielten nicht stand, denn die Nachfrage war offensichtlich zu groß, *dann sich jedermann richtet nach betten und stallung.* Binnen Jahresfrist musste für ein Bett pro Monat nur noch ein rheinischer Gulden, für ein Pferd pro Nacht drei Heller und ein Pfennig gezahlt werden. Dass diese Preise immer noch relativ hoch waren, berichten die beiden Wiener Universitätsgesandten Peter von Pulkau und Kaspar Maiselstein. Wenn jeder für sich und sein Pferd täglich einen Gulden verbrauche, so sei zu befürchten, dass die ihnen mitgegebenen Gelder nicht ausreichen würden.

Wie wichtig und knapp Wohnraum tatsächlich war, wird gleich am Anfang der Chronik deutlich, trafen doch drei Wochen vor dem Johannistag, am 24. Juni 1414, die königlichen Räte Friedrich von Grafeneck, Eberhard von Nellenburg und Johann von Bodman, genannt Frischhans, in Konstanz ein *und die hießen erst recht anschlahen der herren wapen an die hüßer*, d. h. sie versuchten einige Monate vor Konzilsbeginn Quartiere für die höherrangigen Konzilsgäste zu akquirieren und durch das Anbringen von Wappen reservieren zu lassen. Das Vorhaben war aber nicht von Erfolg gekrönt: *Es belaib aber nit, wann die herren in riten wurden, do gieng es ab,* d. h. das System der Wohnraumbewirtschaftung scheiterte daran, dass jeder, der in die Stadt kam, die nächstbeste Herberge in Besitz nahm, ohne darauf zu achten, ob diese eventuell bereits anderen Gästen vorbehalten war.

Der Grund für dieses Vorgehen war einfach: *dann wer zů ainr gůten herberg kommen mocht, der nam sy uff* – »Wer eine einigermaßen gute Herberge haben mochte, musste spätestens jetzt sofort zugreifen«, andernfalls bestand die Gefahr, leer auszugehen. Nach der Ankunft des Kardinals Jean de Brogny am 12. August 1414 verschärfte sich die Situation noch einmal, denn jetzt *ward man erst geloben, daz das concilium kommen solt, und bewarnott sich menglich mit bett, mit höw und stro* – »und deckte sich jeder, soweit möglich, mit Betten, Heu und Stroh ein«.

Hochgestellte Persönlichkeiten ließen sich nicht nur durch Quartiermacher im Vorhinein Herbergen als Unterkunft reservieren, sondern veranlassten auch zugleich Ein- bzw. Vorkäufe, die für den Lebensunterhalt in der Stadt von zentraler Bedeutung waren, zumal nach der Ankunft des Königs, als das Konzil seine Arbeit im eigentlichen Sinne begann: *Und rittend all tag frömd lüt in, gaistlich und weltlich. Und bestaltend die frömden lüt, so von inen* [ihren Herren] *her gesent waren, den selben iren herren herberg, und die frömden koftend all in kost fůter und höw und anders, so inn dann not was, daz sy über daz hochzit möchtind kommen.*

Welch frömder man zů Costenz an die tor kam

Wir müssen uns, wenn wir uns mit topographischen bzw. stadträumlichen Fragen beschäftigen, eine mittelalterliche Stadt und die Möglichkeit, sich dort als Fremder zurechtzufinden, auch anders vorstellen, als dies für moderne Städte gilt. Es gab zunächst einmal keinen Stadtplan. Das heißt, man musste, wenn man eine bestimmte Person, eine bestimmte Straße oder einen bestimmten Platz suchte, entweder einen Führer haben oder sich mehr oder weniger durch die Stadt fragen. Es gab zwar Straßennamen und Hauszeichen (etwa für Herbergen), aber keine Straßenschilder oder Hausnummern. Bei Tage war man also mehr oder weniger gezwungen, sich an Wappen,

Heiligenfiguren, Brunnen, an den Häusernamen oder an anderen markanten Punkten in der Stadt zu orientieren. In der Nacht waren die vormodernen Städte dunkel. Die Stadttore waren geschlossen. Der Schlag der Wächterglocke zeigte ferner an, wann es am Abend Zeit war, nach Hause zu gehen. Es gab selbstverständlich kein elektrisches Licht, wie es für moderne Menschen selbstverständlich ist. Wollte man etwas finden, musste man – etwa durch Fackeln – selbst für Helligkeit sorgen. Es war also gar nicht so einfach, in einer fremden und zudem überfüllten Konzilsstadt jemanden zu finden, wenn man niemanden hatte, der einen führte oder sich in der Stadt auskannte. Das Problem potenzierte sich noch, wenn man die Landessprache nicht beherrschte.

Gleichwohl hatten die Konstanzer, wie die Wolfenbütteler Handschrift der Konzilschronik mitteilt, angesichts der Herausforderungen der internationalen und deshalb vielsprachigen Kirchenversammlung ein System entwickelt, das zu funktionieren schien: *Ouch tätten die von Costentz ain sach, die ze rüemen* [rühmen] *ist: Welch frömder man zů Costenz an die tor kam, nach dem unnd man die thor beschlossen hett unnd da rüfft, den lies der wachter oder thorhütter an stett* [sofort] *in. Unnd fragten in, zů wem er wolte oder inn wely herberg ald zů wellem herren er gehortty. Kund er den nennen, so nam der wachter oder thorhütter den gast thugentlich by siner handt unnd wist* [wies] *in inn dis herberg oder zů dem herrn, den er nampt, umb sůst unnd getorst* [wagte nicht] *kain gellt von im nemen. Was er aber ain söllicher frömder man, der an niemand sprechen kůnd oder des sprachen man nit merken kůnd, so nam er in aber tugentlich unnd fůrt in uff das thor, das man nempt Ringburgtor, do gab man im ze essen unnd ze trinken von der statt gnůg unnd leit man in wol die nacht. Unnd an mornend nam in ain wachter unnd fůrt in inn daz münster, daz er da lůgty* [sähe], *ob er jemand erkanti, unnd nam man aber mitt von hin.*

Wenn wir der Textstelle, die sich nur in der Wolfenbütteler Version der Konzilschronik findet, Glauben schenken, müssen wir davon ausgehen, dass es im Konstanz der Konzilszeit eine Art »Leitsystem« gegeben hat, das dem Ortsfremden gestattete, die Person zu finden, derentwegen er gekommen war. Man gab am Stadttor namentlich bekannt, wen man suchte, und wurde dann durch den städtischen

Torwächter unentgeltlich (*thugentlich*) zu der entsprechenden Herberge oder dem entsprechenden Haus geführt. Man muss davon ausgehen, dass diese Dienstleistung der Stadt nur möglich war, wenn es eine einigermaßen vollständige Fremden-, Gäste- und Herbergsliste gegeben hat und man wusste, wer wo untergebracht war.

Möglich wäre natürlich auch, dass Einheimische – auch ohne schriftliche Dokumentation – einfach aufgrund ihrer Orts- und Stadtkenntnis wussten, wo wer Herberge bezogen hatte. Das dürfte vor allem für die illustren und höherrangigen Konzilsgäste gegolten haben, waren sie doch in der Mehrzahl öffentlichkeitswirksam mit entsprechendem Gefolge in die Stadt eingezogen und empfangen worden und daher wohl auch entsprechend bekannt bzw. »namhaft«. Sowohl beim Einzug der Kardinäle Johannes' XXIII., aber auch bei der Verteilung der Kerzen durch den Papst, fällt dieser Begriff. Die »Namhaftigkeit«, d. h. die namentliche Bekanntheit einer Person, war die Voraussetzung dafür, in einer Stadt gefunden werden zu können, die mitunter aus allen Nähten zu platzen schien.

Im Umkehrschluss dürfen wir annehmen, dass es im Konstanz der Konzilszeit viele Personen gegeben haben muss, die nicht »namhaft« waren, also auch in keinem der kursierenden Fremdenverzeichnisse auftauchten. Bei der Aufzählung der *edlen ritter und knecht* beispielsweise betont der Chronist am Ende seiner Liste: *Item es warend ir dannocht mer dann hundert. Sy warend aber nit söllich herren, daz sy redlich nammen hettind. Darumb hab ich sy ungeschriben gelassen.* Die Voraussetzung dafür, genannt und in eine Liste aufgenommen zu werden, war mithin der Umstand, einen »redlichen« Namen zu haben. Wer einen solchen nicht besaß, spielte statistisch offenbar keine Rolle und taucht in den angelegten Listen nicht auf.

Aufschlussreich ist auch, dass das Geschäft mit den wohl weitgehend orientierungslosen Besuchern *thugentlich* vor sich zu gehen hatte, man durfte die Situation also nicht ausnutzen. Der Bote oder Kurier durfte für seine Kenntnis offenbar kein Geld nehmen, was eigentlich nahe lag, da Korruption auch in der Vormoderne nachweislich nicht unbekannt war. Noch aufschlussreicher aber ist, wenn jemand in die Stadt Einlass begehrte, dessen Sprache nicht verstanden wurde, der also völlig hilflos war. Hier verfuhr man so, dass man den fremden Konzilsgast zum

Ringburgertor führte, wo man ihm zunächst einmal nach der langen Reise auf Kosten der Stadt Essen und Trinken sowie eine Unterkunft gab. Am nächsten Morgen dann führte ihn ein Wächter in die Konzilsaula des Münsters, wo die Konzilsväter tagten. Hier sollte er sich solange umschauen, bis er in der Menschenansammlung der beidseitig im Langschiff errichteten Tribünen denjenigen erkannte, den er suchte.

Eine weitere Möglichkeit, sich in der Konzilsstadt zu orientieren, boten die Wappen, die die Gäste an ihre Herberge als Zeichen ihrer Inbesitznahme anschlagen ließen. Ihnen konnte man entnehmen, wer wo abgestiegen war, aber eben auch nur dann, wenn die betreffende Person ein Wappen führte oder es nicht entfernt oder abgerissen worden war, was durchaus vorkommen konnte. So wurden etwa am 19. November 1414 die Wappen Papst Gregors XII., die dessen Legat, Kardinal Giovanni Dominici aus Florenz, an den Türen des Augustinerklosters hatte anbringen lassen, entfernt und abgerissen.

Das Augustinerkloster war als Quartier für Gregor XII. vorgesehen. Der Kardinal hatte dorthin aber nur seine Begleitung verlegt. Er selbst verharrte vor den Mauern der Stadt, um zu zeigen, dass er nicht zum Konzil (das man wegen der Berufung durch Johannes XXIII. nicht anerkannte) sondern nur zu König Sigmund gekommen war. Er betrat die Stadt erst, als König Sigmund eingetroffen war. Der »Wappenstreit« hatte mit der Auffassung in der Frühphase des Constantiense zu tun, dass dieses eine Fortsetzung des Pisanums sei. Die beiden »Gegenpäpste« Gregor XII. und Benedikt XIII. galten daher als illegitim bzw. abgesetzt, was zur Folge hatte, dass sie eigentlich kein päpstliches Wappen mehr hätten führen dürfen.

Nahrungsmittel- und Gebrauchsgüterversorgung

Kommen wir zu einem Hauptaspekt des alltäglichen Lebens im konziliaren Konstanz: dem Aspekt der Nahrungsmittel-, Bedarfs- und Gebrauchsgüterversorgung, der deshalb so wichtig ist, weil er bereits bei der Auswahl des Konzilsortes nachweislich eine entscheidende Rolle gespielt hatte. Da *wär genuchtsammi narung*, wie der königliche Rat Graf Eberhard von Nellenburg anlässlich der Vorverhandlungen von

Lodi gegenüber dem König verlauten ließ. Konstanz, so hatte es geheißen, sei *ain statt, da flaisch, visch, höw und haber, och alles, so man bedörfft, in gar ringer kost komen möcht.* Die Stadt, das geht aus den genannten Quellenauszügen hervor, hatte sich bereits im Vorfeld des Konzils aufgrund ihrer geographischen Lage als Gemeinwesen präsentiert, das nicht nur ausreichend Nahrung bot, sondern diese auch zu vernünftigen Preisen importieren und auf den Märkten der Stadt anbieten konnte. Hier spielte vor allem auch die Verkehrsinfrastruktur, d. h. der Konstanzer Hafen, eine zentrale Rolle: *da brächt man ze schiff alle genůgsammen und möchtind die schiff uff und nider gon.* Das bedeutet, dass in der Konzilsstadt eine sichere, ganzjährige Lebensmittel- und Gebrauchsgüterversorgung garantiert war. Es kommt nicht von ungefähr, dass anlässlich des Umbaues, der für das Konklave am Kaufhaus vorgenommen wurde, der so genannte *Krench* erwähnt wird, ein städtischer Kran, der zum Be- und Entladen von Schiffen diente. In der Chronik werden im Rahmen der Preisliste, die Richental in sein Werk integriert hat, auch *arger ledi* erwähnt.

Es handelte sich dabei um die so genannten »Lädinen«, Lastensegelschiffe oder Frachtkähne aus Langenargen, die zur Zeit des Konzils auf Rhein und Bodensee verkehrten und z. B. Brennholz, aber auch Getreide, Wein, Früchte, Leinwand und Salz transportierten. Das Wort »Lädine« leitet sich, wie Johannes Leidenfrost gezeigt hat, von mhd. *lede* (= Last) ab. Die Schiffe wurden aus Eichenholz hergestellt, besaßen ein trapezförmiges Rahsegel, verfügten über ein Ruderblatt auf der Steuerbordseite und waren ungefähr 20 bis 30 m lang und 4 bis 5 m breit.

Das Holz, das zu Schiff nach Konstanz kam, wurde ebenso geschätzt, wie das, das über die Rheinbrücke oder aus dem Thurgau auf Karren eingeführt wurde. Die Schätzung nahmen Personen vor, die vom Rat dazu bestellt waren. Sie wurden im Hafen, am Obermarkt, in der St. Pauls-Gasse und an der Rheinbrücke tätig und schätzten die Fracht teilweise noch bevor diese die Stadt erreichte. Man muss in diesem Zusammenhang wissen, dass Holz zu den wertvollsten Rohstoffen des Mittelalters zählte. Es diente als Bauholz, Werkholz oder Brennholz.

Wie die moderne Ökonomie vom Erdöl, so war die des Mittelalters vom Wald und damit vom Holz abhängig. Dennoch gab es an dieser natürlichen Ressource, wie Richental versichert, keinen Mangel *und ward an holtz nie kain brest.* Das war wichtig, denn der Holzbedarf für die mittelalterliche Bauwirtschaft war enorm. Holz bildete gewissermaßen, wie das Ernst Schubert formuliert hat, die »Grundlage der Urbanität«. Holz in Form von Stämmen, Brettern und Schindeln wurde auch nicht nur zum Bauen verwendet. Nahezu alle Gebrauchsgegenstände des Alltags – etwa das Essgeschirr wie Topf, Schüssel, Teller, Becher und Löffel – waren aus Holz.

Die Gabel, die aus Holz schwer herzustellen war, ist vor dem 16. Jahrhundert unbekannt. Wie wichtig Holz, vor allem Brennholz, für die spätmittelalterliche Stadt war, zeigt gegen Ende des Konzils ein Rechtsstreit zwischen König Sigmund und dem Abt der reichsunmittelbaren Abtei von Petershausen um das Recht, Holz in den Wäldern der Benediktinerabtei schlagen zu dürfen: *In dem und unßer herr der küng zů den augustinern* [Augustinerkloster] *lag, daz tett er umm růb* [Ruhe] *willen siner krankhait, dannocht hett er hoff tzů Peterßhusen, und begerott* [begehrte] *an den apt von Petershusen, daz er inn brennholtz ließe höwen in sinen höltzern im Aichhorn und in Sant Gebhartz holtz.*

Der König, der offenbar mit einem schweren rheumatischen Leiden (*gesücht*) im Augustinerkloster lag, so dass nicht offen darüber gesprochen werden durfte, verlangte vom Abt des Klosters Petershausen, im Eichhorn und St. Gebhardswald, die dem Kloster zugehörten, Brennholz schlagen zu dürfen, vielleicht um damit die Räume des Klosters, in dem er sich aufhielt, zu wärmen. Als der Abt ihm die Bitte abschlug, lässt er das Holz einfach durch seine Ungarn schlagen, wogegen der Abt offenbar nichts unternehmen konnte oder wollte. *Do sant er* [der König] *sin Unger in sine höltzer, die huwend holtz, es wär im lieb oder laid.* Darauf gab der Abt das Holz zum Verkauf frei.

Der Chronist berichtet uns wohl nur deshalb von der Geschichte, weil er selbst zu den Käufern gehörte: *Desselben holtzes ich och ain juchart koft. Daz ließ unßer herr der küng gůt sin und tett dem verkoften holtz nit schaden. Do huwend sy allweg, als lang er dann ze Costentz was.* Der Abt machte also offenbar gute Miene zum bösen Spiel und ließ das Holz mit Ausnahme der Eichen, die er stehen ließ, an jeden, der pro Juchart 16 Gulden zahlte, verkaufen. Es handelte sich wohl um ein gutes Geschäft. Der Abt hatte es auf eine Kraftprobe mit dem König ankommen lassen, der es schließlich gut sein ließ, tat sich aber weiterhin – wohl aufgrund des ihm und seinem Gefolge zustehenden Gastungsrechts – bei Bedarf an dem Holz gütlich.

Es ist sicher nicht falsch, hier von einem Ressourcenkonflikt zu sprechen, der zugleich zeigt, dass die Bedürfnisregelung, was den täglichen Bedarf anging, nicht immer so harmonisch ablief, wie es in der Chronik dargestellt wird. Holz hatte als Energieträger und als Grundstoff für die handwerkliche Produktion im Mittelalter, worauf Ernst Schubert hingewiesen hat, »eine noch höhere Bedeutung als heutzutage das Öl«. Man konnte sich also durchaus um diesen wertvollen Rohstoff streiten.

Spätmittelalterliche Urbanität wäre ohne die Wälder, die teilweise sogar der Stadt gehörten, aus vielerlei Gründen nicht möglich gewesen. Im geschilderten Fall hatte sich offenbar der Stärkere, nämlich der König, durchgesetzt. Ziel musste es jedoch sein, solche Ressourcenkonflikte bereits von vornherein zu vermeiden oder zu umgehen. Aufschlussreich ist in diesem Zusammenhang eine kleine Randbemerkung, die sich allerdings nur in den der Konstanzer Version folgenden Chronikhandschriften findet. Sie legt Zeugnis davon ab, dass die Stadt bei der Bewältigung der Aufgabe, ein großes Konzil in ihren Mauern durchzuführen, tatsächlich auch prospektiv dachte, d. h. Versorgungsprobleme, die mit dem starken Zustrom von Menschen notwendig einhergehen, wurden von den Stadtvätern klug antizipiert.

Es geht um Heu, das *in größer überflüßikait in den schiffen und uff den karren* nach Konstanz kam. Eines Tages habe Richental, wie er in seiner Chronik berichtet, *an der bruggen ze Costentz fünf und zwaintzig michler schiff mit höw usser dem rintal und vil karren mit höw uss dem Turgöw und Hegöw* im Hafen liegen gesehen. Wichtig ist in diesem Zusammenhang der Hinweis: *Und ward das höw daz concilium uß nie türer, aber bas failer*, d. h. das Heu ist im Verlauf des Konzils nicht teurer, sondern billiger geworden. Das war ein wichtiger Standortfaktor, zumal die meisten Konzilsgäste mit Last- bzw. Saumpferden angereist sein dürften, die untergebracht, gefüttert und gepflegt werden mussten. Man benötigte nicht nur Heu, sondern auch Stroh.

Das diesbezügliche Überangebot könnte mit einer Maßnahme zu tun haben, die sich in einer Variante der Konstanzer Chronikversion findet. Die Wiener Handschrift schreibt: *Und was das die sach, das im rintal manig egerdt und moß gemät wurden, und in den höltzern, die da vor nie me gemät waren*, d. h. um den Bedarf des Konzils an Heu zu befriedigen, wurden im Rheintal Brachland, sumpfige Wiesen und Fluren im Wald gemäht, *die da vor nie me gemät waren*. Die Textstelle ist wohl dahingehend zu verstehen, dass bislang ungenutztes Brach- und Weideland urbar gemacht und zu landwirtschaftlichen Zwecken herangezogen wurde, so dass der Mehrbedarf des Konzils gedeckt und damit eine Teuerung vermieden werden konnte.

Preise, Warenangebot und Teuerung

Der Chronist hat in sein Werk auch eine berühmte Preisliste integriert, die nicht zuletzt die Funktion hatte, der Nachwelt zu zeigen, wie angemessen und billig man in Konstanz zur Zeit des Konzils leben konnte. Das hatte natürlich mit der *causa scribendi* (= Motiv der Abfassung) der Chronik zu tun, nämlich im Nachhinein das Lob und den Ruhm der Konzilsstadt Konstanz zu verkünden. Die diesbezüglichen Äußerungen Richentals sind deshalb nicht falsch, aber sie haben doch eine teilweise eindeutige Tendenz und dienen der Abwehr gegenteiliger Auffassungen sowie der nachträglichen Legitimation der konziliaren Preis- und Geschäftspolitik der Stadt, die – wen nimmt es Wunder – schon von den Zeitgenossen ganz unterschiedlich wahrgenommen und beurteilt wurde.

Der adlige Sänger und Ritter Oswald von Wolkenstein etwa, der mit Herzog Friedrich von Österreich am 4. Februar 1415 nach Konstanz gekommen sein dürfte, beklagte sich über die in Konstanz und Überlingen vorherrschende Teuerung. König Sigmund hatte ihn am 16. Februar bereits in seinen Dienst genommen, der mit 300 ungarischen Goldgulden entlohnt wurde. Wer einmal richtig ausgenommen werden wolle, *der ziech gen Costnitz an den Rein, ob im die raiss* [Reise] *wol füge. Darinn so wont mang freulin zart, die kunnen grasen in dem part*, wie der Dichter in dem »Konstanzer Lied« *Der seines laids ergeczt well sein* (Kl. 123) schreibt.

Eine dieser Konstanzer »Bartgraserinnen« muss ihm offenbar recht viel Geld entlockt haben. Andernfalls hätte er den Vers *Do ich gedacht an Podemsee, ze stund tet mir der peutel we* in demselben Lied nicht gedichtet. Der Tiroler Adelige Oswald von Wolkenstein war auf die Konstanzer *freulin* jedenfalls nicht gut zu sprechen. Was der Dichter weiterhin beklagte, waren die Wucherpreise der Wirte, die offenbar sehr geschäftstüchtig waren. Diese Kritik trifft allerdings weniger Konstanz als vielmehr vor allem die Reichsstadt Überlingen, die ein beliebtes Ausflugsziel am nördlichen Arm des Bodensees während des Konzils war.

Hierzu schreibt Oswald: *Wer machen well sein peutel ring* [leicht], *und im desselben wolgeling, der frag den weg gen Überling* (Kl. 45). Die Preise seien hoch, das Essen schlecht, die Wirte unverschämt, der Wein sauer. Das sind andere Töne, als sie der Konstanzer Chronist Richental anschlägt, aber Oswald ist auch kein Einheimischer, der pro domo spricht und von Wucherpreisen und mangelnder Gastlichkeit nichts wissen will, sondern die diesbezüglichen Vorhaltungen der Konzilsgäste vielmehr chronikalisch entkräftet. Sehr deutlich wird diese Tendenz, als am Ende der Chronik von einem Ausflug König Sigmunds in die Reichsstadt Ulm berichtet wird, wo der König mit seinem Gefolge sechs Wochen verblieb.

Dort war nach Richental alles um die Hälfte teurer als in der Konzilsstadt. Was in Konstanz, als das Konzil am größten war, ein Pfennig kostete, kostete in Ulm zwei: *Und ward ze Ulm win, brott, fisch, flaisch, haber etc. und alle ding so tür* [teuer], *was man ze Costentz umm ain pfenning wol mocht kofen, do daz concilium am grösten was, daz műßt man ze Ulm umm zwen d kofen.* Richental entwirft auch hier, wie Stefan Weinfurter betont hat, das Ideal einer geordneten Gemeinschaft, zu der gemäß der scholastischen Wirtschaftsethik natürlich auch der »gerechte« und angemessene Preis (*pretium iustum*) gehörte: *und wär alle gnůgsammi da in gůtem kouff*.

Eine Teuerung, wie viele zu Unrecht behaupten, hat es dem Chronisten zufolge nicht gegeben: *Och bestůnd alle ding in gemainem kouff und allweg baß failer dann vor* – »auch gab es alles öffentlich zu kaufen und wurde alles im Verlauf des Konzils billiger als vorher«. Die Liste ist, auch wenn es sich bei den Preisen nicht um konkrete Marktpreise handelt, für moderne Historiker ein alltags- und kulturgeschichtliches Zeugnis hohen und unschätzbaren Ranges, zumal sie uns – über die genannten Zahlen hinausgehend – einen konkreten Einblick in die Ernährungs- und Versorgungssituation zur Zeit des Konzils gestattet.

Auf diese Weise wissen wir nicht nur, wie viel für welche Ware gezahlt, sondern auch, welche Waren auf den Märkten der Stadt angeboten wurden. Dass das Lebensmittelangebot in der Stadt wichtig war, zeigt die Aufzählung des Geschirrs in der oben erwähnten Herbergsordnung, das Kessel, Töpfe und Kannen, aber kein Essgeschirr umfasste. Es diente der Selbstverpflegung der Gäste, die in ihren Herbergen also keineswegs einen Rundum-Service mit Einzelzimmern genossen, wie wir dies teilweise aus modernen Hotels oder Pensionen kennen.

Die in die Chronik inserierte Preisliste beginnt denn auch mit den Grundnahrungsmitteln, zunächst mit dem *korn*, dem Getreide unterschiedlicher Qualität, aus dem *gebachen brott* hergestellt wurde. An erster Stelle ist Weißbrot vermerkt. Brot wurde, wie Richental berichtet, nicht nur in Konstanz gebacken, sondern auch von auswärts mit Karren, Wägen und zu Schiff in die Stadt gebracht. Es gab im zeitgenössischen Konstanz auch viele fremde Bäcker, *die täglichen uff den marckt bůchend* –»die täglich auf dem Markt frisches Brot buken«.

Wie wir bereits gesehen haben, gab es auch Pastetenbäcker mit kleinen fahrbaren Backöfen, die man sich wohl als durch die Stadt ziehend und ihre Ware anpreisend vorstellen muss. Sie boten Pasteten, Ringe und *brätschellen*, d. h. Brezeln, feil: *Die basteten waren ettlich mit hünr und flaisch gemacht und wol gewürtzt.* Richental erwähnt in diesem Zusammenhang des Weiteren Hafer, der u. a. auch *von frömden kouffluten* nach Konstanz kam, sowie Erbsen, Bohnen, Linsen, Gerste *und ander zůmůß* –»und anderes Gemüse«, *des alles vand man gnůg und in ainem rechten kouff*, – all dies gab es in ausreichendem Maße und zudem zu annehmbaren Preisen.

Was das Gemüse anbelangt, muss man wissen, dass sich der Bestand an Kulturpflanzen im Mittelalter von der heutigen Vielfalt erheblich unterschied. Es gab beispielsweise noch keine Kartoffeln, keinen Mais, keine Tomaten. Bei den Getreidearten (Roggen, Gerste, Weizen, Hafer, Rispenhirse, Dinkel, Emmer, Einkorn) war die Vielfalt dagegen größer, als dies heute der Fall ist. Nach dem Hinweis auf Zwiebeln, Rüben und Kraut geht der Chronist schließlich zum Wein über. Er benennt sechs unterschiedliche Sorten: Malvasier aus Griechenland, dann den *rain-fan* oder *rinfal*, Wein aus der Gegend von Rivoglio in Istrien, *Römnyer*, Südwein (wohl aus der Romagna) und Wein aus dem Elsass, schließlich guten Landwein und einfacheren Knechtswein.

Die süßen Weine des Südens standen im Mittelalter in hohem Ansehen. Der Malvasier, ein schwerer Südwein, wurde über Venedig nach Deutschland eingeführt und galt als vorzüglichster Wein. Unter den Ehrengeschenken, die der Konzilspapst nach seinem Einzug in der Stadt erhielt, befand sich neben Hafer auch Wein, und zwar *vier lägelan* [= Fässchen] *mit wälschem win, vier große vass mitt elsäßer, viij vass mit lantwin.* Hafer, Wein und Fische waren Bestandteil traditioneller Gastung und wurden bei Empfängen als Ehrengeschenke den Gästen überreicht.

So erhielt etwa Papst Martin V., als er nach seiner Abreise über Schaffhausen und Baden nach Bern kam, von den dortigen Bürgern als Geschenk ebenfalls Getreide, Hafer, Wein und zusätzlich acht große Schlagochsen, 40 Schafe, Hühner und Fische. Dass im Konstanz der Konzilszeit auch Bier getrunken wurde, wissen wir, weil Richental ausdrücklich erwähnt, dass der Bischof von Leslau, Johannes Kropidlo, ein Fass Bier mitbrachte, von dem der Chronist selbst getrunken hat: *Der bischoff Vradlaniensis hieß Johannes, und der waz ain hertzog von geburt, der zoch mit xviij pfarden in das hus, daz an der alten badstuben an Ainlaßgassen lag. Der selbig bracht mit im ain vass mit bier; des biers trank ich Ůlrich Richental ze Costentz.*

Des Weiteren führte ein Bischof von Oppeln ein Fass Bier mit sich: *Und fůrt ain bischoff Opilensis ain vass mit bir mit im. Der lag vor dem tor, in Hansen Hůters garten.* Da in Richentals Haus der Bischof von Plock, Jakob Kurdwanowski, logierte, dürfte sich aus diesem Kontakt die Möglichkeit ergeben haben, das importierte Bier zu verkosten. Bier, das im Spätmittelalter zum Volksgetränk wurde, hatte gegenüber Wein den Vorteil, dass es kalorienreicher, also sättigender war.

Was seine Preisliste anbelangt, so kommt der Chronist nach dem Wein auf das Fleisch zu sprechen. Fleisch spielte auf dem mittelalterlichen Speisezettel neben der pflanzlichen Ernährung eine wichtige Rolle, wenn man auch annimmt, dass nicht so viel Fleisch gegessen wurde (etwa 50 kg pro Jahr), wie man in der älteren Forschung lange angenommen hatte. Die Preisliste zeigt denn auch die ganze Vielfalt der vormodernen Fleischküche, die als Ausdruck einer im Spätmittelalter verbesserten Ernährungslage zu sehen ist.

Man darf allerdings in quellenkritischer Hinsicht nicht den Fehler machen, von der Preisliste, die ja in gewisser Hinsicht normativen Charakter hat, also wohl Höchstpreise bot und nicht unbedingt die Konstanzer Realität abbildet, auf den privaten Konsum bzw. auf den Alltag der Menschen in der Stadt zu schließen. Es dürfte – auch unter den wohlhabenderen Klerikern – im damaligen Konstanz viele Personen gegeben haben, die sich nicht alles, was auf den Märkten der Stadt angeboten wurde, leisten konnten und wollten. Das gilt vor allem für frisches Fleisch, das für den gemeinen Mann und die gemeine Frau eher eine nichtalltägliche Rarität gewesen sein dürfte.

Die Preisliste nennt folgende Fleischsorten: Schwein, Rind, Lamm, Geflügel (Hühner) und Wildbret. Das Fleisch wurde zu unterschiedlichen Preisen verkauft, je nachdem, ob es gewogen oder nicht gewogen wurde. Außerdem ist hinsichtlich der mittelalterlichen Fleischpreise zu berücksichtigen, dass zum Fleisch die Knochen gehörten. Was Hühnereier anbelangte, so mussten sie offen zu Markte getragen und durften auch nicht unter der Hand verkauft oder vor Fasttagen verteuert werden, *daz sy der arm wie der rich man kofen künd*, wie die Stadt überhaupt gegen eine Anhebung der Preise an Freitagen oder vor Fasttagen vorging.

Eier zählten im Mittelalter zu den Grundnahrungsmitteln. Hühner- und Eierspeisen wurden von Arm und Reich geschätzt und hatten deshalb – ähnlich wie der Salzhering – eine sozial integrative Funktion. An Wildvögeln wurden Singdrosseln, Amseln und Krammetsvögel feil geboten. Bei Letzteren, die ein begehrter, aber teurer Leckerbissen waren, handelte es sich um am Spieß gebratene Wacholderdrosseln. Was Wildtiere anbelangte, konnten Wildschwein, Reh, Hirsch, Dachs,

Otter, Biber, Hasen usw. auf dem Markt zu Konstanz erstanden werden.

Fische, die aufgrund ihres Eiweißgehalts zu den unverzichtbaren Grundnahrungsmitteln des Mittelalters zählten, fand man, was an Rhein und Bodensee nahe lag, ebenfalls in großer Reichhaltigkeit, und zwar Frischfisch sowie gesalzenen bzw. geräucherten oder gepökelten, also haltbaren Fisch. Er wurde auf dem Fischmarkt vor dem Hohen Haus angeboten. Es gab Hecht, Schnetzling, Karpfen, Schleie, Brachsen, Gründlinge, Gewellfisch, Groppen, Hürling, Aal, Hausen, Felchen, Forellen und Gangfisch, *wie man sy haben wolt*. Hecht war teuer und eine ausgesprochene Herrenspeise. Er war deshalb auch häufig Bestandteil von Ehrengeschenken, die man hochgestellten Persönlichkeiten bei deren Ankunft machte. Aus Verona und der Lombardei, insbesondere vom Gardasee, wurden *gebachen fisch in bo̎möl*, d. h. in Olivenöl gebackene bzw. gebeizte Fische, nach Konstanz geliefert. Ferner gab es *türr fisch gesaltzen und gebachen uss Lamparten*, d. h. konservierten bzw. gedörrten Fisch, der bereits gesalzen und gebacken ebenfalls aus der Lombardei angeliefert wurde.

Schließlich wurde auch Meeresfisch, getrockneter Kabeljau, der so genannte Stockfisch, sowie gesalzener Hering in Holztonnen dargeboten. Methoden, um frische Lebensmittel für den Verzehr haltbar zu machen, waren im Spätmittelalter das Beizen, das Einsalzen, das Räuchern, das Pökeln und das Dörren. Fische wurden in Konstanz *grün und türr*, d. h. frisch und gedörrt bzw. getrocknet angeboten.

Mit dem gesalzenen oder gedörrten Fisch war Hering oder Stockfisch (getrockneter Dorsch oder Kabeljau) gemeint. Der Hering war, wie das Ernst Schubert formuliert hat, neben dem Huhn im Spätmittelalter ein sozial-integratives Volksnahrungsmittel, das von Arm und Reich goutiert und viel und gerne verzehrt wurde.

Die Fische aus Verona etwa waren wohl in Öl eingelegt und auf diese Weise haltbar und transportfähig gemacht worden, so dass man sie, wie es in einigen handschriftlichen Varianten heißt, lange liegen lassen konnte, *und warend glich als velken*, d. h. es muss sich um einen felchenähnlichen Fisch gehandelt haben, den man vermutlich – wie den Hering – in Holzfässern nach Konstanz transportierte und dort an die, die es sich leisten konnten, verkaufte.

Dass es im Konstanz der Konzilszeit auch Frösche und Schnecken zu erstehen gab, geht aus einem Zusatz der Konstanzer Chonikversion hervor, wo es im Anschluss an die oben genannte besondere Fischsorte heißt: *Man hat och fail hoppatzger und schnecken, die koften die Walchen* – »auf dem Markt zu Konstanz wurden auch Frösche und Schnecken angeboten, die von den Italienern gekauft wurden«. Man ersieht aus der Quellenstelle nicht nur, dass der konziliare Speisezettel keineswegs so eintönig und schlicht war, wie man das vielleicht vermuten könnte, sondern durchaus ausgesuchte Speisen enthielt. Gleichzeitig erhellt aus dem Zusatz, *die koften die Walchen*, dass dieses Speiseangebot außergewöhnlich und den fremden Konzilsgästen und deren Essgewohnheiten geschuldet war, die wohl auch in der Fremde nicht auf ihre gewohnten Speisen verzichten wollten.

Das heißt allerdings nicht, dass nicht auch die Konstanzerinnen und Konstanzer, sofern sie es sich leisten konnten, von dem durch das Konzil und sein internationales Flair erweiterten und bereicherten Nahrungsangebot Gebrauch gemacht hätten. Die Preise, die Richental nennt, sind nach Bernhard Kirchgässner nicht »aus der Luft gegriffen«, es handelt sich aber auch nicht um Marktpreise, d. h. man hat in der Konzilsstadt – wie in anderen spätmittelalterlichen Städten auch – versucht, der Teuerung durch Preisfestsetzungen und Marktregulierung entgegenzuwirken. Man darf deshalb davon ausgehen, dass die Mehrzahl der Haushalte einer Stadt den Bedarf an Grundnahrungsmitteln (Brot, Mus, Fleisch, einheimischen Wein oder Bier) decken konnte.

Was die Getränke anbelangt, so wurden Bier und Wein häufig mit Wasser vermischt getrunken, so dass der Alkoholgehalt relativ gering war. Schwache oder dünne Biere und saure Weine gehörten zum mittelalterlichen Alltag. Sie waren, worauf Ernst Schubert hingewiesen hat, weniger Genuss- als vielmehr Grundnahrungsmittel, wobei man in diesem Zusammenhang den erheblichen Weinbedarf im Rahmen der kirchlichen Liturgie nicht vergessen darf.

Stroh wurde aus dem Wollmatinger Ried und aus dem Thurgau nach Konstanz eingeführt, wobei das Stroh in *burdi* [= Bündel oder Bürde] gemessen wurde, *daz die fröwen tragen von Wolmatingen und uss dem Turgöw.* Man sieht hier nicht nur, dass auch die Bauern der Umgebung am ökonomischen Erfolg des Konzils partiell teilhatten, sondern auch, dass, was Maße und Gewichte anbelangte, lokale Traditionen eine zentrale Rolle spielten und es noch keine überregionalen Normen oder Maßeinheiten gab.

Was Spezereien, also die Versorgung mit wichtigen Gewürzen betraf, so gab es in Konstanz, soweit Richental Gewürze überhaupt erwähnt, z. B. Pfeffer, Ingwer und Safran. Ausländische Gewürze waren für die mittelalterliche Ernährung unverzichtbar. Sie mussten importiert werden. Die spätmittelalterliche Küche kannte eine große Anzahl an Gewürzen. Sie wurden zum Konservieren von Fleisch – wie im Falle des Büffels, der aus Litauen nach Konstanz gebracht wurde – oder bei der Brotherstellung verwendet. Die Chronik spricht davon, als es darum geht, das *groß tier*, das aus Litauen nach Konstanz kam, haltbar zu machen.

Ein Pfund Safran kostete vier rheinische Gulden. Der rheinische Gulden wird um 1420 nach Bernhard Kirchgässner mit 14 Schilling Pfennigen gerechnet. Ein Schilling entspricht zehn Pfennigen und für den Pfennig gibt es zwei Heller. Als es ein Überangebot an Safran gab, also das Angebot die Nachfrage überstieg, ließ der Preis nach, d. h. das Gewürz, das zu den Luxusartikeln zählte, wurde billiger, denn man ließ, wie Richental betont, Lebensmittel nicht unverkauft aus Konstanz führen. Durch diese Maßnahme wurde eine gewisse Preisstabilität garantiert, was mit Sicherheit ein Nachteil für den Händler war. Denn die unverkaufte Ware konnte die Stadt so lange nicht verlassen, bis sie verkauft war, was bedeutete, dass im Preis nachgelassen werden musste, wollte man alles abverkaufen.

Hinzu kam der Kaufhauszwang, der jede anderweitige Lagerung von Waren ausländischer Kaufleute in Konstanz untersagte. Der Chronist schließt seine Preisliste schließlich mit dem Hinweis, dass auch Baumaterial, nämlich Bretter, Ziegel, Lehm, Steine und Kalk, in ausreichender Menge in Konstanz vorhanden gewesen sei, so dass die Stadt als in jeder Hinsicht wohlversorgt gelten konnte. Salz war offenbar so selbstverständlich, dass es seiner Erwähnung in der Preisliste nicht bedurfte.

Armut in der spätmittelalterlichen Stadt

An dieser Stelle ist natürlich trotzdem zu fragen, wer das Geld besaß, um sich diese teilweise ausgefallenen Speisen und Spezialitäten, die auf den Konstanzer Märkten angeboten wurden, leisten zu können. Schon der Hinweis, dass Eier für Arme wie Reiche stets erschwinglich sein sollten und vor allem vor Fasttagen nicht verteuert werden durften, zeigt, dass es im konziliaren Konstanz selbstverständlich auch Armut gab, wobei Armut im Mittelalter selbstverständlich etwas anderes bedeutete als heute.

Armut war nichts, das unter allen Umständen bekämpft oder marginalisiert wurde. Im Gegensatz zur konkreten Hilfsbedürftigkeit war sie eine Lebenslage, »in der man am Existenzminimum noch ohne fremde Hilfe überlebt« (Martin Dinges). Sie wurde deshalb vielfach als unabänderliches Schicksal hingenommen. Ernst Schubert sieht den so genannten Pauperismus (von lat. *pauper* = arm) sogar als »integralen Teil urbaner Entwicklung« des Mittelalters.

Armut gehörte zur spätmittelalterlichen Stadt und war vielfach präsent. 1410 waren in Frankfurt a.M. 14% der Steuerpflichtigen völlig besitzlos, im Basel des 15. Jahrhunderts fast 20%. Armut und die daraus mitunter resultierende Hilfsbedürftigkeit waren mithin alles andere als ein Randproblem. Sie waren im Gegenteil die größten sozialen Probleme der spätmittelalterlichen Stadt überhaupt. Diese sozialen Aufgaben wurden in den Städten seit dem Hochmittelalter zunehmend von Spitälern übernommen. Hinzu kamen die Bettelorden, Minderbrüder oder Mendikanten (von lat. *mendicare* = betteln), die sich in der Stadt angesiedelt hatten und nach dem christlichen Armutsideal lebten. In Konstanz waren beispielsweise die Dominikaner, die Franziskaner und die Augustinereremiten heimisch geworden.

Armut schlug sich auch in der städtischen Topographie nieder. Am Rande der Ummauerung lag beispielsweise in Konstanz der Ziegelgraben. Hier wohnten weniger geachtete und »unehrliche« Leute, hier hatte, wie Ernst Schubert betont, der Henker seine Wohnung, hier lag auch eines der städtischen Bordelle. In der Vorstadt Stadelhofen, die erst im 15. Jahrhundert in die Stadtummauerung einbezogen wurde, wohnte »ein von der städtischen Wirtschaft abhängiges Proletariat«.

Armut bot den wohlhabenden Gesellschaftsschichten aber die Möglichkeit, ihre Barmherzigkeit zu zeigen und zum Lebensunterhalt der *pauperes* beizutragen, zumal Jesus Christus selbst arm gewesen war und das Armutsideal nicht nur im Rahmen der so genannten drei evangelischen Räte (*consilia evangelica*), sondern auch in der hoch- und spätmittelalterlichen Mystik eine zentrale Rolle spielte. In der Konzilschronik ist etwa von Gottesdiensten *mit großem almůsen* die Rede. Von Kardinal Jean de Brogny wird weiterhin berichtet, dass er nach seiner Ankunft in der Stadt bis zum Ende des Konzils jeden Tag vor dem Haus des Domdekans Almosen an die Armen der Stadt Konstanz verteilte: *Darumb do gab er all tag groß almůsen mit essen und mit trincken vor sinem hof und herberg taglich das concilium uß.* Seine Initiative hatte mit der Almosenbehörde »Pignotte« in Avignon zu tun, die unter seiner Leitung stand. »Pignotta« nannte man die kleinen Brote, die an Notleidende verkauft wurden. Auch Eberhard III. von Neuhaus, der Erzbischof von Salzburg, gab für die Zeit, die er in Konstanz weilte, *ain groß almůsen, all tag jeglichem armen menschen ain haller wertig brott und ain stuck flaisch und suppen und ain gůtten trunck wins. Am fritag, samßtag und vasttag gab er ain můß oder ärwis* [Erbsen].

In den Teilnehmerlisten der Chronik ist von einfachen und namenlosen Priestern die Rede, *die nitt nammhaftig warn und nit verpfründet mit großen pfründen und dem hof nach luffend und daz allmůsen namend, von ainem hof zů dem andern, wann ieglicher herr gab almůsen nach sinem imbiß all tag* – »denn jeder Herr gab täglich nach dem Essen Almosen für die Armen der Stadt«. Die Almosengabe, die Christenpflicht war, wurde häufig in Gestalt von Nahrungsmitteln gewährt, die zu bestimmten Tagen ausgegeben wurden.

Da Richental nicht nur Preise, sondern auch an zwei Stellen Löhne nennt, können wir auch ungefähr sagen, was sich jemand mit einem bestimmten Tageslohn im Konstanz der Konzilszeit leisten konnte. Dabei ist zu berücksichtigen, dass die Kosten für die Ernährung ungefähr ¾ des Einkommens im Haushalt des gemeinen Mannes ausmachten. Die öffentlichen Arbeiten etwa, die die Stadt veranlasste, um den Armen der Stadt Lohn und Brot zu geben, *daz nit bößers von inn ufferstünd*, wurden mit 18 Pfennigen pro Tag bezahlt.

Dafür hätte man, wenn man Richentals Preislisten folgt, 18 Brote, 6 Pfund Rindfleisch, 4½ Pfund Schweinefleisch oder 2½ Pfund Lammfleisch erhalten. Das Pfund Hecht kostete zur Zeit des Konzils 17 Pfennige, das Pfund Felchen 1 Schilling Pfennig. Ein Weinleser dagegen erhielt, wie es im vorletzten Kapitel der Chronik heißt, obwohl der Herbst trocken und das Wetter gut war, nur 10 Pfennige. Davon konnte man 2 Pfund *rehi wilprät*, d. h. Rehfleisch, oder 1½ in Olivenöl gebackene Fische erstehen.

Die oben genannten Frösche und Schnecken dürften dagegen kaum Alltagskost gewesen sein, sondern haben vermutlich als Fastenspeise gedient. Man darf ja nicht vergessen, dass infolge religiöser Vorschriften an ca. 150 Fasttagen im Jahr der Verzehr von Fleisch, Eiern und Milchprodukten untersagt war. In diesem Zusammenhang war dann vor allem auch der eiweißhaltige Fisch gefragt. So gab es einmal vor Ostern 1417, wie Richental berichtet, offenbar billigen Hering zu kaufen, was man denn auch öffentlich verlautbarte: *Och uff den hailgen aubent ze ostran vor dem imbiß ru̇ft man durch die statt, wer häring kofen wölt, die recht gu̇t waren, je xiiij umm ain behemsch* [böhmischer Silberpfennig].

Kulturaustausch und -transfer

Die in die Chronik inserierte Preisliste macht darüber hinaus deutlich, dass Phänomene des kulturellen Transfers, wie sie etwa bei fremden Speisen, aber auch durch fremde Sprachen, Rituale und Nationen zum Ausdruck kommen, bei der Erforschung und Darstellung des Konzils eine zentrale Rolle spielen müssen. Nicht nur dass das Konzil ein internationales und multilinguales Ereignis war, die Universalität, Internationalität und Multikulturalität wird im Rahmen der Teilnehmerlisten auch ausdrücklich thematisiert. Dort ist beispielsweise davon die Rede, dass die damals bekannte Welt *in drü geteilt ist*, wie Richental feststellt. Der Chronist stellt denn auch, bevor er die einzelnen Teilnehmer detailliert aufführt, die ihm bekannten drei Erdteile *Asia*, *Affrica* und *Europa* ausführlich vor.

Bevor der Chronist also beginnt, die von ihm erstellte Statistik zu präsentieren, legt er die derselben zugrunde liegende spätmittelalterliche Weltsicht und Weltordnung dar. Damit wird zugleich noch einmal der universale Anspruch des Konzils unterstrichen. Mit dem Konzil ist gleichsam »die Welt« nach Konstanz gekommen. Die Stadt wurde für einige Zeit zum Schmelztiegel der Kulturen. Insofern konnte sich Konstanz für eine gewisse Zeit in der Tat als Zentrum der abendländischen Christenheit begreifen. Das heißt, dem in alle Teile der Christenheit expedierten bzw. ausgesandten Konzilsaufruf Johannes' XXIII. vom 9. Dezember 1413, der das gesamte Kirchenvolk nach Konstanz eingeladen hatte, waren tatsächlich Menschen aus nahezu allen Teilen der Welt gefolgt.

Die Konzilsgäste gehörten keineswegs nur der christlichen Welt an. Auch die außerchristlichen Teile der damals bekannten Welt beschickten das Konzil, das gewiss nicht nur als Kirchenversammlung wahrgenommen wurde, sondern auch zur Lösung politischer Konflikte diente. In der Chronik Richentals ist z. B. von *Samaritani* die Rede. Gemeint sind die Samaiten, Bewohner der Provinz Samogitia im Herzogtum Litauen. Der polnische König hatte sie nach Konstanz gesandt. Sie baten das Konzil – wohl am 13. Februar 1416 – offiziell um ihre Missionierung und trugen zusammen mit den polnischen Gesandten Anklagen gegen den Deutschen Orden in der Generalkongregation vor. Der Orden habe die Taufe der Samaiten, die zum Erzbistum Riga gehörten, verhindern wollen.

Die konziliaren Verhandlungen wegen der Samaitenmission waren insofern Teil des preußisch-polnischen Streits, der damit vor das Konzil gelangte: *Da brachten für die Samaritani, daz sind haiden, durch ir erber bottschaft und brief, und batend das concilium, daz man inn sendet zwen bischoff und ettwevil ander gelert lüt, die sy underwißtind cristan globen, dann der mertail under inn wär, die genaigt wärind uff den cristan globen.* Der Kardinalpresbiter Giovanni Dominici (zusammen mit zwei Weihbischöfen und zwei Doktoren des Dominikanerordens) erklärte sich bereit, wie Richental berichtet, diese Bekehrungsaufgabe zu übernehmen, d. h. *das er gern und luterlich durch gottes willen varen wölt, ob er kain verloren schäflin unßerm herrgott wider bringen möcht.*

Der Chronist bietet im Rahmen seiner Geschichtserzählung außerdem die älteste deutsche Beschreibung der christlich-orthodoxen Liturgie, wie im Kapitel über die Universalität des Konzils noch einmal näher ausgeführt werden wird. Er hat die Zeremonie, die wohl mehrfach im Konstanz der Konzilszeit stattfand, nicht nur beschrieben, er hat die Messe auch selbst besucht. Hier wird der Kulturtransfer, wie er sich im Rahmen des Konzils wohl in vielfacher Weise und auf unterschiedlichen Ebenen (Essen, Trinken, Sprachen, Bildung, Religionen, Kultur usw.) vollzog, auch im religiös-liturgischen Bereich geradezu sinnfällig. Richental beschreibt ganz selbstverständlich fremde Riten und Gebräuche, setzt sie aber gleichzeitig in Beziehung zu seiner eigenen liturgisch-geistlichen Erfahrung, wie er sie aus seiner Heimatstadt kennt. Das zeigt, dass er nicht nur ein (klerikal) gebildeter, sondern wohl auch ein weltoffener und kulturell interessierter Mann war.

Die Pest macht dem Konzil ein Ende

Richentals Schilderung des konziliaren Lebens endet lapidar mit den Alltagssorgen der Menschen in der Konzilsstadt. So berichtet er am Ende seiner Chronik von der *pestilentz* (= Pest), die 1418 in Konstanz ausgebrochen war. Die Seuche führte dazu, dass im April ungefähr drei Menschen pro Woche von der Krankheit dahingerafft wurden. Nach der Abreise des Papstes am 16. Mai 1418, aber vor allem im Juni, Juli und August, nahm die Todesrate so stark zu, dass täglich acht bis zehn Personen starben. Die Konsequenz war, dass sich ungefähr 600 Konstanzer Bürger nicht anders zu helfen wussten, als *mit wib und kind* die Stadt zu verlassen. Erst im Oktober hörte das Sterben in der Stadt langsam auf.

Der auf das Ende des Konzils folgende Herbst des Jahres 1418 war, wie Richental nüchtern und sachlich konstatiert, trocken und das Wetter gut, so dass die Wein-, Korn- und Obsternte sehr reichhaltig ausfiel. Aber – und das war vielleicht eine Folge der Pest, die die arbeitende Bevölkerung sowie die Zahl der noch nicht abgereisten Konzilsgäste nicht unerheblich dezimiert hatte – die *lüt*, d. h. die Arbeiter, waren *an irem lon als túr worden, das man in dem herpst ainem wimler* [= Rebleute bei der Weinlese] *mŭst x pfenning geben, dannocht fand man ir nit vil,*

d. h. die Rebleute, die bei der personalintensiven Weinlese halfen, waren teuer geworden. Man musste ihnen 10 Pfennige Lohn bezahlen, was offenbar viel war, fand aber gleichwohl kaum geeignete Arbeiter. Damit erhielten die Rebleute dennoch nur ungefähr die Hälfte dessen, was die Stadt, worauf Klaus D. Bechtold hingewiesen hat, den arbeitssuchenden Konzilsbesuchern zur Abwehr von sozialem Unfrieden wegen der Länge des Konzils in den Befestigungswerken zu zahlen bereit war, nämlich 18 Pfennige. Mit dem Hinweis auf die Bedrängnisse des Alltags, die der »schwarze Tod« zwangsläufig mit sich brachte, sind wir am Ende der Alltags- und Kulturgeschichte der Stadt zur Zeit des Konzils angelangt, die hier selbstverständlich nur ausschnitthaft geschildert werden konnte.

Der Alltag des Mittelalters ist fraglos schwerer zu rekonstruieren als der der Neuzeit, da uns im Vor-Akten-Zeitalter vielfach die Überreste und Quellen fehlen, die uns angemessen Auskunft geben könnten über das, was wir heute mit einem modernen Begriff als »Alltag« bezeichnen. Hinzu kommt, dass der Alltag im Mittelalter ebenso wenig thematisiert wurde wie heute. Insofern hatte er, weil man die alltäglichen Routinen nur selten der schriftlichen Fixierung für würdig befand, auch keine Geschichte.

Der Alltag mit seinen Freuden und Nöten beherrschte vielmehr die Menschen, zumal sie noch keine »Freizeit« oder gar »Urlaub« im modernen Wortsinne kannten. Sie waren ihm ausgeliefert, bestand das Leben doch im Wesentlichen aus Alltag. Alltag aber bestand zumeist aus harter Arbeit. Diesem Lebensrhythmus war man – ähnlich wie der Natur und ihren Katastrophen – zwar mehr oder weniger ausgeliefert. Dafür aber war man – anders als dies heute in unserer hoch-individualisierten modernen Kultur üblich ist – Teil einer ausgeprägten vormodernen Gruppenkultur oder -gesellschaft.

Fast alle Menschen waren in mannigfaltige soziale, bruder- oder genossenschaftliche Ordnungen (*societates et fraternitates*) eingebunden. Über das eigene Leben frei bestimmen konnten nur wenige. Das galt aber auch für die Herrschenden, die in einer konsensual angelegten Gesellschaft ebenfalls nicht tun und lassen konnten, was sie wollten. Man sieht das an Johannes XXIII., der seinen Willen dem Konzil nicht einmal als Papst aufzwingen und seine Abdankung verhindern konnte.

Ebenso misslang König Sigmund im Prioritätenstreit der Versuch, die Reform vor der Papstwahl durchzusetzen. Auch der König musste sich an die Regeln halten, die das Konzil sich selbst gegeben hatte.

Dass der Chronist Richental das Geschehen in seiner Heimatstadt unter vielerlei Perspektiven in den Blick nimmt, macht seine Chronik nicht zu einem getreuen historischen Abbild der Stadt während des Konzils. Er lässt das Geschehen vielmehr durch die von ihm erzählte Geschichte in unserer Imagination retrospektiv entstehen. Darin liegt der Wert seines Werkes. Es lässt in uns eine lebendige Vorstellung vom Konzil entstehen. Vor allem die Illustrationen, die er auf eigene Kosten hat verfertigen lassen, tragen viel zu dem »Geschichtsbild« bei, das bis heute vom Konstanzer Konzil tradiert wird.

Richental hat dem Konzil, wie dies Johannes Helmrath und Heribert Müller zu Recht formuliert haben, durch die Chronik und ihre Illustrationen »ikonische Plastizität« verliehen. Der Chronist wusste – avant la lettre – um die Bedeutung dessen, was die moderne Kulturwissenschaft als »iconic turn« (= bildliche Wende) bezeichnet hat. Wir dürfen aber nicht vergessen, dass das, was der Chronist in seiner Geschichtserzählung entwirft, nur ein »Bild« ist, das der vergangenen Wirklichkeit zwar nahekommt, diese aber nicht vollständig erreicht.

Wie das alltägliche Leben in der Konzilsstadt tatsächlich war und verlaufen ist, vermögen wir nur näherungsweise zu sagen. Ohne Richental, das steht fest, wüssten wir jedoch sehr viel weniger über die Kultur- und Alltagsgeschichte der Stadt während des Konzils. Das folgende Kapitel ist daher dem Konzilschronisten gewidmet, ohne dessen historiographische Darstellung das Konstanzer Konzil nicht das wäre, was es uns heute ist.

»Köpfe des Konzils«
Guillaume Fillastre d.Ä. (1347/48–1428)
Der Freiburger Konzilshistoriker Heinrich Finke nahm 1889 in seinen »Forschungen und Quellen zur Geschichte des Konstanzer Konzils« keinen Anstand daran, das Tagebuch des Konzilsteilnehmers und französischen Kardinals Guillaume Fillastre d.Ä., der nicht mit sei-

nem gleichnamigen Sohn Guillaume Fillastre d.J. (1400/1407–1473) zu verwechseln ist,»an die Spitze sämtlicher darstellenden Quellenwerke über das Konzil zu setzen«. Doch wer war dieser einflussreiche und gelehrte Mann, der nicht nur die Geschicke des Konstanzer Konzils zusammen mit Pierre d'Ailly, Jean Gerson und Francesco Zabarella maßgeblich bestimmte, sondern auch mit Platon-Übersetzungen und einem Traktat über Wucher und Zins auf sich aufmerksam machte?

Der Kanonist, Humanist, Geograph und Kirchenpolitiker Fillastre wurde 1347/48 wohl in La Suze/Maine geboren und starb am 6. November 1428 achtzigjährig in Rom. Nach dem Studium beider Rechte (*doctor iuris utriusque*) an der Universität in Angers wurde er 1389 Offizial und 1392 Dekan der Kathedralkirche zu Reims, wo er auch als Kanonist lehrte. Am Hof Ludwigs I. von Orléans, dem er seit 1394 als Ratgeber diente, geriet er in Kontakt mit dem französischen Humanismus. Bei der Überwindung des 1378 ausgebrochenen abendländischen Schismas spielte Fillastre eine zentrale Rolle, zumal er kanonistisch hochgebildet und an der Einheit der Kirche interessiert war.

Auf der 1406 in Paris zusammengetretenen Nationalsynode zunächst noch Verteidiger des avignonesischen Papstes Benedikt XIII., wechselte er, nachdem sich Frankreich 1408 im Obödienzenstreit für neutral erklärt und damit von Benedikt XIII. losgesagt hatte, nach dem Konzil von Pisa 1409, das sowohl Benedikt XIII. als auch Gregor XII. verurteilte und absetzte, auf die Seite des Pisaner Papstes Johannes XXIII., der 1410 auf Alexander V. gefolgt war. Dieser erhob ihn am 6. Juni 1411 zum Kardinalpriester von S. Marco. Fillastre weilte seitdem an der Kurie, zog mit Johannes XXIII. von Rom nach Florenz und Bologna und gehörte zur geistlichen Entourage, als der Papst am 28. Oktober 1414 in Konstanz seinen feierlichen Einzug hielt.

Der päpstliche Gunsterweis hinderte Fillastre jedoch nicht daran, in Konstanz gegen Johannes XXIII. Stellung zu beziehen, so dass Walter Brandmüller in ihm den»Architekten«des Papststurzes sehen konnte. In seinem Tagebuch berichtet Fillastre beispielsweise, dass Johannes nicht aufrichtigen Herzens nach Konstanz gezogen sei. Er trat in der Frühphase des Konzils, das den Höhepunkt seiner Karriere bezeichnete, denn auch gegen Johannes XXIII. und für eine Zession aller drei Papstprätendenten ein. Damit brachte er die Abdankungs- bzw. Unionsfrage in Konstanz maßgeblich in Fluss.

In seinem Tagebuch hat er die Lösung der Unionsfrage, die durch die Anhänger Gregors XII. mit der Forderung nach der Zession aller drei Päpste mit angestoßen worden war, in das Bild von der Tür, die sich langsam öffnet (*ostium apertum in Domino*), gebracht. Ihm ist als Konzilshistoriographen denn auch die leicht ironische Stellungnahme zuzuschreiben, dass in der Eingangsphase des Konzils die vorwiegend italienischen Synodalen vom *morbus noli me tangere*, d. h. von der Krankheit »Rühr mich nicht an«, affiziert gewesen seien. Das führte u. a. dazu, dass es bis zum Januar 1415 in der Unionsfrage nahezu keinen Fortschritt gab, obwohl hier eigentlich die Hauptaufgabe des Constantiense lag.

Die anfängliche Hinhaltetaktik der Synodalen war im Wesentlichen darauf zurückzuführen, dass die italienische Nation, die das Constantiense in der Frühphase beherrschte, dieses als Fortsetzung des Pisaner Konzils begriff und es deshalb auch möglichst schnell beenden wollte. Am 30. Januar 1415 publizierte Fillastre deshalb (vermutlich anonym) seine Cedula *In generali concilio*, welche die Pisaner Partei und damit den Papst in Konstanz in schwerste Bedrängnis brachte, zumal sich auch Sigmund, der vor dem Konzil Johannes XXIII. wohl andere Zusagen gemacht hatte, diesem Votum anschloss.

Am 7. Dezember 1414 hatte Fillastre bereits d'Ailly unterstützt, als der sich gegen die italienische Nation und die Beendigung des Konzils nach der Anerkennung der Pisaner Beschlüsse wandte. Als der Papst von der Verfasserschaft Fillastres erfuhr, richtete sich dessen Zorn gegen diesen, der sich jedoch zu seinem Text, der die Abdankung aller drei Päpste forderte, um der Einheit der Kirche willen bekannte. Fillastre war offenbar klar geworden, dass das Constantiense nur dann erfolgreich sein und die Einheit der Kirche wiederherstellen würde, wenn alle drei Päpste zurücktreten würden.

Die Konsequenz war, dass sich Johannes XXIII. in der Folge tatsächlich zur Ankündigung seiner Zession bereitfand.

Fillastre behielt auch im weiteren Verlauf des Konzils wesentlichen Einfluss auf dessen Entscheidungen. Im Prioritätenstreit des Jahres 1417 bezog er allerdings gegen Sigmund Position und trat – wie die anderen Kardinäle – für eine Neuwahl des Papstes vor der Reform ein. Zusammen mit d'Ailly brachte Fillastre am 29. Mai 1417 den Vorschlag *Ad laudem* ein, wonach die Nationen im Papstwahlgremium vertreten sein sollten, was ein Novum in der Geschichte der Papstwahl darstellte. Mit d'Ailly, Zabarella und Gerson darf Fillastre damit als Anführer der konziliaren Fraktion gelten. Vermutlich geht auch die Idee einer Ausweitung des Stimmrechts (*per nationes* statt *per capita*), wie sie Ende Januar 1415 in Konstanz aufkam, auf eine Initiative von Fillastre und d'Ailly zurück.

Nach der Flucht Johannes' XXIII. am 20. März 1415 war Fillastre überdies Mitglied von Gesandtschaften, die dem Papst nach Schaffhausen und Freiburg nachgesandt worden waren, um eine einvernehmliche Lösung mit dem Konzilspapst herbeizuführen. Fillastre war neben d'Ailly, dem Bischof von Dol und dem Abt von Cîteaux auch Mitglied der Kommission, die dann den Prozess gegen Johannes XXIII. führte. Am späteren Prozess gegen den Aragoneser Papst Benedikt XIII. war er ebenfalls beteiligt. Am 9. November 1417 hat er, bevor man zum ersten Wahldurchgang im Kaufhaus schritt, die Messe gelesen. Den entscheidenden Wahlakt im Konstanzer Konklave beschreibt er in seinen *Gesta* so, als habe er bei der Wahl des neuen Papstes die entscheidende Rolle gespielt. Martin V., der am 11. November 1417 im Konstanzer Kaufhaus gewählt worden war, sandte Fillastre noch vor Konzilsschluss als Legaten nach Frankreich, um im Bürgerkrieg zwischen den Armagnacs und Bourguignons zu vermitteln. 1420 erhielt er die Administration des Erzbistums Aix-en-Provence und 1422 die des Bistums Saint-Pons-de-Thomières.

Der französische Kardinal hat sich während des Konzils offenbar kontinuierlich chronologische Aufzeichnungen gemacht, die allerdings vielfach die Perspektive des Kardinalskollegiums wiedergeben und deshalb teilweise apologetischen Charakter haben, worauf bereits Heinrich Finke hinwies. So berichtet Fillastre, es seien die Kardinäle gewesen, die den konzilsunwilligen Papst nach dem Tod Ladislaus' von Neapel im August 1414 zum Konzil nach Konstanz drängten. Berühmt ist die *Origo concilii Constanciensis*, die dem von Heinrich Finke edierten Text voransteht und in knapper, aber luzider Form die Vorgeschichte des Constantiense erzählt, das nach Fillastre seine Wurzeln im Konzil von Pisa hatte. Dass die *Origo* und die *Gesta concilii Constantiensis* aus der Feder des Kardinalpriesters von S. Marco stammen, hat Finke 1887 nachgewiesen. Die Charakterisierung als »Tagebuch« lässt sich nach den Forschungen Ansgar Frenkens allerdings nicht mehr aufrechterhalten, da es sich nicht um einen neutralen Bericht handele.

Fillastre hat indes nicht nur eine Geschichte des Konzils geschrieben, er gehörte auch zu den ersten Humanisten Frankreichs, besaß vorzügliche Griechischkenntnisse, begeisterte sich für Geographie und Kosmographie, ließ auf dem Konstanzer Konzil Abschriften der lateinischen Übertragungen griechischer Texte von Pomponius Melus oder Ptoleamaios anfertigen. Die von ihm in Auftrag gegebenen Handschriften, aus denen geographische und kosmographische Schriften herausragen, vermachte er dem Kathedralkapitel von Reims, als er 1409 die Bischofsstadt verließ und zur päpstlichen Kurie nach Rom wechselte.

Der Chronist der Stadt

Die Konzilschronik und ihre Wirkung

Ulrich Richental war kein Geschichtsschreiber im modernen Sinne des Wortes. Er hat, streng genommen, auch keine Geschichte des Konzils, sondern eine Geschichte der Stadt während des Konzils verfasst. Das zu betonen, ist deshalb wichtig, weil Richental und sein Werk häufig an einem Maßstab gemessen wurden, dem sie nicht entsprechen konnten und wollten. Vor allem die ältere, noch stark historistisch orientierte Forschung ist hinsichtlich seines Werkes zu einem eher kritischen bzw. negativen Urteil gekommen. Dabei wurde nicht nur übersehen, dass sich mittelalterliche Historiographie hinsichtlich ihrer Funktionen und Intentionen nicht einfachhin mit moderner Historiographie vergleichen lässt, also andere Beurteilungsmaßstäbe anzulegen sind, sondern auch, dass die von Richental geschaffene illustrierte Konzilschronik im Umkreis spätmittelalterlicher Historiographie ganz »singulär« (Wilhelm Matthiessen) steht. Das Nachfolgekonzil von Basel hat beispielsweise kein Geschichtswerk hervorgebracht, das eine vergleichbare Breiten- und Nachwirkung erzielt hätte.

Dass das Constantiense im Vergleich zum Basiliense bis heute das populärere und bekanntere Konzil geblieben ist, hat Konstanz nicht zuletzt Richental und seiner Chronik zu verdanken. Sein Werk hat im Hinblick auf die Rezeption des Konzils, wie das Johannes Helmrath formuliert hat, geradezu »geschichtsbildformend« gewirkt, d. h. unser heutiges Bild vom Konzil ist ohne Richental gar nicht mehr zu denken. Das bedeutet nicht, dass er die einzige Quelle ist. Es heißt, dass er die Vorstellung vom Konstanzer Konzilsgeschehen so nachhaltig geprägt und beeinflusst hat, dass keine Darstellung zum Konzil vorstellbar ist, die nicht in irgendeiner Weise auf den Chronisten und sein Werk Bezug nähme. Das ist nicht wenig für jemanden, dem man, wie das Odilo Engels formulierte, vorwarf, »dass die schwierige Materie die Erkenntnisfähigkeit des Autors einfach überforderte«.

Die von Richental geschaffenen Bilder sind so präsent und all-
gegenwärtig, dass die Frage durchaus berechtigt ist, was aus dem
Constantiense ohne Richental und die von ihm geschaffene Bild- und
Imaginationswelt rezeptions- und wirkungsgeschichtlich geworden
wäre. Es darf daher als sicher gelten, dass unsere Vorstellung vom
Konstanzer Konzil ohne den visuellen Vorstellungsraum, den uns der
Chronist über sein Werk eröffnet, vermutlich eine völlig andere wäre.
Das zu berücksichtigen, ist nicht die geringste Aufgabe, wenn man
sich mit der von Richental geschaffenen Konzilschronik und ihrer bis
heute anhaltenden Nachwirkung beschäftigt.

Fest steht jedenfalls, dass wir Richental, auch wenn er nicht
ausdrücklich eine Geschichte des Konzils liefert, den größten Teil
unseres Wissens über das äußere Konzilsgeschehen verdanken. Sein
historiographisches Werk bleibt für das Verständnis des konziliaren
Ereignisses bei aller Kritik, die an ihm geübt wurde, und bei allen
Ungenauigkeiten, die sein Werk enthält, zentral. Was das Verhältnis
von Stadt und Konzil anbelangt, so ist die Chronik, worauf der
Kirchen- und Konzilshistoriker Walter Brandmüller hingewiesen hat,
nach wie vor die ergiebigste und wichtigste Quelle.

Zur Person des Chronisten

Vor diesem Hintergrund erscheint es berechtigt, einige Worte über die
Person des Chronisten zu verlieren, der durch sein Werk nicht un-
wesentlich zur Konstitution des historischen Ereignisses »Konstanzer
Konzil« beigetragen hat. Seine Familie entstammte ursprünglich dem
Dorf Richental im Kanton Luzern. Dass der Chronist in der älteren
Literatur und teilweise bis heute häufig als »Ulrich von Richental«
geführt wurde, bedeutet mithin nicht, dass Richental Adeliger war,
sondern dass seine Familie aus einem Ort namens »Richental« kam.

Das »von« ist als Herkunfts- und nicht als Adelsbezeichnung zu verstehen, zumal er im Eingang der Chronik nach der Aulendorfer bzw.
New Yorker Version selbst von sich sagt, dass er *burger und sesshaft ze
Costentz was*, d. h. dass er Bürger von Konstanz und dort auch wohnhaft war. Das lässt darauf schließen, dass er sich primär als Stadtbürger

verstand, sein Werk mithin der »bürgerlichen Chronistik« zuzurechnen ist, wie dies Wilhelm Matthiessen bereits 1985 im Titel seiner Dissertation über die Chronik zum Ausdruck gebracht hat.

Gegen eine adelige Abkunft des Chronisten spricht auch der Wechsel des Siegels, den er nach 1416 vollzog. Für das ausgehende 13. und beginnende 14. Jahrhundert ist bereits ein Konstanzer Domherr von St. Stephan belegt, der denselben Namen wie der Chronist führte. Er, der 1314 die Kirche des Dorfes Richental mit einer Stiftung bedachte, dürfte um 1324 verstorben sein. Der Schmied Georg Richental, der um 1361 starb und vermutlich mit dem genannten Domherrn verwandt war, war der Großvater des Chronisten. Er gehörte nicht zum Patriziat, war aber mit Margaretha von Sünchingen, der Tochter des kaiserlichen Notars und Juristen Johannes von Sünchingen, verheiratet. Die Frau des Konstanzer Notars stammte aus der Familie der Schnewiss. Vermutlich ist der Schmied Georg Richental, der durch seine Heirat Mitglied einer angesehenen Konstanzer Patrizierfamilie wurde, durch den Domherrn, dessen Neffe oder Großneffe er war, nach Konstanz gekommen und in der Stadt ansässig und heimisch geworden.

In jedem Fall ist Georg Richental der Vater des bedeutenden Stadtschreibers Johannes Richental, der von 1356 bis 1389 amtierte und seine herausgehobene Position wohl dem sozialen Aufstieg der Familie verdankte. Johannes Richental war, wie Otto Feger betonte, ein tüchtiger Verwaltungsfachmann. Er hat das heute noch vorhandene älteste Ratsbuch der Stadt angelegt und in Konstanz im späten 14. Jahrhundert wohl auch eine neue Form der Kanzleiführung eingeführt. Im Zuge des dritten Zunftaufstandes 1389 verlor er zwar die herausgehobene Position, die er innehatte, schuf aber die Grundlage für das Vermögen seines Sohnes Ulrich, der das Konzil als Augenzeuge erlebte und daraufhin die Konzilschronik schuf.

Das Obst- und Weingut an dem Hard, auf dem der Chronist *an Sant Johanns aubend des töffers* im Jahr 1415 König Sigmund mit Gefolge einen *imbiß* bereiten ließ bzw. diesen bewirtete, wurde von ihm erworben. Auch das Haus zum Goldenen Bracken, das der Chronist mehrfach in seinem Werk als sein Eigentum bezeichnet, war bereits in des Stadtschreibers Besitz. Da 1391 Konrad Sachs als Stadtschreiber amtierte, muss Johannes Richental zwischen 1389 und 1391 verstorben sein.

Richentals Stellung in der Konzilsstadt

Was wir über die Stellung und Lebensumstände seines Sohnes Ulrich Richental, vor allem über dessen soziale wie berufliche Position in der Stadt zur Zeit des Konzils, wissen, ist nicht allzu viel. Wir besitzen nur vereinzelte Notizen aus seinem Werk und anderen Archivalien wie etwa dem Konstanzer Ratsbuch, dem Supplikenregister Papst Clemens VII. (1378–1394) und vereinzelten Urkunden. Er erscheint, wie Dieter Mertens herausgestellt hat, trotz des chronikalischen Werkes, das er nach dem Konzil *zesammen bracht*, also geschrieben und erstellt hat, für die Zeit zwischen 1404 und 1435 »ohne Amt oder erkennbaren Beruf«.

Obwohl er nachweislich vielfach in die Geschäfte des Konzils involviert war und auch amtliche Aufträge entgegennahm, scheint er keine offizielle Stellung oder ein öffentliches Amt in Konstanz innegehabt zu haben. Urkundlich lässt sich ein solches jedenfalls nicht nachweisen. Er war auch nicht Mitglied des Konstanzer Rates, dem einige Mitglieder der Familie Schnewiss vor 1389 angehörten. Wollen wir mehr über seine Person wissen, müssen wir uns der Selbstnennungen des Autors in den ichzentrierten Handschriften bedienen, die er uns gewissermaßen en passant in seinem chronikalischen Werk hinterlassen hat.

Michael Richard Buck (1832–1888) hat diese Hinweise im Vorwort der von ihm 1882 besorgten Edition der Chronik, die auf der ehemals Aulendorfer Handschrift basiert, erstmals zusammengestellt und ausgewertet. Wer sich indes ein konkreteres Bild von dem Chronisten machen will, der möge zu dem am Konstanzer Obermarkt gelegenen »Haus zum Hohen Hafen« gehen, wo er neben dem heutigen Hotel »Zum Barbarossa« an der Außenfassade eine Abbildung des Chronisten aus dem frühen 20. Jahrhundert von dem Historienmaler Karl Haeberlin (1832–1911) findet, der auch die Wandbilder im ehemaligen Dominikanerkloster geschaffen hat.

Man sieht dort – neben anderen Abbildungen zur älteren Geschichte der Stadt – den Chronisten Ulrich Richental mit Brille auf einem Stuhl sitzend am Fenster seiner Schreibstube vor einem großen offenen Folianten, in den er wohl gerade seine berühmte Konzilschronik mit der Feder niederschreibt. Das Bild – wie überhaupt die gesamte historisierende Bemalung des Hauses, vor dem am 18. April 1417 die feierliche

Belehnung des Burggrafen Friedrich VI. von Nürnberg aus dem Hause Hohenzollern mit der Markgrafschaft Brandenburg stattfand – entstammen dem Jahr 1906, sind also, was deren Authentizität anbelangt, methodisch mit einiger Vorsicht zu genießen.

Vorbild für die Ikonographie Richentals dürfte die Selbstdarstellung des Schweizer Chronisten Diebold Schilling d.Ä. (ca. 1445–1486) in einer spätmittelalterlichen Handschrift der Burgerbibliothek zu Bern (Mss. h.h. I, 16, S. 41) gewesen sein. Beide Geschichtsschreiber sind nämlich in ähnlicher Pose vor einem aufgeschlagenen Buch dargestellt. Sie tragen überdies eine nahezu identische rötliche Kopfbedeckung, was darauf schließen lässt, dass die Darstellung des Konstanzer Chronisten der des Schweizers nachempfunden ist. Regula Schmid, die das Bild Diebold Schillings in ihr 2009 erschienenes Buch über »Amtliche Historie und Politik im Spätmittelalter« integriert hat (Tafel 5), verlieh ihm die Bildlegende »Der Chronist an der Arbeit«.

Damit ist angedeutet, dass die Erstellung einer Chronik im Spätmittelalter durchaus *arebeit* in jenem Bedeutungssinne war, den wir heute nicht mehr kennen, nämlich »Mühe, Mühsal, Not«, wie es im mittelhochdeutschen Wörterbuch Matthias Lexers heißt. Ulrich Richental ist in seinem chronikalischen Werk ja nicht nur auf der Erzähl-, sondern auch auf der Handlungsebene präsent, hat also an dem, was er erzählt, selbst vielfach mitgewirkt, mitgestaltet und mitgearbeitet; er dürfte seine Konzilschronik, die vermutlich zwischen 1420 und 1430 »ohne offiziellen Auftrag«, wie Wilhelm Matthiessen betont, zusammenhängend niedergeschrieben wurde, also durchaus in einer Schreibstube zusammengestellt und redigiert haben – wirklich entstanden ist sie dort aber eher nicht.

Denn das Werk ist, wie dies Thomas Rathmann festgestellt hat, zwar *post eventum* zusammengestellt und bearbeitet worden, aber mit hoher Wahrscheinlichkeit *in eventu*, d.h. im Verlauf des Ereignisses selbst, entstanden. Insofern geht das Konstanzer Fassadenbild des frühen 20. Jahrhunderts, das den Chronisten gewissermaßen als Privatgelehrten beim geruhsamen, aber konzentrierten Schreiben in seiner Stube zeigt, eher fehl. Denn Richental, das erhellt aus den in sein Werk eingestreuten Kommentaren und Bemerkungen, die sich etwa in der New Yorker, Prager und Wolfenbütteler Handschrift finden, war im vollen Sinne des Wortes ein »teilnehmender Beobachter«. Er dürfte alles andere als ein weltfremder »Stubengelehrter« gewesen sein. Richentals chronikalisches Werk, das geht aus dem vorangestellten Prooem, aus der Teilnehmerstatistik, aber auch aus der komplexen formalen Komposition hervor, ist nicht am »grünen Tisch«, sondern mitten im Leben der Konzilsstadt entstanden.

Das alles ich erfaren und zesammen bracht hab

Dass das ganz konkret gemeint ist, erhellt aus der Einleitung, die er seinem Werk in der ehemals Aulendorfer Handschrift (heute New York Public Library, Spencer Collection, Nr. 32) vorangestellt hat. Es heißt dort programmatisch: *das alles ich Ůlrich Richental zesammen bracht hab, und es aigentlich von huß ze hus erfaren hab, wann ich burger und sesshaft ze Costentz was, zů dem Guldin bracken, und erkannt was, das mir gaistlich und och weltlich herren saiten, wes ich sy dann ye fráget, und och der herren wǎpen, die es an die huser daselbs ze Costentz anschlůgent und ich erfragen kond.* Das heißt: Richental hat das, was er in seiner Chronik bietet, mühsam auf den Straßen, Gassen und Plätzen der Stadt recherchiert, erfahren und erfragt.

Er hat nicht nur die Wappen, die an den Häusern angeschlagen waren, abgezeichnet und in sein chronikalisches Werk integriert, sondern auch *gaistlich und och weltlich herren* konsultiert und zu Rate gezogen, wobei zu berücksichtigen ist, dass das Wort *erfaren* hier noch einen ganz konkret-materiellen Sinn hat. Es bezeichnet nämlich eine empirisch-okulare Vorgehensweise, die nur das glaubt und für wahr nimmt, was man selbst vor Ort erfahren, überprüft und gesehen hat. Die lateinische Entsprechung lautet *inquisitio*, abgeleitet vom lateinischen Verb *inquirere*, das die konkrete Nachforschung vor Ort meint. Die Listen, die den zweiten Teil seines Werkes ausmachen, sind beispielsweise im Rahmen einer solchen systematischen »Inquisition« zustande gekommen.

Wie konkret diese *inquisitio* jeweils gemeint ist, geht aus einer eher beiläufigen Textstelle der Chronik hervor, wo es um den Marktpreis für Hasen geht. Richental bemerkt dazu in der von ihm erstellten Preisliste: *Daz gelob ich nit, dann ich hab es nit gesehen* – »Das glaube ich nicht, da ich es nicht selbst gesehen habe« – ein Satz, der für die historiographische Methode des Chronisten geradezu typisch ist. Richentals Historiographie ist in der Tat der Autopsie, dem eigenen Sehen, Hören und Wahrnehmen verpflichtet und auf die Erfassung der eigenen Gegenwart ausgerichtet. Er ging im Rahmen der ihm auferlegten Teilnehmerstatistik wohl auch tatsächlich von Haus zu Haus, um bestimmte Informationen vor Ort einzuholen bzw. zu verifizieren. So betont er beispielsweise, dass er Herolde, also qualifizierte Fachleute für Heraldik bzw. Wappenkunde, zu sich nach Hause geladen und befragt habe.

Insofern ist es nicht ganz richtig, wenn Otto Feger die Chronik als die »privaten Aufzeichnungen eines Bürgers« bezeichnet hat, zumal es eine »Privatheit« in unserem modernen Sinne im Spätmittelalter noch gar nicht gegeben haben dürfte. Hinzu kommt, dass der Rat der Stadt – das zeigt der »Verlust des Autors« in der offiziösen Konstanzer Handschrift mit verändertem Prooem und Psalmvorspruch – von vornherein ein großes Interesse an der historiographischen Arbeit Richentals gehabt haben dürfte, so dass ein fließender Übergang von der »subjektiven« (mit Ich-Erzähler) zur objektiven Fassung (mit Er-Erzähler) nicht ausgeschlossen ist, wenn Richental an dem Transformationsprozess nicht überhaupt maßgeblich beteiligt war.

Thomas Rathmann hat deshalb nicht ganz zu Unrecht vermutet, dass die Chronik nicht nur »vom Rat der Stadt angeregt und gestützt worden ist«, sie sei vielmehr selbst zum »diskursiven Ereignis« geworden, »auf das sich die Zeitgenossen während des Konzils bezogen haben«, um etwas von dem historischen Ereignis, das in ihrer Stadt stattfand, zu erfahren. Richentals Werk dürfte mithin von vornherein weniger »privat« als vielmehr »halb- oder teilöffentlich« gewesen sein. Es lebt jedenfalls davon, dass er an dem Geschehen, das er beschreibt, unmittelbar beteiligt war und auch an entsprechende Informationen gelangte.

Die 25 Schiffe mit Heu aus dem Thurgau, Hegau und Rheintal, von denen Richental ebenfalls im Rahmen der Preisliste spricht, hat er ebenfalls selbst gesehen. Sie hatten an der St. Konrads Brücke im Konstanzer Hafen angelegt, die als Landungsplatz für Schiffe, die vom See und Rhein herkamen, diente. *Daz man nun daz merki, daz das war sy, so sach Ůlrich Richental und vil wirdiger lüt, daz uff ainen tag stůnd an der bruggen ze Costentz fünf und zwaintzig michler schiff mit höw*, damit also jeder weiß, dass das, was er berichtet, auch wirklich wahr ist, bezeugt er diese Wahrheit durch seine persönliche Augenzeugenschaft.

Augenzeugenschaft und Historiographie

Wenn er etwas nicht durch persönlichen Augenschein überprüfen konnte, sagt er dies deutlich und legt damit zugleich die Grenzen seiner erfahrungsbasierten Historiographie offen: *Ich getorst sy nit schreiben, wann ich gantze warhait darumb nit erfinden kund* – »Ich wagte nicht, darüber zu schreiben, da ich die ganze Wahrheit der Sache nicht ermitteln konnte«. Es geht hier um die Tataren, die von Richental im Rahmen des von ihm erstellten Nationenkatalogs präsentiert werden. Über das zentralasiatische Volk konnte er offenbar nichts Genaues herausfinden. Er stützte sich deshalb auf Informationen aus zweiter Hand und machte dies dem Leser gegenüber auch deutlich.

Es ist also nicht so, dass der Chronist nicht um die Voraussetzungen und Grenzen seiner historiographischen Methode wusste. Im Gegenteil, er scheute sich auch in anderem Zusammenhang nicht, sein Unwissen oder Nichtwissen offen zu bekennen. So berichtet er beispielsweise von dem Knecht Jörg des Freiherrn von Grimmenstein, den die Konstanzer Söldner, nachdem sie seiner auf dem Bodensee habhaft wurden, ertrinken ließen. Ob sie dies absichtlich taten, weiß Richental nicht, weil er nicht dabei war, wie die Wolfenbütteler Handschrift an dieser Stelle schreibt. Was den Papststurz auf dem Arlberg anbelangt, so berichtet der Chronist ebenfalls, dass es sich eher um ein Gerücht als um ein Faktum gehandelt haben muss.

Immer wieder betont der Chronist, dass mit der Erfahrbarkeit auch die Grenze seiner Darstellung bezeichnet ist. Richental gibt also nicht nur nicht die ganze Wahrheit, er kann und will sie als bürgerlicher Chronist vielfach gar nicht geben. Er weiß, seine Perspektive ist eingeschränkt, weil er vieles, was in den Konzilssitzungen geschah, nicht selbst gesehen und miterlebt hat, als Nicht-Synodale also auf Informationen von Insidern angewiesen blieb, die er sich nur über Mittelsmänner aus zweiter Hand und für Geld beschaffen konnte.

Es ist insofern gewiss nicht falsch, wenn man vermutet, dass sein historiographisches Werk einen pragmatischen Hintergrund hat.

Der amerikanische Literaturwissenschaftler Stephen Greenblatt hat diesen wichtigen Umstand erst unlängst noch einmal in seinem Buch »The Swerve« über die Entstehung des Renaissance-Humanismus ausdrücklich betont: »A citizen of Constance, Ulrich Richental was fascinated enough by what was going on around him to write a circumstantial chronicle of the events« – »Ulrich Richental war als Bürger von Konstanz so fasziniert von dem, was um ihn vorging, dass er sich entschloss, eine Chronik der zeitgenössischen Ereignisse zu schreiben«. Aus den Notizen, die sich Richental bereits vor und während des Konzils gemacht haben dürfte, wurde eine volkssprachliche Chronik, die nach dem Konzil zusammengestellt, professionell bebildert sowie mit Namen und Wappen versehen wurde.

Die Textgenese der Chronik ist jedenfalls kaum abgeschieden in der Schreibstube erfolgt, wie es die moderne Historienmalerei Karl Häberlins suggeriert. Die Entstehung ist vielmehr mit großer Wahrscheinlichkeit im Zusammenhang der systematischen Teilnehmerstatistik zu sehen, an deren Erstellung Richental nachweislich beteiligt war. Von dort stammt denn wohl auch der Terminus technicus *von hus ze hus*, der in der Chronik, nachdem er bereits leitmotivisch im Prooem genannt wird, auch am Schluss wieder begegnet: *Und also habend ir nun alle die, die zů dem hailgen concilium kommen sind, und uß welhen landen und mit wie vil personen und pfärden, als ich mich des verstan kond und erfaren hab von hus ze hus.*

Die umfänglichen Teilnehmerlisten, die ungefähr ein Viertel des Gesamttextes ausmachen und tausende Teilnehmernamen enthalten, führen uns fraglos ins Zentrum dessen, was Richental mit seiner Chronik eigentlich schuf: eine in sich vielschichtige und komplexe Geschichtserzählung, die ihresgleichen sucht. Sie zeigt, wie das Stefan Weinfurter, der die Chronik im Zusammenhang mit der spätmittelalterlichen Stadtgeschichtsschreibung auf ihre Gestaltungsprinzipien

Von der Statistik zur Geschichtsschreibung

hin untersucht hat, »keine unmittelbare Berührung durch ältere historiographische Lehren und Schemata«. Richental beruft sich jedenfalls nicht auf irgendwelche Vorgänger oder Vorbilder, was dafür spricht, dass das Werk tatsächlich einen pragmatischen Hintergrund hat, also im Verlauf des Konzils entstanden ist und erst danach redigiert wurde. Dass Richental Sinn für die »Ökonomie des Konzils« hatte, wie dies Thomas Rathmann formulierte, ist seit langem bekannt. Es drückt sich bereits in dem die Gesamtkonzeption des Werkes antizipierenden Prooem aus, das eine mehr oder weniger präzise formale Grobgliederung der verarbeiteten Stoffmasse bietet und mit der Teilnehmerstatistik schließt: *Hienach volgett, wie das concilium gelait ist worden gen Costentz, und wie es dar* [dorthin] *kam, und wie es anfieng, und was sachen sich also ze Costentz in dem concilium volgiengen und da beschach, und wie es zerging, und wie vil herren dar koment, sy wärind gaistlich oder sy wäremd weltlich, und mit wie vil personen.*

Die Chronik wird demnach zunächst die Vorgeschichte des Konzils erzählen, dann von der Ankunft des Konzils bzw. der Konzilsteilnehmer in der Stadt berichten. Danach werden die Hauptereignisse referiert, um schließlich aufzuzeigen, wie die Versammlung zu Ende ging und wer an der Synode teilgenommen hat. Im letzten Teil des Zitates sind die Teilnehmerverzeichnisse angesprochen, die allenthalben erstellt wurden und wohl auch im zeitgenössischen Konstanz kursierten. Das lässt sich der nahezu gleichzeitigen Berner Chronik Konrad Justingers (ca. 1365–1438) entnehmen, die in Kapitel 424 ebenfalls eine Teilnehmerstatistik bietet.

Aller Wahrscheinlichkeit nach bezeichnen die Listen also den textgenetischen Anfang von Richentals Historiographie, das heißt, ihm wurde klar, dass das Ereignis, an dessen Konstitution er maßgeblich beteiligt war, auch schriftlich festgehalten und erzählt werden muss, soll es für die Nachwelt bewahrt werden. Dass er als Konzilshistoriograph zugleich Konstanzer Bürger und in der Stadt, in der das Konzil stattfand, ansässig, also bekannt war, hat ihm die Sache gewiss nicht unerheblich erleichtert, bedeutet aber nicht, dass alles möglich war. Die Zählung der heimlichen offenen Frauen, wie sie Herzog Rudolf als Reichsmarschall wünschte und wie sie vor allem in der Wolfenbütteler

Handschrift referiert wird, hat er gewiss auch deshalb abgelehnt, weil er damit auch Mitbürgerinnen hätte entlarven bzw. bloßstellen müssen, was er offenbar nicht wollte.

Wohnhaft war der Chronist, wie er selbst mehrfach betont, im Haus zum Goldenen Bracken. Es handelte sich dabei um *daz huß vor Sant Steffan uff den Blatten* (heute Wessenbergstraße). Das Gebäude befand sich in der Nähe der Stifts- und Stadtpfarrkirche St. Stephan, also nahezu im Zentrum der Stadt. Einem Bischof der polnisch-litauischen Gesandtschaft diente es als Unterkunft. Das Haus selbst existiert heute nicht mehr; es ist am 21. Juli 1547 zusammen mit anderen Häusern abgebrannt. Vermutlich ist der Text der Chronik dort nach dem Ende des Konzils zusammengestellt und redigiert worden. Der Chronist muss neben seinem Sinn für Statistik und Ökonomie in jedem Fall auch über eine gewisse Schreibfertigkeit sowie über Kenntnisse des Notariatsgeschäfts bzw. des Kanzleiwesens verfügt haben.

Da er der Sohn des Stadtschreibers war, dürfte er in diesem Zusammenhang von seinem Vater auch die historiographische Tätigkeit erlernt haben. Die Chronik zeigt jedenfalls, worauf Wilhelm Matthiessen hinwies, »deutliche Parallelen zur Führung der städtischen Bücher auf«. Es ist weiterhin sehr wahrscheinlich, dass er, aus einer angesehenen stadtbürgerlichen Familie stammend, nicht ungebildet war oder doch zumindest die Kirchen- und Gelehrtensprache Latein beherrschte. Andernfalls wären die teilweise umfangreichen lateinischen Textpartien und Einschübe, die sich vor allem im zweiten statistischen Teil seiner Chronik finden, nicht erklärbar. Die Kenntnis der lateinischen Sprache und sein Interesse für die kirchliche Liturgie haben wohl mit seiner Ausbildung zum Kleriker zu tun.

Der formale Aufbau seines Werkes orientiert sich überdies am Kirchenjahr und herausgehobenen liturgischen Feiern des Konzils, was ebenfalls auf einen geistlichen Hintergrund des Verfassers schließen lässt. Die Schilderung performativer ritueller Akte des Konzils (Prozessionen, Umgänge, Einritte usw.) bilden, was vielfach bemerkt worden ist, geradezu Strukturelemente seines historiographischen Stils. Man weiß, dass Richental eine Ausbildung zum Geistlichen genossen und die niederen Weihen empfangen haben muss. In einem an Papst Clemens VII. gerichteten Rotulus (= Schrift- oder Buchrolle) erscheint er

1380 jedenfalls als *clericus Constantiensis*. Er hatte sich bei der Kurie um ein Kanonikat bzw. eine Chorherrenpfründe an der Konstanzer Stiftskirche St. Johann beworben.

Eine solche Bewerbung war, worauf Otto Feger hingewiesen hat, nur aussichtsreich, wenn man über gute Beziehungen verfügte, was bei Richental durch die Verwandtschaft mit dem Geschlecht des gelehrten Juristen von Sünchingen und der Patrizierfamilie Schnewiss durchaus der Fall war. Der Plan, die geistliche Laufbahn einzuschlagen, zerschlug sich jedoch, als die römische und nicht die avignonesische Obödienz 1385 in Konstanz obsiegte, wodurch seine Anwartschaft hinfällig und seine geistliche Karriere offenbar beendet wurde. Dem Chronisten dürfte das religiös-liturgische Leben der Bischofsstadt, das er immer wieder ausführlich und präzise beschreibt, insofern bekannt und wohlvertraut gewesen sein. Es ist auch anzunehmen, dass er über gute Kontakte zur Konstanzer Geistlichkeit verfügte, die es ihm erlaubten, während des Konzils an allerlei Informationen und Nachrichten heranzukommen, die für die Erstellung seines Geschichtswerkes von Bedeutung waren.

Die Konvokations- bzw. Einberufungsbulle, die er zur Gänze in sein Werk integriert und für die er einem Kurialen einen Gulden bezahlt hat, dürfte ihm beispielsweise auf diese Weise zugänglich gemacht worden sein. Es ist überhaupt davon auszugehen, dass Richental für die Erstellung der Chronik nicht unerhebliche finanzielle Mittel aufgewandt hat. Der Chronist war zwar vermutlich das, was wir heute als Privatier bezeichnen würden, also beruflich und finanziell unabhängig, hat seine Mittel aber nicht zuletzt auch für seine historiographische Arbeit eingesetzt, die in eine repräsentative Darstellung des Konzils münden sollte.

Dass sein Vermögen schwand, geht aus Eintragungen im Ratsbuch hervor, die zeigen, dass der Chronist, worauf Gisela Wacker hingewiesen hat, zwischen 1424 und 1434 einen erhöhten Geldbedarf hatte. Das ist jedoch genau der Zeitraum, in dem die Chronik als zusammenhängende Geschichtserzählung entstanden sein dürfte. Sein Vermögen erreichte nach Ausweis der uns erhaltenen Konstanzer Steuerlisten 1418 seinen höchsten Stand und nahm dann kontinuierlich ab. 1434 veräußerte er sogar das Landgut an dem Hard, das bereits sein Vater erworben hatte, an den reichen Konstanzer Bürger Ulrich Ehinger.

Das chronikalische Werk ist, wie er selbst sagt, arbeitsteilig entstanden: *Nun laß ich das ligen, biß gemålot wirt, als dann hienach bezaichet ist*, das heißt, der Chronist setzte vorerst mit dem Schreibprozess aus, bis die Illustratoren die Bilder und Wappen nach genauen Angaben in die hierfür vorgesehenen Lücken nachgetragen hatten. Die Maler haben die Chronik nicht umsonst illuminiert, sondern wurden von Richental bezahlt, wie überhaupt das gesamte Werk auf die Initiative Richentals hin initiiert und durchgeführt wurde: *wann ich doch daz zůbracht hab, on menglichs hilff und uff min kosten gemålet hab und den malern iren lon geben, on menglichs stür und hilff*. An einer anderen Stelle sagt er ganz deutlich, dass er auch für Informationen bezahlt hat: *Et dedi precium de isto facto et ope illis, qui hoc sciebant* – »Ich gab jenen, die in dieser Sache Bescheid wussten und mir halfen, einen Lohn«. Mitunter lud der Chronist auch Personen zu sich nach Hause, *die mir och diß sach seitend* [sagten].

Der Chronist und seine Quellen

Richental hat es im Rahmen seiner historiographischen Tätigkeit aber nicht nur beim unsystematischen Abschreiben und Sammeln seines Stoffes belassen. Er muss darüber hinaus auch Zugang zu Material- und Quellensammlungen gehabt haben, die er für seine Belange auswerten bzw. ausschreiben konnte. Die Konvokationsbulle beispielsweise hat er nicht nur abgeschrieben, sondern auch – vermutlich im Original – eingesehen. Hier zeigt sich, dass Richental Zugang zu Akten und Dokumenten des Konzils hatte oder sich diesen, falls er verwehrt wurde, auf irgendeine Weise – auch unter Einsatz von Geldmitteln – zu verschaffen wusste. Eine diesbezügliche Sammeltätigkeit des Chronisten ist insofern keineswegs auszuschließen.

Das »lateinische Buch«, das Richental im Zusammenhang der Verurteilung Johannes XXIII. erwähnt, dürfte zur Materialsammlung zu zählen sein. Hinsichtlich der Wahl Papst Martins V. bringt er deutlich zum Ausdruck, dass er vom Notar des Erzbischofs Nikolaus Tramba von Gnesen schriftlich fixierte Informationen zum Konklave erhalten habe. Dass Richental in seinem Werk nicht nur mündliche, sondern auch schriftliche Quellen verarbeitete, geht ebenso aus einer persönlichen Notiz des systematischen Chronikteiles der Aulendorfer Handschrift hervor: *Aput Palestinos, sicut michi dictum est, et ut in libris papalibus inveni, quod deberent ibi esse sedes episcopales sicut sequitur,* wobei mit den *libri papales* das Provinciale des Dietrich von Nieheim (ca. 1340– 1418) gemeint ist. Die Wolfenbütteler Handschrift hat die Passage in folgender Version bewahrt: *Zu den Palestinos unnd da umb inn den landen, als ich das funden hab inn den büchern unnd registern, so ainem baubst zugehörent, da sollten sin so vil bistum oder stül, als jetzt geschrieben wirt.* Die Jan Hus und Hieronymus von Prag betreffenden Verhandlungen, die Richental in seiner Chronik referiert, sind sogar mit einem entsprechenden Quellenverweis versehen: *als man das alles in der latin findet,* was auf Akteneinsicht schließen lässt.

Ähnlich wie bei den Briefen einer byzantinischen Gesandtschaft, wo es heißt, *die brief findet man davor in latin,* wird auch hier auf eine lateinische Text- bzw. Aktensammlung verwiesen, die dem Chronisten, wenngleich auch nur temporär, zur Verfügung stand, aber nicht mehr greifbar ist. Dass es sie gab, geht aus einer Zürcher Handschrift der Zentralbibliothek (Ms A 80, foll. 52^r–54^r) hervor, wo sich die lateinischen Briefe, von denen Richental in seiner Chronik spricht, tatsächlich finden.

Im Zusammenhang der Anklage, die das Konzil gegen den flüchtigen Papst Johannes XXIII. 1415 erhob, ist weiterhin von einem *latinschen sexsternen* die Rede, in dem *vil böser arttikel und sachen* gegen den Konzilspapst niedergeschrieben waren. Der Sexternio (= Lage aus sechs Doppelblättern) muss zur Zeit der Niederschrift der Chronik also im Besitz Richentals gewesen sein oder ihm zumindest zeitweise vorgelegen haben.

In seinem Werk ist auch immer wieder von diplomatischen Aufgaben oder Missionen die Rede, die semi-offizieller Natur, also ohne direkten Auftrag gewesen sein müssen und kaum allein aus privaten Interessen zu erklären sind. So war er beispielsweise von Anfang an an den Vorbereitungen und Planungen für das Konzil beteiligt, ist vermutlich relativ bald von Eberhard von Nellenburg, Landgraf im Hegau und Rat König Sigmunds, über die in Como und

Lodi getroffene Entscheidung, das Konzil nach Konstanz zu verlegen, informiert und auch entsprechend instruiert worden. Er sollte im Auftrag des Landgrafen denn auch entsprechende logistische Vorbereitungen treffen bzw. Ein- und Ankäufe vornehmen. Später ist er sogar mit so genannten *exploratores*, d. h. Kundschaftern, im Auftrag des Rates durch den Thurgau geritten, um dessen Konzilsfähigkeit zusammen mit einer päpstlichen Quartierkommission zu untersuchen. Im Auftrag des Rates dürfte er auch die mehr als 50 Absagebriefe erstellt haben, die Herzog Friedrich IV. von Österreich nach seiner Flucht im Frühjahr 1415 nachgesandt wurden. Auch die Zählung der offenen Frauen geht mit einem offiziellen Auftrag Herzog Rudolfs einher, den er allerdings mit einem Begleiter, Burkhard von Haggelbach, ausführte.

Richental hat ferner an vielen wichtigen Ereignissen, von denen er in seiner Chronik berichtet, selbst mitgewirkt oder ist zumindest als Augenzeuge präsent gewesen. Zu zahlreichen hochgestellten Persönlichkeiten wie etwa König Sigmund, dem Herzog Friedrich IV. von Österreich, dem Herzog Rudolf von Sachsen, dem Pfalzgrafen bei Rhein oder dem Erzbischof von Gnesen hatte er persönlichen Kontakt. Der polnische Bischof Jakob Kurdwanowski von Plock wohnte in seinem Haus. Herzog Friedrich IV. gab ihm, bevor er die Konzilsstadt trotz des Eides, den er Sigmund nach seiner Rückführung aus Schaffhausen geschworen hatte, am 30. März 1416 unerlaubt verließ, die Hand. Jan Hus verschaffte er vor seiner Hinrichtung angeblich einen Priester.

König Sigmund und Königin Barbara von Cilli haben einmal sogar Richentals Konstanzer Landgut an dem Hard besucht bzw. dort ein Nachtmahl eingenommen, zu dem der Chronist sie und andere hochgestellte Persönlichkeiten offenbar eingeladen hatte. Man muss insofern annehmen, dass Richental – wie man modern sagen würde – über gute Beziehungen verfügte bzw. in der konziliaren Gesellschaft sozial gut »vernetzt« war.

Er bekleidete im Konstanz der Konzilszeit zwar kein nachweisbares offizielles Amt, war aber offenbar doch ein hoch geachteter, angesehener und zudem weit gereister Mann, der verschiedentlich um seinen Rat befragt und in das äußere Konzilsgeschehen einbezogen wurde. Wir dürfen weiterhin annehmen, dass er neben seiner bereits erwähnten geistlichen Ausbildung über kaufmännische und organisatorische Fä-

higkeiten verfügte. Zwischen 1424 und 1434 betrieb er Immobilien-
und Grundstücksgeschäfte. So besaß er etwa am Ziegelgraben ein weiteres Haus, in dem er jedoch nicht wohnte. Aus einer Urkunde geht
darüber hinaus hervor, dass er im Jahr 1410 mit Anna Eglin verheiratet
war, die seit 1438 an seiner Stelle im Steuerbuch der Stadt erscheint und
1445 verstorben ist.

Man darf daher davon ausgehen, dass der Chronist um 1410 die
geistliche Laufbahn bereits definitiv aufgegeben hatte. Seine Ehe blieb
kinderlos. Der Chronist gehörte in finanzieller Hinsicht zwar nicht
zur obersten Konstanzer Gesellschaftsschicht, war aber doch relativ
vermögend, tätigte Handelsgeschäfte und besaß zahlreiche informelle
Kontakte, die ihm nicht zuletzt bei der Abfassung der Chronik halfen.

Wenn der Chronist um 1360 geboren wurde und 1437 verstarb, war
er zur Zeit des Konzils etwa 50 bis 55 Jahre alt. Dass er in Böhmen gewesen sein muss, *in des Hussen globen,* wie er bezeichnenderweise sagt,
bekundet er, als er über Heinrich Chlum auf Latzembock, den Begleiter
von Jan Hus, spricht. Das gepökelte Fleisch eines Büffels oder Wisents,
das dem König aus Litauen nachgesandt worden war, habe er auch *in
andern landen* gegessen, was ebenfalls auf Mobilität und Reiseerfah-
rung schließen lässt.

Die orthodoxe Messe, die er in seiner Chronik erstmals in deutscher
Sprache beschreibt, habe er ebenfalls *och vil anderswa gesehen.* Richental hatte offenbar, worauf Wilhelm Matthiessen und Gisela Wacker hingewiesen haben, Reisen nach Ost- und Südosteuropa unternommen.
Vermutlich beherrschte er sogar die entsprechenden Sprachen. Der Horizont des Chronisten war mithin keineswegs auf die Bodenseestadt
und die nähere Region begrenzt. Auch war er nicht so unerfahren und
naiv, wie in der älteren Literatur teilweise angenommen wurde.

Narrative Gestaltung gemeinsamen Erlebens

Was die Prinzipien seiner historiographischen Arbeit anbelangt, war
der Chronist neben allen schriftlichen Quellen und Dokumenten, die
er nachweislich verwendet und verarbeitet hat, vornehmlich ein Augen-
mensch. Man kann deshalb auch von einer okularen Geschichtsauffas-

sung sprechen. Was er in seiner Chronik bietet, ist deshalb auch nicht primär Vergangenheits-, sondern Zeit- oder Gegenwartsgeschichte. Richental ging es in seinem Werk nicht zuletzt um die historiographische Gestaltung gemeinsamen Erlebens, d. h. um eine Erzählung, die so etwas wie eine nachholende kollektive Identität stiftet im Blick auf ein historisches Ereignis, das nicht nur vergangen war, sondern auch dem Vergessen anheim zu fallen drohte.

Wir dürfen davon ausgehen, dass sein persönlicher Anteil an der Konzilsvorbereitung und Konzilsorganisation in ihm schon früh ein starkes Gefühl für die stadtgeschichtliche Bedeutung dessen, was mit Konstanz vor und während des Konzils geschah, hat entstehen lassen. Der Chronist ist es denn auch gewesen, der das vergangene Geschehen maßgeblich historisiert, geformt und dargestellt hat. Der Berliner Germanist Thomas Rathmann, der sich mehrfach intensiv mit dem Chronisten und seinem Werk auseinandergesetzt hat, betont denn auch, dass man sich Richental nicht als »passiven Zuschauer«, sondern als Teilnehmer in dem Sinne vorstellen muss, »dass er, – mit aller Vorsicht – ähnlich der Funktion von akkreditierten Journalisten heutiger Kongresse, in das Informationsgeflecht dieser großen Veranstaltung eingebunden war und somit schon im Verlauf des Konzils an dessen Darstellung gearbeitet hat [...]«.

Die Chronik war also wahrscheinlich ein »work in progress«, dessen Hauptaufgabe es war, das kollektive Gedächtnis der Stadt an ein vergangenes säkulares Ereignis, das sich zwischen 1414 und 1418 in Konstanz ereignet hatte, für die Zukunft zu bewahren. Ob der Chronist die erste Fassung in amtlichem Auftrag schrieb, ist auf der Grundlage der uns vorliegenden Überlieferung eher unwahrscheinlich, aber nicht ausgeschlossen. Ein offizieller Auftrag lässt sich jedoch nicht nachweisen. Das Werk war nicht nur an die Stadt als Erinnerungsgemeinschaft gerichtet; es war von vornherein auch, das sagt der Chronist selbst, multifunktional angelegt. Als Text-, Namen-, Bild- und Wappenbuch sollte es unterschiedliche zeitgenössische Bedürfnisse befriedigen.

Richental hat zweifellos ein für seine Zeit repräsentatives Buch geschaffen. Wilhelm Matthiessen geht davon aus, dass er von dieser Chronik »ohne direkten Auftraggeber wahrscheinlich mehrere Fassungen anfertigte«. Wir dürfen auch annehmen, dass das Werk – im Hinblick auf einen bestimmten Adressatenkreis – bewusst in der Volkssprache, d. h. deutsch, abgefasst wurde, obwohl die Vorstudien – vor allem die Namenlisten sowie manche Urkunden und Akten – lateinisch gewesen sein dürften. Die Chronik wurde wohl auch nicht primär für die Konzilsteilnehmer im engeren Sinne geschrieben, was allerdings nicht ausschließt, dass nicht der eine oder andere Teilnehmer eine Vorform derselben als »Andenken« mit nach Hause nahm.

Die Synodalen waren jedenfalls nicht der intendierte Adressatenkreis, was auch daraus abzuleiten ist, dass das narrative Zentrum des Werkes nicht auf dem Konzil, sondern eher auf dem Verhältnis von Stadt und Konzil lag. Richental erzählt vieles, was die Synodalen kaum interessiert haben dürfte, weil sie es bereits genauer und besser wussten. Dagegen bleibt in der Chronik vieles vage oder ungenannt, was im Interesse der Synodalen lag, Richental aber nicht wissen konnte, weil er eine Außenperspektive einnahm. Wir dürfen deshalb vermuten, dass er für seinesgleichen schrieb, d. h. für die Bürger der Stadt Konstanz, ja für Stadtbürger überhaupt. Die Synodalen hatten die Stadt auch längst verlassen, als die Chronik in kompilierter Form vorlag.

Die Chronik stieß durchaus auf bürgerliches Interesse, wurde nachgefragt und war kommerziell erfolgreich. Dies geht daraus hervor, dass sich die neue Kunst des Buchdrucks relativ schnell des Werkes bemächtigte. In den Jahren 1483, 1536 und 1575 erschienen in Augsburg und Frankfurt a.M. die ersten Drucke, die nicht nur einen neu entstandenen Buchmarkt, sondern auch ein fortwirkendes konziliares Interesse bedienten. Was das Werk thematisch bietet, ist freilich eine retrospektive und selektive Sicht, die manches von dem, was zwischen 1414 und 1418 in Konstanz geschah, verklärt und idealisiert hat.

Hubert Herkommer hat am Beispiel des Leidens und Sterbens von Jan Hus gezeigt, dass sowohl Ulrich Richental wie auch Peter von Mladoniowitz Wirklichkeit nicht abbilden, sondern im Hinblick auf die Bedeutung, die diese für sie hat, konstituieren. Historiographie bildet Vergangenheit ja nie vollständig ab, sondern konstruiert selbst erzählend Geschichte, sie entwirft oder vermittelt also ein bestimmtes Bild von Geschichte, das mit der *causa scribendi* – dem Grund, warum etwas geschrieben und dargestellt wird – zu tun hat. Dieses »Bild« stimmt niemals vollständig mit der vergangenen historischen Wirklichkeit überein. Es sagt uns aber doch etwas darüber, wie diese Wirklichkeit durch einen bestimmten Autor zu einer bestimmten Zeit gesehen, rezipiert und historiographisch verarbeitet wurde.

Es macht insofern wenig Sinn, das Werk eines mittelalterlichen Chronisten am Maßstab der modernen Geschichtsauffassung zu messen, die erst seit dem ausgehenden 18. Jahrhundert entstanden ist. Eine Bewertung muss vielmehr vor dem Hintergrund der Produktions-, Rezeptions- und Distributionsbedingungen mittelalterlicher Literatur (*manuscript culture*) erfolgen. Von daher ist es unbefriedigend, mittelalterliche Historiographie »nur auf Faktizität zu befragen« (Thomas Rathmann), wie das im 19. und 20. Jahrhundert häufig der Fall war. Im Zuge der linguistischen bzw. kulturalistischen Wende (*linguistic/cultural turn*) hat man darüber hinaus gelernt, dass Äußerungen – und dazu zählen auch historische Narrationen bzw. Erzählungen – ihre Bedeutung allererst im Rahmen umfassender sprachlicher und sozialer Bedeutungssysteme erhalten.

Die Annahme, historische Quellen spiegelten und referierten exakt die Ereignisse, auf die sie rekurrieren, hat die ältere Forschung im Falle Richentals dazu verführt, dem Chronisten vorzuwerfen, er habe, wie das Otto Feger einmal formulierte, »nicht gerade ein Meisterwerk kritischer Geschichtsschreibung hervorgebracht«. Die Frage, ob der Wert seiner Geschichtsschreibung tatsächlich dort liegt, wo ihn moderne Historiker lange gesucht haben, nämlich in einem möglichst exakten Bericht über Daten, Fakten und Ereignisse, wurde erst dann gestellt, als man erkannte, dass sich der Sinn von Historiographie nicht darin erschöpft, ein »objektives« Bild von vergangener Realität zu vermitteln, sondern diese im Medium der Sprache zu rekonstruieren bzw. zu konstruieren.

Geschichte ist stets Deutung der Vergangenheit aus der Perspektive der Gegenwart. Keine Historiographie kann dem Anspruch gerecht werden, Vergangenheit, wie sie wirklich war, abbilden oder rekonstruieren zu können. Geschichte ist mithin nichts, das a priori, also unabhängig von einem Betrachter, existiert, sondern etwas, das im Prozess des Nachdenkens über Vergangenheit hervorgebracht bzw. konstituiert wird. Das gilt auch für mittelalterliche Geschichtsschreibung. Es wäre mithin verfehlt, von Richental ein getreues Abbild der profangeschichtlichen und kirchenpolitischen Vorgänge auf dem Konzil oder eine komplette Konzilsgeschichte erwarten zu wollen. Wir sollten uns hüten, wie das František Graus einmal formuliert hat, mittelalterliche Chronisten zu zensurieren »wie minderbegabte Schüler«. Ihre Werke sind nicht nur als Träger und Vermittler historischer Daten, sondern als Niederschlag eines bestimmten historischen Bewusstseins zu lesen. Ihre Werke zeigen uns, wie bestimmte Ereignisse im Zeitraum der Abfassung gesehen und verarbeitet wurden. Sie vermitteln uns Weltsichten und Weltdeutungen, die nicht unbedingt mit unseren konvergieren. Richental verstand sich jedenfalls nicht primär als Informations- und Faktenlieferant, sondern als Bewahrer und Überlieferer eines Ereignisses, das nicht zuletzt deshalb nicht vergessen wurde, weil er es historisiert hat.

Da er mit seiner Historisierung bestimmte Intentionen verband, bietet er auch kein unvoreingenommenes Bild der Realität. Richentals Chronik ist mithin weniger eine Quelle für das, was lange in ihr gesucht wurde, als vielmehr eine Quelle für das, was nicht in ihr gesucht wurde bzw. noch entdeckt werden kann. Der Konstanzer Archivar Otto Feger hat das zutreffend formuliert, wenn er sagt, Richental berichte »sehr häufig gerade über jene Dinge, über welche andere Quellen schweigen«. Das heißt aber: Seine Chronik mag uns, was moniert wurde, explizit nichts über das Dekret »Haec sancta« mitteilen, aber sie erzählt uns einiges über das Leben und den Alltag in der Stadt während des Konzils. Denn Richental teilt uns vieles mit, was wir aus anderen Quellen nicht erfahren würden – von dem erstaunlichen Realismus der Illustrationen einmal ganz zu schweigen.

Es wäre deshalb falsch, von Richental eine politische Geschichte des Konzils zu erwarten, die alle Ereignisse minutiös und in der richtigen Chronologie verzeichnet. Das konnte und wollte er nicht bieten, da er am Konzil im engeren Sinne nicht beteiligt war. Was er dagegen bietet, ist eine Kultur- und Alltagsgeschichte der Stadt zur Zeit des Konzils. Hinzu kommt, dass Werke von der Art, wie sie Richental verfasst hat, im kulturellen Umfeld ihrer Zeit zu situieren sind. Man sollte daher nicht vergessen, dass alle Geschichtsschreibung in dem Kommunikationssystem, in dem sie entsteht, eine bestimmte soziale Funktion hat.

Das historiographische Werk ist also aus seiner Isolierung zu lösen und in den Kontext seiner Zeit zu stellen. Das heißt auch, dass man nicht nur das abstrakte »Werk«, wie es uns die Editoren hinterlassen haben, sondern auch die teilweise disparate Überlieferung betrachtet.

Der Chroniktext und seine soziale Logik

Die überlieferungsgeschichtliche Perspektive führt im Falle Richentals dahin, dass man erkennt, wie sein Werk schon früh funktionalisiert wurde; der jeweils überlieferte Text erfüllte mithin zu seiner Zeit jeweils eine ganz bestimmte Funktion. Was Richental und seine Chronik anbelangt, so hat man teilweise das Gefühl, der Chronist wollte mit seinem Werk die in seine Heimatstadt gesetzten hohen Erwartungen im Nachhinein bestätigen bzw. die Vergabe des Großereignisses nach Konstanz legitimieren. Das geht daraus hervor, dass die von ihm verfasste Chronik nahezu durchweg eine auf Harmonie und Ordnung zielende legitimatorische Tendenz zeigt. Diese beweist den nicht unerheblichen Erwartungs- und Rechtfertigungsdruck, unter welchem Konstanz stand. Das große Konzil war für die kleine Stadt eine gewaltige Herausforderung.

Der Stolz, etwas eigentlich Unmögliches geschafft zu haben, schlägt sich in der Chronik jedenfalls deutlich nieder. Denn eines sollte man dem Werk Richentals in aller Klarheit entnehmen können: Die Stadt hatte die ihr durch das Generalkonzil auferlegte Bewährungsprobe in jeder Hinsicht glänzend bestanden. Diese Tendenz ist unverkennbar und auch schon mehrfach hervorgehoben worden. Dass die umfangreichen Teilnehmerlisten nicht nur einem numerisch-statistischen Zweck dienen, sondern auch eine symbolische Bedeutung haben, mithin die Größe und Bedeutung des in Konstanz stattgehabten Konzils nachhaltig unterstreichen sollten, dürfte auf der Hand liegen. Sie unternehmen den Versuch, die umfassende Repräsentation der Gesamtkirche durch das Constantiense zu demonstrieren.

Die verklärende oder idealisierende Sicht auf die Konzilsereignisse kommt vor allem in der Konstanzer Handschrift zum Ausdruck. Hier ist dem Werk zudem ein programmatischer Psalmvorspruch beigegeben, der klar aussagt, dass im Sinne eines »Städtelobs« der Ruhm der Stadt, die das Konzil so erfolgreich ausgerichtet hat, verkündet werden soll. In Abwandlung des 18. Psalms heißt es: *In omnem terram exivit nomen Constancie, et divulgatum est nomen eius in universa terra –* »Über die ganze Erde erging der Name von Konstanz, und dieser Name wurde auf der ganzen Welt verbreitet«. Hinzu kommt, dass im Prooem die Verfasserschaft pluralisiert wird: Nicht mehr Richental, sondern die *erber lüt* treten als Verfasser des historiographischen Werkes auf. Der Chroniktext wird objektiviert, das heißt, das Erzähler- bzw. Autor-Ich wird eliminiert.

In der Konstanzer Richental-Handschrift ist es die Stadt, repräsentiert durch die »ehrbaren Leute«, die die Geschichte des Konzils erzählt. Die ältere Forschung hat diese Veränderung zwar bemerkt, aber für die Deutung der Chronik im Sozialgefüge der Zeit nicht zureichend fruchtbar gemacht. Daraus ist zu schließen, dass die erhaltene Richental-Überlieferung nicht nur reicher, sondern auch vielgestaltiger und heterogener ist, als es die bisherige Forschung erkennen lässt, vor allem was die Frage nach der jeweiligen Textsorte und was die Frage nach deren Funktion im Rezeptions- und Gesellschaftsgefüge der Zeit anbelangt.

Gesetzt den Fall, es wäre nur die Konstanzer Handschrift erhalten, so besäßen wir, streng genommen, keine Richental-Chronik. Wir würden nicht einmal den Namen des Verfassers kennen, weil Richental in der Konstanzer Handschrift nicht explizit als Verfasser des chronikalischen Werkes auftritt. Es sind die *erber lüt*, die hier als Autoren genannt werden. Damit ist ein Funktionswandel des Werkes eingeleitet, der vor dem Hintergrund dessen, was man als New Philology bezeichnet, kaum ernst genug genommen werden kann. Das heißt nun im Umkehrschluss aber nicht, dass Richental nicht der Verfasser der Chronik war. Es heißt aber, dass die Chronik, wie wir sie heute in verschiedenen skriptographischen und typographischen Überlieferungen – also in Handschriften und Drucken – vorliegen haben, das Ergebnis eines differenzierten Produktions-, Rezeptions- und Distributionsprozesses ist, der sich nicht auf einen modernen Werk- und Autorbegriff reduzieren lässt.

Man wird diesen Prozess nur noch schwer eindeutig aufklären können, weil die erhaltene Überlieferung erst relativ spät einsetzt. Das Bezeugungsprofil des Textes stellt sich heute jedenfalls so dar, dass sich dieser bereits früh in verschiedene Versionen bzw. Fassungen ausdifferenziert hat. Hans Fromm sprach diesbezüglich von dem bereits kurz nach seiner Entstehung »unfesten« Text, der in verschiedenen schriftlichen Repräsentationen vorkommt. Dass es Texte gab, die in den Augen ihrer Urheber »offen«, d. h. frei für eine Umformung waren, und dass die Autoren teilweise selbst an diesem Umformungsprozess beteiligt waren, hat auch Karl Stackmann betont. Man sollte daher, wenn man über Richental spricht, den Blick nicht nur auf das »Werk«, sondern auch auf die heterogene Überlieferung richten.

Zählt man spätere Abschriften und Drucke hinzu, so sind heute noch insgesamt 19 Textträger der Chronik erhalten, und zwar 16 Handschriften sowie drei Drucke. Der Zeitraum ihrer Entstehung erstreckt sich von ca. 1460 bis zum Ende des 17. Jahrhunderts. Die Lindauer Handschrift ist eine späte Abschrift des dritten Druckes der Chronik, den Siegmund Feyerabend 1575 in Frankfurt a.M. besorgt hatte. Vier Richental-Codices stammen aus ehemaligem Klosterbesitz: die Wiener Handschrift aus Ochsenhausen bzw. Lambach in Oberösterreich, eine Stuttgarter Handschrift aus Weingarten, die Ettenheimer und St. Georgener Handschrift aus den Klöstern Ettenheim-Münster und St. Georgen im Schwarzwald. Die St. Galler Handschrift ist 1768 aus dem Besitz der Familie Tschudi in die Bestände der St. Galler Stiftsbibliothek übergegangen. Der Vorbesitzer war der Schweizer Geschichtsschreiber Aegidius Tschudi (1505–1572). Von einer Handschrift aus Salem und zwei Handschriften aus Ottobeuren wissen wir, dass sie verloren sind.

Betrachtet man diese Überlieferungssituation, so scheint es vor dem Hintergrund neuerer Forschungsergebnisse geboten, terminologisch eine Korrektur vorzunehmen, die zwar unscheinbar anmutet, aber gleichwohl wichtig ist. Sie hat mit dem Umstand zu tun, dass es, text- und überlieferungsgeschichtlich betrachtet, einigermaßen problematisch ist, in generalisierender Form von »Richental« und seinem Werk zu sprechen. Denn es gibt weder »den« Richental noch »die« Chronik. Genau genommen müsste man jeweils hinzufügen, was man meint, wenn man von Richental und seiner Chronik spricht. Denn die Überlieferung zeigt Anzeichen eines variablen Gebrauchstextes mit unterschiedlichen Funktionen in unterschiedlichen Nutzungszusammenhängen. Der Text lässt sich jedenfalls nicht auf *eine* Version bzw. *eine* Fassung reduzieren. Er muss im Gegenteil in seiner Pluralität bzw. in seiner Varianz zur Kenntnis genommen werden. Gebrauchstexte, zu denen auch die Chronik zählte, verfügten über eine soziale Funktion, die sich im Laufe der Zeit durchaus wandeln konnte. Außerdem besitzen wir kein erhaltenes »Original« der Chronik bzw. müssen davon ausgehen, dass es ein solches in unserem modernen Sinne gar nie gegeben hat. Keine der uns erhaltenen Handschriften ist jedenfalls als Autograph anzusprechen. Außerdem zeigen sie alle Spuren einer redaktionellen Überarbeitung, die auf Kontaminationen (= wechselseitige Beeinflussung) verschiedener Überlieferungszweige schließen lassen.

Hinzu kommt, dass die Überlieferung auffällig spät einsetzt, wenn man annimmt, dass die Chronik um 1420 entstanden ist. Sie konzentriert sich im Wesentlichen auf das Jahrzehnt von 1460 bis 1470 und lässt schon früh, sofern man das angesichts einer verspäteten und abgeleiteten Überlieferungssituation überhaupt sagen kann, eine Aufteilung in unterschiedlich konzipierte Chronikfassungen bzw. -versionen erkennen, die eine Klassifikation der Handschriften und Drucke in drei relativ deutlich abgrenzbare Text- und Überlieferungsgruppen gestattet. Das heißt nicht, dass Richental, wie die moderne Forschung bei ähnlichen Thesen gerne vorschnell annimmt, ein »Mythos« ist, der »dekonstruiert« werden müsse. Es heißt nur, dass wir über die Entstehungssituation des spätmittelalterlichen Textes wenig zu sagen vermögen und deshalb von dem Bezeugungsprofil, wie es uns heute vorliegt, ausgehen müssen.

Der methodische Vorbehalt betrifft also nicht die Existenz des Chronisten oder seine Verfasserschaft, sondern nimmt die komplexe Überlieferung in den Blick, die es gebietet, von einem Text in seiner Fluktuation auszugehen. Daraus folgt, dass man über Richental und sein Werk künftig in vorsichtigerer und differenzierterer Form wird sprechen müssen, als dies bislang noch vielfach der Fall ist. Texte werden stets aus bestimmten Gründen und unter bestimmten

Umständen verfasst. Sie sind, wie man verallgemeinernd sagen kann, immer zeitgebundene Antworten auf gesellschaftliche Fragen oder Konstellationen und stehen damit in einem sozialen Diskurs- bzw. Kommunikationszusammenhang. Dieser ist stets einzubeziehen und zu rekonstruieren, wenn man sie angemessen verstehen und interpretieren will.

Texte sind nicht nur an ein bestimmtes Publikum adressiert, sie haben in dem sozialen Gefüge, in dem sie entstehen, auch eine bestimmte Funktion, die sich im Laufe der Zeit verändern kann. Sie antworten damit nicht immer auf dieselben Fragen. Sie stehen deshalb auch nicht unveränderlich fest, sondern reagieren variabel auf unterschiedliche Bedürfnisse. Die amerikanische Mediävistin Gabrielle M. Spiegel spricht deshalb zu Recht von der »sozialen Logik« eines Textes. Das bedeutet, dass man einen mittelalterlichen Text nicht völlig losgelöst von den Umständen, denen er seine Entstehung verdankt, betrachten kann, was für jede Variante, Version und Bearbeitung von Neuem gilt. Entsprechend variabel wurden sie rezipiert, benutzt und verändert. Eine überlieferungsgeschichtliche Edition müsste daher auch ihr Fluktuieren zum Ausdruck bringen, also ihre Wandlung im Verlauf der Überlieferung.

Textfassungen und Versionen

Man darf also von einer gewissen »Offenheit« von Texten ausgehen, zumal in einer semi-oralen Gesellschaft. Mittelalterliche Texte standen grundsätzlich in einem sich verändernden Funktions- und Gebrauchszusammenhang. Das heißt, dass man nicht pauschalisierend von Richental sprechen, sondern stets hinzufügen sollte, was man meint, wenn man »Richental« sagt. Das hat mit dem Umstand zu tun, dass sein Werk, soweit es uns überkommen ist, nicht nur in verschiedenen Handschriften und Drucken, sondern auch in verschiedenen Textfassungen bzw. -versionen überliefert ist. Die Chronik ist insofern als eine Art offener Gebrauchsform zu werten, d. h. als eine »pragmatische Textsorte« und »nicht als sakrosankte Autorenleistung«, wie das Peter Johanek in anderem Zusammenhang formuliert hat. Das Werk hat sich, wie vor allem der Frühdruck zeigt, zu unterschiedlichen Zeiten unterschiedlichen Situationen angepasst.

Daraus folgt, dass es »den« Chronisten Richental eigentlich gar nicht gibt, jedenfalls nicht, wenn man den Blick auf alle Texte richtet, die von ihm und seiner Chronik überkommen sind. Denn es ist ein Unterschied, welche Handschrift man der jeweiligen Argumentation zugrunde legt. In der New Yorker und Prager Handschrift tritt uns der Verfasser etwa als Ich-Erzähler entgegen. In der Konstanzer Handschrift dagegen müssen wir einen »Verlust des Autors« konstatieren, da es, wie es im Prooem heißt, jetzt die *erber lüt* sind, die die Chronik *von gedachtnusse wegen*, d. h. um der Erinnerung willen, erstellt haben. Richental tritt hier gar nicht mehr als Verfasser der Chronik auf. Es ist insofern nicht ganz richtig, wenn in der neuen Faksimile-Ausgabe der Konstanzer Handschrift Ulrich Richental als Autor erscheint.

Der Text hat in dem Kommunikations- und Gebrauchszusammenhang, in dem er in der Konstanzer und Wiener Handschrift steht, eine dezidiert stadthistoriographische Intention und fungiert gewissermaßen als Selbstgedächtnis der Stadt, die sozusagen ihre eigene Geschichte erzählt. Die Aufgabe der Konstanzer Chronik ist es, über gemeinsam erlebte Geschichte Gemeinschaft zu stiften, was in der New Yorker bzw. in der Prager Version so noch nicht der Fall ist.

Die St. Georgener Handschrift und der dieser Konzeption folgende Erstdruck der Chronik durch den Augsburger Drucker Anton Sorg im Jahre 1483 führen sich zudem auf den Konstanzer Chronisten Gebhard Dacher zurück. Ihm kommt bei der Erneuerung, Umgestaltung und Rezeption der Chronik, wie sie in der zweiten Hälfte des 15. Jahrhunderts einsetzt, eine Schlüsselfunktion zu. Das geht etwa aus dem Eingang der 1464 entstandenen Prager Handschrift hervor, wo deutlich gesagt wird, dass er die Chronik, die von Richental verfasst worden sei, *ernüwert* habe. Dacher entstammte wie Richental dem Konstanzer Stadtbürgertum. Er ließ die Chronik offenbar mehrfach abschreiben und für den zeitgenössischen Publikumsgeschmack umarbeiten.

Auf Dacher führen sich fünf Handschriften und der erste Druck der Chronik zurück. Der Text wird allerdings überarbeitet, umgestellt und für den Druck in eine für breitere Leserkreise leichter rezipierbare Form gebracht. Der Erstdruck reagiert offenkundig auf einen veränderten Lese- und Buchmarkt, wie er in der zweiten Hälfte des 15. Jahrhunderts im Gefolge der Erfindung des Buchdrucks entstanden war. Man muss also, wenn man die erhaltene Gesamtüberlieferung betrachtet, eine Vor- und Nach-Dacher-Ära unterscheiden. In Anlehnung an Formulierungen von Stephen Greenblatt könnte man auch sagen: »he returned the chronicle to circulation«. Gebhard Dacher führte mithin den Text, der um 1420 entstanden war, in der zweiten Jahrhunderthälfte seiner Erneuerung, Weiterverwendung und Weiterverarbeitung zu.

Es liegt außerdem die Vermutung nahe, dass es Dacher war, der die Chronik zum Druck beförderte und damit einem neuen Lesepublikum zugänglich gemacht hat. Wer die Dichte der Überlieferung zwischen 1460 und 1475 verstehen will, kann ferner nicht umhin, in seine Überlegungen auch die historische Situation der Stadt in der Nachkonzilszeit einzubeziehen. Vermutlich ist die Überlieferung der Chronik in den 1460er Jahren nicht ganz ohne Grund forciert worden. Denn mit dem Ende des Konzils war die kirchen- wie reichsgeschichtlich herausgehobene Rolle der Stadt definitiv beendet. Die wirtschaftlichen Verhältnisse normalisierten bzw. verschlechterten sich wieder.

Soziale Konflikte, die durch das Konzil befriedet worden waren, brachen wieder auf. Hinzu kam, dass die Stadt durch den Verlust des Thurgaus 1460 ihre Geltung als bedeutendes Handelszentrum verlor. Insofern erscheint es kaum verwunderlich, dass zwischen 1460 und 1470 die Mehrzahl der erhaltenen Richental-Handschriften entstand. Die Stadt bezog, nachdem sie ihre politisch wie wirtschaftlich herausragende Position weitgehend eingebüßt hatte, ihr Selbstverständnis offenbar mehr und mehr aus der geschichtlichen Erinnerung.

Die pauschale Rede von »Richental« ist also nicht unproblematisch. Denn jeder, der sich näher mit der komplexen Überlieferung der Konzilschronik befasst, sieht sich mehreren Textfassungen bzw. -versionen gegenüber, die im Gesellschaftsgefüge der Zeit jeweils eine andere Funktion bzw. Intention hatten und deshalb auch unterschiedlich beurteilt und interpretiert werden müssen. Die Erkenntnis, dass es sich bei der Chronik um einen textvariablen Gebrauchstext handelt, der im 15. und 16. Jahrhundert einer »Funktionalisierung« (Gisela

Wacker) unterlag, ist nicht neu, aber trotzdem noch nicht ausreichend ins Bewusstsein der Forschung eingedrungen.

Das hat gewiss auch mit der editorischen Ausgangssituation zu tun. Bis 2010 war diese vornehmlich auf die Textausgabe von Michael Richard Buck aus dem Jahr 1882 fokussiert, welche die komplexe Überlieferungssituation der Chronik, wie sie etwa in der Konstanzer, Wiener, Wolfenbütteler und in der St. Georgener Handschrift begegnet, nicht angemessen abbildete. Will man daher den Ansprüchen an eine historische Kulturwissenschaft vom Text gerecht werden, müsste die Diskussion um die Richentalchronik stärker an den handschriftlichen »Spuren«, die das Werk hinterlassen hat, ausgerichtet werden.

Richentals historiographisches Werk, so lässt sich das Vorangehende resümieren, zeigt – worauf Stefan Weinfurter bereits 1974 in einem Aufsatz zum Gestaltungsprinzip der Chronik hingewiesen hat – eine »geschlossene Konzeption«: Es wird keine Konzilsgeschichte im engeren Sinne geboten, sondern die Geschichte der Stadt während des Konzils erzählt. Das heißt aber nicht, dass Richentals Werk nur ein Stück Stadt- oder Regionalgeschichte ist. Denn mit dem Konzil – das geht sogleich aus dem Prooem hervor, spiegelt aber auch die Auffassung der Zeitgenossen wider – ist für den Chronisten die große »Welt« in die Stadt Konstanz eingekehrt.

Johannes Helmrath zufolge war es geradezu eine Aufgabe des Generalkonzils, die universale Repräsentanz der Gesamtkirche (*ecclesia universalis*) für eine bestimmte Zeit »zentral zu verorten«. Der Begriff *concilium* erfährt daher bei Richental »eine besondere Bedeutungsfärbung«, so Weinfurter: »Die Welt hat sich in Konstanz eingefunden, Konstanz ist gleichzeitig die Welt schlechthin geworden«. Der Chronist legt daher gleich im Anschluss an den Texteingang seine christliche Weltauffassung dar, die mit einer bestimmten Kosmologie einhergeht: *Darumb, das man all sachen desterbas* [umso besser] *verston mugt, so ist ze wissen, das all kristenhait in fünff* [*naciones*] *getailt sind.*

Anders formuliert: Richental versucht mit seiner Chronikkonzeption der Universalität des Ereignisses »Konzil« auch historiographisch gerecht zu werden. Nach Hélène Millet, die sich intensiv mit dem Pisaner Konzil beschäftigt hat, waren die umfangreichen Teilnehmerlisten nicht zuletzt auch als Nachweis möglichst vollständiger Repräsentation der westlichen Kirche gedacht. Sie hatten die Aufgabe, die Universalität des Konzils auch auf der Ebene der Statistik zu dokumentieren, lieferten sie doch auch die Begründung für die Ökumenizität bzw. Legitimität der Synode, was im Schismazeitalter von nicht zu unterschätzender Bedeutung war.

Das letzte Kapitel dieses Buches wird deshalb vom Konzil als universalem Ereignis handeln. Manches von dem, was hier betont wird, ist verschiedentlich bereits angesprochen worden. Das gilt beispielsweise für den byzantinischen Gelehrten Manuel Chrysoloras, der in Konstanz verstarb und seine Grabstelle im Chor der ehemaligen Dominikanerkirche gefunden hat. Es ist aber doch wichtig, auf manches abschließend noch einmal einzugehen, weil dies deutlich macht, dass das Konstanzer Konzil in der Tat ein »Weltereignis« war. Zentral ist in diesem Zusammenhang nicht nur die byzantinische Gesandtschaft, sondern auch das Projekt einer Union mit der Ostkirche, von dem nachfolgend zu sprechen ist.

Das Konzil als universales Ereignis

Die byzantinische Gesandtschaft

Richental vermerkt in seiner Konzilschronik im März 1416: *do sandt der kayser Emanuel von Constantinopel ain schönen latinschen brief gen Costentz sinr bottschaft* [...], *das sy im enbuttind, wie es umb daz concilium stůnd und ob die reformacion gemacht wär, oder warumb sy also lang wärind* [...]. Kaiser Manuel II. Palaiologos (1391–1425), der so lebhaftes Interesse am Konzilsgeschehen zeigte, war selbst Autor theologischer Werke und überdies in militärischer Bedrängnis. Sein Reich bestand nur noch aus der Hauptstadt Konstantinopel, einigen Inseln und kleinen Territorien auf der Chersones sowie der Peloponnes um die Stadt Mistra. Eine türkische Belagerung Konstantinopels von 1394 bis 1402 war nur durch das Vordringen der Truppen Timur Lengs und die Niederlage der Osmanen bei Ankara (1402) abgewendet worden.

Der Kaiser selbst hatte 1399–1403 eine diplomatische Reise an die europäischen Fürstenhöfe unternommen, um dort um Hilfe zu bitten. Eine Chance glaubte er in der Überwindung jenes viel älteren und tieferen Schismas zu erkennen, das seit 1054 die lateinische von der griechisch-orthodoxen Kirche trennte. Auch Manuel Chrysoloras hatte mehrfach diplomatische Missionen im Auftrag des Kaisers unternommen und war im Gefolge Papst Johannes XXIII. am 28. Oktober 1414 nach Konstanz gekommen, um auf dem Konzil für die *causa unionis* mit der oströmischen Kirche zu wirken. Die papstkritische Atmosphäre der Schismazeit musste auch bei der orthodoxen Kirche eine Verständigung als möglich erscheinen lassen.

Der Byzantinist Hans-Georg Beck urteilt, »dass die theologische Annäherung in dem Verständnis dessen, was in der Kirche die entscheidenden Faktoren sind, nie so groß war wie damals«. Der Gedanke an eine Union mit der orthodoxen Kirche war indes nichts Neues. Im Auftrag der Sorbonne hatte Jean Gerson schon am 18. Dezember 1409 in einer Predigt vor König Karl VI. dafür geworben, alles zu unternehmen für *la paix universelle de toute saincte Eglise, tant des Latins en soy comme des Gres avec les Latins* – »Für den universellen Frieden der ganzen heiligen Kirche, sowohl der Lateiner für sich als auch der Griechen mit den Lateinern«.

Gerson führte aus: »Wir haben jetzt einen unbestrittenen Papst, einen Papst [Alexander V.], der ein ausgezeichneter Doktor der Theologie ist [...]. Er ist Grieche von Nation und er hat große Erfahrung und hat bereits Gesandtschaften unternommen«. Es sei »böser Wille« anzunehmen, dass die Griechen die Lateiner hassten und verachteten und sich lieber den Türken als den Lateinern zuwendeten. In drei Jahren sei ein Konzil vorgesehen und die Griechen könnten dabei sein, da der griechische Kaiser und die Seinen ebenfalls die Union wünschten. Nach der Union durch das Konzil von Pisa müssten »die Menschen guten Willens« sich noch mehr um die Union mit den Griechen kümmern.

Der frühe Tod Alexanders V. 1410 machte diese Hoffnungen indes zunichte. Der Plan wurde aber von der Universität Paris 1412 wieder aufgegriffen und zur Debatte auf dem römischen Konzil desselben Jahres vorgeschlagen, das aber ohne greifbares Ergebnis endete. Im Vorfeld des Konstanzer Konzils hatte Pierre d'Ailly in seinen *Capitula Agendorum* die Union mit den Griechen an dritter Stelle genannt – noch vor der Beseitigung des westlichen Schismas! –, den praktischen Weg dahin aber nur summarisch aufgezeigt: Eine Deputiertengruppe sollte sich mit dem Thema befassen und dem Konzil Ergebnisse vorlegen.

Auch König Sigmund war für den Plan einer Union mit den Griechen offen. Seit 1411 stand er mit dem byzantinischen Kaiser in brieflichem Kontakt und hob die Vorteile einer Union mit den Griechen für eine Bekämpfung der Türken und eine Befreiung des Heiligen Landes hervor. Vorbehalte wegen der kaiserlichen Würde suchte er mit dem Verweis auf die antiken *hystoriographi* zu entkräften, nach deren Zeugnis es früher (nach 395) auch zwei Kaiser gegeben habe, so dass bei einer künftigen Union »wir als Kaiser der Römer und Ihr als Kaiser der Griechen betitelt würden«.

Im Sommer erfolgte eine Einladung, *ambaxiatores* (= Botschafter) zum Konzil nach Konstanz zu schicken, »auf welchem wir mit Hilfe des Heiligen Geistes gegen die ungläubigen Heiden und insbesondere die Türken Euch und der Stadt Konstantinopel mit großem Eifer Hilfe verschaffen werden«. Am 3. März 1415 kam die oströmische Gesandtschaft in Konstanz an. Eine Woche später, am 11. März, hielt Gérard du Puy, Bischof von Carcassonne, eine Predigt, in der er die Vereinigung der römischen mit der griechischen Kirche als erstrebenswert bezeichnete, diese allerdings *a fide deviantes* (= vom Glauben abweichend) nennt, in einem Atemzug mit Hus und den Wyclifiten.

Briefe dieser Gesandtschaft, von denen Richental in seiner Chronik explizit spricht, haben sich im Erstdruck von 1483 (foll. 106^r–107^v) in deutscher, aber auch in einer Zürcher Handschrift der Zentralbibliothek (Ms A 80, foll. 52^r–54^r) in lateinischer Sprache erhalten. Die lateinischen Briefe waren bislang unbekannt, stehen aber im Zusammenhang der Gesandtschaft, die Kaiser Manuel II. Palaiologos von Byzanz nach Konstanz sandte. Es handelt sich um zwei Dokumente unterschiedlicher Länge. Auf das Anschreiben des Kaisers folgt ein entsprechendes Antwortschreiben. Gattungstheoretisch handelt es sich bei dem ausführlicheren Antwortschreiben aus der Konzilsstadt um eine Form des Städtelobs. Es kulminiert in der Aussage: *dann sälig ise diß Costentzer erdtreich.*

Manuel Chrysoloras' Tod am 15. April 1415 hat diesen Vorstoß der Byzantiner in Sachen Griechenunion jedoch vorerst beendet, zumal auch die Konzilsväter das lateinische Schisma für eine dringlichere Angelegenheit hielten. Ein anderer Prediger, Matthäus Roeder, hielt dem Konzil am 24. Januar 1417 den Spiegel vor: Es herrschten hier »Feindschaften, Eifersucht, Zorn, Streitereien, Uneinigkeit, Sekten, Neid und andere Arten von Zwietracht«, so dass den Griechen gar nichts übrig bleibe, als sich zurückzuziehen. Georgios Sphrantzes, der Chronist der Eroberung Konstantinopels 1453, unterstellt Kaiser Manuel II. sogar, die Idee des Konzils und der Vereinigung mit den Lateinern nur als Druckmittel gegen die Osmanen zu benutzen, weil sie der eigenen Bevölkerung nicht zumuten könne.

Er schreibt: »Der ruhmreiche Kaiser Manuel hat zu seinem Sohne, dem Kaiser Johannes, gesagt – unter vier Augen, nur ich allein war mit ihnen –; es kam die Rede auf die Synode, und da sagte er: ›Mein Sohn, ich weiß es gewiss und wahrhaftig, wie wenn ich den Ungläubigen selbst ins Herz sehen könnte, dass sie sehr in Unruhe sind und sich fürchten, dass wir uns mit den abendländischen Christen verständigen und vereinigen könnten. [...] Lass Dir die Sache der Synode angelegen sein, und bemühe Dich darum, besonders weil es Dir not tut, dass die Ungläubigen in Furcht gehalten werden. Aber sie selbst anzuregen, lass Dir nur ja nicht einfallen, denn wie ich die Unsrigen kenne, sind sie gar nicht gesinnt, einen Weg und eine Weise der Vereinigung, der Übereinstimmung, der Liebe und der Eintracht zu suchen, sondern sie wollen die anderen, ich meine die Abendländer, zu unserer Weise und unserem Herkommen bekehren. Das ist aber ganz und gar unmöglich, ja ich fürchte, dass daraus eine noch ärgere Trennung entsteht und dies dann den Ungläubigen offenbar wird‹.«

Ob dies seine wahre Überzeugung war, muss offen bleiben; es ist aber anzunehmen, dass für Manuel das Vorgehen gegen die Osmanen oberste Priorität hatte. Er »setzte die Union an die zweite Stelle« (Hans-Georg Beck). Im Frühjahr 1416 kam eine zweite byzantinische Gesandtschaft nach Konstanz und brachte eine Botschaft des Kaisers mit, die in 36 Artikeln den orthodoxen Standpunkt enthielt. Der Text ist jedoch verloren, wie auch fast nichts über die Verhandlungen der Delegation bekannt ist. Sie soll aber erklärt haben, es gebe keine Union, solange »die westliche Kirche keine Spitze, keinen neuen Papst habe«. Nicht zuletzt diesem Druck sei es Hans-Georg Beck zufolge zu verdanken, dass schließlich Ferdinand von Aragón Benedikt XIII. fallen ließ und die Papstwahl beschleunigt werden konnte.

Die Union mit der Ostkirche

Auf dem Konzil blieb die Union mit den Orthodoxen also auf der Tagesordnung. »In seinem Traktat *De reformacione ecclesiae* (Oktober 1416) stellte Pierre d'Ailly den Zusammenhang zwischen Türkenbekämpfung und Kirchenunion her. Das Konzil solle die beiden Probleme, die *mirabiliter et miserabiliter* (wunderlich und erbärmlich) die Christenheit beträfen – das Vorgehen gegen die »Sarazenen und andere Ungläubige« und die »Rückführung der Griechen in die Einheit der Römischen Kirche« – zu einer Entscheidung bringen. Für den Fall des Scheiterns sieht er katastrophale Folgen voraus: »Wenn man denen [den Ungläubigen] nicht schnell begegnet, muss man fürchten, dass das Kaiserreich von Konstantinopel, jetzt schon vielfältig von ihnen zerrissen und gequält, völlig vernichtet wird und sie dann das Römische Reich, schon gespalten und fast zum Zusammenbruch gebracht, angreifen und so die Kirche, die schon schismatisch zerrissen ist, vernichten«.

Ein anonymer Reformtraktat aus dem Jahr 1415 schlägt gar vor, die päpstliche Würde »von einer Nation auf die andere übergehen« zu lassen, und zu den fünf bekannten Nationen – damit sind wohl nicht die Konzilsnationen gemeint – sollte eine sechste, griechische hinzukommen. Job Vener, Heidelberger Jurist und Konzilsteilnehmer, sieht unter Berufung auf Bernhard von Clairvaux gar die Ursache des Schismas in der Verachtung der Griechen, »dass man sie nicht zu kirchlichen Ehren zuließ. Wenn die Kardinäle also nicht aus jedem Vaterland genommen werden, entstehen immer wieder in der Kirche Spaltungen und Schismen«.

Die Dringlichkeit des Türkenproblems hatte sich schon im August 1415, in Abwesenheit Sigmunds, gezeigt. Zum 25. August 1415 vermerkt Giacomo Cerretani: »Als die Nachrichten kamen, dass die Türken in das Königreich Ungarn eingedrungen seien, wurden von der heiligsten Synode Konstanz der ehrwürdige Bischof von Asti und ein gewisser anderer Prälat aus Deutschland zu den Fürsten und Prälaten dieses Reiches gesandt, um diese zu ermahnen, da der König der Römer und von Ungarn, der für die gute Sache der ganzen Christenheit arbeitete und aufgebrochen war, Treue zu erweisen und den besagten Türken mit Macht zu widerstehen, so, als ob der König anwesend sei«.

Ein Anonymus erwähnt in einer Predigt, dass durch jene »traurige Niederlage, die sich in diesen Tagen in Ungarn zugetragen hat [...], die Gesichter einiger sich aufheiterten und diese mit Augenzwinkern, Lächeln auf den Lippen und kaum verhohlenen Reden ihre eigene Böswilligkeit verraten haben«. Offensichtlich nahmen manche Konzilsväter die Nachricht von einer Niederlage in Sigmunds Königreich mit einer gewissen Schadenfreude auf.

Orthodoxe Christen gab es jedoch auch in anderen Regionen Europas. Im Oktober 1415 erschien der Dominikaner Theodor Chrysoberges als Gesandter des Königs Wladislaw von Polen und des litauischen Großherzogs Witold vor dem Konzil und wurde vom Elekten von Posen, Andreas Laskary, feierlich eingeführt, der die beiden Fürsten um ihrer Verdienste um den christlichen Glauben rühmt:»Wer könnte bestreiten, dass jemand nach den Aposteln die Kirche so gefördert hat wie diese beiden Fürsten, nicht mit der Zunge, sondern mit Taten [...]«.

Das seit 1386 katholische Großfürstentum Litauen umfasste in seinen östlichen Landesteilen eine ruthenische Bevölkerung orthodoxen Glaubens, deren Gebiet»man nicht in einem Monat in die Länge oder Breite durchschreiten könnte«. Das Konzil müsse daher das»grausame und eingewurzelte Schisma« zu beenden suchen. Dieses war aber mit dem lateinischen Schisma beschäftigt. Der Dominikanergeneral Leonardus Statius rief in einer Predigt im Februar 1417 zu einer Beschleunigung des Verfahrens auf, im Interesse auch der Griechen,»die den Abschluss dieses Konzils erwarten«.

Nach der Wahl Martins V. am 11. November 1417 kam noch einmal Bewegung in die Diskussion. Am 19. Februar 1418 *do rait in der hochwirdig herr und ertzbischoff, herr Jerg, ertzbischoff Kyfionensis, und ist kriechischs globens,* so Richental: *das ertzbistumb lit in kriechischen landen und stoßt heruß wert an das hertzogtůmb ze Rüßen und nebend an daz hertzogtůmb ze Littŏw und nebend gegen mittag an daz kayserthŭmb zů der hindern Türggy und heruß an die hindern Walachy. [...] Und komend vil haiden mit im, uss der Tartarye und uss der Turggie, die da habend des Machometen globen und viiij pfaffen sins gelobens, all mit langen bärten und ob dem mund kain bart und mit langem har und hattend blatten* [Tonsuren].

Der König persönlich sei ihnen entgegengeritten und habe sie *in daz hus zůr Sunnen* geleitet. Grigorij Camblak war nach Aufenthalten auf dem Athos und in Konstantinopel 1414 zum Metropoliten von Kiew gewählt worden, die Wahl war aber als unkanonisch von Konstantinopel und vom Moskauer Metropoliten nicht anerkannt worden. Er erschien an der Spitze einer litauischen Delegation in Konstanz. Am 25. Februar fand eine Generalsession statt, bei der laut Fillastre außer dem Papst»der König der Römer und der ruthenische Erzbischof Gregorius aus dem Orden des Heiligen Basilius« anwesend waren,»der als Metropolit von ganz Russland [nicht im heutigen Sinn zu verstehen] über fünfzig Kathedralkirchen griechischen Glaubens bezeichnet wird«.

Vorgestellt wurde Camblak, der vom»Erzbischof von Gnesen und dem Bischof von Posen« begleitet wurde, von Magister Mauritius Rvačka, einem der böhmischen Gegner des Jan Hus. Brandmüller vermutet, dass dessen Rede mit Martin V. abgestimmt war und daher des Papstes Meinung wiedergibt: Die Griechen sollten ohne Schwierigkeiten aufgenommen werden, gemäß dem Pauluswort »nehmt den auf, der schwach im Glauben ist, ohne Diskussion« (Röm.14, 1).

Den Metropolit von Kiew, der sich der Römischen Kirche anzuschließen wünsche, nennt der Magister »wegen der Observanz der Griechen schwach im Glauben an die Römische Kirche«. Er zitiert das Gleichnis vom barmherzigen Samariter (Lk 10, 30ff.). Die Griechen, die den »Ausgang des Heiligen Geistes vom Sohne« leugneten, seien ebenso »schwach im Glauben« und irrten ferner in der »Materie und Form der Taufe« wie auch in der Auffassung von den sieben Sakramenten. Sie erkennen die Lenkungsgewalt der Kirche nicht an und somit auch nicht die *constituciones matris ecclesiae sive decretales*, also das Kirchenrecht.

»Daher, hochwürdigster Vater, unterweist das im Glauben schwache griechische Volk durch Lehren«. Dies sei die eigentliche Verpflichtung, ähnlich der des Wirtes, dem die zwei Denare – sie stehen für die beiden Evangelien – gegeben wurden. So hätten die weltlichen Fürsten, der römische König, der König von Polen und der Großherzog von Litauen, für den Glauben gewirkt: der erste, weil er die Einheit der Kirche hergestellt habe, die beiden anderen, weil sie die ungläubigen Ruthenen, Litauer und Samaiten getauft sowie ihnen Priester und Kirchen gegeben hätten.

Die Gleichnisse vom verlorenen Schaf und vom verlorenen Sohn werden angeführt, um die Aufnahme der Griechen mit Wohlwollen zu verlangen: Wie der Hirte nicht dem Schaf, sondern sich selbst die Schuld an der Verirrung gibt, der Vater dem verlorenen Sohn entgegengeht, so solle es auch die Kirche mit den Griechen halten, »denn durch die Nachlässigkeit der Römischen Kirche, oder vielmehr durch ihre Schärfe, sei die Abspaltung der Griechen und der Ostkirche« geschehen. So solle man nicht abwarten, dass die Griechen kämen, sondern ihnen »Gesandte zu ihrer Vereinigung ausschicken und ihnen in aller Sanftmut den Kuss bieten«.

Anschließend wurde die Ansprache Camblaks an den Papst verlesen, die Fillastre mitteilt. Es sei dem Herrn zu danken, dass nach dem langen

Schisma ein »höchster und unbestrittener Pontifex und wahrer Stellvertreter Jesu Christi« an der Spitze der Kirche stehe. Das Schisma habe auch in den Völkern des Ostens manche Verwirrung gestiftet. Um der Union willen habe er sich an den polnischen König und den litauischen Großherzog gewandt, um diese Völker »durch Predigt und Ermahnung im ruthenischen Idiom zu der heiligen Aufgabe zu führen. Unter diesen Völkern, heiligster Vater, fand ich viele, die von dem heiligen Willen beseelt sind und die Union der Kirche wünschen«. Diese Union wünsche auch der erhabenste Herr, der Kaiser von Konstantinopel. Auf einem Konzil sollten Rechtsgelehrte beider Seiten die Differenzen im Glauben aus dem Weg räumen. »Möge Eure Heiligkeit, heiliger Vater, die Gunst der Stunde erwägen, die sich bietet«. Über das weitere Vorgehen des Metropoliten schweigen die Quellen, seine Mission blieb »eine Episode« (Günther Stökl). Er selbst starb auf der Rückreise 1419.

Die Beschreibung der orthodoxen Liturgie

Richental suchte als neugieriger Zuschauer dieser Ereignisse die Gelegenheit, an einem orthodoxen Gottesdienst teilzunehmen, und gibt eine detaillierte Beschreibung der Liturgie und der Altargeräte. Es handelt sich dabei um die erste Beschreibung einer orthodoxen Messe in der deutschen Volkssprache. Der Erzbischof von Kiew, Grigorij Camblak, war am 19. Februar 1418 in Konstanz zusammen mit fünf anderen Bischöfen eingezogen.

Er logierte mit seinem Gefolge im Haus zur Sonne, das dem Konstanzer Ulrich Imholtz gehörte. Sobald er sich dort niedergelassen hatte, ließ er sich einen Altar bereiten, der zur Feier der griechisch-orthodoxen Messe dienen sollte. *Und hieß im da ain siner bischoff mess haben. Und nach der mess, do segnott er daz brott, daz dem priester über worden was, davon er daz sacrament nam, und zerbrach das in klaine stückly und bot die stükly ieglichem sinem diener ains. Der nam daz stücklin in sin linggen hand, und beschloß die hand und bettott knüwend mit dem mund uff der hand und auß das usser der hand.* Das kulturell Fremde, hier das Essen des geweihten Brotes aus der Hand, wird von Richental präzise wahrgenommen und verzeichnet.

Das gelingt – wie alles Verstehen – allerdings nur, indem man es ins Verhältnis setzt zu eigenem Erfahren und Erleben. Fremdes wird als Fremdes erst erfasst, indem man es in Beziehung zum Eigenen setzt. Das wird im Rahmen der Beschreibung der orthodoxen Liturgie besonders deutlich.

Ein Doktor der Theologie habe von Bischof Camblak die Erlaubnis erhalten, dem Gottesdienst beizuwohnen. Diesen wiederum bat Richental, selbst auch an der Messe teilnehmen zu dürfen: *Den batt ich, daz er mich mit im nem, daz tett och er.* Der Altar sei so bereitet worden *als unßer pfaffen,* aber der Kelch war so groß *als unßer kelch dry,* die Patene (= Oblatentellerchen) so groß, *daz man wol ain versotten hůn daruff geleit hett.* Es seien 300 ihres Glaubens anwesend gewesen.

Das Kreuzzeichen machten sie mit *drin fingern mit der rechten hand an die stirnen,* dann *uff die brust herab und do uff die rechten und uff die linggen achßlen.* In das Brot habe der Diakon mit einem Messer gestochen, als *man ain käß versůcht,* und ein bohnengroßes Stück auf die Patene gelegt. Und anstelle des *Kyrieleyso sungend sy das Ayos* (= Hagios, heilig) *zů nün malen.* Das geweihte Brot aßen sie *usser der hand.* Nach dem Segen *do gab der ertzbischoff ieglichem layen, die dann da stůndend, ain stüklin.* Das bedeute bei ihnen soviel *als hie daz wichwasser* [Weihwasser].

Zu greifbaren Ergebnissen führten die Gesandtschaften nicht, auch nicht zu einem Einvernehmen mit dem neuen Papst. »Konstanz ist«, wie das Hans-Georg Beck formuliert hat, »die Niederlage der konziliaren Idee der Ostkirche gegenüber«. Erst als Papst Eugen IV. (1431–1447), ein Neffe Gregors XII., im Konflikt mit dem Konzil von Basel ein päpstliches Konzil nach Ferrara, später nach Florenz einberief (1438–1443), kam es zu einer brüchigen Einigung mit den Griechen, die in der orthodoxen Kirche als Verrat angesehen wurde. Der Kampf gegen die Osmanen scheiterte mit der Niederlage der Kreuzfahrer bei Varna (1444). Mit der Eroberung Konstantinopels am 29. Mai 1453 war dann das oströmische Reich Geschichte.

»Köpfe des Konzils«
Lumen nostri aevi – Pierre d'Ailly (ca. 1350–1420)

»Das Licht unserer Zeit« nannten die Zeitgenossen den französischen Gelehrten und Geistlichen Pierre d'Ailly, der auf dem Konstanzer Konzil eine führende Position einnahm. Um 1350 in Compiègne als Kind einer reichen pikardischen Bürgerfamilie (Familienname Marguerite) geboren, studierte er nach 1363 an der Pariser Universität die *artes liberales* und Theologie, und zwar am renommierten Collège de Navarre, einer Gründung der Königin Jeanne de Navarre, Gattin König Philipps IV., aus dem Jahre 1305, an dem 50 Studenten der Artesfakultät und 20 künftige Theologen in einer Burse untergebracht waren. 1368 erwarb er den Grad eines *magister artium*, 1381 den des *doctor theologiae*. Die damals vorherrschende Lehre war die des Nominalismus Ockhams, für den »ein Wort nur ein Wort war, eine Idee nur einen Namen hatte und es eine Wirklichkeit nur in den Einzeldingen gab« (Bernard Guenée). Ein Hang zum Empirismus und zu politischem Denken war die logische Folge dieser philosophischen Grundeinstellung.

Als Prokurator der französischen Nation, Lehrer der *artes* und seit 1384 Vorsteher des Collège de Navarre, das als »Wiege des französischen Humanismus« gilt, machte sich d'Ailly einen Namen durch profunde Gelehrsamkeit und außergewöhnliche Eloquenz in französischer und lateinischer Sprache. Von ihm ist überliefert, dass er in einer Nacht einen Traktat von 40 Seiten schreiben konnte. Bekannt sind etwa 200 Publikationen, von denen viele in Autographen erhalten sind. D'Aillys Werk ist von erstaunlicher Vielseitigkeit. Neben theologischen und kirchenpolitischen Schriften beschäftigte er sich auch mit Astronomie, deren Bedeutung er gegen die Theologie verteidigte, und mit Kosmographie. Sein Werk *Imago mundi* (= Bild der Welt) ist eine der bekanntesten Schriften zur Geographie. Christoph Columbus besaß ein Exemplar davon und benutzte es zur Vorbereitung seiner Fahrt.

Zwei Streitfälle machten d'Ailly über das Universitätsmilieu hinaus bekannt. Der Kanzler von Notre-Dame in Paris, Jean Blanchard, hatte sich unbeliebt gemacht, indem er bei akademischen Graduierungen von den Kandidaten Geld forderte. Lizentiaten der Theologie sollen dafür mindestens 20 Francs (Goldmünze von 3,89 g) bezahlt haben. D'Ailly vertrat 1385 den Standpunkt der Universität an der Kurie in Avignon. Ein Traktat über das biblische Thema *radix omnium malorum cupiditas* (= Die Wurzel allen Übels ist die Begierde, 1.Tim 6, 10) untermauerte die Position d'Aillys und seiner Mitstreiter theoretisch. Das Ziel war erreicht, als Blanchard sich von seinem Posten zurückzog. Der zweite Streit (1387–1389) ging um ein genuin theologisches Problem. Der aus Aragón stammende Dominikaner Juan de Monzón hatte in Predigten und Schriften die unbefleckte Empfängnis der Jungfrau Maria bestritten, wie dies auch sein Ordensbruder Thomas von Aquin getan hatte. Mit seinem Schüler und Freund Jean Charlier de Gerson vertrat d'Ailly die unbefleckte Empfängnis in seiner Lehre und vor der Kurie in Avignon, wo er die Verurteilung Monzóns erreichte. Dieser zog sich nach Aragón zurück, während die Dominikaner für längere Zeit die Universität Paris verließen und für immer Gegner d'Aillys und Gersons blieben.

Einen ersten Höhepunkt seiner Karriere erreichte d'Ailly 1389, als er zum *aumônier* (= »Almosenier«, Hofgeistlicher) König Karls VI. und zum Kanzler der Universität ernannt wurde. Er scheute sich nicht, trotz seines Traktats über die Wurzel allen Übels, Pfründen in großer Zahl zu kumulieren. Nach dem Tod Papst Clemens VII. 1394 wurde das Problem des Schismas immer drückender. Die Universität erhielt den Auftrag, Möglichkeiten zu dessen Überwindung zu prüfen. Es sollen 10.000 *cedulae* eingegangen sein, die von 54 Magistern geprüft wurden. Ein Brief an den König ging daraus hervor, in dem die drei *viae* – die *cessio*, der Kompromiss und äußerstenfalls die *via concilii* – vorgeschlagen wurden. Alles hing aber an der Person des Königs.

Karl VI. aber war seit 1392 nicht mehr zu energischer Politik fähig. Immer wieder verfiel er in einen schizophrenen Verfolgungswahn, der ihn auf mehrere Monate regierungsunfähig machte. Die Regierungsverantwortung lag dann bei den Herzögen von Orléans, Berry und Burgund. Die Wahl Benedikts XIII. machte alle Hoffnungen auf ein schnelles Ende des Schismas zunichte. D'Ailly schloss sich als Vertreter der *via compromissi* dem Papst in Avignon an, was ihm 1395 den Bischofsstuhl von Le Puy eintrug. Nachweislich ist er aber nie dort angekommen, was seinen Nachfolger veranlasste, einen Prozess wegen des miserablen Zustands der Diözese anzustrengen. D'Ailly hatte inzwischen mit dem Bistum von Cambrai eine attraktivere Stellung erlangt. Er stieß dort aber auf den Widerstand des Herzogs von Burgund, der als Graf von Flandern, eines »urbanistischen« Territoriums, die Inthronisierung zu verhindern suchte und ihm einen Drohbrief schickte.

Weniger Probleme gab es mit dem römischen König Wenzel, dem die Investitur mit den *temporalia* zukam und diese 1398 auch vollzog, womit d'Ailly auch Reichsfürst wurde. »Für viele von denen, die ihn bis dahin gehört und bewundert hatten, war d'Ailly in die fette Herde der Stummen eingetreten« (Bernard Guenée). Das Kanzleramt der Pariser Universität übernahm sein Freund Gerson, für den der Titel *cancellarius Parisiensis* zum Cognomen wurde. Während der Jahre der Subtraktion, d. h. des Entzugs der Obödienz durch die Krone Frankreichs (1398–1403), war d'Ailly in Paris nicht mehr präsent, was ihn nicht hinderte, 1403 einen *Tractatus de materia concilii generalis* (= Traktat über das Thema des Generalkonzils) zu verfassen.

Seine Position näherte sich damit der *via concilii*, aber das Konzil konnte er sich zu diesem Zeitpunkt nur vorstellen, wenn es vom Papst in Avignon berufen würde. Dieser aber hatte in Frankreich nur Enttäuschung hervorgerufen, insbesondere an der Universität, die er mit Abgaben belasten wollte. 1406/07 beschloss daher eine Synode eine erneute Subtraktion, die aber nicht die Autorität des Papstes als geistliches Oberhaupt, sondern nur seine Verfügung über Pfründen und Besteuerung von Klerikern bestritt. D'Ailly trat zu dieser Zeit mit einem neuen Werk hervor, einer Vita Coelestins V., jenes »Engelpapstes«, der 1294 nach einem halben Jahr auf das Amt verzichtet hatte und von seinem Nachfolger Bonifaz VIII. eingekerkert worden war – eine unmissverständliche Aufforderung an den Papst in Avignon, es Coelestin gleichzutun.

Das Konzil von Pisa begrüßte d'Ailly mit Begeisterung. Enttäuscht von Benedikt XIII. legitimierte er jetzt das Konzil in seinen *Propositiones utiles* (= nützlichen Vorschlägen) mit dem schon nicht mehr originellen Gedanken, dass ein Konzil auch ohne den Papst zusammentreten könne. Auf dem Konzil selbst ist er jedoch nicht sonderlich hervorgetreten. Sein Seitenwechsel zahlte sich trotzdem aus, als Johannes XXIII. ihn und Fillastre 1411 zum Kardinal ernannte. Seit 1412 war er auch nicht mehr Bischof von Cambrai, sondern auf dem Konzil der Pisaner Obödienz in Rom, wo er von Johannes XXIII. zum Legaten für Deutschland ernannt wurde. Die Berufung des nächsten Konzils nach Konstanz begleitete er mit einem Glückwunsch an die Stadt, die ihm als Legat anvertraut war.

Am 17. November 1414 ritt er als Prokurator des französischen Königs mit 44 Begleitern in Konstanz ein. Auf dem Konzil wurde er, der nacheinander Benedikt XIII. und Johannes XXIII. angehangen hatte, zum eifrigsten Vorkämpfer der Zession aller drei Päpste. Schon in einer Rede am 2. Dezember rühmte er Sigmund und kritisierte den Papst wegen seiner schlechten Amtsführung. Er war einer der bedeutendsten Redner in allen rhetorischen Kämpfen der Versammlung. Auch in den Polemiken der französischen Nation gegen die englische war er einer der Wortführer und einer der eifrigsten Verfolger des Jan Hus, in dessen Lehre er eine Gefahr für die Hierarchie sah. »An seinem Lebensabend hatte Pierre d'Ailly eine seiner würdige Bühne gefunden« (Bernard Guenée). Er präsidierte der Session am 26. März 1415, als das Konzil beschloss, trotz der Flucht des Papstes zusammenzubleiben. Er war es auch, der dem Konzil die ungewöhnliche Zusammensetzung des Konklaves vorschlug. Dort erhielt er im ersten Wahlgang auch einige Stimmen, war aber als Kandidat einer Mehrheit nicht zu vermitteln. In die Reformdebatten griff er am 1. November 1416 mit seinem Traktat *De reformatione ecclesiae* (= Über die Reform der Kirche) ein. Seine letzten Lebensjahre – er starb 1420 – verbrachte er in Avignon, in einem Haus, das ihm Johannes XXIII. vor dem Konzil geschenkt hatte.

Schluss

Am Ende eines Buches gilt es zu resümieren. Wir tun dies nicht, indem wir noch einmal alles, was wir bislang ausgebreitet und erörtert haben, zusammenfassen. Wir wollen vielmehr zeigen, wie das Konzil heute von der Forschung gesehen und beurteilt wird sowie erörtern, wo es ein Modernitätspotential in sich barg, das sich erst in der Folgezeit entfaltete und zur Geltung kam. Wenn dabei Begriffe wie Textualität, Medialität und Diskursivität fallen, so sind dies selbstverständlich moderne Begriffe, die es so im Spätmittelalter noch nicht gab. Aber sie erlauben uns doch, das Wesen der Konstanzer Synode als vormoderner Großversammlung angemessener zu erschließen, als wenn wir diese, wie es in der älteren Geschichtsschreibung nicht selten der Fall war, auf ihre Faktizität und ihren Ereignischarakter reduzieren.

Schon Johann Gustav Droysen (1808–1884) wusste, dass es mit den so genannten »Fakten«, die wir aus Quellen erheben, nicht getan ist. In einem Brief an Friedrich Perthes vom 8. Februar 1837 schreibt er, dass das »wahre Faktum« nicht in den Quellen stehe. Man brauche einen höheren Gesichtspunkt als das Kritisieren der Quellen, und die Richtigkeit der zu erzählenden Fakta sei stets prekär. Es ist der verstehende historische Geist, der aus »Geschäften« (= Fakten) Geschichte macht.

Zu historischer Erkenntnis kommt es erst, wenn Fakten sinnvoll miteinander verbunden, d. h. in eine erzählende Darstellung gebracht werden. Dass wir heute das Konzil anders sehen, als dies Hermann von der Hardt, Heinrich Finke, August Franzen oder Remigius Bäumer getan haben, ist der veränderten Gegenwart, in der wir leben, geschuldet. Geschichte als Verstandeskonstrukt ist im Gegensatz zur Vergangenheit, die sich nicht ändert, nicht abschließbar. Die Geschichte des Konzils muss deshalb immer wieder neu geschrieben werden.

Am Ende kommt es ohnehin darauf an, dass sich der Leser sein eigenes Urteil über den behandelten Sachverhalt bildet. Um diese kritische Reflexion zu befördern, seien abschließend noch einige Überlegungen und Gedanken zur Relevanz und Bedeutung der Konstanzer Synode präsentiert. Sie machen noch einmal deutlich, dass es tatsächlich lohnend ist, sich mit dem Konstanzer Konzil und seinen Ergebnissen – auch jenseits des aktuellen Jubiläums – näher zu beschäftigen.

Das Konzil in neuem Licht

Das Verdienst der von dem amerikanischen Literaturwissenschaftler Stephen Greenblatt 2011 vorgelegten Studie »The Swerve. How the World Became Modern« besteht darin, dass sie das frühe 15. Jahrhundert unter einer neuen Perspektive betrachtet. Das konziliare Zeitalter erscheint in einem anderen Licht. Es geht nicht primär um Kirche, Macht, Diplomatie, Politik, Ökonomie und Theologie, sondern um Texte, und zwar um antike Texte, die man lange Zeit für verschollen hielt, in Italien jedenfalls nicht mehr finden konnte. Diese Texte hoffte man im Zuge der kirchlichen Großversammlungen, die zugleich als Gelehrtenversammlungen, Karrierebörsen und Drehscheiben des Wissens fungierten, wieder aufzufinden. Nicht zuletzt deshalb war man nach Konstanz gekommen.

Poggio Braccolini (1380–1459), aus dessen Blickwinkel Greenblatt die Turbulenzen des frühen 15. Jahrhunderts schildert, stand, wie er immer wieder betont, zwar als Sekretär (*scriptor apostolicus*) im Dienste des Konzilspapstes Johannes XXIII., aber seine eigentliche Leidenschaft und Profession war die des »Handschriftenjägers«. Er war Humanist und gehörte damit der ersten Bildungselite der Neuzeit an. Der exzeptionelle Zugriff, den der amerikanische Literaturwissenschaftler in seinem Buch gewählt hat, ist allerdings nicht ganz neu. Schon der Schweizer Dichter und Literat Conrad Ferdinand Meyer (1825–1898) hatte den italienischen Humanisten Poggio zum Helden der zur Zeit des Konstanzer Konzils spielenden historischen Novelle »Plautus im Nonnenkloster« (1882) gemacht.

Im Bereich der Wissenschaft kommt dem Mittellateiner und Mediävisten Paul Lehmann das Verdienst zu, auf die großen Konzilien von Konstanz und Basel als Kopier-, Bücher- und Handschriftenmärkte aufmerksam gemacht zu haben. In neuerer Zeit versuchte der Berliner Germanist Thomas Rathmann, das Constantiense als

»diskursives Ereignis« zu fassen, das »schon während es geschieht, also noch gegenwärtig ist, textuellen Charakter besitzt«. Sein Verlauf sei vorstellbar »als eine gigantische Zirkulation von Texten, Texten, die nicht sekundär darstellen, sondern als Teil des Geschehens selbst schon wieder Ereignischarakter besitzen«. Dabei ging er selbstverständlich auch auf den Facetienschreiber und ehedem päpstlichen Sekretär Poggio Bracciolini ein.

Das Konzil als textuelles Ereignis

Die komplexen Probleme und Organisationsstrukturen des Konzils erforderten einen gesteigerten Grad von Schriftlichkeit. Traktate, Dekrete, *cedulae* und *avisamenta* wurden in den Nationen schriftlich ausgearbeitet und verbreitet, theoretisches Rüstzeug wurde aus Bibliotheken beschafft, kopiert und benutzt. Zum Konzilspersonal gehörten Notare, Referendare, Abbreviatoren, Skriptoren, Korrektoren, Registratoren, Bullatoren usw. Außerdem musste die ganze kanonistische und theologische Literatur der Schismajahrzehnte für die Synodalen bereitstehen und wurde ausgetauscht.

Es ist sicher übertrieben, wenn behauptet wurde, es seien ganze Schiffsladungen von Büchern aus den Bibliotheken der alten Reichsabteien im Bodenseeraum nach Konstanz gebracht worden, aber der Transfer hat sicherlich stattgefunden, und es ist fraglich, ob die Bücherschätze auch in jedem Fall wieder den Weg zurück zu ihrem Bestimmungsort gefunden haben.

Geschrieben wurde allenthalben. Eine zeitgenössische Quelle nennt allein für die päpstliche Kurie eine Zahl von 189 *scriptores* (= Schreiber oder Kopisten), die mit der Vervielfältigung von Schriftstücken beschäftigt waren. Jeder Kirchenfürst, jeder weltliche Herr brachte Sekretäre mit. Dazu kommt eine nicht zu beziffernde Zahl von Lohnschreibern, die sich ihren Lebensunterhalt damit verdienten, Texte abzuschreiben. Richental behauptet, 50 Briefe des Königs in der *causa* des Herzogs Friedrich von Österreich abgeschrieben zu haben.

Notare und Prokuratoren waren mit der Abfassung von Schriftsätzen beschäftigt. Predigten wurden schriftlich verbreitet und blieben so der

Nachwelt erhalten. Von Kardinal d'Ailly ist überliefert, dass er seinen Traktat *De reformatione ecclesiae* (= Von der Reformation der Kirche) zwei Wochen lang in der St. Paulskirche diktieren ließ und diesem damit wohl auch stärkere Wirkung verschaffte; ähnlich verfuhr Gerson, von dem es heißt, er habe einen ekklesiologischen Traktat *editus et pronunciatus Constantiae tempore concilii generalis*, was heißt, dass er ihn zur Zeit des Konstanzer Generalkonzils herausgegeben und verkündet hat.

Paul Lehmann, der Erforscher mittelalterlicher Bibliothekskataloge, ist schon 1921 der Verbreitung von Konstanzer Handschriften nachgegangen, die sich anhand von Schreibereinträgen verfolgen ließen. Codices wurden von Konstanz aus in ganz Europa verbreitet. Lehmann lokalisiert viele in Norddeutschland, Schweden (Uppsala), Polen (Gnesen, Krakau) und Frankreich (Reims). Der Eintrag *scripsi et scribere feci in Constantia tempore concilii generalis* – »ich schrieb und ließ schreiben in Konstanz zur Zeit des Generalkonzils« verweist auf die Entstehung während des Konzils, während ein Kaufvermerk *liber emptus fuit* (= das Buch wurde gekauft) nur den Erwerb, nicht die Herkunft dokumentiert, hier oft mit genauer Angabe des Preises *pro 1 floren, viij vel x grossos, id est medium floreni*, also für einen Gulden, für acht oder zehn Groschen, das ist ein halber Gulden.

Ein Eintrag wie *emptus de diversis venditoribus librorum* – »gekauft von verschiedenen Buchverkäufern« zeigt uns, dass es im zeitgenössischen Konstanz offensichtlich professionelle Buchhändler und eine entsprechende Nachfrage gab. Namhaft zu machen sind unter den Käufern der Bischof von Frauenburg im Ermland, Johann Abeczier, der auch einen Cicero-Text aus Poggios Exemplar abschreiben ließ, und der polnische Konzilsgesandte Paul Vladimiri, Rektor der Krakauer Universität, der die Sache der polnischen Monarchie gegen den Deutschen Orden vertrat. Auch im österreichischen Kloster Melk, das zum Vorreiter der benediktinischen Ordensreform wurde, fanden sich Konzilshandschriften.

Den berühmtesten Besitzer machte Lehmann in der Person Kardinal Guillaume Fillastres aus, der seine Schätze dem Domkapitel von Reims hinterließ, als er nach Rom ging. Hier ist vor allem eine Handschrift des antiken Geographen Claudius Ptolemaios vermerkt. Fillastre, der wie auch d'Ailly sehr an Geographie und Kosmographie interessiert war, hatte sie aus Florenz nach Konstanz kommen, abschreiben und schließlich nach Frankreich bringen lassen. Es waren also nicht nur konziliare bzw. theologische Schriften, die in Konstanz ausgetauscht und vertrieben wurden. Jeder ging seinem Geschmack und Interesse nach und betrieb seine Studien, soweit die Stadt sowie ihr Bücher- und Handschriftenmarkt es zuließen.

Das Konzil als gelehrtes Ereignis

Im Gefolge der italienischen Konzilsväter und des Papstes kamen zahlreiche Gelehrte nach Konstanz, die schon im Geist des Humanismus gebildet waren. Leonardo Bruni Aretino beispielsweise kam als päpstlicher Sekretär zum Konzil, das er nach der Flucht des Papstes im März des Jahres 1415 fluchtartig wieder verließ. Er verfasste aber eine Städtebeschreibung, die noch 1493 in deutscher Sprache in Hartmann Schedels Weltchronik aufgenommen wurde: *zu anzaygung des alters vnd vrsprungs diser statt* (= Konstanz) sei zu vermerken, dass *dise statt von Constantio, des Constantini vater [...] den namen empfangen hat.* Sein Griechischlehrer Manuel Chrysoloras – ein »Grenzgänger zwischen orthodoxem Osten und katholischen Westen« (Alexander Patschovsky), der schon an den Vorverhandlungen von Como beteiligt war, starb am 15. April 1415 in Konstanz und wurde im Dominikanerkloster bestattet, worüber Richental seltsamerweise nichts berichtet.

Sein Epitaph ist erhalten; es nennt ihn zwar fälschlich einen *miles* (= Ritter), aber vor allem einen *vir doctissimus, prudentissimus, optimus*, was so viel wie ein höchstgelehrter, sehr kluger und sehr guter Mann bedeutet, der von allen als »des höchsten Pontifikats für würdig befunden war«. Der *secretarius apostolicus* (= päpstlicher Sekretär) Poggio Bracciolini, auch er Jahrzehnte später Kanzler von Florenz, war in der papstlosen Zeit von 1415–1417 nach eigener Aussage *otiosus*, d. h. wenig beschäftigt.

Er nutzte die Zeit zu einem Aufenthalt in Baden, wo er – belustigt über die dort herrschenden landesüblichen Sitten – schreibt, als ob es sich um ein Naturvolk handelte: »Es ist lächerlich anzusehen, wie altersschwache Frauen und auch jüngere nackt im Angesicht der Männer ins Bad eintreten«. Darüber hinaus stellte er Nachforschungen in den Bibliotheken der Umgebung an.

Am 16. Dezember 1416 schreibt er an Guarino Veronese, einen umfassend gebildeten Pädagogen, der sich schon im Gefolge von Chrysoloras in Konstantinopel sieben Jahre lang dem Studium der antiken Autoren gewidmet hatte, er wolle ihm und anderen gelehrten Menschen »eine nicht geringe Freude bereiten«: »Denn was ist, beim unsterblichen Gott, dir und den übrigen gelehrten Männern erfreulicher, wohlgefälliger und willkommener als die Kenntnis jener Dinge, die durch die Beschäftigung mit ihnen gelehrter und, was sogar wichtiger erscheint, stilsicherer machen? [...] Denn es ist die Sprache allein, die wir gebrauchen, um unsere Geisteskraft auszudrücken, worin wir uns von den übrigen Lebewesen unterscheiden«.

Ein solcher Autor, durch den die Sprache geschmückt und gepflegt wird, sei Marcus Fabius Quintilianus, ein römischer Rhetoriker, der von ca. 35–100 n. Chr. lebte. Durch diesen allein schon, »könnten wir, selbst wenn wir Cicero, den Schöpfer römischer Eloquenz, nicht hätten, die vollkommene Kunst des richtigen Redens lernen«. Die Kenntnis dieses Autors sei aber *culpa temporum*, durch die Schuld der Zeiten, verschüttet gewesen: »Umso mehr können wir uns beglückwünschen, dass er durch unsere Beharrlichkeit in seiner Erscheinung und Größe, in seiner früheren Form und völliger Unversehrtheit wiederhergestellt worden ist«.

Das Folgende liest sich wie eine Gefangenenbefreiung und erinnert im Stil an Poggios Darstellung vom Leiden des Hieronymus, als gebe es eine »Verbindung zwischen eingekerkertem Ketzer und weggesperrtem Text« (Stephen Greenblatt). Der Text, die *Institutio oratorica*, sei aber in jämmerlichem Zustand aufgefunden worden. »Denn, beim Herkules, wären wir ihm nicht zu Hilfe gekommen, dann wäre er bald zugrunde gegangen. Es besteht kein Zweifel, dass dieser glänzende, reine und elegante Mann, reich an Moral und Witz, jenen übelriechenden Kerker, den Schmutz dieses Ortes und die Grausamkeit der Wächter länger nicht hätte ertragen können«.

Im Kloster St. Gallen habe er unter vielen anderen Büchern den Quintilian gefunden, »noch heil und unversehrt, aber von Staub und

Moder starrend«. Denn er sei nicht in der Bibliothek, sondern in einem dunklen Kerker gelegen, »am Fuße eines Turms, in den man nicht einmal Schwerverbrecher stoßen würde«. Außer dem Quintilian habe er die drei ersten und das halbe vierte Buch des *Argonauticum* des Valerius Flaccus, eines römischen Epikers (gest. vor 95 v. Chr.), sowie die Expositiones über acht Reden Ciceros von Asconius Pedianus, eines römischen Rhetorikers (9 v.–76 n. Chr.), gefunden.

Weitere Suchexpeditionen führten ihn in die Bibliotheken von Murbach im Elsass, Cluny und Fulda, wo er Werke des Vitruvius (*De architectura*, 1. Jahrhundert n. Chr.), Laktantius (4. Jahrhundert n. Chr.), Priscianus (*Institutio de arte grammatica*, 5./6. Jahrhundert n. Chr.), Ciceros und des Historikers Ammianus Marcellinus (*Res gestae*, 4. Jahrhundert n. Chr.) fand. Poggio und seine Gefährten stellten aber kaum die Frage, wie die gefundenen Handschriften denn in den barbarischen Norden gekommen waren. Es wurde lediglich die Vermutung geäußert, man habe es mit geraubten Beutestücken aus Italien zu tun – aber warum sollten Barbaren seltene Bücher rauben und in ehrwürdigen Bibliotheken verwahren?

Die Antwort auf diese Frage gibt ein Phänomen, das man im 19. Jahrhundert als »Karolingische Renaissance« bezeichnet hat. Es handelte sich dabei um eine vom Hof Karls des Großen ausgehende geistlich-theologische Reformbewegung, die sich vor allem auf die Erneuerung des Bildungswesens richtete. Es war die »Sorge um den rechten Text« (Horst Fuhrmann), die karolingische Mönche antike Texte abschreiben und in Klöstern verwahren ließ.

Dass sie damit zugleich die Grundlage für die humanistische Bildungserneuerung des ausgehenden Mittelalters bzw. der beginnenden Neuzeit schufen, konnten sie damals noch nicht wissen. Aber es war doch vorwiegend die Karolingerzeit, die die Abschriften jener antiken Texte hervorgebracht hat, die im Bodenseeraum des frühen 15. Jahrhunderts von den Humanisten wiederentdeckt wurden, was den Charakter des Konzils als textuelles und gelehrtes Ereignis noch einmal unterstreicht.

Das Konzil als polyvalentes Ereignis

Die moderne Konzilienforschung hat deshalb zu Recht auf den Charakter von Konzilien als »Medienereignissen« hingewiesen. Die großen Konzilien haben, wie das der Heidelberger Mediävist Jürgen Miethke formuliert hat, als »Medien der geistigen Entwicklung« gewirkt und zum Fortschritt von Kommunikation und Intellektualität in der zeitgenössischen europäischen Gesellschaft beigetragen. Konstanz wurde, wie dies Walter Brandmüller zu Anfang seiner Konzilsgeschichte festhielt, für nahezu vier Jahre »zum Umschlagplatz des geistigen Lebens seiner Zeit«; die relativ kleine Stadt an Rhein und Bodensee war demnach für kurze Zeit Zentrum und Nabel nicht nur der gelehrten akademischen Welt, sondern auch des italienischen Renaissance-Humanismus geworden.

Die Universitäten und deren Gelehrte prägten nicht nur den Lebens- und Arbeitsstil, sondern auch die Organisations-, Kommunikations- und Umgangsformen der kirchlichen Großversammlungen im 15. Jahrhundert. Es ist insofern nicht falsch, diese Konzilien, wie es Johannes Helmrath tut, u. a. auch als »Kommunikationsphänomene« zu betrachten. Die neuen methodischen Ansätze, die auf die textuellen, medialen, kommunikativen und performativen Aspekte der spätmittelalterlichen Konzilien als Großereignissen abheben, haben gemeinsam, dass sie die Reformkonzilien des 15. Jahrhunderts nicht hinsichtlich ihrer Primärfunktionen, sondern hinsichtlich ihrer Sekundärfunktionen als »polyvalente historische Phänomene« wahrnehmen, die sich nicht ausschließlich auf religiös-theologische Antriebskräfte reduzieren lassen.

Die Konzilien des 15. Jahrhunderts waren nicht nur Kirchenversammlungen, sondern permanente Langzeitveranstaltungen oder internationale »Kongresse«, die sich, will man ihnen historisch gerecht werden, einer pauschalierenden Kategorisierung entziehen. Die erhaltene Überlieferung bietet dementsprechend nicht nur Ansatzpunkte zur Erforschung der Alltags-, Mentalitäts-, Wirtschafts-, Politik-, Verfassungs-, Medien-, Kommunikations- oder Verkehrsgeschichte, die Synoden des 15. Jahrhunderts liefern auch dem neueren Forschungszweig der Symbol-, Ritual- und Zeremonialforschung unschätzbar reiches Quellenmaterial. Die Konzilien waren in jedem Fall, das zeigen die zahlreichen Aufzüge und Prozessionen, auch performative Ereignisse, die nicht zuletzt von der öffentlichen Inszenierung lebten.

Man kann die Konzilien insofern, wie dies für alle historischen Phänomene gilt, unter vielfältigen Aspekten betrachten. An die Städte, die sie ausrichteten, stellten sie, was Infrastruktur, Beherbergung, Wohnraumbewirtschaftung, Sicherheit, Verproviantierung und Lebensmittelversorgung sowie Freizeitgestaltung anbelangt, hohe Anforderungen. Der *locus concilii*, der Ort des Konzils, musste gut gewählt sein. Er musste »ein internationaler Zentralort mit Resonanz- und Echoeffekt« (Heribert Müller) sein, also über Zentralität verfügen und verkehrstechnisch für alle Synodalen gut erreichbar sein. Zugleich bot sich für die Konzilsstadt durch die Ausrichtung der Synode die Möglichkeit zu einem nicht unerheblichen Prestigegewinn, der durchaus mit politischen, aber auch mit ökonomischen Vorteilen einhergehen konnte. Gleichzeitig barg die Konzilsausrichtung die Gefahr von nachkonziliarer Rezession und sozialen Verwerfungen, wenn das Ereignis vorbei und der ökonomische »Boom« zu Ende war.

Die Konzilien hatten, wenn man etwa an die zahlreichen und reich geschmückten Wappenbücher sowie die Teilnehmerlisten denkt, die in ihrem Gefolge entstanden sind, in jedem Fall Netzwerkcharakter. Sie fungierten etwa für die Universitätsgelehrten, Akademiker und Studenten nicht nur als Treffpunkte, sondern auch als Job- und Karrierebörsen. Sie waren sowohl politische als auch gesellschaftliche Großereignisse, die Menschen, die Rang und Namen hatten und etwas auf sich hielten, aus unterschiedlichen Gründen nicht versäumen wollten oder durften.

Das Konzil als Spectaculum

Das Konzil war ja nicht zuletzt auch ein Spectaculum. Es war, wie man heute sagen würde, »a thrilling event«, ein Ereignis, das nicht nur überregionale, sondern internationale bzw. universale Bedeutung besaß und deshalb viele Menschen von nah und fern anzog. Es ging, wie das Gerrit Jasper Schenk einmal formuliert hat, nicht zuletzt auch darum, zu sehen und gesehen zu werden. Man war nicht immer da, aber immer dann, wenn es wichtig oder spektakulär wurde, etwa bei feierlichen Belehnungen, dem Adventus des Königs oder Papstes, dem Konklave, den festlichen Totenfeiern oder bei der Kanonisation der hl. Birgitta.

Der Chronist Richental betont ausdrücklich, dass manche Konzilsteilnehmer nur *des schowens willen* (= um des Sehens willen) gekommen waren. Viele kamen also, weil sie einfach die Neugier und Sensationslust dazu trieb. Man denke hierbei etwa an die Konstanzer Ketzerprozesse. Viele kamen aber auch, um vom König etwas zu erbitten oder um an der päpstlichen Kurie um eine Pfründe, einen Dispens, eine Reservation oder eine Exemtion nachzusuchen oder auch einfach um Recht zu erhalten. Viele Bittsteller waren deshalb nur sporadisch und temporär in der Stadt und verließen sie recht bald wieder, weil es gewiss mitunter turbulent, unübersichtlich und chaotisch zuging, von Beutelschneidereien, Wucher und anderen Dingen einmal ganz zu schweigen.

Die wenigsten Konzilsbesucher dürften – von den Synodalen, die zum Bleiben verpflichtet waren, einmal abgesehen – die ganze Zeit über in Konstanz gewesen sein. Denn der Lebensunterhalt war, wie wir gesehen haben, teuer, die Stadt überfüllt und die Wohn- und Quartierverhältnisse überdies recht beengt. Der Motive, ein Konzil aufzusuchen, gab es gewiss viele. Sie exakt zu klassifizieren, dürfte aus moderner Sicht schwer fallen. Der Unterhaltungs- und Sensationsaspekt dürfte in diesem Zusammenhang jedoch nicht zu gering zu veranschlagen sein, zumal der spätmittelalterliche Alltag in der Regel eher wenig »Entertainment« bot, um einen modernen Begriff zu verwenden.

Wer hatte schon zu seinen Lebzeiten einen leibhaftigen Papst oder König gesehen? Wer wollte nicht die fremden Gelehrten oder Kurfürsten begutachten und bestaunen, die da nach und nach aus den unterschiedlichsten Universitäts-, Bischofs- und Reichsstädten in Konstanz eintrafen? Wer wollte sich den böhmischen Magister Jan Hus entgehen lassen, von dessen neuer Kirchenlehre man zwar schon vieles gehört, sie aber nicht recht verstanden hatte? Es gab schon allein wegen der illustren Persönlichkeiten und der damit einhergehenden spektakulären Ereignisse Grund genug, die Stadt an Rhein und Bodensee einmal aufzusuchen, zumal sich das Konzil wider Erwarten nahezu vier Jahre hinzog, also gewissermaßen zu einer permanenten Einrichtung im Bodenseeraum geriet.

Man darf in diesem Zusammenhang auch nicht vergessen, dass sich im Laufe der Synode nicht nur der europäische Klerus, sondern auch der europäische Adel ein Stelldichein in Konstanz gab, war das Konzil doch zugleich auch so etwas wie eine »Drehscheibe internationaler Beziehungen«, wie das Jürgen Miethke formuliert hat. Die einschlägige Forschung, die vor allem von Johannes Helmrath und Heribert Müller repräsentiert wird, hält diesbezüglich Begriffe wie »Kontakt- oder Ideenbörse«, »Treffpunkt«, »Rezeptions- und Diffusionszentrum«, »Membran«, »Katalysator«, »Knotenpunkt« usw. bereit.

Alle diese Begriffe demonstrieren, dass das spätmittelalterliche Konzil als vormoderne Großveranstaltung nur multiperspektivisch erschlossen werden kann. Das gilt vor allem für den politischen Bereich. In Konstanz wurde ja keineswegs nur über theologische Fragen verhandelt. Es ging u. a. um die Tyrannenmordfrage, die Auseinandersetzung zwischen den Herzögen von Burgund und Orléans, den Streit zwischen dem Deutschen Orden und Polen-Litauen, die *causa* Johannes Falkenberg, die mit dem preußisch-polnischen Konflikt zu tun hatte, die Befriedung des Hundertjährigen Krieges zwischen England und Frankreich, die zukunftsträchtige Belehnung des Burggrafen Friedrich VI. von Nürnberg mit der Mark Brandenburg, die Griechenunion, die Kreuzzugsidee und vieles mehr.

Man muss nur die vielen erhaltenen Teilnehmerlisten und die darin enthaltenen Namen durchgehen, um zu sehen, wie gemischt, heterogen und umfangreich die Gruppe war, die sich aus ganz unterschiedlichen Gründen nach Konstanz aufmachte und am Konzilsort versammelte. Die Listen sind deshalb nicht nur empirisch-statistisch zu verstehen. Sie bieten, auch wenn sie teilweise imaginäre Namen und Wappen aufweisen, zugleich ein in Gruppen geordnetes Selbstbild der konziliaren Gesellschaft, wobei die vielen Namenlosen, die von keiner Liste registriert und verzeichnet wurden, selbstverständlich nicht zu vergessen sind. Sie dürften einen großen Teil der Konzilsgäste ausgemacht haben.

Es hatten also viele Menschen Grund, von 1414 bis 1418 nach Konstanz zu kommen, auch wenn sie nicht unbedingt den Konzilssessionen im Münster beiwohnen oder kirchliche und theologische Fragen diskutieren konnten. Für die zeitgenössischen Chronisten stand jedenfalls ganz außer Frage, dass das erste Konzil, das nördlich der Alpen abgehalten wurde, eine absolute Sensation, ein unerhörtes Ereignis, ein Spectaculum der besonderen Art darstellte, zumal Konstanz zwar nicht unbedeutend, aber doch relativ klein war, also erhebliche logistische Anstrengungen unternehmen musste, um das Großereignis angemessen bewältigen zu können. Die Basler Stadtväter haben sich später bei den Konstanzern nicht umsonst erkundigt, wie man eine derartige Großversammlung angemessen plant, organisiert und durchführt.

Das Konzil als »Forum der öffentlichen Meinung«

Da Geschichte unweigerlich auch mit der jeweiligen Gegenwart derjenigen zu tun hat, die sie erforschen und darstellen, ist es nicht ganz unwichtig, abschließend die Frage zu beantworten, was es für den modernen Leser lohnend macht, sich historisch mit den Reformkonzilien zu beschäftigen. Was macht den Reiz der Auseinandersetzung mit diesen vormodernen Großversammlungen aus? Wo liegt der Mehrwert der Beschäftigung mit ihnen? Was lässt diese Synoden zu singulären historischen Ereignissen werden? Wo liegt ihre ekklesiologische Bedeutung für die moderne Welt? Wo liegt ihre Bedeutung für die Gegenwart?

Diese Fragen sind nicht unwichtig, könnte man zunächst doch durchaus der Meinung sein, Konzilien als primär kirchlich-theologische Veranstaltungen gingen uns heute in einer weithin säkularisierten Welt nichts mehr an. Dass diese Auffassung falsch ist, wird deutlich, wenn man sich klar macht, dass das Constantiense neben dem Tridentinum (= Trienter Konzil) und den beiden vatikanischen Konzilien zu den bedeutendsten Konzilien der Kirchengeschichte überhaupt zählt. Die Konzilien sind, worauf Jürgen Miethke hingewiesen hat, »Teil unseres mittelalterlichen Erbes«, das wir nicht einfach übergehen können.

Ferner ist festzuhalten, dass es sich beim Konstanzer Konzil, wie dies Heinrich Finke im Vorwort seiner »Forschungen und Quellen« formuliert hat, um die glänzendste mittelalterliche »Völkerversammlung auf deutschem Boden« mit insgesamt ungefähr 30.000 bis 40.000 Konzilsbesuchern gehandelt haben dürfte, wobei sich die Zahl der Teilnehmer im engeren Sinne, also der Synodalen, auf ungefähr 2.300 belief. Für den britischen Historiker Francis Oakley ist das Constantiense, wie er in seinem Buch über die westliche Kirche im späten Mittelalter schreibt, unzweifelhaft die größte kirchliche Versammlung des gesamten Mittelalters gewesen.

Wir dürfen deshalb festhalten, dass die großen Reformkonzilien in der Welt des ausgehenden Mittelalters etwas durchaus Neues und Zukunftweisendes waren. Mit den Synoden des Hochmittelalters sind die Konzilien des Spätmittelalters jedenfalls nicht mehr zu vergleichen. Das Neue lag dabei weniger in den zu verhandelnden Inhalten, denn diese blieben sich gleich, was etwa die Glaubensfrage anbelangt, sondern in der »Geschäftsordnung«, die sich das Konzil gab, in der Art und Weise des Verfahrens also, wie man miteinander umging, miteinander redete, sich verhielt und Ergebnisse generierte.

Das moderne Wort »Kongress« ist zwar vielleicht nicht ganz richtig oder passend, weil es ausschließlich die säkulare Dimension des Ereignisses betont und damit falsche Assoziationen weckt, aber es trifft den Kern der Sache insofern, als die Konzilien neben ihrer primär kirchlich-theologischen auch noch eine andere, sekundäre Funktion besaßen, die ihnen aus heutiger Sicht eine gewisse zukunftsweisende Modernität verlieh: Sie waren, wie dies Jürgen Miethke bereits vor langer Zeit festgestellt hat, auch »Foren der öffentlichen Meinung«.

Man spricht zwar in der mediävistischen Forschung für das Zeitalter der Vormoderne nur ungern und vorsichtig von »Öffentlichkeit«, weil diese auch immer ein entsprechendes Medium – etwa in unserer Zeit das globale Internet, aber auch Fernsehen, Telefon, Zeitungen, eine ausgeprägte Buchkultur – voraussetzt, das es so im Mittelalter selbstverständlich noch nicht gab. Man hat sich deshalb auf Begriffe wie »geschlossene« Öffentlichkeit, »Teil- oder Binnenöffentlichkeit« oder »okkasionelle« Öffentlichkeit verständigt, um zu zeigen, dass diese Form der vormodernen Öffentlichkeit etwas anderes ist, als die in der Moderne durch die neuen Medien und vor allem durch die Erfindung des Buchdrucks entstehende.

Aber man darf gleichwohl annehmen, dass über das Konzil, seine Teilnehmer und seine geschäftsführenden Organe so etwas wie eine konziliare Öffentlichkeit hergestellt wurde, die nicht ausschließlich hierarchisch und monologisch, sondern dialogisch und deshalb ansatzweise diskursiv bzw. partizipatorisch organisiert war. Das Konzil bestand nicht nur aus Sprachhandlungen, sein inneres Funktionieren gründete sich geradezu darauf, dass es, wie Johannes Helmrath betonte, Kommunikation »erst zustandekommen lässt«.

Indem das Konzil sich vor Ort konstituierte, entstand so etwas wie ein öffentlicher Kommunikationsraum, der nach Regeln funktionierte, die dieser sich selbst über die »Geschäftsordnung am Konstanzer Konzil« (Johannes Hollnsteiner) gab. Hinzu kommt, dass sich das Konzil als kirchliches Beschluss-, Rechts- und Herrschaftsorgan durchaus darüber im Klaren war, zu seiner Legitimation Öffentlichkeit, Präsenz und Visibilität herstellen zu müssen.

Die Praxis der öffentlichen Inszenierung und Darstellung des Konzils, wie wir sie etwa den ausführlichen Prozessionsdarstellungen der Konstanzer Konzilschronik Ulrich Richentals entnehmen können, also die Frage, wie der Zusammenhang von Papst, Stadt und Konzil herzustellen ist, war schon deshalb wichtig, weil der Normalbürger in der Regel von der im Münster tagenden Synode wenig bis gar nichts mitbekam, aber gleichwohl am Konzil, das in seine Stadt eingekehrt war, partizipieren sollte, weil es ja die universale Kirche (*universitas fidelium*) repräsentierte, ein Teil derselben auch er war.

Das Konzil als diskursives Ereignis

Es mussten mithin für alle zugängliche Räume öffentlicher Verlautbarung, öffentlicher Rede, öffentlicher Zurschaustellung geschaffen werden, um eine kommunikative Konvergenz zwischen Konzil und Stadt herzustellen. Der kollegial-partizipatorische Arbeitsstil manifestiert sich insofern in der Kommunikation der Synodalen untereinander, aber auch an Aushängen an Kirchentüren oder stadtöffentlich verkündeten Verlautbarungen, die das, was beschlossen wurde, der Öffentlichkeit mitteilen wollten. Der diskursive Arbeitsstil wurde mithin nicht nur auf der Ebene der Kirchenverfassung lanciert und diskutiert, um das drängende Schismaproblem zu lösen, er wurde auf den Synoden auch praktisch angewandt. Die Konzilsväter saßen sich auf den hölzernen Tribünen des Münsters *face to face* in Rede und Widerrede gegenüber. Man musste sich, wenn man bestimmte Thesen vertrat und diese argumentativ untermauerte, in die Augen sehen, gestikulieren und mit Reaktionen des Auditoriums rechnen, von denen man nicht vorhersehen konnte, wie sie ausfielen. Die Konzilien waren deshalb im Wesentlichen diskursive, kommunikative und performative historische Ereignisse, die in diesem Zusammenhang, was etwa die Rhetorik, die Oratorik und die Liturgie anbelangt, auch eigene Verfahrensregeln generierten.

Ihre Modernität bestand nicht zuletzt darin, dass sie eine immanente diskursive Logik entwickelten. Diese konnte nicht einmal von Päpsten und Königen vollständig kontrolliert, beherrscht und außer Kraft gesetzt werden. Man musste demnach nicht nur Thesen und Argumente angemessen formulieren, sondern auch überzeugen und vor allem Mehrheiten in den dafür vorgesehenen Gremien – etwa den Nationen – herstellen können. Die »Kultur des Überzeugens«, wie sie Andrew Pettegree für das 16. Jahrhundert herausgearbeitet hat, bahnt sich hier bereits an.

Dass der diskursive Kommunikationsstil, wie er während des Konzils praktiziert wurde, »parlamentarisierend« wirkte, erhellt z. B. aus der Tatsache, dass in Konstanz seit dem 7. Februar 1415 nach Nationen und nicht nach Köpfen abgestimmt wurde, wodurch der Pisaner Papst und seine Partei in der Frühphase des Konzils strategisch in die Defensive gerieten. Die »Nation« war laut Geschäftsordnung ein Beschlussorgan bzw. Abstimmungskörper, in dem alles, was in den Sessionen entschieden werden sollte, konsensual vorberaten werden musste. Dass die Mehrheitsmeinung nicht einfach umgangen oder ausgehebelt werden konnte, zeigt sich auch daran, dass sich der König im so genannten Prioritätenstreit (Papstwahl oder Reform) gegen die romanischen Nationen und die Kardinäle nicht durchsetzen konnte.

Das Konzil entwickelte also, je mehr es voranschritt und sich konstituierte, seine eigene diskursive Logik und kommunikative Gesetzmäßigkeit, die man, auch wenn sie nicht immer kohärent und berechenbar war, akzeptieren musste, sofern man argumentativ etwas erreichen wollte. Die Handelnden konnten sich dieser Eigendynamik jedenfalls nicht einfach entziehen, außer sie verließen – wie etwa Johann II. von Nassau, Erzbischof und Kurfürst von Mainz – wortlos und empört die Stadt, weil sie im Wettstreit der scharfen Worte den Kürzeren gezogen hatten.

Der konkrete Verlauf der Ereignisse hing nicht selten davon ab, wer wann zu welchem Thema eine Stellungnahme, einen Traktat, eine Cedula, ein Gutachten oder ein Avisamentum publizierte oder (anonym) in Umlauf setzte sowie entsprechende Emotionen und Reaktionen provozierte. Wie wichtig das rechte Wort zur rechten Zeit am rechten Platz sein konnte, zeigt nicht nur das strategische Zusammenspiel von d'Ailly und Fillastre im Januar und Februar 1415, als es darum ging, die Zession aller drei Päpste gedanklich und strategisch vorzubereiten, sondern auch die vom Kanzler der Sorbonne, Jean Charlier Gerson, gehaltene Predigt *Ambulate dum lucem habetis* (Joh 12, 35) vom 23. März 1415, die nicht nur vieles von dem, was später im Dekret »Haec sancta« verlautbart wurde, vorwegnahm, sondern dem Konzil nach der Flucht des Papstes ekklesiologisch auch eine neue Richtung gab. C. M. D. Crowder hat sie in seiner die Jahre 1378 bis 1460 umspannenden Quellensammlung deshalb zu Recht »a turning point in the fortunes of the council of Constance« bezeichnet.

Es wäre gewiss falsch und übertrieben zu behaupten, dass Konzilien als primär kirchliche Versammlungen vormoderne Orte der freien Rede oder des freien Meinungsaustauschs gewesen wären, zumal das große Paradox der Konstanzer Reformsynode ja gerade darin bestand, die Kirchenreformer Jan Hus und Hieronymus von Prag verurteilt und hingerichtet zu haben, ohne dass diese sich angemessen hätten verteidigen können.

Der britische Historiker Geoffrey Barraclough hat deshalb in seiner Geschichte des mittelalterlichen Papsttums an dieser Stelle eine kompensatorische Handlung vermutet. Das Konzil, so seine These, versuchte in einer kritischen Phase der Selbstvergewisserung seine Orthodoxie unter Beweis zu stellen, indem es Hus und Hieronymus verurteilte und verbrannte. Wenn man von der Tatsache absieht, dass weder Hus noch Hieronymus ihre neue Lehre in Konstanz angemessen darstellen konnten, so ist es jedenfalls nicht falsch, die Konzilien als neue institutionelle Formen der geistigen und kommunikativen Auseinandersetzung in Europa darzustellen, die allerdings im Falle der so genannten »Häretiker« versagte, weil man noch am Prinzip der *einen* Wahrheit festhielt. Die Basler Konzilsväter agierten hier – allerdings unter dem Eindruck der hussitischen Revolution – schon anders; sie hatten die Hussiten zu freier Diskussion nach Basel eingeladen und demonstrierten damit eine Toleranz, die in Konstanz noch nicht möglich war.

Die Rolle der Universitätsgelehrten

Vor allem auf die Gelehrten der im späten Mittelalter neu entstandenen Universitäten übten die Konzilien eine befreiende und elektrisierende Wirkung aus, ermöglichten sie doch aufgrund ihres Forumcharakters eine bis dahin nicht gekannte Produktion, Diffusion und Rezeption von Ideen, Theorien und Gedankensystemen, wie sie im frühen und hohen Mittelalter so nicht möglich gewesen war. Der Anteil universitär und humanistisch gebildeter Kleriker ist, wie jüngere Studien gezeigt haben, auf den großen Kirchenversammlungen des 15. Jahrhunderts jedenfalls unverhältnismäßig hoch, so dass das Constantiense sogar als »Konzil der Gelehrten« gelten konnte.

Es kam deshalb auch nicht von ungefähr, dass es im Wesentlichen die Universitäten waren, die die konziliare Theorie als Lösung des Schismaproblems entwickelt und hervorgebracht hatten. Mit dem »Reformprogramm einer Parlamentarisierung der Kirche im konsequenten Konziliarismus« waren sie, wie dies der Erlanger Historiker Berndt Hamm formulierte, außerdem Vorboten einer neuen Zeit. Der Konziliarismus ist ja nicht nur eine kirchliche Verfassungslehre unter anderen gewesen, sondern eine hochkomplexe, elaborierte und zudem tief in der hochmittelalterlichen Kanonistik verankerte Theorie, die das strukturelle Verhältnis von Papst und Konzil als Repräsentation der Gesamtkirche angesichts des Schismaproblems auf neue Weise zu definieren und auszutarieren versuchte.

Der Konziliarismus, den es als feststehendes Lehrgebäude nie gab, wollte keine papstlose, aber eine andere Kirche, die weniger hierarchisch als vielmehr korporativ-kollegial verfasst war. Hinzu kommt, dass die konziliare Theorie auf eine veritable Krise reagierte, in welche die spätmittelalterliche, stark hierokratisch und fiskalisch ausgerichtete Papstkirche nicht ohne eigene Schuld geraten war. Man muss mithin vorsichtig mit der Kritik an dieser ekklesiologischen Theorie sein. Vor allem sollte man nicht vergessen, dass es der nachträglich perhorreszierte Konziliarismus war, der das Papsttum in der Form, wie es bis heute existiert, »tatsächlich gerettet hat« (August Franzen).

Wenn man sich, wie das Hans Schneider 1976 trefflich formuliert hat, klar macht, dass erst »Haec sancta« die Voraussetzung für die Beendigung des Schismas und die neue Papstwahl im Jahr 1417 schuf, »hängt dann nicht die Legitimität Martins V. und seiner Nachfolger bis zur Gegenwart an der Geltung dieses Dekrets«? Mit anderen Worten: Die bis zu Papst Franziskus reichende postkonziliare moderne Papstreihe gründet sich in ihrer Legitimität letztlich auf das Konstanzer Dekret. Diesen Zusammenhang hatte vor Schneider bereits Hans Küng in seinem 1962 erschienenen Buch über die »Strukturen der Kirche« in aller Deutlichkeit betont.

Unter diesem Blickwinkel betrachtet, wird einem die universalhistorische Bedeutung der Konstanzer Synode und ihrer Entscheidungen schlagartig klar. Der Kirchenbegriff, wie ihn die Reformatoren des 16. Jahrhunderts entwickelt haben, ist jedenfalls nicht neu, sondern bereits im konziliaren Zeitalter in Ansätzen geboren und entwickelt worden. Berndt Hamm hat nicht von ungefähr betont, dass es keine Antriebskraft der Reformation gegeben habe, »die nicht eine Verankerung und disponierende Voraussetzung im Spätmittelalter hatte«; vieles an der Reformation war demnach nicht völlig neu, sondern hatte »einen reformerischen Vorlauf«, den wir im 15. Jahrhundert suchen dürfen.

Der kollegial-partizipatorische Kirchenbegriff

Der Kirchenbegriff der Konziliaristen ist kollegial-partizipatorisch und nicht papal-monarchisch angelegt gewesen. Er war von den

Gliedern und nicht vom Haupt her gedacht und ist deshalb korporativ zu verstehen. Heribert Müller zufolge kommt es nicht von ungefähr, dass es gerade die Universitätsgelehrten aus Paris und anderswo gewesen sind, die für konziliares Gedankengut besonders offen und empfänglich waren. »Sie gehörten«, wie er ausführt, »allesamt dem intellektuell-universitären Milieu an, waren mithin in einem von korporativ-kollegialen Strukturen bestimmten System Hochschule sozialisiert worden«.

»Konziliarismus ist also«, wie Müller fortfährt, »ein elitäres Phänomen, das Regierung und Verantwortung in der Kirche auf ein breiteres Fundament zu stellen trachtete, doch keineswegs, wie etwa Wyclif oder Hus, eine andere, papstlose Kirche anvisierte, sondern innerhalb der bestehenden die Gewalten anders austariert wissen wollte«. Vor diesem Hintergrund ist auch verständlich, dass die Wirkung des Konziliarismus nicht nur auf die Kirche und ihre Einrichtungen beschränkt blieb, sondern sich auch auf die Staatstheorie, die politische Ideengeschichte und damit auf »Vor- und Frühformen neuzeitlicher Repräsentativverfassungen« (Heribert Müller) des frühneuzeitlichen Europa auswirkte, worauf hauptsächlich Francis Oakley und Antony Black hingewiesen haben.

Die konziliare Theorie hat, wenn sich dies im Einzelnen auch schwer nachweisen lässt, mithin politisch-gesellschaftliche Wirk- und Zugkraft entfaltet. Daran aber zeigt sich, dass die wirklich tief gehenden Revolutionen der Menschheitsgeschichte sich nicht durch einen plötzlichen Umsturz der Verhältnisse vollziehen, sondern durch einen grundlegenden mentalen Systembruch, einen Wandel bzw. Umsturz des Denkens, das – ausgelöst durch eine wie auch immer geartete Krise – plötzlich nicht mehr so »funktioniert«, wie es bislang »funktioniert« hat.

Das gilt beispielsweise auch für den Anfang der Französischen Revolution, als sich der Dritte Stand am 17. Juni 1789 zur verfassunggebenden Nationalversammlung erklärte, sich also plötzlich nicht mehr als »Stand«, sondern als Repräsentation des »Volkes« sah. Es gilt aber auch für das Zeitalter der Kirchenreform im 11. Jahrhundert, das plötzlich den Gedanken einer *libertas ecclesiae* (Freiheit der Kirche) hervorbringt, der den König nicht mehr als »Gesalbten des Herrn« (*christus domini*), sondern (nur noch) als Laien sieht, der die Investitur von Bischöfen nicht mehr vollziehen soll. Was bislang so und nicht anders gedacht wurde, wird plötzlich aufgrund der krisenhaft zugespitzten Situation, in der man sich befand, anders und neu gesehen und gedacht.

Die »historische Größe« der Konstanzer Synode

Das gilt, so seltsam das in diesem Zusammenhang klingen mag, auch für Konstanz. Man kann den Zeitpunkt des revolutionären Umbruchs in der Mentalität der Synodalen recht genau bezeichnen. Es ist das Eintreten des Machtvakuums nach der Flucht des Papstes am 20. März 1415, das das Konzil als Repräsentation der Gesamtkirche zwingt, sich auf sich selbst und seine ekklesiologischen Grundlagen zu besinnen. Denn jetzt stellte sich in aller Dringlichkeit die Frage, was in Konstanz *ohne den Papst* eigentlich geschehen sollte: Wie versteht sich das Konzil, das durch den Papst einberufen und eröffnet worden war, nachdem dieser Konstanz verlassen hatte? Von der Beantwortung dieser Frage hing der Fortbestand der Konstanzer Synode ab.

Das Konzil geriet durch die Flucht des Papstes, kaum dass es begonnen hatte, in jedem Fall unter erheblichen Legitimationsdruck. Das Konzil befand sich in der Krise. Es sah sich Hans Schneider zufolge vor »die bedrängende Frage nach seiner eigenen *auctoritas et integritas* gestellt«. Alles, was seit dem Pisanum zur Schismaliquidierung unternommen worden war, drohte Makulatur zu werden. Die Kirchenversammlung hing, wie das Heinrich Finke im ersten Band der »Acta Concilii Constanciensis« im Hinblick auf den Tod des Ladislaus von Neapel im Vorfeld des Konzils formuliert hatte, erneut »an einem Faden«. Was geschah? Der sich auf der Flucht befindliche Papst rief durch ein Mandat vom 23. März die noch in Konstanz weilende Kurie »bei Strafe des Ämterverlustes« (Walter Brandmüller) zu sich nach Schaffhausen, was einige Kardinäle dazu bewog, das Konzil zu verlassen. Das aber bedeutet nichts anderes, als dass die Kirche dort ist, wo der Papst ist, Konzil bzw. Kirche also dem Papst unterstehen.

Die historische Größe der Konstanzer Synode und ihrer Teilnehmer bestand nun zweifellos darin, dass sie in einer Situation höchster Bedrängnis den päpstlichen Anspruch in geradezu revolutionärer Weise umkehrten: Die Kirche ist dort, wo das Konzil als Repräsentation der Gesamtkirche ist. Das heißt in der Konsequenz, das Konzil bzw. die Kirche stehen über dem Papst. Der Papst ist demnach zwar ein wichtiger Teil der Kirche, aber nicht ihr Herrscher. Er besitzt, wie das Francis Oakley in seiner Arbeit »On the Road from Constance to 1688« herausgearbeitet hat, »not an absolute but merely a ministerial authority«.

Wenn schon von Herrschaft die Rede sein muss, so übt diese Herrschaft in der Kirche Jesus Christus aus. Das Konzil, das im Hl. Geist rechtmäßig versammelt ist (*in spiritu sancto legitime congregata*), leitet seine Gewalt *immediate a Christo* ab, von dem es diese »unmittelbar« erhält – nicht vom Papst. Es ist mithin keineswegs so, dass das Konzil »am Ende ist«, nur weil der Papst »am Ende ist« bzw. flieht. Das Gegenteil ist der Fall. Das Konzil erklärt sich vielmehr, wie dies Johannes Helmrath betont hat, nach einer ebenso kurzen wie krisenhaften Phase der Unsicherheit »mit dem Pathos des Ballhausschwurs« für unauflöslich. Es repräsentiert nach seinem Selbstverständnis die Gesamtkirche (*universalis ecclesia*).

Und die Pointe der Geschichte besteht nicht zuletzt darin: Das Constantiense, das sich jetzt als Repräsentation der Gesamtkirche *ohne Papst* konstituiert, fängt im strengen Sinne des Wortes damit eigentlich erst an. Denn bis zur Flucht von Johannes XXIII. begriff sich dieses Konzil nicht als Constantiense, sondern als Fortsetzung des Pisanums, mithin nicht als eigenständiges Konzil, als das es später in die Annalen der Kirchengeschichte eingegangen ist. Kirche definierte sich in diesem besonderen historischen Augenblick zudem nicht über den Papst, sondern über die Gemeinschaft der Gläubigen, die *congregatio* oder *universitas fidelium*.

Das große Wagnis, das die Konstanzer Konzilsväter eingingen, bestand nicht zuletzt darin, Kirche für einen bestimmten historischen Moment ohne Papst zu denken. Das war kein geringes oder ungefährliches Unterfangen, wenn man auch annehmen muss, dass es nicht so weit gekommen wäre, hätte der Papst durch seine Flucht nicht eine völlig neue Situation geschaffen. Aber es war doch mutig, zumal wenn man sich bewusst macht, zu welchem universalen Machtfaktor sich das Papsttum im Spätmittelalter entwickelt hatte. Der anglikanische

Historiker und Theologe John Neville Figgis hat »Haec sancta« deshalb als »the most revolutionary official document in the history of the world« bezeichnet. Nach Figgis bezeichnet dieses Dekret die Wasserscheide zwischen der mittelalterlichen und der modernen Welt.

»Haec sancta« als Nucleus des Konzils

Es ist insofern nicht falsch, das Dekret »Haec sancta« als ideellen oder theologischen Nucleus des Konstanzer Konzils zu begreifen, wie dies der Freiburger Kirchenhistoriker Karl-Heinz Braun tut. Es schuf jedenfalls, so eine Formulierung Walter Brandmüllers, die »Grundlagen für den Fortbestand des Konzils ohne und gegebenenfalls auch gegen den Papst«. Der ebenso knappe wie luzide Text, dessen Wortlaut unter den Konzilsvätern durchaus kontrovers und in unterschiedlichen Fassungen diskutiert wurde, öffnete in einer krisenhaft überspitzten Notsituation den Horizont, Kirche auf revolutionäre Weise neu zu denken – nicht vom Papst, sondern von den Gläubigen her.

Wenn man ferner bedenkt, dass der Erlanger Historiker Berndt Hamm erst unlängst die Reformation als »ein neues religiöses Gesamtgefüge ohne Papst [...]« charakterisiert hat, wird einem klar, wie eng hier das 15. mit dem 16. Jahrhundert gedanklich und theologisch korreliert. Die Konstanzer und in ihrer Nachfolge die Basler Konzilsväter waren denn auch der Meinung, dass das allgemeine Konzil über allen Gliedern der Hierarchie – einschließlich des Papstes – stehe, da es seine Gewalt unmittelbar von Christus ableite.

Das berühmte Dekret »Haec sancta« vom 6. April 1415, das Heribert Müller als »Magna Charta« des Konziliarismus bezeichnet hat, ist vor diesem Hintergrund als eine Form der konziliaren Selbstbehauptung gegenüber einem Papst zu sehen, der das Konzil durch seine Flucht zur Verlegung bzw. zur Auflösung zwingen wollte. Das Konzil vergewisserte sich deshalb in diesem Dekret gewissermaßen seiner selbst. Indem die Synode zu dem allgemeinen Bewusstsein kommt, dass sie (und nicht der Papst) es ist, die die universale Kirche repräsentiert, läutete sie in der Geschichte der abendländischen Kirche ekklesiologisch eine neue Epoche ein.

Diese neue Epoche ging mit den kirchlichen Reformbemühungen der Reformatoren des 16. Jahrhunderts und mit dem von Papst Johannes XXIII. 1962 inaugurierten Zweiten Vatikanischen Konzil keineswegs zu Ende, sondern harrt nach wie vor der Vollendung, stellt der spätmittelalterliche Konziliarismus, wie dies Heribert Müller in einer Arbeit zum Thema »Kirche in der Krise« 2012 formuliert hat, doch »eine nach wie vor unerledigte Angelegenheit« dar. Unter diesem Blickwinkel betrachtet, ist das Konstanzer Konzil moderner und aktueller, als man denkt.

Quellen- und Literaturhinweise

Zum Konstanzer Konzil, dessen kirchen- und allgemeinhistorische Bedeutung ganz außer Frage steht, gibt es naheliegenderweise viel ältere und neuere Literatur. Wir haben hier bewusst nur die Titel aufgeführt, auf die wir uns bei der Ausarbeitung der Kapitel gestützt haben. Die Hinweise, die keinesfalls Vollständigkeit beanspruchen, sondern nur eine Auswahl darstellen, sollen der Leserin/dem Leser den Nachvollzug unserer Gedanken und Argumente gestatten und zugleich die Gelegenheit bieten, sich selbstständig in die nicht immer leicht zu überschauende Konzilsmaterie einzuarbeiten.

Die Literaturhinweise zu den von uns so genannten »Köpfen des Konzils« werden am Ende zu allen behandelten Personen zusammenfassend dargeboten. Was die Konzilschronik Ulrich Richentals anbelangt, beziehen wir uns auf: Chronik des Konstanzer Konzils 1414–1418 von Ulrich Richental. Eingeleitet und herausgegeben von Thomas Martin Buck (Konstanzer Geschichts- und Rechtsquellen, Bd. 41), 2. Aufl., Ostfildern 2011. Die Aufzeichnungen Fillastres, Cerretanis und Turres finden sich in: Acta Concilii Constanciensis, Bd. 2: Konzilstagebücher, Sermones, Reform- und Verfassungsakten, hg. in Verbindung mit Johannes Hollnsteiner von Heinrich Finke, Münster i.W. 1923 (ND 1981). Richental, Fillastre und Cerretani sind ins Englische übersetzt: The Council of Constance. The Unification of the Church. Translated by Louise Ropes Loomis. Edited and Annotated by John Hine Mundy and Kennerly M. Woody (Records of Civilization. Sources and Studies, Bd. 63), New York u. a. 1961. Auf die älteren Konziliensammlungen von Hermann von der Hardt (1660–1746) und Giovanni Domenico Mansi (1692–1769) sei an dieser Stelle lediglich verwiesen.

Die maßgebliche Darstellung zum Konstanzer Konzil hat, wie bereits im Vorwort betont wurde, Walter Brandmüller in der von ihm herausgegebenen Reihe »Konziliengeschichte« verfasst. Für alle konziliengeschichtlichen Fragen ist ferner auf die von Johannes Grohe herausgegebene Zeitschrift »Annuarium Historiae Conciliorum. Internationale Zeitschrift für Konziliengeschichtsforschung« zu verweisen. Einen Überblick über die gesamte Epoche gibt Heribert Müller in seinem 2012 erschienenen Buch »Die kirchliche Krise des Spätmittelalters. Schisma, Konziliarismus und Konzilien«, wo sich auch »Quellen und Literatur« verzeichnet finden. Ein Band der »Vorträge und Forschungen« mit dem Titel »Das Konstanzer Konzil als europäisches Ereignis. Begegnungen, Medien und Rituale«, hg. von Birgit Studt und Gabriela Signori, ist in Vorbereitung. Eine Monographie zur Forschungsgeschichte des Constantiense in den letzten 100 Jahren hat Ansgar Frenken 1993/95 vorgelegt.

Kapitel 1: Einleitung

Giuseppe Alberigo (Hg.), Geschichte der Konzilien. Vom Nicaenum bis zum Vaticanum II, Wiesbaden 1998.

Giuseppe Alberigo (Hg.), Conciliorum oecumenicorum decreta, 3. Aufl., Bologna 1973.

Remigius Bäumer, Die Bedeutung des Konstanzer Konzils für die Geschichte der Kirche, in: Annuarium Historiae Conciliorum 4 (1972) S. 26–45.

Hartmut Boockmann, Zur politischen Geschichte des Konstanzer Konzils, in: Zeitschrift für Kirchengeschichte 85 (1974) S. 45–63.

Walter Brandmüller, *Infeliciter electus fuit in Papam*. Zur Wahl Johannes' XXIII., in: Ecclesia et regnum. Beiträge zur Geschichte von Kirche, Recht und Staat im Mittelalter. Festschrift für Franz-Josef Schmale zu seinem 65. Geburtstag, hg. von Dieter Berg und Hans-Werner Goetz, Bochum 1989, S. 309–322.

Walter Brandmüller, Papst und Konzil im Großen Schisma (1378–1431). Studien und Quellen, Paderborn u. a. 1990.

Walter Brandmüller, Das Konzil von Konstanz 1414–1418, Bd. I: Bis zur Abreise Sigismunds nach Narbonne, 2., überarb. und erw. Aufl., Paderborn u. a. 1999.

Thomas Martin Buck, Text, Bild, Geschichte. Papst Johannes XXIII. wird auf dem Arlberg umgeworfen, in: Annuarium Historiae Conciliorum 30 (1998) S. 37–110.

Yves M.-J. Congar, Quod omnes tangit, ab omnibus tractari et approbari debet, in: Die geschichtlichen Grundlagen der modernen Volksvertretung. Die Entwicklung von den mittelalterlichen Korporationen zu den modernen Parlamenten, Bd. 1, hg. von Heinz Rausch, Darmstadt 1980, S. 115–182.

Karl August Fink, Das Konzil von Konstanz. Seine welt- und kirchengeschichtliche Bedeutung, in: Das Konstanzer Konzil (Wege der Forschung, Bd. 415), hg. von Remigius Bäumer, Darmstadt 1977, S. 143–164.

Horst Fuhrmann, Das Ökumenische Konzil und seine historischen Grundlagen, in: Geschichte in Wissenschaft und Unterricht 12 (1961) S. 672–695.

Horst Fuhrmann, Die Päpste. Von Petrus zu Johannes Paul II., 2., überarb. Aufl., München 2004.

Jean Gerson, *Ambulate dum lucem habetis*, in: Ders., Oeuvres complètes. Introduction, texte et notes par Palémon Glorieux, Bd. 5, Paris u. a. 1963, S. 39–50.

Joseph Gill, Konstanz und Basel-Florenz (Geschichte der ökumenischen Konzilien, Bd. IX), Mainz 1967.

Stephen Greenblatt, The Swerve. How the World Became Modern, New York u. a. 2011; dt. Die Wende. Wie die Renaissance begann. Aus dem Englischen von Klaus Binder, München 2012.

Erwin Hänggi, Zur Geschichte des Konzils von Konstanz, in: Zeitschrift für Schweizerische Kirchengeschichte 60 (1966) S. 187–194.

Carl Joseph Hefele, Conciliengeschichte. Nach den Quellen bearbeitet, Bd. 7: Die Reformations- und Unions-Synoden des 15. Jahrhunderts, 2. Aufl., Freiburg i.Br. 1874, S. 1–373.

Carl Joseph Hefele/Henri Leclercq, Histoire des Conciles, d'après les documents originaux, Bd. 7,1, Paris 1916, S. 71–584.

Johannes Helmrath, Das Basler Konzil. Forschungsstand und Probleme (Kölner Historische Abhandlungen, Bd. 32), Köln u. a. 1987.

Johannes Helmrath, Die zweite Dekade des langen Basler Konzils (1440–1449): Perspektiven, Konversionen, Piccolominiana. Überlegungen am Ende einer Tagung, in: Das Ende des konziliaren Zeitalters (1440–1450). Versuch einer Bilanz (Schriften des Historischen Kollegs, Bd. 86), hg. von Heribert Müller unter Mitarbeit von Elisabeth Müller-Luckner, München 2012, S. 315–347.

Hubert Jedin, Kleine Konziliengeschichte. Mit einem Bericht über das Zweite Vatikanische Konzil, Neuausgabe der achten Auflage, Freiburg i.Br. u. a. 1978.

Jan Keupp/Jörg Schwarz, Konstanz 1414–1418. Eine Stadt und ihr Konzil, Darmstadt 2013.

Wolfgang Lautemann (Hg.), Mittelalter. Reich und Kirche (Geschichte in Quellen, hg. von Wolfgang Lautemann und Manfred Schlenke), 3. Aufl., München 1989.

Jürgen Miethke, Die Konzilien als Forum der öffentlichen Meinung im 15. Jahrhundert, in: Deutsches Archiv für Erforschung des Mittelalters 37 (1981) S. 736–773.

Jürgen Miethke, Die Universitäten und das Basler Konzil, in: Das Ende des konziliaren Zeitalters (1440–1450). Versuch einer Bilanz (Schriften des Historischen Kollegs, Bd. 86), hg. von Heribert Müller unter Mitarbeit von Elisabeth Müller-Luckner, München 2012, S. 197–232.

Jürgen Miethke, Kirchenreform auf den Konzilien des 15. Jahrhunderts. Motive – Methoden – Wirkungen, in: Studien zum 15. Jahrhundert. Festschrift für Erich Meuthen, Bd. 1, hg. von Johannes Helmrath und Heribert Müller, München 1994, S. 13–42.

Jürgen Miethke/Lorenz Weinrich (Hg.), Quellen zur Kirchenreform im Zeitalter der großen Konzilien des 15. Jahrhunderts. Teil 1: Die Konzilien von Pisa (1409) und Konstanz (1414–1418), Darmstadt 1995.

Bernd Moeller, Spätmittelalter (Die Kirche in ihrer Geschichte, Bd. 2. Lfg. H. T. 1), Göttingen 1966.

Heribert Müller, Die kirchliche Krise des Spätmittelalters. Schisma, Konziliarismus und Konzilien, München 2012.

Heribert Müller, Gegenpäpste – Prüfsteine universaler Autorität im Mittelalter. Zusammenfassung der Tagung, in: Gegenpäpste. Ein unerwünschtes mittelalterliches Phänomen, hg. von Harald Müller und Brigitte Hotz, Köln u. a. 2012, S. 411–421.

Heribert Müller, Das Ende des konziliaren Zeitalters (1440–1450). Forschungsstand, Tagungsthemen und Perspektiven, in: Das Ende des konziliaren Zeitalters (1440–1450). Versuch einer Bilanz (Schriften des Historischen Kollegs, Bd. 86), hg. von Heribert Müller unter Mitarbeit von Elisabeth Müller-Luckner, München 2012, S. 3–26.

Heribert Müller, Kirche in der Krise, I: Das Große Abendländische Schisma (1378–1417). II. Die Konzilien von Konstanz und Basel – Am Vorabend der Reformation, in: Europa im 15. Jahrhundert. Herbst des Mittelalters – Frühling der Neuzeit?, hg. von Klaus Herbers und Florian Schuller, Regensburg 2012, S. 10–36.

Heribert Müller/Johannes Helmrath (Hg.), Die Konzilien von Pisa (1409), Konstanz (1414–1418) und Basel (1431–1449). Institution und Personen (Vorträge und Forschungen, Bd. 67), Ostfildern 2007.

Alois Niederstätter, Ante Portas. Herrscherbesuche am Bodensee 839–1507, Konstanz 1993, S. 123–142.

Dietrich von Nieheim, De vita ac fatis Constantiensibus Johannis Papae XXIII. usque ad fugam et carcerem ejus, in: Hermann von der Hardt (Hg.), Magnum Oecumenicum Constanciense Concilium II, Frankfurt u. a. 1696–1700, Sp. 335–460.

Alexander Patschovsky, Ekklesiologie bei Johannes Hus, in: Lebenslehren und Weltentwürfe im Übergang vom Mittelalter zur Neuzeit. Politik – Bildung – Naturkunde – Theologie, hg. von Hartmut Boockmann, Bernd Moeller und Karl Stackmann, Göttingen 1989, S. 370–399.

Hermann Georg Peter, Die Informationen Papst Johanns XXIII. und dessen Flucht von Konstanz bis Schaffhausen, Freiburg i.Br. 1926.

Thomas Rathmann, Geschehen und Geschichten des Konstanzer Konzils. Chroniken, Briefe, Lieder und Sprüche als Konstituenten eines Ereignisses, München 2000.

Thomas Rathmann, Beobachtung ohne Beobachter? Der schwierige Umgang mit dem historischen Ereignis am Beispiel des Konstanzer Konzils, in: Die Konzilien von Pisa (1409), Konstanz (1414–1418) und Basel (1431–1449). Institution und Personen (Vorträge und Forschungen, Bd. 67), hg. von Heribert Müller und Johannes Helmrath, Ostfildern 2007, S. 95–106.

Folkert Reichert (Hg.), Quellen zur Geschichte des Reisens im Spätmittelalter. Ausgewählt und übersetzt von Folkert Reichert unter Mitarbeit von Margit Stolberg-Vowinckel, Darmstadt 2009.

Klaus Schatz, Allgemeine Konzilien – Brennpunkte der Kirchengeschichte, Paderborn u. a. 1997.

Klaus Schelle, Das Konstanzer Konzil 1414–1418. Eine Reichsstadt im Brennpunkt europäischer Politik, Konstanz 1996.

Hans Schneider, Der Konziliarismus als Problem der neueren katholischen Theologie. Die Geschichte der Auslegung der Konstanzer Dekrete von Febronius bis zur Gegenwart, Berlin u. a. 1976.

Hans Schneider, Die Siegel des Konstanzer Konzils. Ein Beitrag zur Geschichte der spätmittelalterlichen Reformkonzile, in: Annuarium Historiae Conciliorum 10 (1978) S. 310–345.

Hermann Josef Sieben, Die Konzilsidee des lateinischen Mittelalters (847–1378), Paderborn u. a. 1984.

Hermann Josef Sieben, Konzilsdarstellungen – Konzilsvorstellungen. 1000 Jahre Konzilsikonographie aus Handschriften und Druckwerken, Würzburg 1990.

Brian Tierney, Foundations of the Conciliar Theory. The Contribution of the Medieval Canonists from Gratian to the Great Schism. Enlarged new edition, Leiden u. a. 1998.

Aegidius Tschudi, Chronicon Helveticum (Quellen zur Schweizer Geschichte. N. F. I. Abteilung: Chroniken, Bd. VII/8), hg. von Bernhard Stettler, Basel 1990.

Walter Ullmann, The Origins of the Great Schism. A Study in fourteenth-century ecclesiastical History, Hamden 1972.

Helmut Weidhase, Imperia. Konstanzer Hafenfigur. Skulptur Peter Lenk, 3., unveränd. Aufl., Konstanz 2007.

Stefan Weinfurter, Zum Gestaltungsprinzip der Chronik des Ulrich Richental, in: Freiburger Diözesan-Archiv 94 (1974) S. 517–531.

Kapitel 2: Historischer Hintergrund

Arnold Angenendt, Geschichte der Religiosität im Mittelalter, 4. Aufl., Darmstadt 2009.

Remigius Bäumer (Hg.), Die Entwicklung des Konziliarismus. Werden und Nachwirken der konziliaren Idee (Wege der Forschung, Bd. 279), Darmstadt 1976.

Colette Beaune (Hg.), Journal d'un bourgeois de Paris: de 1405 à 1449. Texte original et intégral présenté et commenté par Colette Beaune, Paris 1990.

Franz Bliemetzrieder, Das Generalkonzil im Großen Abendländischen Schisma, Paderborn 1904.

Walter Brandmüller, Das Konzil von Konstanz 1414–1418, Bd. I: Bis zur Abreise Sigismunds nach Narbonne, 2., überarb. und erw. Aufl., Paderborn u. a. 1999.

Giacomo Cerretani, Liber gestorum, in: Acta Concilii Constanciensis, Bd. 2, hg. in Verbindung mit Johannes Hollsteiner von Heinrich Finke, Münster 1923 (ND 1981), S. 171–348.

Odilo Engels, Die Obedienzen des Abendländischen Schismas, in: Hubert Jedin u. a. (Hg.), Atlas zur Kirchengeschichte. Die christlichen Kirchen in Geschichte und Gegenwart, Freiburg i.Br. 1970, S. 48–52, Karte 66.

Guillaume Fillastre, Gesta Concilii Constanciensis, in: Acta Concilii Constanciensis, Bd. 2, hg. in Verbindung mit Johannes Hollsteiner von Heinrich Finke, Münster 1923 (ND 1981), S. 13–170.

August Franzen/Wolfgang Müller (Hg.), Das Konzil von Konstanz. Beiträge zu seiner Geschichte und Theologie, Freiburg i.Br. u. a. 1964.

Ansgar Frenken, Die Erforschung des Konstanzer Konzils (1414–1418) in den letzten 100 Jahren, Paderborn 1995 [= Annuarium Historiae Conciliorum 25 (1993) S. 1–512].

Jean Froissart, Chroniques. Livre I et II. Rédaction du manuscrit de New York, Pierpont Morgan Library M. 804 (Lettres gothiques), hg. von Peter F. Ainsworth and George T. Diller, Paris 2001.

Konrad von Gelnhausen, Epistola Concordiae, in: Franz Bliemetzrieder (Hg.), Literarische Polemik zu Beginn des Großen Abendländischen Schismas. Ungedruckte Texte und Untersuchungen, Wien u. a. 1910, S. 111–140.

Konrad von Gelnhausen, Der »kurze Brief« des Konrad von Gelnhausen, hg. von Hans Kaiser, in: Historische Vierteljahrsschrift 3 (1900) S. 379–394.

Klaus Herbers, Geschichte des Papsttums im Mittelalter, Darmstadt 2012.

Klaus Herbers/Florian Schuller (Hg.), Europa im 15. Jahrhundert. Herbst des Mittelalters – Frühling der Neuzeit?, Regensburg 2012.

Erich Meuthen, Das 15. Jahrhundert, 5. Aufl., überarb. von Claudia Märtl (Oldenbourg-Grundriss der Geschichte, Bd. 9), München 2012.

Jürgen Miethke/Lorenz Weinrich (Hg.), Quellen zur Kirchenreform im Zeitalter der großen Konzilien des 15. Jahrhunderts I: Die Konzilien von Pisa (1409) und Konstanz (1414–1418), Darmstadt 1995.

Heribert Müller, Die kirchliche Krise des Spätmittelalters. Schisma, Konziliarismus und Konzilien, München 2012.

Heribert Müller/Johannes Helmrath (Hg.), Die Konzilien von Pisa (1409), Konstanz (1414–1418) und Basel (1431–1449). Institution und Personen (Vorträge und Forschungen, Bd. 67), Ostfildern 2007.

Dietrich von Nieheim, Theoderici de Nyem de scismate libri tres. Recensuit et adnotavit Georgius Erler, Leipzig 1890.

Wilhelm von Ockham, Dialogus. Auszüge zur politischen Theorie. Ausgewählt, übersetzt und mit einem Nachwort versehen von Jürgen Miethke, Darmstadt 1992.

Marsilius von Padua, Defensor Pacis, hg. von Richard Scholz (MGH Fontes iuris Germanici antiqui in usum scholarum separatim editi 7), Hannover 1932.

Aeneas Silvius Piccolomini, Historia Bohemica (Bausteine zur Slavischen Philologie und Kulturgeschichte. Reihe B, Bd. 20,1), Bd. 1, hg. von Joseph Hejnic u. a., Köln u. a. 2005.

Reformation Kaiser Siegmunds, hg. von Heinrich Koller (MGH Staatsschriften des späteren Mittelalters, Bd. 6), Stuttgart 1964.

Ulrich Richental, Chronik des Konstanzer Konzils 1414–1418 von Ulrich Richental. Eingeleitet und herausgegeben von Thomas Martin Buck (Konstanzer Geschichts- und Rechtsquellen, Bd. 41), 2. Aufl., Ostfildern 2011.

Die Welt zur Zeit des Konstanzer Konzils. Reichenau-Vorträge im Herbst 1964, hg. vom Konstanzer Arbeitskreis für Mittelalterliche Geschichte (Vorträge und Forschungen, Bd. 9), Konstanz u. a. 1965.

Wilhelm Altmann (Hg.), Eberhart Windeckes Denkwürdigkeiten zur Geschichte des Zeitalters Kaiser Sigmunds. Zum ersten Male vollständig herausgegeben, Berlin 1893.

Hartmut Boockmann, Zur politischen Geschichte des Konstanzer Konzils, in: Zeitschrift für Kirchengeschichte 85 (1974) S. 45–63.

Walter Brandmüller, *Infeliciter electus fuit in Papam*. Zur Wahl Johannes XXIII., in: Ecclesia et regnum. Beiträge zur Geschichte von Kirche, Recht und Staat im Mittelalter. Festschrift für Franz-Josef Schmale, hg. von Dieter Berg und Hans-Werner Goetz, Bochum 1989, S. 309–322.

Walter Brandmüller, Das Konzil von Konstanz 1414–1418, Bd. I: Bis zur Abreise Sigismunds nach Narbonne, 2., überarb. und erw. Aufl., Paderborn u. a. 1999.

Guillaume Fillastre, Gesta concilii Constantiensis, in: Acta Concilii Constanciensis, Bd. 2: Konzilstagebücher, Sermones, Reform- und Verfassungsakten, hg. in Verbindung mit Johannes Hollnsteiner von Heinrich Finke, Münster 1923, S. 13–170.

Karl August Fink/Erwin Iserloh, Art. Das abendländische Schisma und die Konzilien, in: Handbuch der Kirchengeschichte, hg. von Hubert Jedin, Bd. 3,2: Vom kirchlichen Hochmittelalter bis zum Vorabend der Reformation, Freiburg u. a. 1985, S. 490–588.

Heinrich Finke, Forschungen und Quellen zur Geschichte des Konstanzer Konzils, Paderborn 1889.

Heinrich Finke (Hg.), Acta Concilii Constanciensis, Bd. 1: Akten zur Vorgeschichte des Konstanzer Konzils (1410–1414), Münster i. W. 1896.

Heinrich Finke, Die Nation in den spätmittelalterlichen allgemeinen Konzilien (1937), in: Das Konstanzer Konzil (Wege der Forschung, Bd. 415), hg. von Remigius Bäumer, Darmstadt 1977, S. 347–368.

Joseph Gill, Konstanz und Basel-Florenz (Geschichte der ökumenischen Konzilien, Bd. IX), Mainz 1967.

Stephen Greenblatt, The Swerve. How the World Became Modern, New York u. a. 2011; dt. Die Wende. Wie die Renaissance begann. Aus dem Englischen von Klaus Binder, München 2012.

Achim Thomas Hack, Das Empfangszeremoniell bei mittelalterlichen Papst-Kaiser-Treffen (Forschungen zur Kaiser- und Papstgeschichte des Mittelalters, Bd. 18), Köln u. a. 1999.

Hermann Heimpel, Königlicher Weihnachtsdienst im späteren Mittelalter, in: Deutsches Archiv für Erforschung des Mittelalters 39 (1983) S. 131–206.

Johannes Helmrath, Locus concilii. Die Ortswahl für Generalkonzilien vom IV. Lateranum bis Trient, in: Annuarium Historiae Conciliorum 27/28 (1995/1996) S. 593–662.

Johannes Helmrath/Heribert Müller, Zur Einführung, in: Die Konzilien von Pisa (1409), Konstanz (1414–1418) und Basel (1431–1449). Institution und Personen (Vorträge und Forschungen, Bd. 67), hg. von Heribert Müller und Johannes Helmrath, Ostfildern 2007, S. 9–29.

Joseph Katterbach, Der zweite literarische Kampf auf dem Konstanzer Konzil im Januar und Februar 1415, Diss. Freiburg i.Br. 1919.

Eustace J. Kitts, Pope John the Twenty-Third and Master John Hus of Bohemia, London 1910.

Martin Klöckener, Die Liturgie der Diözesansynode. Studien zur Geschichte und Theologie des »Ordo ad Synodum« des »Pontificale Romanum«, Münster 1986.

Leo Koep, Die Liturgie der Sessiones Generales auf dem Konstanzer Konzil, in: Das Konzil von Konstanz. Beiträge zu seiner Geschichte und Theologie, hg. von August Franzen und Wolfgang Müller, Freiburg u. a. 1964, S. 241–251.

Wolfgang Lautemann (Hg.), Mittelalter. Reich und Kirche (Geschichte in Quellen, hg. von Wolfgang Lautemann und Manfred Schlenke), 3. Aufl., München 1989.

Joachim Leuschner, Zur Wahlpolitik im Jahre 1410, in: Deutsches Archiv für Erforschung des Mittelalters 11 (1954/55) S. 506–553.

Hélène Millet, Le concile de Pise. Qui travaillait à l'union de l'Église d'Occident en 1409?, Turnhout 2010.

Peter Moraw, Von offener Verfassung zu gestalteter Verdichtung. Das Reich im späten Mittelalter 1250 bis 1490, Berlin 1985, S. 368–372.

Alois Niederstätter, Ante Portas. Herrscherbesuche am Bodensee 839–1507, Konstanz 1993, S. 123–142.

Dietrich von Nieheim, De vita ac fatis Constantiensibus Johannis Papae XXIII. usque ad fugam et carcerem ejus, in: Hermann von der Hardt (Hg.), Magnum Oecumenicum Constanciense Concilium II, Frankfurt u. a. 1696–1700, Sp. 335–460.

Heribert Reiners, Das Münster Unserer Lieben Frau zu Konstanz (Die Kunstdenkmäler Südbadens, Bd. I), Konstanz 1955.

Klaus Schatz, Allgemeine Konzilien – Brennpunkte der Kirchengeschichte, Paderborn u. a. 1997.

Gerrit Jasper Schenk, Zeremoniell und Politik. Herrschereinzüge im spätmittelalterlichen Reich (Forschungen zur Kaiser- und Papstgeschichte des Mittelalters, Bd. 21), Köln u. a. 2003.

Gerrit Jasper Schenk, Von den Socken. Ein Beitrag zur Kulturgeschichte der Politik am Beispiel des Einzugs König Sigismunds zum Konzil in Basel 1433, in: Kaiser Sigismund (1368–1437). Zur Herrschaftspraxis eines europäischen Monarchen, hg. von Karel Hruza und Alexandra Kaar, Wien u. a. 2012, S. 385–409.

Bernhard Schimmelpfennig, Zum Zeremoniell auf den Konzilien von Konstanz und Basel, in: Quellen und Forschungen aus italienischen Archiven und Bibliotheken 49 (1969) S. 273–292.

Hans-Joachim Schmidt, Kirche, Staat, Nation. Raumgliederung der Kirche im mittelalterlichen Europa, Weimar 1999.

Percy Ernst Schramm, Der Schirm. Herrschafts-, Würde- und Rangzeichen in drei Erdteilen, in: Festschrift Hermann Heimpel, Bd. 3, hg. von den Mitarbeitern des Max-Planck-Instituts für Geschichte, Göttingen 1972, S. 581–593.

Manfred Schuler, Die Musik in Konstanz während des Konzils 1414–1418, in: Acta Musicologica 37 (1965) S. 150–168.

Kapitel 4: Aufgaben des Konzils

Wilhelm Altmann (Hg.), Eberhart Windeckes Denkwürdigkeiten zur Geschichte des Zeitalters Kaiser Sigmunds, Berlin 1893.

Otto Basler, Das Konzil von Konstanz im Spiegel deutscher Ereignislieder, in: Das Konzil von Konstanz. Beiträge zu seiner Geschichte und Theologie, hg. von August Franzen und Wolfgang Müller, Freiburg i.Br. u. a. 1964, S. 429–446.

Gernot Blechner, Wo in Konstanz war die Herberge des Jan Hus? Eine Hauslokalisierung anhand zeitgenössischen Quellenmaterials, in: Schriften des Vereins für Geschichte des Bodensees und seiner Umgebung 101 (1983) S. 49–71.

Hartmut Boockmann, Johannes Falkenberg, der Deutsche Orden und die polnische Politik. Untersuchungen zur politischen Theorie des späteren Mittelalters. Mit einem Anhang: Die Satira des Johannes Falkenberg, Göttingen 1975.

Walter Brandmüller, Besitzt das Dekret »Haec sancta« dogmatische Verbindlichkeit?, in: Walter Brandmüller, Papst und Konzil im Grossen Schisma (1378–1431). Studien und Quellen, Paderborn u. a. 1990, S. 225–242.

Walter Brandmüller, Hus vor dem Konzil, in: Jan Hus. Zwischen Zeiten, Völkern, Konfessionen (Veröffentlichungen des Collegium Carolinum, Bd. 85), hg. von Ferdinand Seibt, München 1997, S. 235–242.

Laurentius von Březová, Die Hussiten. Die Chronik des Laurentius von Březová (1414–1421). Aus dem Lateinischen und Alttschechischen übersetzt, eingeleitet und erklärt von Josef Bujnoch, Graz u. a. 1988.

Heinrich Finke, Die Nation in den spätmittelalterlichen allgemeinen Konzilien (1937), in: Das Konstanzer Konzil (Wege der Forschung, Bd. 415), hg. von Remigius Bäumer, Darmstadt 1977, S. 347–368.

Heinrich Finke, Flucht und Schicksale Johannes' XXIII. in badischen Landen, in: Bilder vom Konstanzer Konzil (Neujahrsblätter der Badischen Historischen Kommission, N. F. 6), Heidelberg 1903, S. 7–59.

Thomas A. Fudge, Jan Hus. Religious Reform and Social Revolution in Bohemia, London u. a. 2010.

Thomas A. Fudge, The Trial of Jan Hus. Medieval Heresy and Criminal Procedure, Oxford 2013.

Johannes Grohe, Spanien und die großen Konzilien von Konstanz und Basel, in: Klaus Herbers/Nikolaus Jaspert (Hg.), »Das kommt mir spanisch vor«. Eigenes und Fremdes in den deutsch-spanischen Beziehungen des späten Mittelalters (Geschichte und Kultur der Iberischen Welt, Bd. 1), Münster 2004, S. 493–509.

Hubert Herkommer, Die Geschichte vom Leiden und Sterben des Jan Hus als Ereignis und Erzählung. Zur Wirklichkeitserfahrung und Hermeneutik des Spätmittelalters und der frühen Neuzeit, in: Literatur und Laienbildung im Spätmittelalter und in der Reformationszeit. Symposion Wolfenbüttel 1981, hg. von Ludger Grenzmann und Karl Stackmann, Stuttgart 1984, S. 114–146.

Peter Hilsch, Johannes Hus (um 1370–1415). Prediger Gottes und Ketzer, Regensburg 1999.

Rudolf Hoke, Der Prozeß des Jan Hus und das Geleit König Sigmunds. Ein Beitrag zur Frage nach der Kläger- und Angeklagtenrolle im Konstanzer Prozeß von 1414/1415, in: Annuarium Historiae Conciliorum 15 (1983) S. 172–193.

Johannes Hollnsteiner, Studien zur Geschäftsordnung am Konstanzer Konzil. Ein Beitrag zur Geschichte des Parlamentarismus und der Demokratie (1925), in: Das Konstanzer Konzil (Wege der Forschung, Bd. 415), hg. von Remigius Bäumer, Darmstadt 1977, S. 121–142.

Jan Hus, Schriften zur Glaubensreform und Briefe der Jahre 1414–1415. Herausgegeben und eingeleitet von Walter Schamschula, Frankfurt a.M. 1969.

Hus in Konstanz. Der Bericht des Peter von Mladoniowitz. Übersetzt, eingeleitet und erklärt von Josef Bujnoch, Graz u. a. 1963.

Johannes Hus in Konstanz. Der Wiederaufbau des Hus-Hauses in Konstanz. Festschrift zur Einweihung am 6. Juli 1980, hg. von der Stadt Konstanz, Konstanz 1980.

Leo Koep, Die Liturgie der Sessiones Generales auf dem Konstanzer Konzil, in: Das Konzil von Konstanz. Beiträge zu seiner Geschichte und Theologie, hg. von August Franzen und Wolfgang Müller, Freiburg i.Br. u. a. 1964, S. 241–251.

Hans Küng, Strukturen der Kirche (Quaestiones disputatae, Bd. 17), Freiburg i.Br. u. a. 1962.

Amedeo Molnár, Die Antworten von Johannes Hus auf die fünfundvierzig Artikel (1964), in: Das Konstanzer Konzil (Wege der Forschung, Bd. 415), hg. von Remigius Bäumer, Darmstadt 1977, S. 275–293, S. 404–415.

Václav Novotný (Hg.), Petri de Mladoňowic opera historica nec non aliae de M. Johanne Hus et M. Hieronymo Pragensi relationes et memoriae (Fontes rerum Bohemicarum, Bd. 8), Prag 1932.

Joseph Riegel, Die Teilnehmerlisten des Konstanzer Konzils. Ein Beitrag zur mittelalterlichen Statistik, Diss. Freiburg i.Br. 1916.

Ferdinand Seibt, Jan Hus. Das Konstanzer Gericht im Urteil der Geschichte. Vortrag gehalten an dem Mentorenabend der Carl Friedrich von Siemens Stiftung in München-Nymphenburg am 20. März 1972, München-Nymphenburg 1972.

Ferdinand Seibt, Hus in Konstanz, in: Annuarium Historiae Conciliorum 15 (1983) S. 159–171.

Ferdinand Seibt (Hg.), Jan Hus. Zwischen Zeiten, Völkern, Konfessionen (Veröffentlichungen des Collegium Carolinum, Bd. 85), München 1997.

František Šmahel, Poggio und Hieronymus von Prag: Zur Frage des hussitischen Humanismus, in: Studien zum Humanismus in den Böhmischen Ländern (Schriften des Komitees der Bundesrepublik Deutschland zur Förderung der Slawischen Studien 11), hg. von Hans-Bernd Harder u. a., Köln/Wien 1988, S. 75–91.

Matthew Spinka, John Hus at the Council of Constance. Translated from the Latin and the Czech with notes and introduction by Matthew Spinka, New York u. a. 1965.

Matthew Spinka, John Hus. A Biography, Princeton 1968.

Edith Tatnall, Die Verurteilung John Wyclifs auf dem Konzil von Konstanz (1971), in: Das Konstanzer Konzil (Wege der Forschung, Bd. 415), hg. von Remigius Bäumer, Darmstadt 1977, S. 284–294.

Paul de Vooght, Jean Huss et ses juges, in: Das Konzil zu Konstanz. Beiträge zu seiner Geschichte und Theologie, hg. von August Franzen und Wolfgang Müller, Freiburg i.Br. u. a. 1964, S. 152–173.

Paul de Vooght, Les pouvoirs du concile et l'autorité du pape au Concile de Constance. Le décret Haec Sancta Synodus du 6 avril 1415, Paris 1965.

Paul de Vooght, L'Hérésie de Jean Huss, Bde. 1–2, 2., aktualisierte und erweiterte Aufl., Louvain 1975.

Kennerly M. Woody, The Organization of the Council, in: The Council of Constance. The Unification of the Church. Translated by Louise

Ropes Loomis. Edited and Annotated by John Hine Mundy and Kennerly M. Woody, New York u. a. 1961, S. 52–65.

Kapitel 5: Konklave und Papstwahl

Hartmut Boockmann, Zur politischen Geschichte des Konstanzer Konzils, in: Zeitschrift für Kirchengeschichte 85 (1974) S. 45–63.

Walter Brandmüller, Das Konzil von Konstanz 1414–1418, Bd. 2: Bis zum Konzilsende, Paderborn u. a. 1997.

Jürgen Dendorfer/Ralf Lützelschwab (Hg.), Geschichte des Kardinalats im Mittelalter (Päpste und Papsttum, Bd. 39), Stuttgart 2011.

Karl August Fink, Die Wahl Martins V., in: Das Konzil von Konstanz. Beiträge zu seiner Geschichte und Theologie, hg. von August Franzen und Wolfgang Müller, Freiburg u. a. 1964, S. 138–151.

Heinrich Finke, Forschungen und Quellen zur Geschichte des Konstanzer Konzils, Paderborn 1889.

Heinrich Finke/Johannes Hollnsteiner/Hermann Heimpel (Hg.), Acta Concilii Constanciensis, Bd. 3: Die drei Päpste und das Konzil. Schriften zur Papstwahl, Münster i.W. 1926.

August Franzen, Konzil der Einheit, in: Das Konstanzer Konzil (Wege der Forschung, Bd. 415), hg. von Remigius Bäumer, Darmstadt 1977, S. 295–305.

August Franzen, Das Konzil der Einheit. Einigungsbemühungen und konziliare Gedanken auf dem Konstanzer Konzil. Die Dekrete »Haec sancta« und »Frequens«, in: Das Konzil von Konstanz. Beiträge zu seiner Geschichte und Theologie, hg. von August Franzen und Wolfgang Müller, Freiburg u. a. 1964, S. 69–112.

Bernhard Fromme, Die Wahl des Papstes Martin V., in: Römische Quartalschrift für christliche Alterthumskunde und für Kirchengeschichte 10 (1896) S. 133–161.

Horst Fuhrmann, Die Wahl des Papstes – Ein historischer Überblick, in: Geschichte in Wissenschaft und Unterricht 9 (1958) S. 762–780.

Horst Fuhrmann, Die Päpste. Von Petrus zu Johannes Paul II., 2., überarb. Aufl., München 2004, S. 59–78.

Karl Gatzemeier, Stellung und Politik der Kardinäle auf dem Konstanzer Konzil nach der Absetzung Johanns XXIII. (29. Mai 1415), Diss. Münster i.W. 1937.

Johann Marmor, Das Kaufhaus in Konstanz und die darin abgehaltene Papstwahl, in: Schriften des Vereins für Geschichte des Bodensees und seiner Umgebung 3 (1872) S. 40–91.

Hans Schneider, Der Konziliarismus als Problem der neueren katholischen Theologie. Die Geschichte der Auslegung der Konstanzer Dekrete von Febronius bis zur Gegenwart, Berlin u. a. 1976.

Birgit Studt, Papst Martin V. (1417–1431) und die Kirchenreform in Deutschland (Forschungen zur Kaiser- und Papstgeschichte des Mittelalters, Bd. 23), Köln u. a. 2004.

Konradin Zähringer, Das Kardinalskollegium auf dem Konstanzer Konzil bis zur Absetzung Papst Johanns XXIII., Münster i.W. 1935.

Harald Zimmermann, Die Absetzung der Päpste auf dem Konstanzer Konzil. Theorie und Praxis, in: Das Konzil von Konstanz. Beiträge zu seiner Geschichte und Theologie, hg. von August Franzen und Wolfgang Müller, Freiburg u. a. 1964, S. 113–137.

Kapitel 6: Alltag des Konzils

Hektor Ammann, Konstanzer Wirtschaft nach dem Konzil, in: Schriften des Vereins für Geschichte des Bodensees und seiner Umgebung 69 (1949/50) S. 63–174.

Klaus D. Bechtold, Zunftbürgerschaft und Patriziat. Studien zur Sozialgeschichte der Stadt Konstanz im 14. und 15. Jahrhundert, Sigmaringen 1981.

Hartmut Boockmann, Die Stadt im späten Mittelalter, München 1986.

Walter Brandmüller, Das Konzil von Konstanz 1414–1418, Bd. I: Bis zur Abreise Sigismunds nach Narbonne, 2., überarb. und erw. Aufl., Paderborn u. a. 1999.

Martin Dinges, Neues in der Forschung zur spätmittelalterlichen und frühneuzeitlichen Armut?, in: Von der Barmherzigkeit zur Sozialversicherung. Umbrüche und Kontinuitäten vom Spätmittelalter bis zum 20. Jahrhundert. De l'assistance à l'assurance sociale. Ruptures et continuités du Moyen Age au XXe siècle, hg. von Hans-Jörg Gilomen, Sébastien Guex und Brigitte Studer, Zürich 2002, S. 21–43.

Ulf Dirlmeier, Zum Problem von Versorgung und Verbrauch privater Haushalte im Spätmittelalter, in: Haus und Familie in der spätmittelalterlichen Stadt, hg. von Alfred Haverkamp, Köln u. a. 1984, S. 257–288.

Ulf Dirlmeier, Zu den materiellen Lebensbedingungen in deutschen Städten des Spätmittelalters: Äußerer Rahmen, Einkommen, Verbrauch, in: Stadtadel und Bürgertum in den italienischen und deutschen Städten des Spätmittelalters, hg. von Reinhard Elze und Gina Fasoli, Berlin 1991, S. 59–87.

Arnold Esch, Bankiers der Kirche im Großen Schisma, in: Quellen und Forschungen aus italienischen Archiven und Bibliotheken 46 (1966) S. 277–398.

Otto Feger, Konstanz im Spiegel der Zeiten. Ausgewählt und herausgegeben von Otto Feger, Konstanz 1952.

Otto Feger, Das Konstanzer Konzil und die Stadt Konstanz, in: Das Konzil von Konstanz. Beiträge zu seiner Geschichte und Theologie, hg. von August Franzen und Wolfgang Müller, Freiburg u. a. 1964, S. 310–333.

Karl August Fink, Zum Finanzwesen des Konstanzer Konzils, in: Festschrift für Hermann Heimpel zum 70. Geburtstag am 19. September 1971, Bd. 2, hg. von den Mitarbeitern des Max-Planck-Instituts für Geschichte, Göttingen 1972, S. 627–651.

Karl August Fink, Das Konzil von Konstanz. Seine welt- und kirchengeschichtliche Bedeutung, in: Das Konstanzer Konzil (Wege der Forschung, Bd. 415), hg. von Remigius Bäumer, Darmstadt 1977, S. 143–164.

Friedrich Firnhaber, Petrus de Pulka, Abgesandter der Wiener Universität am Concilium zu Constanz, in: Archiv für Kunde österreichischer Geschichts-Quellen 15 (1856) S. 1–70.

Hans-Jörg Gilomen/Sébastien Guex/Brigitte Studer (Hg.), Von der Barmherzigkeit zur Sozialversicherung. Umbrüche und Kontinuitäten vom Spätmittelalter bis zum 20. Jahrhundert. De l'assistance à l'assurance sociale. Ruptures et continuités du Moyen Age au XXe siècle, Zürich 2002.

Dieter Girgensohn, Peter von Pulkau und die Wiedereinführung des Laienkelches. Leben und Wirken eines Wiener Theologen in der Zeit des großen Schismas, Göttingen 1964.

Stephen Greenblatt, The Swerve. How the World Became Modern, New York u. a. 2011; dt. Die Wende. Wie die Renaissance begann. Aus dem Englischen von Klaus Binder, München 2012.

Johannes Helmrath, Kommunikation auf den spätmittelalterlichen Konzilien, in: Die Bedeutung der Kommunikation für Wirtschaft und Gesellschaft. Referate der 12. Arbeitstagung der Gesellschaft für Sozial- und Wirtschaftsgeschichte vom 22.–25.4.1987 in Siegen, hg. von Hans Pohl, Stuttgart 1989, S. 116–172.

Johannes Helmrath, Die zweite Dekade des langen Basler Konzils (1440–1449): Perspektiven, Konversionen, Piccolominiana. Überlegungen am Ende einer Tagung, in: Das Ende des konziliaren Zeitalters (1440–1450). Versuch einer Bilanz (Schriften des Historischen Kollegs, Bd. 86), hg. von Heribert Müller unter Mitarbeit von Elisabeth Müller-Luckner, München 2012, S. 315–347.

Hubert Herkommer, Die Geschichte vom Leiden und Sterben des Jan Hus als Ereignis und Erzählung. Zur Wirklichkeitserfahrung und Hermeneutik des Spätmittelalters und der frühen Neuzeit, in: Literatur und Laienbildung im Spätmittelalter und in der Reformationszeit. Symposion Wolfenbüttel 1981, hg. von Ludger Grenzmann und Karl Stackmann, Stuttgart 1984, S. 114–146.

Im Schatten des Münsters. Geschichte eines Quartiers im Zentrum der Konstanzer Altstadt. Erschienen anlässlich der Ausstellung im Kulturzentrum am Münster vom 20.3. bis 30.5.1999, Konstanz 1999.

Kathrin Jost, Konrad Justinger (ca. 1365–1438): Chronist und Finanzmann in Berns großer Zeit (Vorträge und Forschungen, Sonderband 56), Ostfildern 2011.

Heinz Kimmig, Das Konstanzer Kaufhaus. Ein Beitrag zu seiner mittelalterlichen Rechtsgeschichte, Lindau u. a. 1954.

Bernhard Kirchgässner, Das Steuerwesen der Reichsstadt Konstanz 1418–1460. Aus der Wirtschafts- und Sozialgeschichte einer oberdeutschen Handelsstadt am Ausgang des Mittelalters, Konstanz 1960.

Eustace J. Kitts, Pope John the Twenty-Third and Master John Hus of Bohemia, London 1910.

Alois Knöpfler, Ein Tagebuchfragment über das Konstanzer Konzil, in: Historisches Jahrbuch 11 (1890) S. 267–283.

Hans Koeppen (Hg.), Die Berichte der Generalprokuratoren des Deutschen Ordens an der Kurie, Bd. 2: Peter von Wormditt (1403–1419), Göttingen 1960.

Harry Kühnel (Hg.), Alltag im Spätmittelalter. Mit Beiträgen von Helmut Hundsbichler, Gerhard Jaritz, Harry Kühnel und Elisabeth Vavra, Graz 1984.

Landesdenkmalamt Baden-Württemberg und die Stadt Zürich (Hg.), Stadtluft, Hirsebrei und Bettelmönch. Die Stadt um 1300, Stuttgart 1992.

Paul Lehmann, Konstanz und Basel als Büchermärkte während der großen Kirchenversammlungen, in: Erforschung des Mittelalters. Ausgewählte Abhandlungen und Aufsätze von Paul Lehmann, Bd. 1, Stuttgart 1941, S. 253–280.

Johannes Leidenfrost, Die Lastsegelschiffe des Bodensees. Ein Beitrag zur Schiffahrtsgeschichte, Sigmaringen 1975.

Rochus von Liliencron (Hg.), Die historischen Volkslieder der Deutschen vom 13. bis 16. Jahrhundert, Bd. 1, Leipzig 1865.

Helmut Maurer, Konstanz im Mittelalter, Bd. 1: Vom Konzil bis zum Beginn des 16. Jahrhunderts, 2., überarb. Aufl., Konstanz 1996.

Helmut Maurer, Der historische Rahmen, in: Im Schatten des Münsters. Geschichte eines Quartiers im Zentrum der Konstanzer Altstadt. Erschienen anlässlich der Ausstellung im Kulturzentrum am Münster vom 20.3. bis 30.5.1999, Konstanz 1999, S. 6–14.

Helmut Maurer, Das Konstanzer Konzil als städtisches Ereignis, in: Die Konzilien von Pisa (1409), Konstanz (1414–1418) und Basel (1431–1449). Institution und Personen (Vorträge und Forschungen, Bd. 67), hg. von Heribert Müller und Johannes Helmrath, Ostfildern 2007, S. 149–172.

Jürgen Miethke, Die Konzilien als Forum der öffentlichen Meinung im 15. Jahrhundert, in: Deutsches Archiv für Erforschung des Mittelalters 37 (1981) S. 736–773.

Wolfgang Müller, Der Widerschein des Konzils in den deutschen Städtechroniken, in: Das Konzil von Konstanz. Beiträge zu seiner Geschichte und Theologie, hg. von August Franzen und Wolfgang Müller, Freiburg u. a. 1964, S. 447–456.

Heribert Müller/Johannes Helmrath (Hg.), Die Konzilien von Pisa (1409), Konstanz (1414–1418) und Basel (1431–1449). Institution und Personen (Vorträge und Forschungen, Bd. 67), Ostfildern 2007.

Werner Paravicini, Signes et couleurs au Concile de Constance: le témoignage d'un héraut d'armes portugais, in: Denise Turrel u. a. (Hg.), Signes et couleurs des identités politiques. Du Moyen Âge à nos jours. Colloque international organisé par l'Université de Poitiers, 14–16 juin 2007, Rennes 2008, S. 155–187, Farbtaf. XVIII–XXII.

Alexander Patschovsky, Der italienische Humanismus auf dem Konstanzer Konzil (1414–1418) (Konstanzer Universitätsreden 198), Konstanz 1999.

Hermann Georg Peter, Die Informationen Papst Johanns XXIII. und dessen Flucht von Konstanz bis Schaffhausen, Freiburg i.Br. 1926.

Melanie Prange, Der Konstanzer Domschatz. Quellentexte zu einem verlorenen Schatzensemble des Mittelalters und der Frühen Neuzeit, Stuttgart 2012.

Thomas Rathmann, Geschehen und Geschichten des Konstanzer Konzils. Chroniken, Briefe, Lieder und Sprüche als Konstituenten eines Ereignisses, München 2000.

Heribert Reiners, Das Münster Unserer Lieben Frau zu Konstanz (Die Kunstdenkmäler Südbadens, Bd. I), Konstanz 1955.

Alan Robertshaw, Reimpublizistik und Lieddichtung am Konstanzer Konzil. Zum historisch-politischen Gedicht des Spätmittelalters, in: Lied im deutschen Mittelalter. Überlieferung, Typen, Gebrauch. Chiemsee-Colloquium 1991, hg. von Cyril Edwards, Ernst Hellgardt und Norbert H. Ott, Tübingen 1996, S. 245–256.

Ernst Schubert, Der Wald: wirtschaftliche Grundlage der spätmittelalterlichen Stadt, in: Mensch und Umwelt im Mittelalter, hg. von Bernd Herrmann, Frankfurt a.M. 1993, S. 257–274.

Ernst Schubert, Erscheinungsformen der Armut in der spätmittelalterlichen deutschen Stadt, in: Die Stadt als Kommunikationsraum.

Beiträge zur Stadtgeschichte vom Mittelalter bis ins 20. Jahrhundert, Leipzig 2001, S. 659–697.

Ernst Schubert, Alltag im Mittelalter. Natürliches Lebensumfeld und menschliches Miteinander, Darmstadt 2002.

Ernst Schubert, Essen und Trinken im Mittelalter, Darmstadt 2006.

Manfred Schuler, Die Musik in Konstanz während des Konzils 1414–1418, in: Acta Musicologica 37 (1965) S. 150–168.

Beate Schuster, Die unendlichen Frauen. Prostitution und städtische Ordnung in Konstanz im 15./16. Jahrhundert, Konstanz 1996.

Peter Schuster, Das Frauenhaus. Städtische Bordelle in Deutschland (1350–1600), Paderborn u. a. 1992.

Peter Schuster, Eine Stadt vor Gericht. Recht und Alltag im spätmittelalterlichen Konstanz, Paderborn u. a. 2000.

Anton Schwob, Oswald von Wolkenstein. Eine Biographie. Nachdruck der 3. Auflage, Bozen 1977.

Claudius Sieber-Lehmann, Basel und »sein« Konzil, in: Die Konzilien von Pisa (1409), Konstanz (1414–1418) und Basel (1431–1449). Institution und Personen (Vorträge und Forschungen, Bd. 67), hg. von Heribert Müller und Johannes Helmrath, Ostfildern 2007, S. 173–204.

Jörn Sieglerschmidt, Maße, Gewichte und Währungen am westlichen und nördlichen Bodensee um 1800, in: Schriften des Vereins für Geschichte des Bodensees und seiner Umgebung 105 (1987) S. 75–88.

Maren Siegmann, Hoppäzgen zum Wucherpreis? Fallbeispiel: Ernährung in Konstanz 1414–1418, in: Archäologische Informationen 28, 1–2 (2005) S. 79–99.

Bernhard Stettler (Hg.), Die sog. Klingenberger Chronik des Eberhard Wüst, Stadtschreiber von Rapperswil, St. Gallen 2007.

Hermann Tüchle, Die Stadt des Konzils und ihr Bischof, in: Das Konzil von Konstanz. Beiträge zu seiner Geschichte und Theologie, hg. von August Franzen und Wolfgang Müller, Freiburg u. a. 1964, S. 55–66.

Stefan Weinfurter, Zum Gestaltungsprinzip der Chronik des Ulrich Richental, in: Freiburger Diözesan-Archiv 94 (1974) S. 517–531.

Ekkehard Westermann (Hg.), Internationaler Ochsenhandel (1350–1750) (Beiträge zur Wirtschaftsgeschichte, Bd. 9), Stuttgart 1979.

Kurt Andermann (Hg.), Historiographie am Oberrhein im späten Mittelalter und in der Frühen Neuzeit (Oberrheinische Studien, Bd. 7), Sigmaringen 1988.

Remigius Bäumer, Neue Forschungen zur Chronik des Konstanzer Konzils von Ulrich Richental, in: Freiburger Diözesan-Archiv 107 (1987) S. 326–329.

Konrad Beyerle, Ulrich von Richental, in: Zeitschrift für die Geschichte des Oberrheins 53 (1899) S. 13–27.

Walter Brandmüller, Das Konzil von Konstanz 1414–1418, Bd. I: Bis zur Abreise Sigismunds nach Narbonne, 2., überarb. und erw. Aufl., Paderborn u. a. 1999.

Horst Brunner, Literarische Formen der Vermittlung historischen Wissens an nicht-lateinkundiges Publikum im Hoch- und Spätmittelalter und in der Frühen Neuzeit, in: Wissensorganisierende und wissensvermittelnde Literatur im Mittelalter. Perspektiven ihrer Erforschung. Kolloquium 5.–7. Dezember 1985, hg. von Norbert Richard Wolf, Wiesbaden 1987, S. 175–186.

Michael Richard Buck (Hg.), Ulrichs von Richental Chronik des Constanzer Concils 1414 bis 1418, Tübingen 1882, S. 1–12.

Thomas Martin Buck, Zu den historiographischen Prinzipien Ulrich Richentals, in: Schriften des Vereins für Geschichte des Bodensees und seiner Umgebung 117 (1999) S. 11–32.

Thomas Martin Buck, Zur Überlieferungslage der Richental-Chronik. Ein textkritischer Vergleich der Aulendorfer und Konstanzer Handschrift, in: Konstanzer Arbeitskreis für Mittelalterliche Geschichte. Protokoll über die Arbeitssitzung; Nr. 370; 12. Juni 1999.

Thomas Martin Buck, Fiktion und Realität. Zu den Textinserten der Richental-Chronik, in: Zeitschrift für die Geschichte des Oberrheins 149 (2001) S. 61–96.

Thomas Martin Buck, Zur Überlieferung der Konstanzer Konzilschronik Ulrich Richentals, in: Deutsches Archiv für Erforschung des Mittelalters 66 (2010) S. 93–108.

Thomas Martin Buck, Chronik des Konstanzer Konzils 1414–1418 von Ulrich Richental. Eingeleitet und herausgegeben von Thomas Martin

Buck (Konstanzer Geschichts- und Rechtsquellen, Bd. 41), 2. Aufl., Ostfildern 2011.

The Council of Constance. The Unification of the Church. Translated by Louise Ropes Loomis. Edited and Annotated by John Hine Mundy and Kennerly M. Woody, New York u. a. 1961.

Odilo Engels, Zur Konstanzer Konzilsproblematik in der nachkonziliaren Historiographie des 15. Jahrhunderts, in: Von Konstanz nach Trient. Beiträge zur Geschichte der Kirche von den Reformkonzilien bis zum Tridentinum, hg. von Remigius Bäumer, Paderborn 1972, S. 233–259.

Christoph Fasbender (Hg.), Aus der Werkstatt Diebold Laubers (Kulturtopographie des alemannischen Raums, Bd. 3), Berlin u. a. 2012.

Otto Feger, Die Konzilschronik des Ulrich Richental, in: Ulrich Richental. Das Konzil zu Konstanz MCDXIV–MCDXVIII, Bd. 2: Kommentar und Text, Starnberg u. a. 1964, S. 21–36.

Otto Feger, Das Konstanzer Konzil und die Stadt Konstanz, in: Das Konzil von Konstanz. Beiträge zu seiner Geschichte und Theologie, hg. von August Franzen und Wolfgang Müller, Freiburg u. a. 1964, S. 310–333.

Hans Fromm, Die mittelalterliche Handschrift und die Wissenschaften vom Mittelalter, in: Hans Fromm, Arbeiten zur deutschen Literatur des Mittelalters, Tübingen 1989, S. 349–366.

František Graus, Funktionen der spätmittelalterlichen Geschichtsschreibung, in: Geschichtsschreibung und Geschichtsbewusstsein im späten Mittelalter (Vorträge und Forschungen, Bd. 31), hg. von Hans Patze, Sigmaringen 1987, S. 11–55.

Stephen Greenblatt, The Swerve. How the World Became Modern, New York u. a. 2011; dt. Die Wende. Wie die Renaissance begann. Aus dem Englischen von Klaus Binder, München 2012.

Johannes Helmrath, Kommunikation auf den spätmittelalterlichen Konzilien, in: Die Bedeutung der Kommunikation für Wirtschaft und Gesellschaft. Referate der 12. Arbeitstagung der Gesellschaft für Sozial- und Wirtschaftsgeschichte vom 22.–25.4.1987 in Siegen, hg. von Hans Pohl, Stuttgart 1989, S. 116–172.

Hubert Herkommer, Die Geschichte vom Leiden und Sterben des Jan Hus als Ereignis und Erzählung. Zur Wirklichkeitserfahrung und Hermeneutik des Spätmittelalters und der frühen Neuzeit, in: Literatur und Laienbildung im Spätmittelalter und in der Reformationszeit. Symposion Wolfenbüttel 1981, hg. von Ludger Grenzmann und Karl Stackmann, Stuttgart 1984, S. 114–146.

Eugen Hillenbrand, Art. Dacher, Gebhard, in: Die deutsche Literatur des Mittelalters. Verfasserlexikon, Bd. 2, Berlin – New York 1980, Sp. 31f.

Eugen Hillenbrand, Die Geschichtsschreibung der Stadt Konstanz im Spätmittelalter, in: Konstanzer Arbeitskreis für Mittelalterliche Geschichte. Protokoll über die Arbeitssitzung; Nr. 201; 22. November 1975.

Peter Johanek, Weltchronistik und regionale Geschichtsschreibung im Spätmittelalter, in: Geschichtsschreibung und Geschichtsbewusstsein im späten Mittelalter (Vorträge und Forschungen, Bd. 31), hg. von Hans Patze, Sigmaringen 1987, S. 287–330.

Rudolf Kautzsch, Die Handschriften von Ulrich Richentals Chronik des Konstanzer Konzils, in: Zeitschrift für die Geschichte des Oberrheins 48 (1894) S. 443–496.

Wilhelm Matthiessen, Ulrich Richentals Chronik des Konstanzer Konzils. Studien zur Behandlung eines universalen Großereignisses durch die bürgerliche Chronistik, in: Annuarium Historiae Conciliorum 17 (1985) S. 71–191, 323–455.

Wilhelm Matthiessen, Art. Ulrich (von) Richental, in: Lexikon des Mittelalters, Bd. 8, Stuttgart u. a. 1999, Sp. 1201f.

Helmut Maurer, Konstanz im Mittelalter, Bd. 2: Vom Konzil bis zum Beginn des 16. Jahrhunderts, 2., überarb. Aufl., Konstanz 1996.

Helmut Maurer, Das Konstanzer Konzil als städtisches Ereignis, in: Die Konzilien von Pisa (1409), Konstanz (1414–1418) und Basel (1431–1449). Institution und Personen (Vorträge und Forschungen, Bd. 67), hg. von Heribert Müller und Johannes Helmrath, Ostfildern 2007, S. 149–172.

Dieter Mertens, Art. Richental, Ulrich, in: Die deutsche Literatur des Mittelalters. Verfasserlexikon, Bd. 8, Berlin – New York 1992, Sp. 55–60.

Heribert Müller/Johannes Helmrath (Hg.), Die Konzilien von Pisa (1409), Konstanz (1414–1418) und Basel (1431–1449). Institution und Personen (Vorträge und Forschungen, Bd. 67), Ostfildern 2007.

Werner Paravicini, Signes et couleurs au Concile de Constance: le témoignage d'un héraut d'armes portugais, in: Denise Turrel u. a. (Hg.), Signes et couleurs des identités politiques. Du Moyen Âge à nos jours. Colloque international organisé par l'Université de Poitiers, 14–16 juin 2007, Rennes 2008, S. 155–187, Farbtaf. XVIII–XXII.

Hans Patze (Hg.), Geschichtsschreibung und Geschichtsbewusstsein im späten Mittelalter (Vorträge und Forschungen, Bd. 31), Sigmaringen 1987.

Thomas Rathmann, Geschehen und Geschichten des Konstanzer Konzils. Chroniken, Briefe, Lieder und Sprüche als Konstituenten eines Ereignisses, München 2000.

Thomas Rathmann, Beobachtung ohne Beobachter? Der schwierige Umgang mit dem historischen Ereignis am Beispiel des Konstanzer Konzils, in: Die Konzilien von Pisa (1409), Konstanz (1414–1418) und Basel (1431–1449). Institution und Personen (Vorträge und Forschungen, Bd. 67), hg. von Heribert Müller und Johannes Helmrath, Ostfildern 2007, S. 95–106.

Franz-Josef Schmale, Funktion und Formen mittelalterlicher Geschichtsschreibung. Eine Einführung, Darmstadt 1985.

Regula Schmid, Geschichte im Dienst der Stadt. Amtliche Historie und Politik im Spätmittelalter, Zürich 2009.

Hans Schneider, Die Siegel des Konstanzer Konzils. Ein Beitrag zur Geschichte der spätmittelalterlichen Reformkonzile, in: Annuarium Historiae Conciliorum 10 (1978) S. 310–345.

Gabrielle M. Spiegel, Historicism and the Social Logic of the Text in the Middle Ages, in: Speculum 65 (1990) S. 59–86.

Gabrielle M. Spiegel, Geschichte, Historizität und die soziale Logik von mittelalterlichen Texten, in: Geschichte schreiben in der Postmoderne. Beiträge zur aktuellen Diskussion, hg. von Christoph Conrad und Martina Kessel, Stuttgart 1994, S. 161–202.

Gabrielle M. Spiegel, The Past as Text. The Theory and Practice of Medieval Historiograpy, Baltimore u. a. 1997.

Karl Stackmann, Neue Philologie?, in: Modernes Mittelalter. Neue Bilder einer populären Epoche, hg. von Joachim Heinzle, Frankfurt a.M. u. a. 1994, S. 398–427.

Birgit Studt, Überlieferung und Interesse. Späte Handschriften der Chronik des Matthias von Kemnat und die Geschichtsforschung der Neuzeit, in: Historiographie am Oberrhein im späten Mittelalter und in der Frühen Neuzeit, hg. von Kurt Andermann, Sigmaringen 1988, S. 275–308.

Theodor Vogel, Studien zu Richental's Konzilschronik, Diss. Freiburg i.Br. 1911.

Gisela Wacker, Ulrich Richentals Chronik des Konstanzer Konzils und ihre Funktionalisierung im 15. und 16. Jahrhundert. Aspekte zur Rekonstruktion der Urschrift und zu den Wirkungsabsichten der überlieferten Handschriften und Drucke, Diss. Tübingen 2001 (http://w210.ub-uni-tuebingen.de/dbt/volltexte/2002/520/index.html) (Zugriff am 03.03.2010).

Stefan Weinfurter, Zum Gestaltungsprinzip der Chronik des Ulrich Richental, in: Freiburger Diözesan-Archiv 94 (1974) S. 517–531.

Gerhard Wolf, Von der Chronik zum Weltbuch. Sinn und Anspruch südwestdeutscher Hauschroniken am Ausgang des Mittelalters, Berlin u. a. 2002

Sandra Wolff, Die »Konstanzer Chronik« Gebhart Dachers. »By des Byschoffs zyten volgiengen disz nachgeschriben ding vnd sachen …«. Codex Sangallensis 646: Edition und Kommentar (Konstanzer Geschichts- und Rechtsquellen, Bd. 40), Ostfildern 2008.

Volker Zapf, Art. Richental, Ulrich, in: Deutsches Literatur-Lexikon. Das Mittelalter, hg. von Wolfgang Achnitz, Bd. 3: Reiseberichte und Geschichtsdichtung, Berlin u. a. 2012, Sp. 569–574.

Kapitel 8: Das Konzil als universales Ereignis

Hans-Georg Beck, Byzanz und der Westen, in: Die Welt zur Zeit des Konstanzer Konzils, hg. vom Konstanzer Arbeitskreis für Mittelalterliche Geschichte (Vorträge und Forschungen, Bd. 9), Konstanz u. a. 1965, S. 135–148.

Hartmut Boockmann, Zur politischen Geschichte des Konstanzer Konzils, in: Zeitschrift für Kirchengeschichte 85 (1974) S. 45–63.

Walter Brandmüller, Martin V. und die Griechenunion, in: Life, Law und Letters. Historical Studies in Honour of Antonio García y García (Studia Gratiana, Bd. 28). Edited by Peter Linehan, Rom 1998, S. 133–148.

Thomas Martin Buck, Fiktion und Realität. Zu den Textinserten der Richental-Chronik, in: Zeitschrift für die Geschichte des Oberrheins 149 (2001) S. 63–96.

Johann Gustav Droysen, Historik. Vorlesungen über Enzyklopädie und Methodologie der Geschichte, hg. von Rudolf Hübner, 3. Aufl., Darmstadt 1958.

Endre von Ivánca (Hg.), Die letzten Tage von Konstantinopel. Der Augenzeugenbericht des Georgios Sphrantzes. Übersetzt und erklärt von Endre von Ivánka. Illustriert von Hans Fronius, Graz 1973.

Franz Kohlschein, Die älteste deutsche Beschreibung der orthodoxen Liturgie in der Chronik des Ulrich von Richental über das Konzil von Konstanz, in: Archiv für Liturgiewissenschaft 29 (1987) S. 234–241.

Jürgen Miethke, Die Konzilien im 15. Jahrhundert als Drehscheibe internationaler Beziehungen, in: Zwischen Habsburg und Burgund. Der Oberrhein als europäische Landschaft im 15. Jahrhundert (Oberrheinische Studien, Bd. 21), hg. von Konrad Krimm und Rainer Brüning, Ostfildern 2003, S. 257–274.

Günter Stökl, Die Ostslaven zur Zeit des Konstanzer Konzils, in: Die Welt zur Zeit des Konstanzer Konzils (Vorträge und Forschungen, Bd. 9), hg. vom Konstanzer Arbeitskreis für Mittelalterliche Geschichte, Konstanz u. a. 1965, S. 149–169.

Kapitel 9: Schluss

Geoffrey, Barraclough, The Medieval Papacy, London 1968.

Antony Black, Council and Commune. The Conciliar Movement and the Fifteenth-Century Heritage, London u. a. 1979.

Antony Black, Political Thought in Europe 1250–1450, Cambridge 1992.

Walter Brandmüller, Das Konzil von Konstanz 1414–1418, Bd. I: Bis zur Abreise Sigismunds nach Narbonne, 2., überarb. und erw. Aufl., Paderborn u. a. 1999.

C. M. D. Crowder, Unity, Heresy and Reform, 1378–1460. The Conciliar Response to the Great Schism, London 1977.

John Neville Figgis, Studies of Political Thought from Gerson to Grotius 1414–1625, 2nd ed., Cambridge 1931.

Heinrich Finke, Forschungen und Quellen zur Geschichte des Konstanzer Konzils, Paderborn u. a. 1889.

Heinrich Finke, (Hg.), Acta Concilii Constanciensis, Bd. 1: Akten zur Vorgeschichte des Konstanzer Konzils (1410–1414), Münster i.W. 1896.

August Franzen, Konzil der Einheit, in: Konzil der Einheit. 550-Jahrfeier des Konzils zu Konstanz, Karlsruhe 1964, S. 40–50.

Stephen Greenblatt, The Swerve. How the World Became Modern, New York u. a. 2011; dt. Die Wende. Wie die Renaissance begann. Aus dem Englischen von Klaus Binder, München 2012.

Berndt Hamm, Abschied vom Epochendenken in der Reformationsforschung, in: Zeitschrift für historische Forschung 39 (2012), S. 373–403.

Johannes Helmrath, Kommunikation auf den spätmittelalterlichen Konzilien, in: Die Bedeutung der Kommunikation für Wirtschaft und Gesellschaft. Referate der 12. Arbeitstagung der Gesellschaft für Sozial- und Wirtschaftsgeschichte vom 22.–25.4.1987 in Siegen, hg. von Hans Pohl, Stuttgart 1989, S. 116–172.

Johannes Helmrath/Ulrich Muhlack/Gerrit Walther (Hg.), Diffusion des Humanismus. Studien zur nationalen Geschichtsschreibung europäischer Humanisten, Göttingen 2002.

Johannes Hollnsteiner, Studien zur Geschäftsordnung am Konstanzer Konzil – Ein Beitrag zur Geschichte des Parlamentarismus und der Demokratie (1925), in: Das Konstanzer Konzil (Wege der Forschung, Bd. 415), hg. von Remigius Bäumer, Darmstadt 1977, S. 121–142.

Hans Küng, Strukturen der Kirche (Quaestiones Disputatae, Bd. 17), Freiburg i.B. u. a. 1962.

Paul Lehmann, Konstanz und Basel als Büchermärkte während der großen Kirchenversammlungen, in: Erforschung des Mittelalters. Ausgewählte Abhandlungen und Aufsätze von Paul Lehmann, Bd. 1, Stuttgart 1941, S. 253–280.

Jürgen Miethke, Die Konzilien als Forum der öffentlichen Meinung im 15. Jahrhundert, in: Deutsches Archiv für Erforschung des Mittelalters 37 (1981) S. 736–773.

Jürgen Miethke, Die großen Konzilien des 15. Jahrhunderts als Medienereignis: Kommunikation und intellektueller Fortschritt auf den Großtagungen, in: University, Council, City. Intellectual Culture on the Rhine (1300–1550), edited by Laurent Cesalli, Nadja Germann and Maarten J.F.M. Hoenen, Turnhout 2007, S. 291–322.

Jürgen Miethke, Die Konzilien im 15. Jahrhundert als Drehscheibe internationaler Beziehungen, in: Zwischen Habsburg und Burgund. Der Oberrhein als europäische Landschaft im 15. Jahrhundert (Oberrheinische Studien, Bd. 21), hg. von Konrad Krimm und Rainer Brüning, Ostfildern 2003, S. 257–274.

Heribert Müller, Universitäten und Gelehrte auf den Konzilien von Pisa (1409), Konstanz (1414–1418) und Basel (1431–1449), in: Universität, Religion und Kirchen, hg. von Rainer Christoph Schwinges, Basel 2011, S. 110–144.

Heribert Müller, Das Basler Konzil (1431–1449) und die europäischen Mächte. Universaler Anspruch und nationale Wirklichkeiten, in: Historische Zeitschrift 293 (2011) S. 593–629.

Heribert Müller, Kirche in der Krise, I: Das Große Abendländische Schisma (1378–1417). II. Die Konzilien von Konstanz und Basel – Am Vorabend der Reformation, in: Europa im 15. Jahrhundert. Herbst des Mittelalters – Frühling der Neuzeit?, hg. von Klaus Herbers und Florian Schuller, Regensburg 2012, S. 10–36.

Heribert Müller, Das Ende des konziliaren Zeitalters (1440–1450). Forschungsstand, Tagungsthemen und Perspektiven, in: Das Ende des konziliaren Zeitalters (1440–1450). Versuch einer Bilanz (Schriften des Historischen Kollegs, Bd. 86), hg. von Heribert Müller unter Mitarbeit von Elisabeth Müller-Luckner, München 2012, S. 3–26.

Francis Oakley, The Western Church in the Later Middle Ages, London u. a. 1979.

Francis Oakley, On the Road from Constance to 1688: The Political Thought of John Major and George Buchanan, in: The Journal of British Studies 2 (1962) S. 1–31.

Francis Oakley, Constance, Basel and the two Pisas. The Conciliarist Legacy in 16th and 17th Century England, in: Annuarium Historiae Conciliorum 26 (1994) S. 87–118.

Alexander Patschovsky, Der italienische Humanismus auf dem Konstanzer Konzil (1414–1418) (Konstanzer Universitätsreden 198), Konstanz 1999.

Andrew Pettegree, Reformation and the Culture of Persuasion, Cambridge u. a. 2005.

Andrew Pettegree, The Book in the Renaissance, New Haven 2010.

Thomas Rathmann, Geschehen und Geschichten des Konstanzer Konzils. Chroniken, Briefe, Lieder und Sprüche als Konstituenten eines Ereignisses, München 2000.

Thomas Rathmann, Beobachtung ohne Beobachter? Der schwierige Umgang mit dem historischen Ereignis am Beispiel des Konstanzer Konzils, in: Die Konzilien von Pisa (1409), Konstanz (1414–1418) und Basel (1431–1449). Institution und Personen (Vorträge und Forschungen, Bd. 67), hg. von Heribert Müller und Johannes Helmrath, Ostfildern 2007, S. 95–106.

Werner Rösener, Die Krise des Spätmittelalters in neuer Perspektive, in: Vierteljahrschrift für Sozial- und Wirtschaftsgeschichte 99 (2012) S. 189–208.

Hans Schneider, Der Konziliarismus als Problem der neueren katholischen Theologie. Die Geschichte der Auslegung der Konstanzer Dekrete von Febronius bis zur Gegenwart, Berlin u. a. 1976.

»Köpfe des Konzils«

Wilhelm Baum, Kaiser Sigismund. Konstanz, Hus und Türkenkriege, Graz u. a. 1993.

Raymond Darricau, Art. Guillaume Fillastre, in: Dictionnaire de Biographie Française, Bd. 13, Paris 1975, Sp. 1340f.

Peter Dinzelbacher, Unglaube im »Zeitalter des Glaubens«. Atheismus und Skeptizismus im Mittelalter, Badenweiler 2009.

Heinrich Finke, Forschungen und Quellen zur Geschichte des Konstanzer Konzils, Paderborn u. a. 1889.

Amalie Fössel, Barbara von Cilli. Ihre frühen Jahre als Gemahlin Sigismunds und ungarische Königin, in: Michel Pauly/François Reinert (Hg.), Sigismund von Luxemburg. Ein Kaiser in Europa. Tagungsband des internationalen historischen und kunsthistorischen Kongresses in Luxemburg, 8.–10. Juni 2005, Mainz 2006, S. 95–112.

Ansgar Frenken, Darstellende Quellen zum Konstanzer Konzil: kritische Anmerkungen zum Genus der »Tagebücher Fillastres, Cerretanis und Turres« und ihres spezifischen Quellenwerts, in: Annuarium Historiae Conciliorum 42 (2010) S. 379–402.

Philippe Genequand, Kardinäle, Schisma und Konzil: das Kardinalskolleg im Großen Abendländischen Schisma (1378–1417), in: Geschichte des Kardinalats im Mittelalter, hg. von Jürgen Dendorfer und Ralf Lützelschwab, Stuttgart 2011, S. 303–334.

Jean Gerson. Oeuvres complètes. Introduction, texte et notes par Palémon Glorieux, 10 Bde., Paris u. a. 1963–1970.

Dieter Girgensohn, Francesco Zabarella aus Padua. Gelehrsamkeit und politisches Wirken eines Rechtsprofessors während des großen abendländischen Schismas, in: Zeitschrift für Rechtsgeschichte. Kanonistische Abteilung 79 (1993) S. 232–277.

Bernard Guenée, Pierre d'Ailly, in: Ders., Entre l'Eglise et l'Etat. Quatre vies des prélats français à la fin du Moyen Age (XIII.–XV. siècles), Paris 1987, S. 125–299.

Jörg K. Hoensch, Kaiser Sigismund. Herrscher an der Schwelle zur Neuzeit 1368–1437, Darmstadt 1997.

Johannes Hollnsteiner, König Sigismund auf dem Konstanzer Konzil. Nach den Tagebuchaufzeichnungen des Kardinals Fillastre, in: Mitteilungen des Instituts für Österreichische Geschichtsforschung 41 (1926) S. 185–200.

Pál Lövei, Hoforden im Mittelalter, unter besonderer Berücksichtigung des Drachenordens, in: Imre Takács (Hg.), Sigismundus Rex et Imperator. Kunst und Kultur zur Zeit Sigismunds von Luxemburg 1387–1437. Ausstellungskatalog o.O. 2006, S. 251–263.

Brian Patrick McGuire, Jean Gerson and the last medieval Reformation, University Park (Pa.), 2005.

Bernard Merlette, Guillaume Fillastre, ami de Pierre d'Ailly et l'humanisme au concile de Constance, in: Bulletin de la Société Historique de Compiègne 33 (1993) S. 137–146.

Hélène Millet, Guillaume Fillastre: esquisse biographique, in: Didier Marcotte (Hg.), Humanisme et culture géographique à l'époque du concile de Constance autour de Guillaume Fillastre. Actes du Colloque de l'Université de Reims 18–19 novembre 1999, Turnhout 2002, S. 7–24.

Jean de Montreuil, Opera, Bd. 2: L'oeuvre historique et polémique. Edition critique par Nicole Grévy-Pons, Ezio Ornato und Gilbert Ouy, Turin 1975.

Heribert Müller, Der französische Frühhumanismus um 1400. Patriotismus, Propaganda und Historiographie, in: Diffusion des Humanismus. Studien zur nationalen Geschichtsschreibung europäischer Humanisten, hg. von Johannes Helmrath, Ulrich Muhlack und Gerrit Walther, Göttingen 2002, S. 319–376.

Alexander Patschovsky, Der italienische Humanismus auf dem Konstanzer Konzil (1414–1418) (Konstanzer Universitätsreden 198), Konstanz 1999.

Malte Prietzel, Guillaume Fillastre der Jüngere (1400/1407–1473). Kirchenfürst und herzoglich-burgundischer Rat, Stuttgart 2001.

Deutsche Reichstagsakten unter Kaiser Sigmund. Erste Abtheilung 1410–1420, hg. von Dietrich Kerler, München 1878.

Josef Rest, Kardinal Fillastre bis zur Absetzung Johanns XXIII. auf dem Konstanzer Konzil, Diss. Freiburg i.Br. 1908.

Hans Schiltbergers Reisebuch (Bibliothek des litterarischen Vereins Stuttgart), hg. von Valentin Langmantel, Tübingen 1885.

Paul Tschackert, Peter von Ailli (Petrus de Alliaco). Zur Geschichte des grossen abendländischen Schisma und der Reformconcilien von Pisa und Constanz, Gotha 1877.

Dorothea Weltecke, »Der Narr spricht: Es ist kein Gott«. Atheismus, Unglauben und Glaubenszweifel vom 12. Jahrhundert bis zur Neuzeit, Frankfurt u. a. 2010.

Eberhart Windeckes Denkwürdigkeiten zur Geschichte des Zeitalters Kaiser Sigmunds, hg. von Wilhelm Altmann, Berlin 1893.

Konradin Zähringer, Das Kardinalskollegium auf dem Konstanzer Konzil bis zur Absetzung Papst Johanns XXIII., Münster 1935.